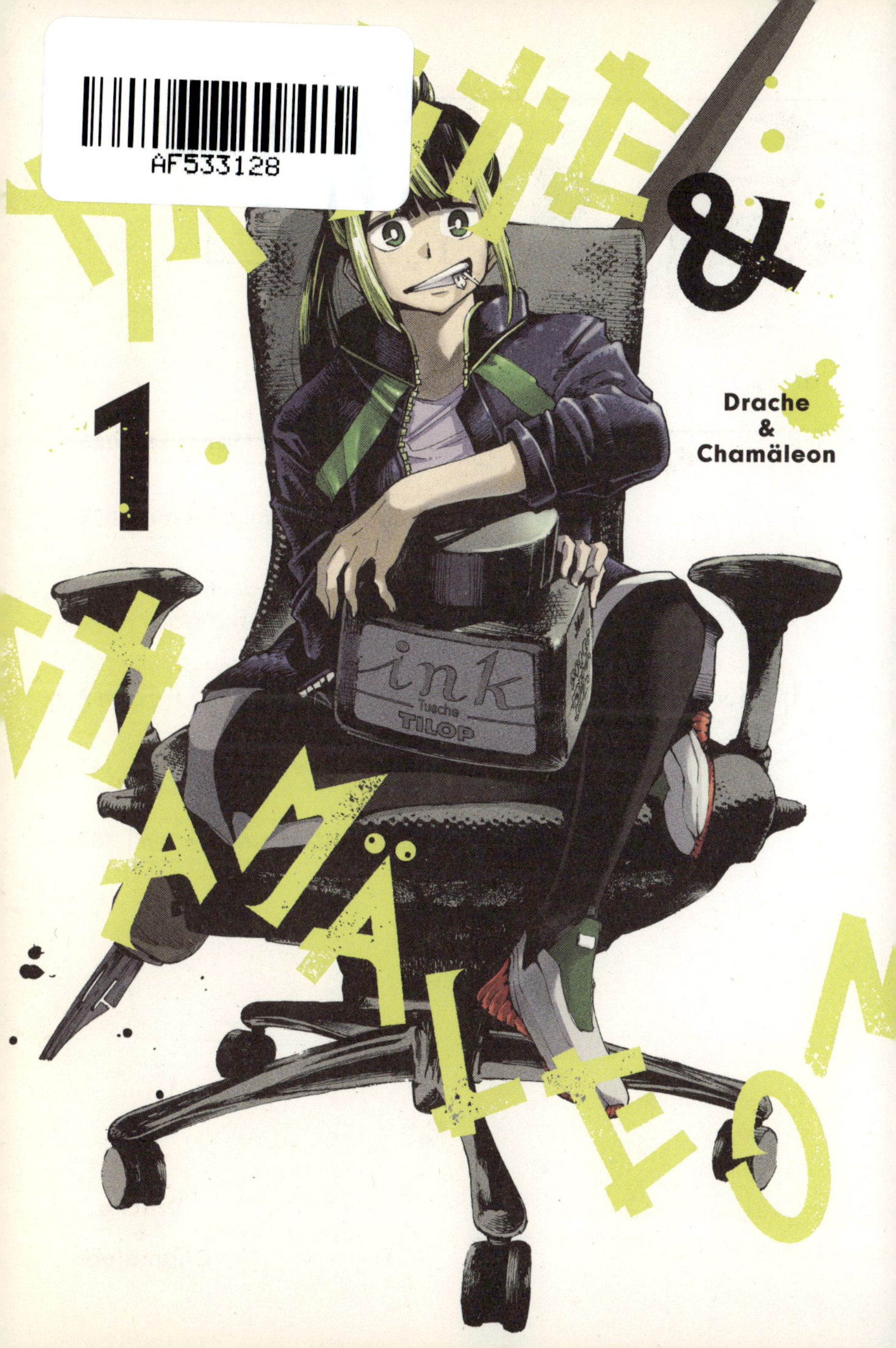

1
Drache
&
Chamäleon
ink
Tusche
TILOP

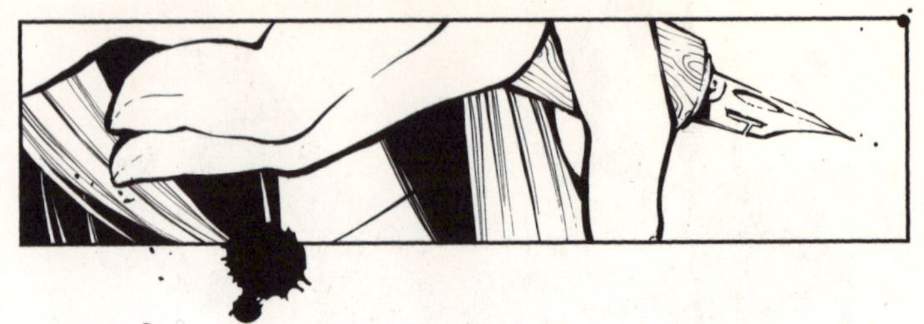

Drache & Chamäleon

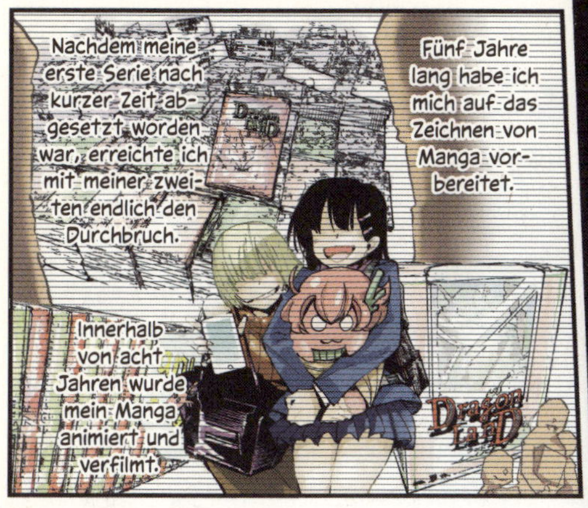

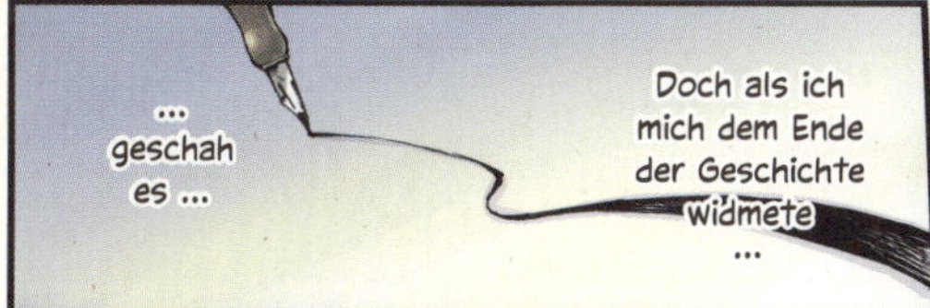

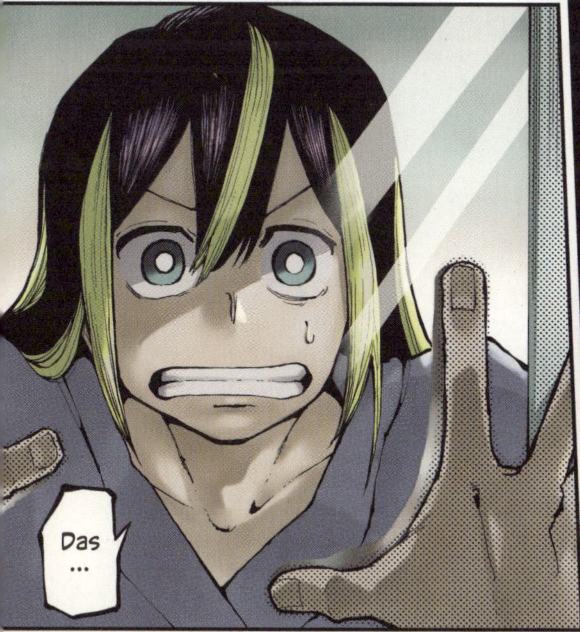

Ich bin ein populärer Mangaka.

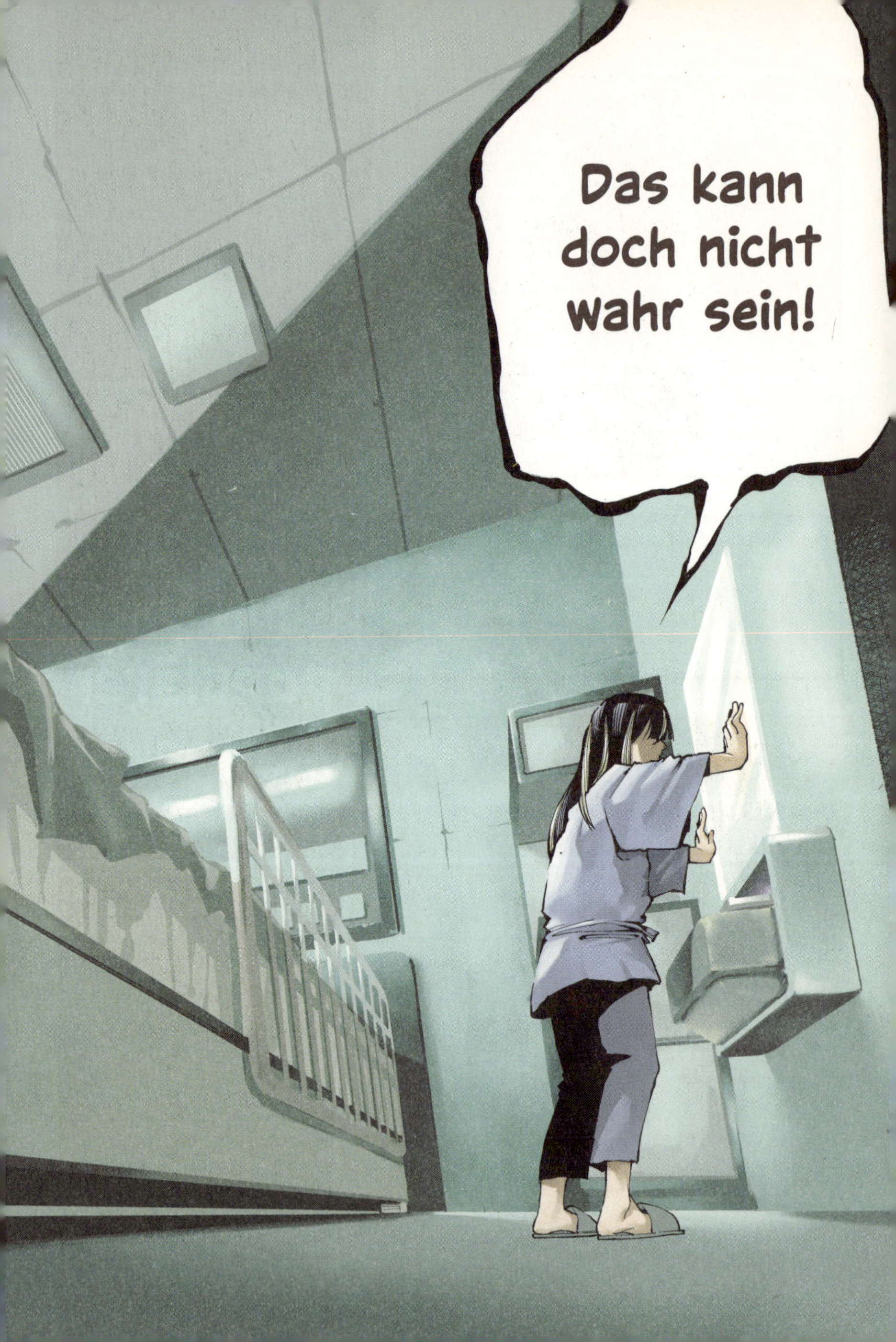
Das kann doch nicht wahr sein!

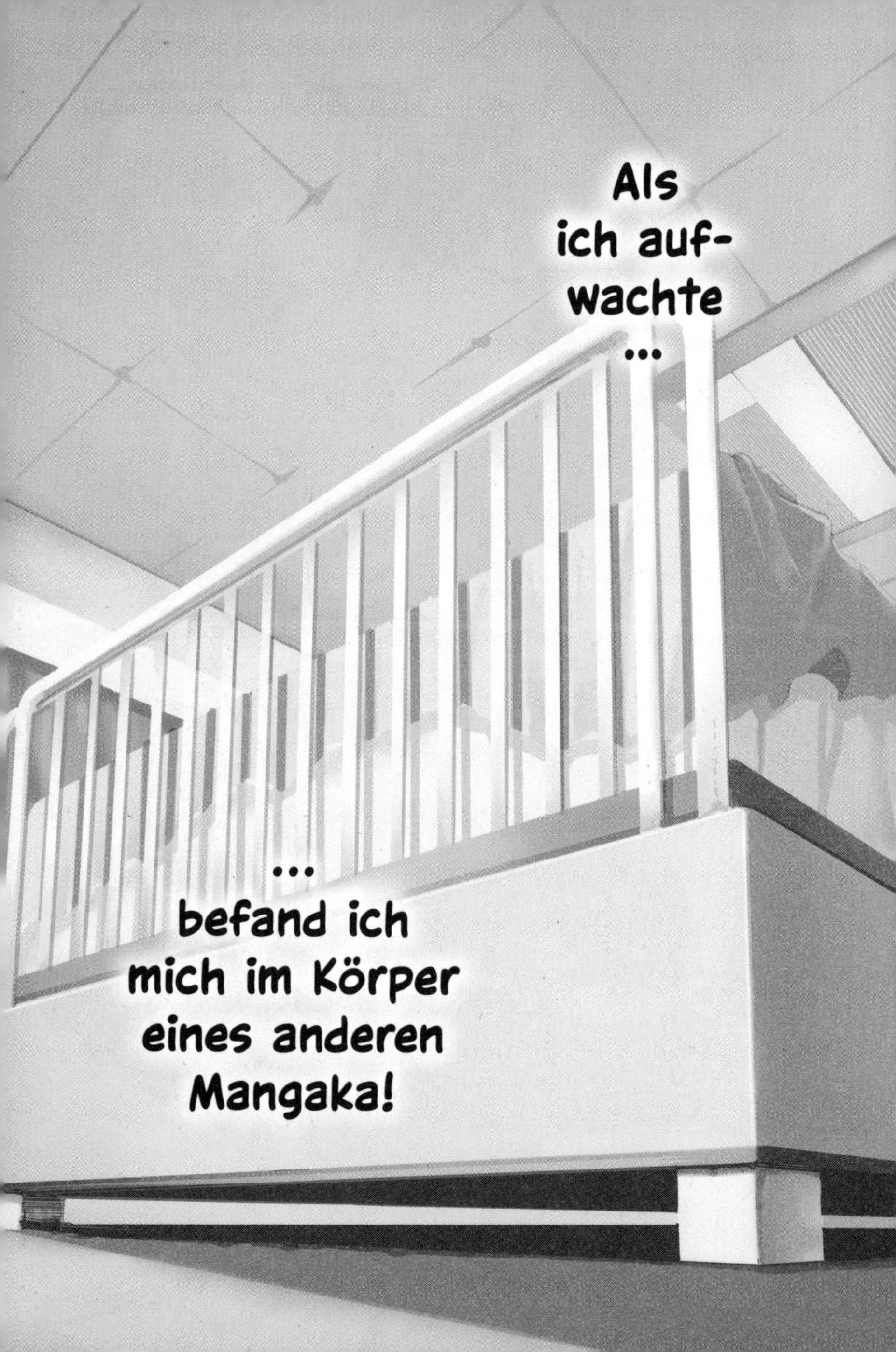
Als
ich auf-
wachte
...
...
befand ich
mich im Körper
eines anderen
Mangaka!

Kapitel 1: Die zwei Mangaka

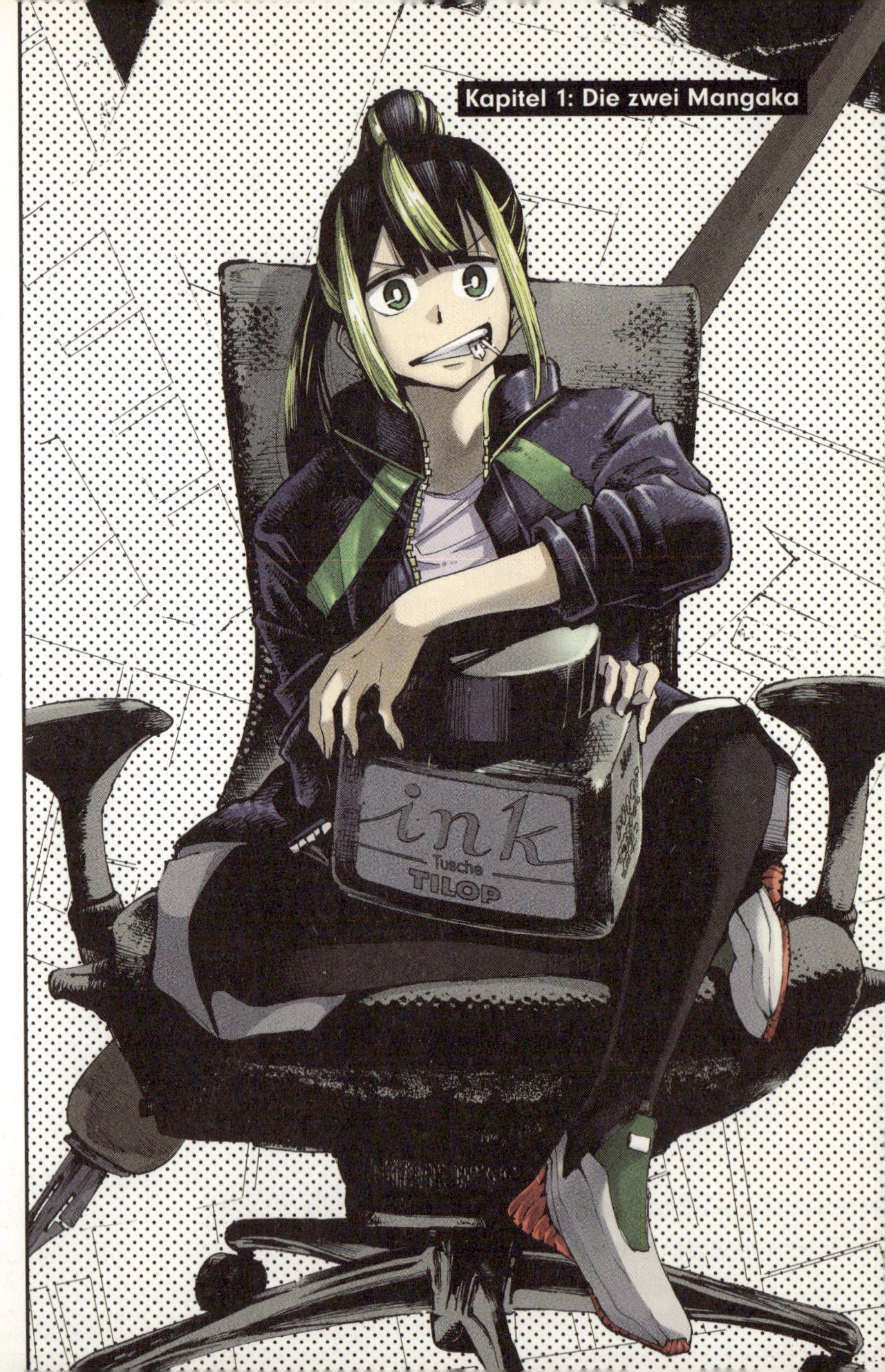

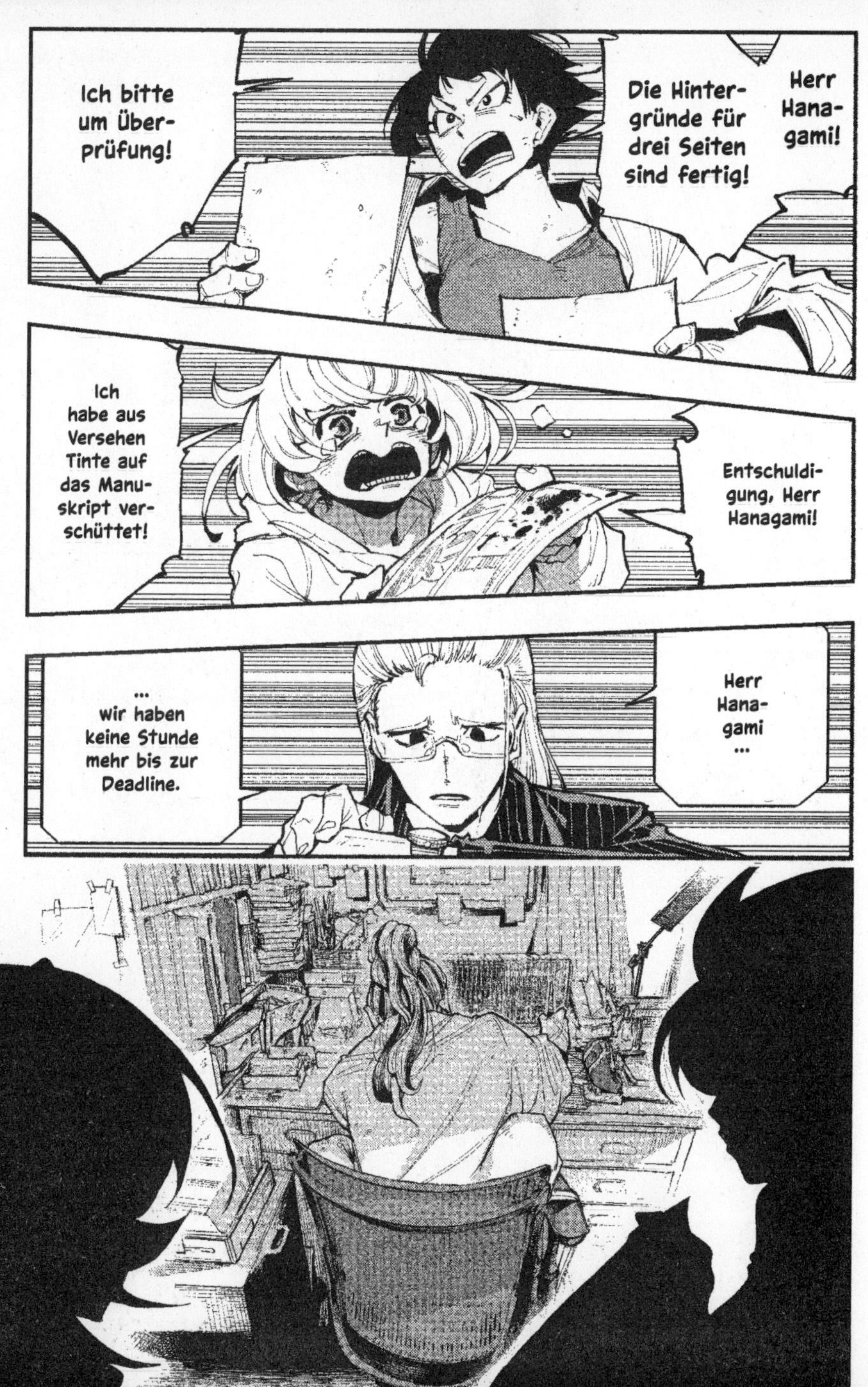

Herr Hanagami!
Die Hintergründe für drei Seiten sind fertig!
Ich bitte um Überprüfung!
Entschuldigung, Herr Hanagami!
Ich habe aus Versehen Tinte auf das Manuskript verschüttet!
Herr Hanagami ...
... wir haben keine Stunde mehr bis zur Deadline.

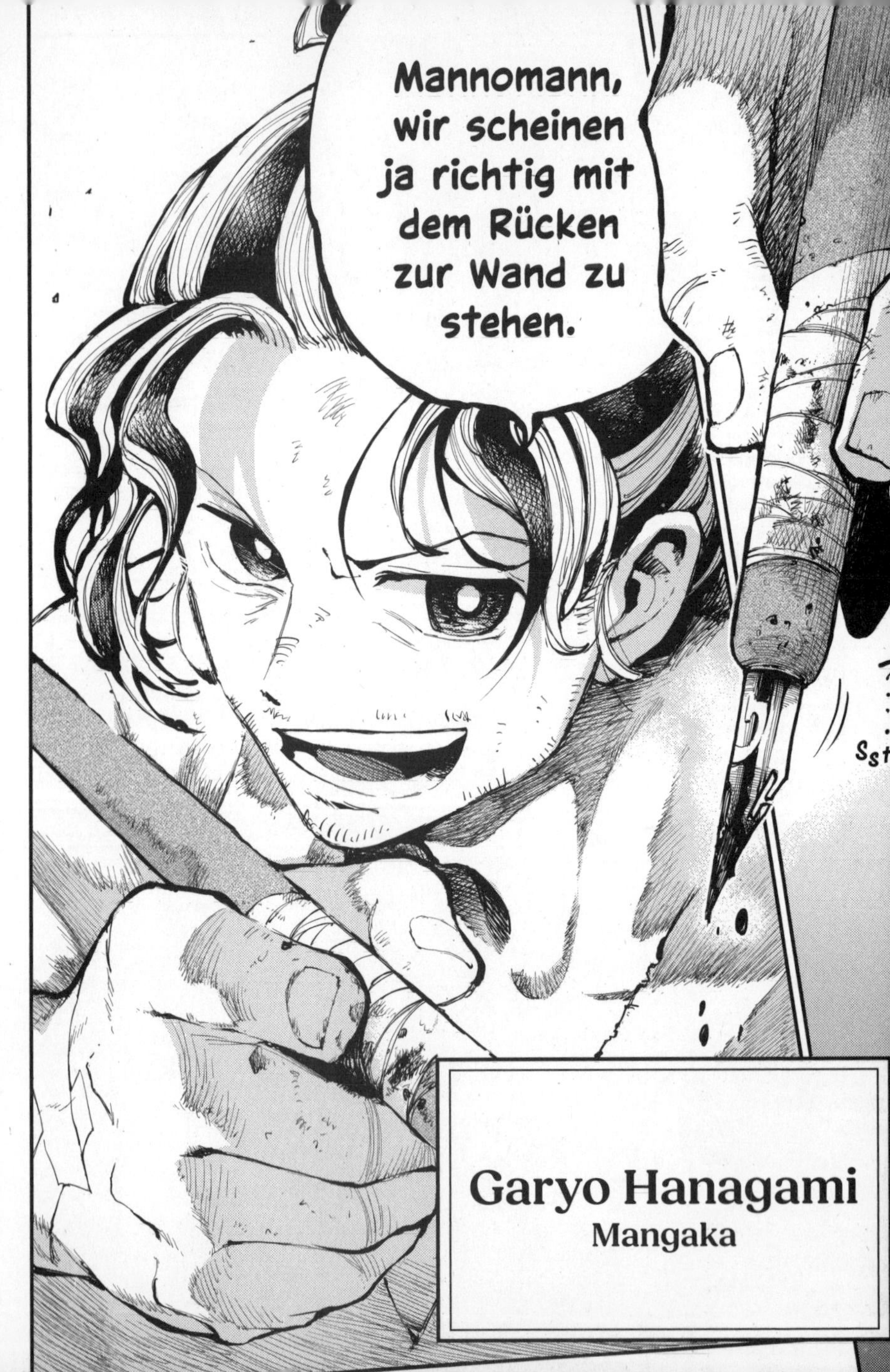
Mannomann, wir scheinen ja richtig mit dem Rücken zur Wand zu stehen.
Sst
Garyo Hanagami
Mangaka

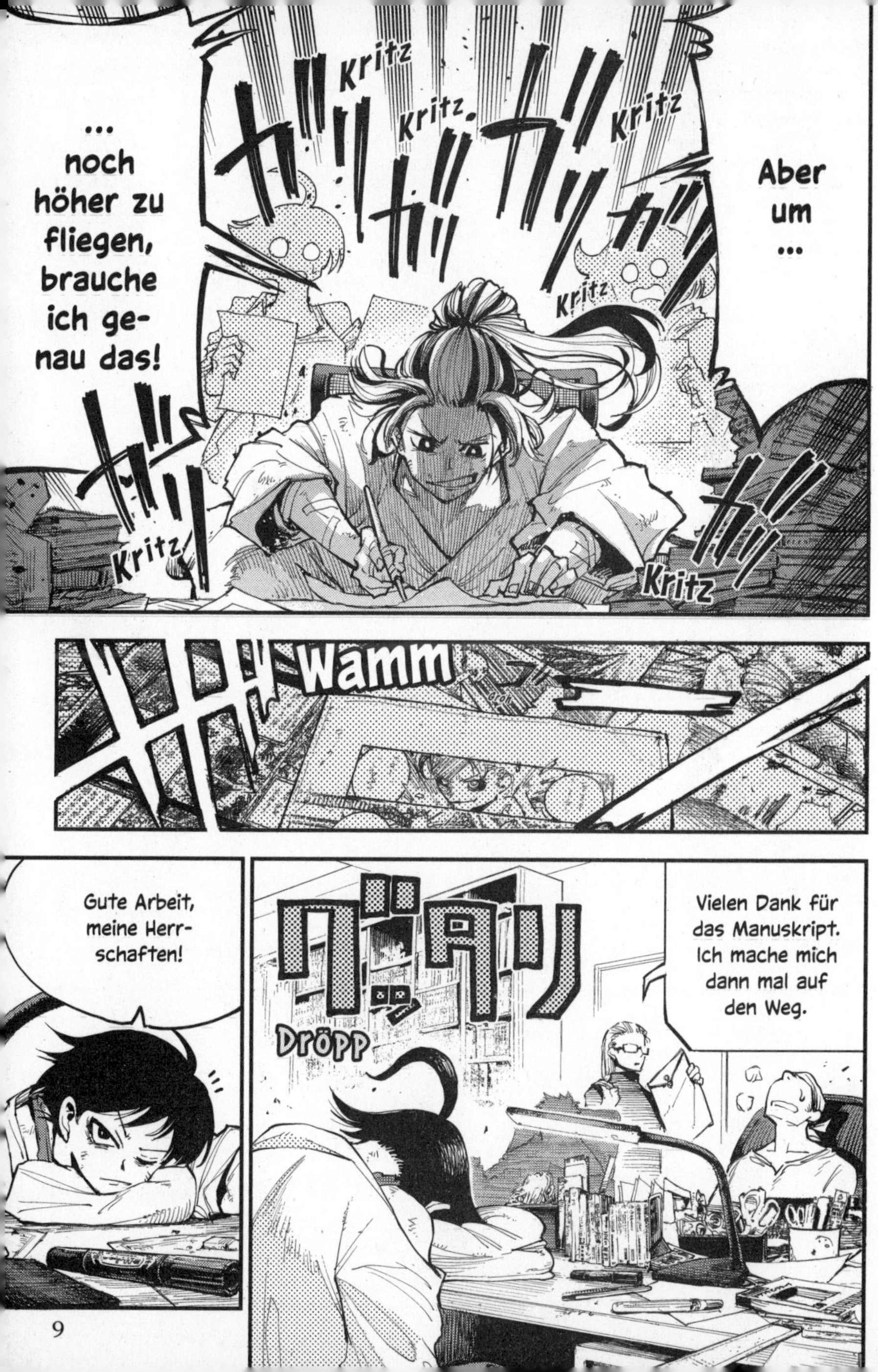

Kritz

Kritz

Kritz

Aber um ...

... noch höher zu fliegen, brauche ich genau das!

Kritz

Kritz

Kritz

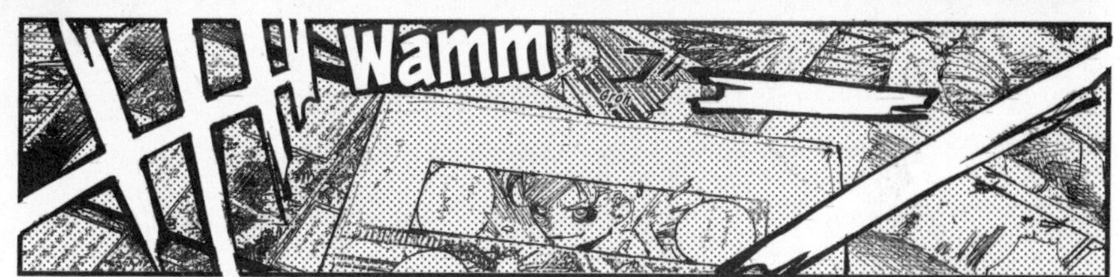

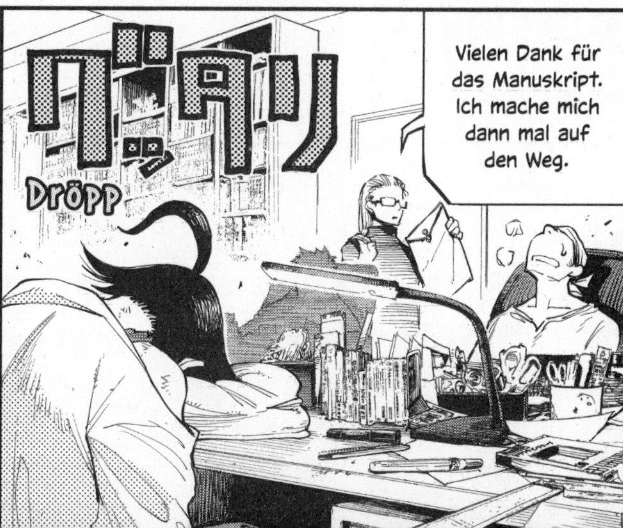

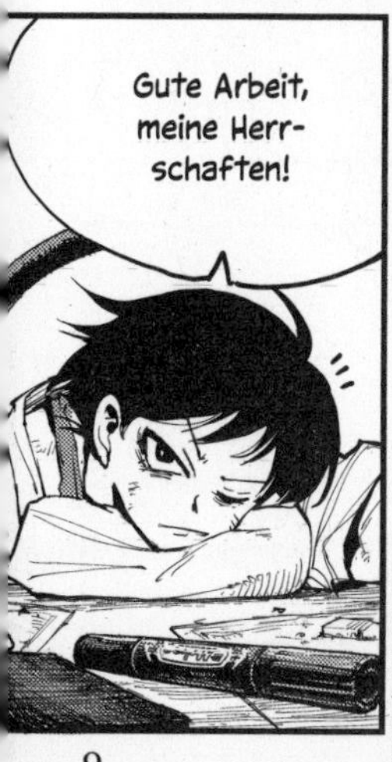

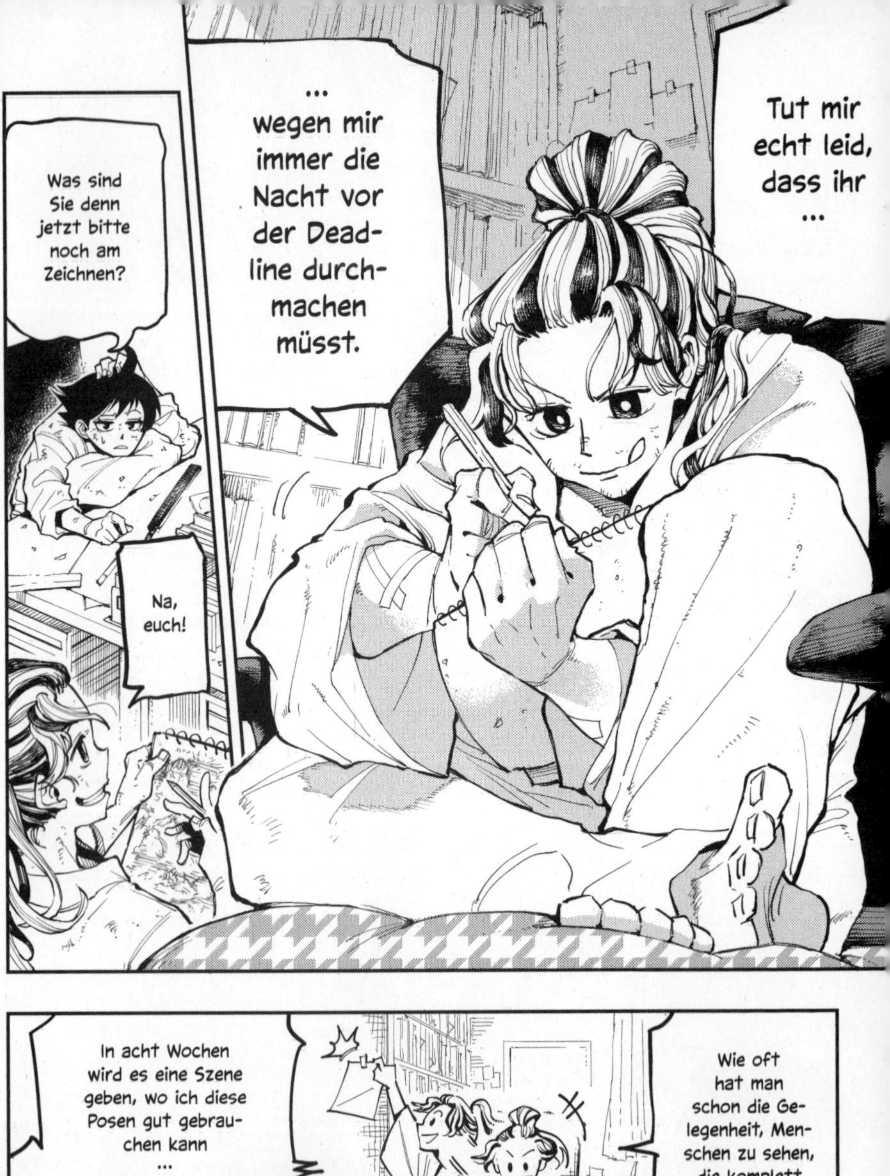

Tut mir echt leid, dass ihr ...

... wegen mir immer die Nacht vor der Deadline durchmachen müsst.

Was sind Sie denn jetzt bitte noch am Zeichnen?

Na, euch!

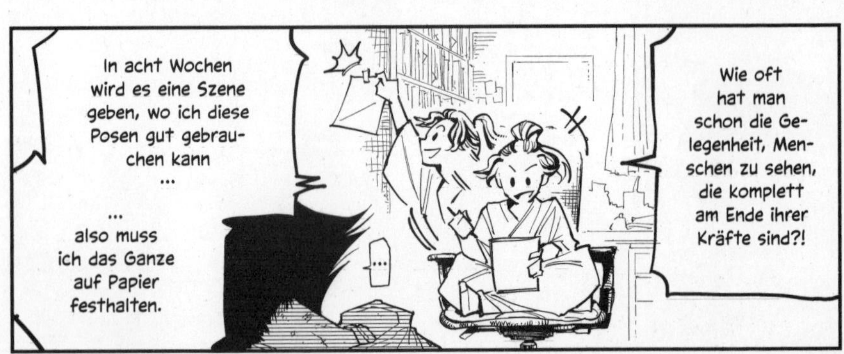

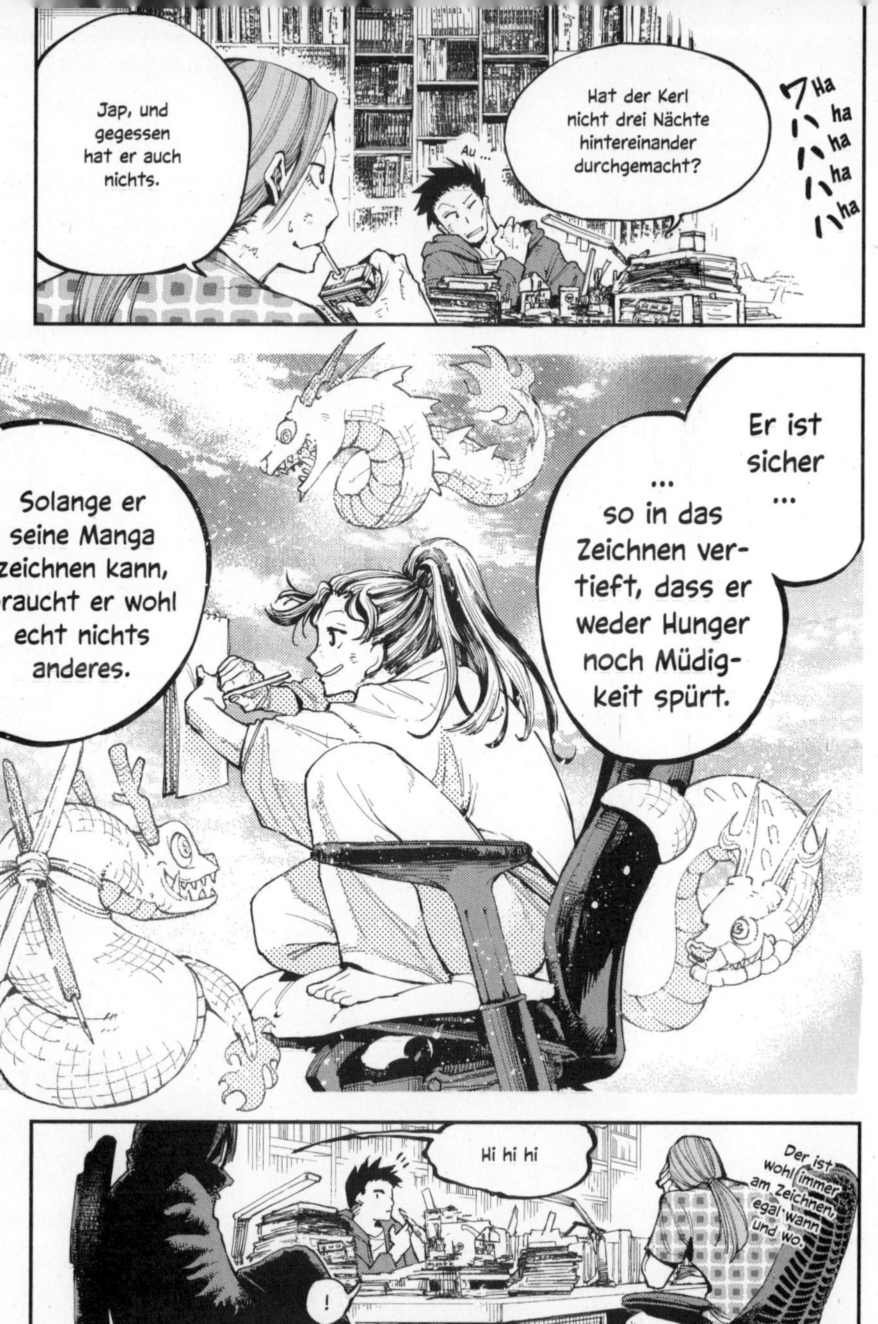
Hat der Kerl nicht drei Nächte hintereinander durchgemacht?
Au ...
Jap, und gegessen hat er auch nichts.
Ha ha ha ha ha
Er ist sicher ... ... so in das Zeichnen vertieft, dass er weder Hunger noch Müdigkeit spürt.
Solange er seine Manga zeichnen kann, braucht er wohl echt nichts anderes.
Der ist wohl immer am Zeichnen, egal wann und wo.
Hi hi hi
!

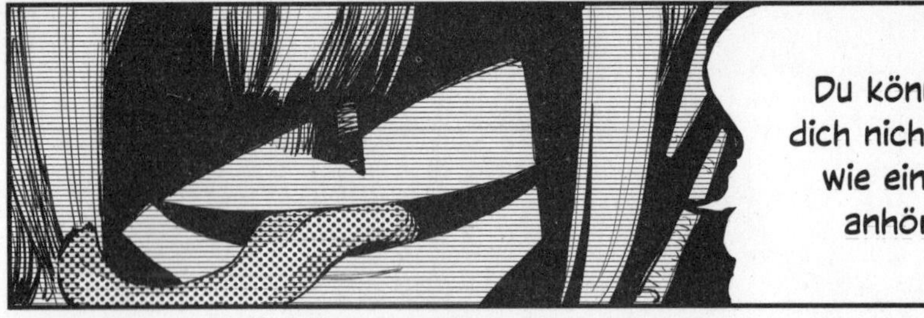

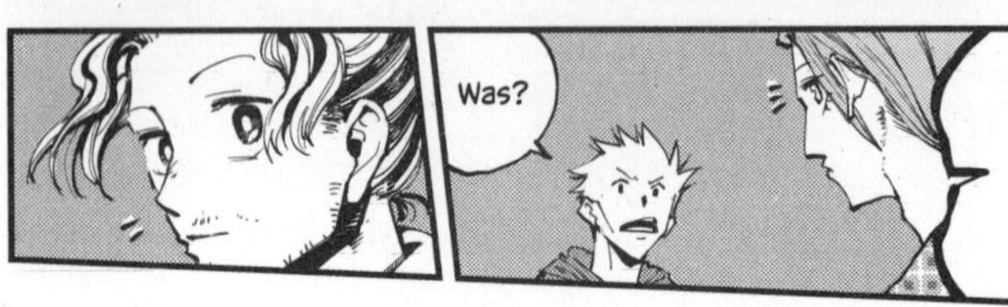

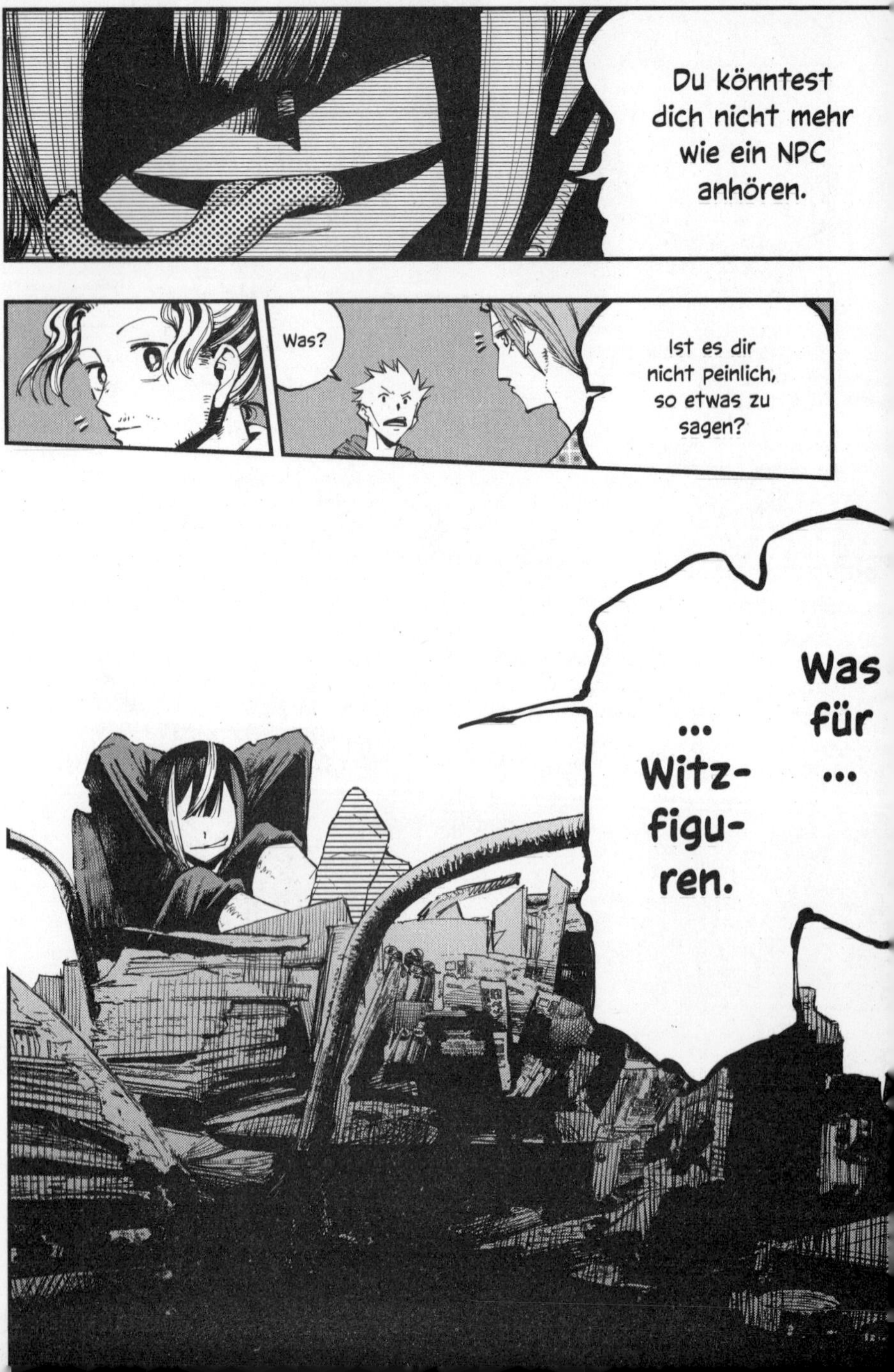

Was für … … Witzfiguren.

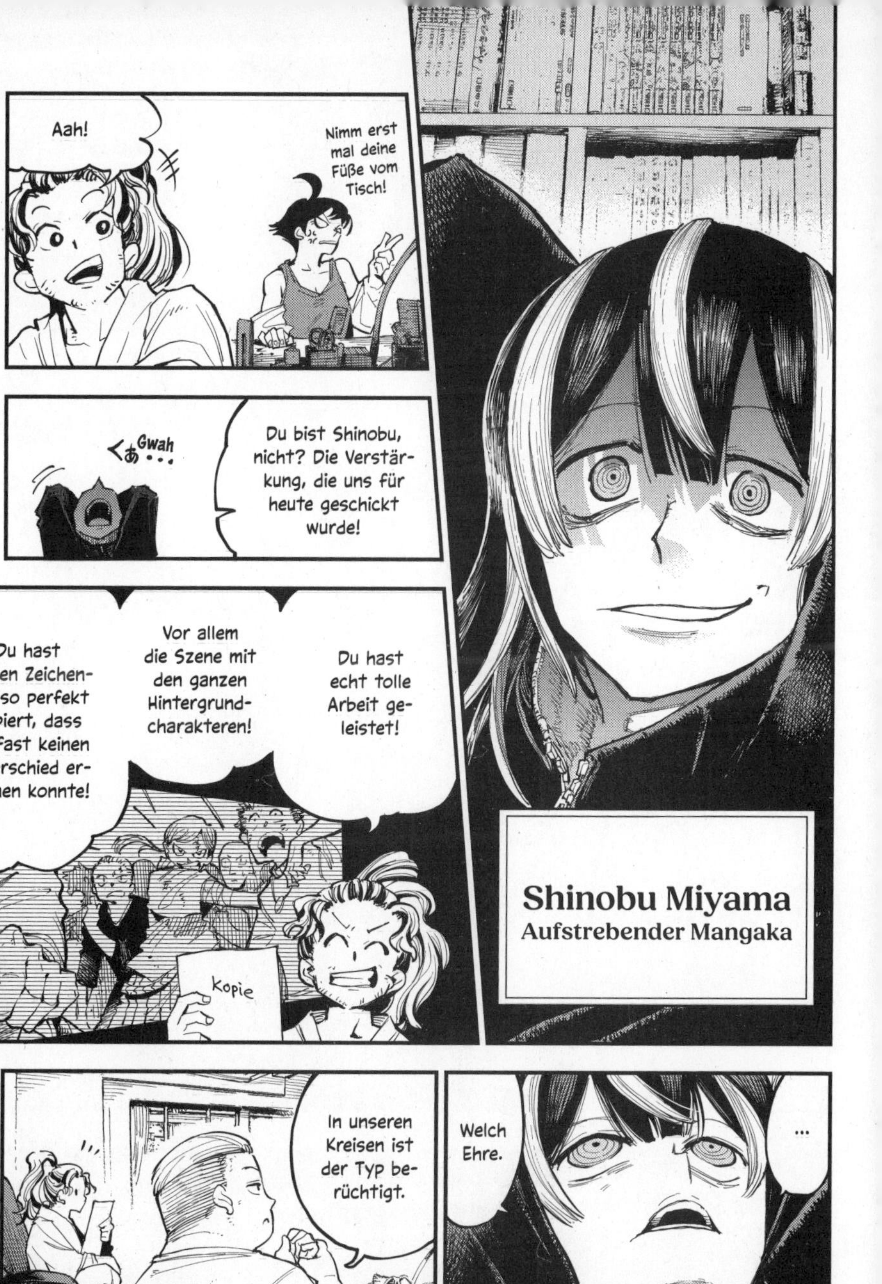

Shinobu Miyama
Aufstrebender Mangaka

Nimm erst mal deine Füße vom Tisch!
Aah!

Du bist Shinobu, nicht? Die Verstärkung, die uns für heute geschickt wurde!
くあ Gwah...

Du hast echt tolle Arbeit geleistet!
Vor allem die Szene mit den ganzen Hintergrundcharakteren!
Du hast meinen Zeichenstil so perfekt kopiert, dass ich fast keinen Unterschied erkennen konnte!
Kopie

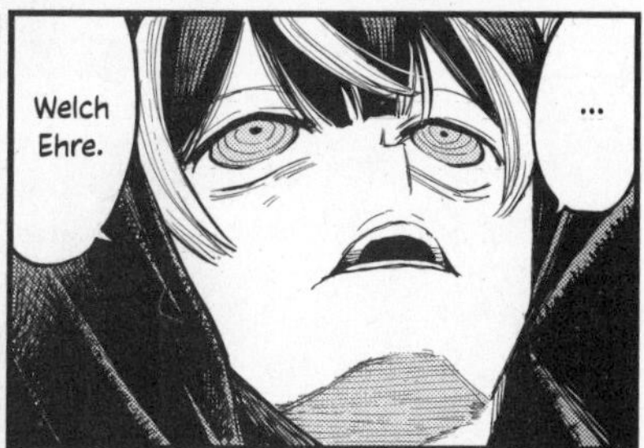

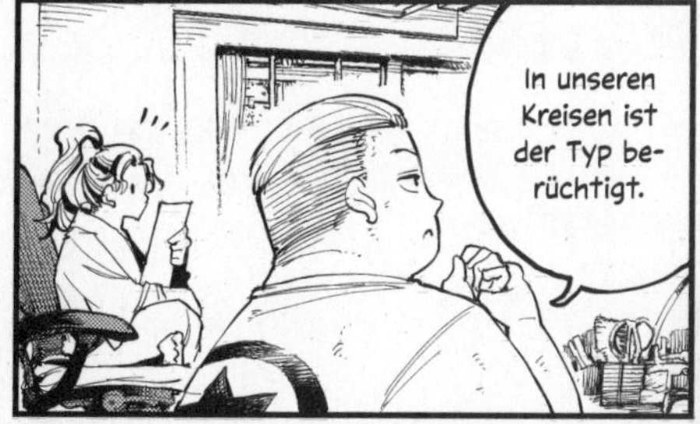

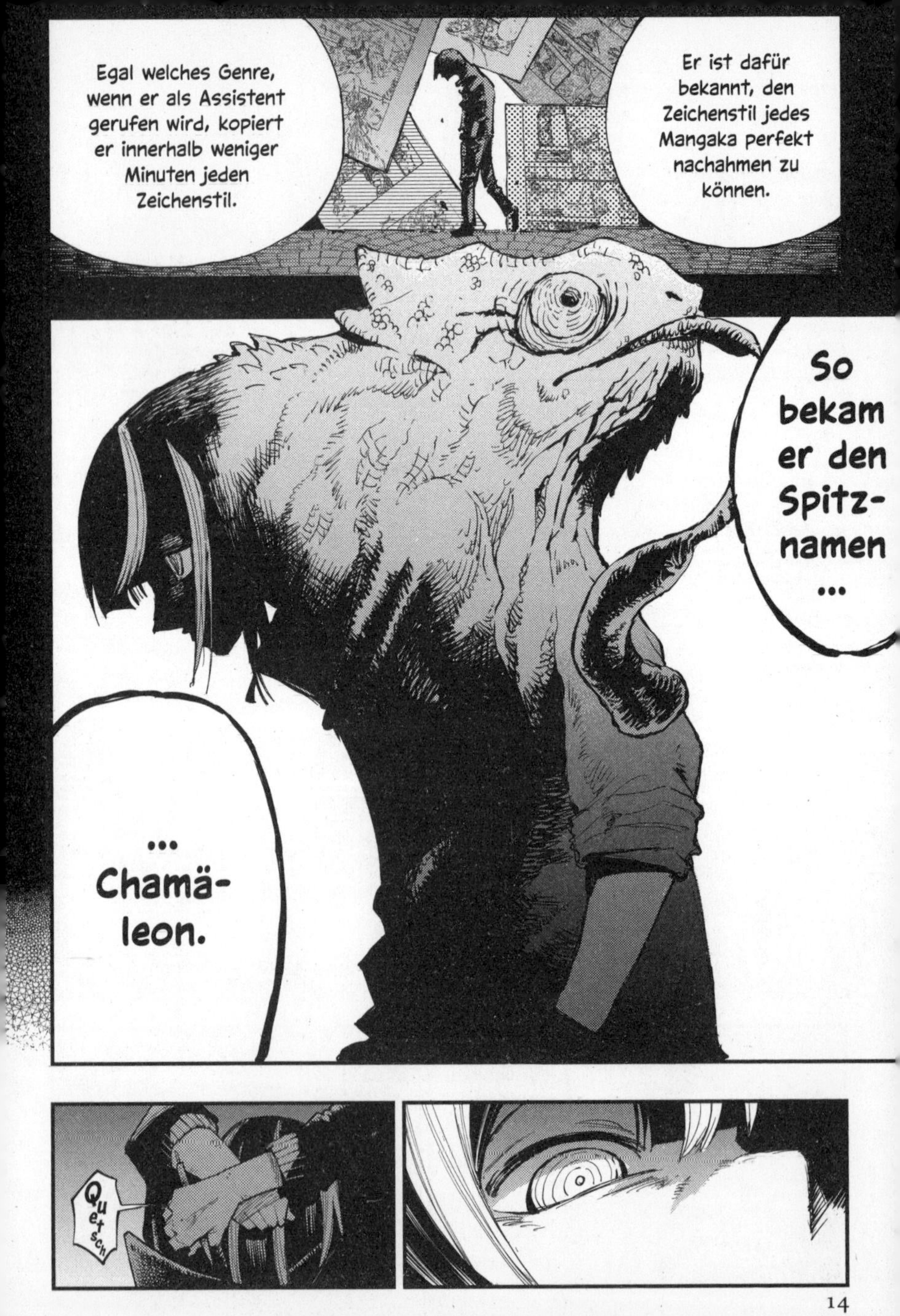

Er ist dafür bekannt, den Zeichenstil jedes Mangaka perfekt nachahmen zu können.

Egal welches Genre, wenn er als Assistent gerufen wird, kopiert er innerhalb weniger Minuten jeden Zeichenstil.

So bekam er den Spitznamen …

… Chamäleon.

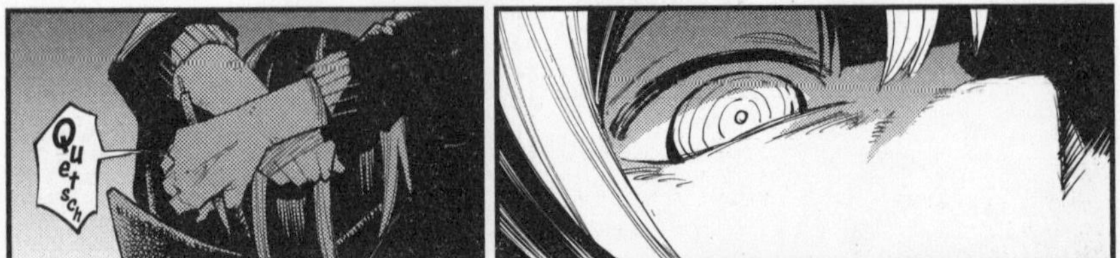

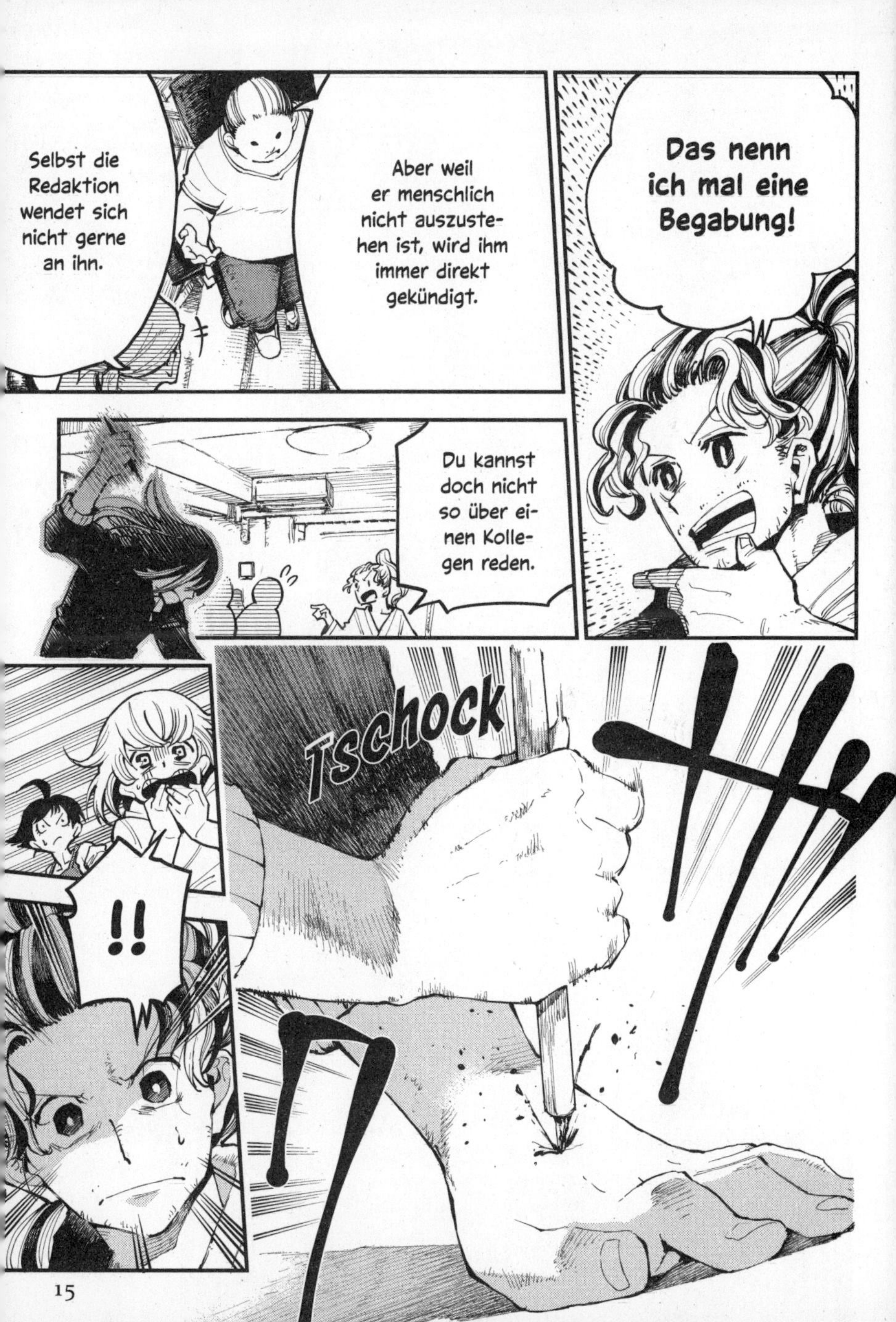
Das nenn ich mal eine Begabung!
Aber weil er menschlich nicht auszustehen ist, wird ihm immer direkt gekündigt.
Selbst die Redaktion wendet sich nicht gerne an ihn.
Du kannst doch nicht so über einen Kollegen reden.
Tschock
!!

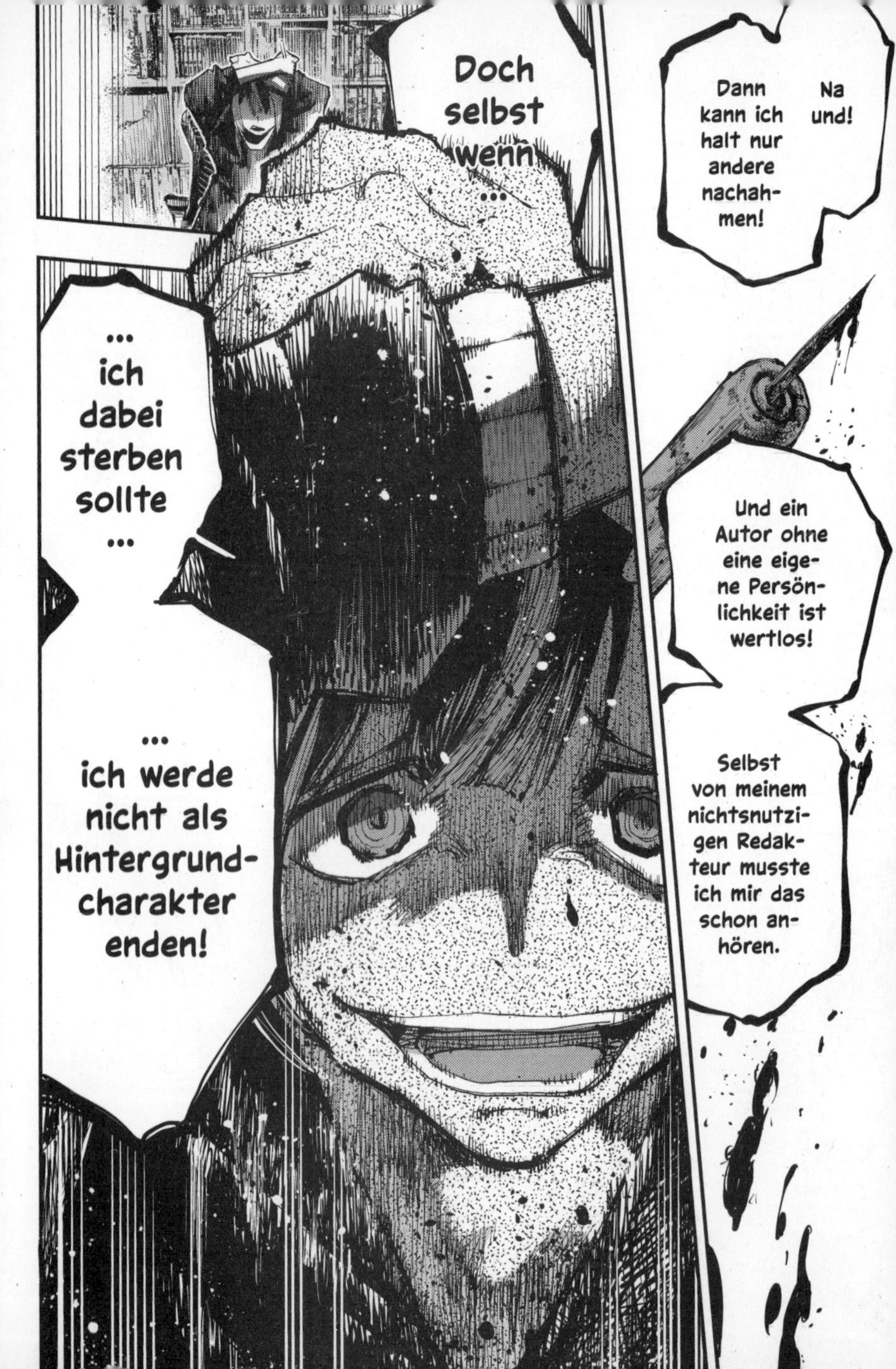
Na und!
Dann kann ich halt nur andere nachahmen!
Und ein Autor ohne eine eigene Persönlichkeit ist wertlos!
Selbst von meinem nichtsnutzigen Redakteur musste ich mir das schon anhören.
Doch selbst wenn …
… ich dabei sterben sollte …
… ich werde nicht als Hintergrundcharakter enden!

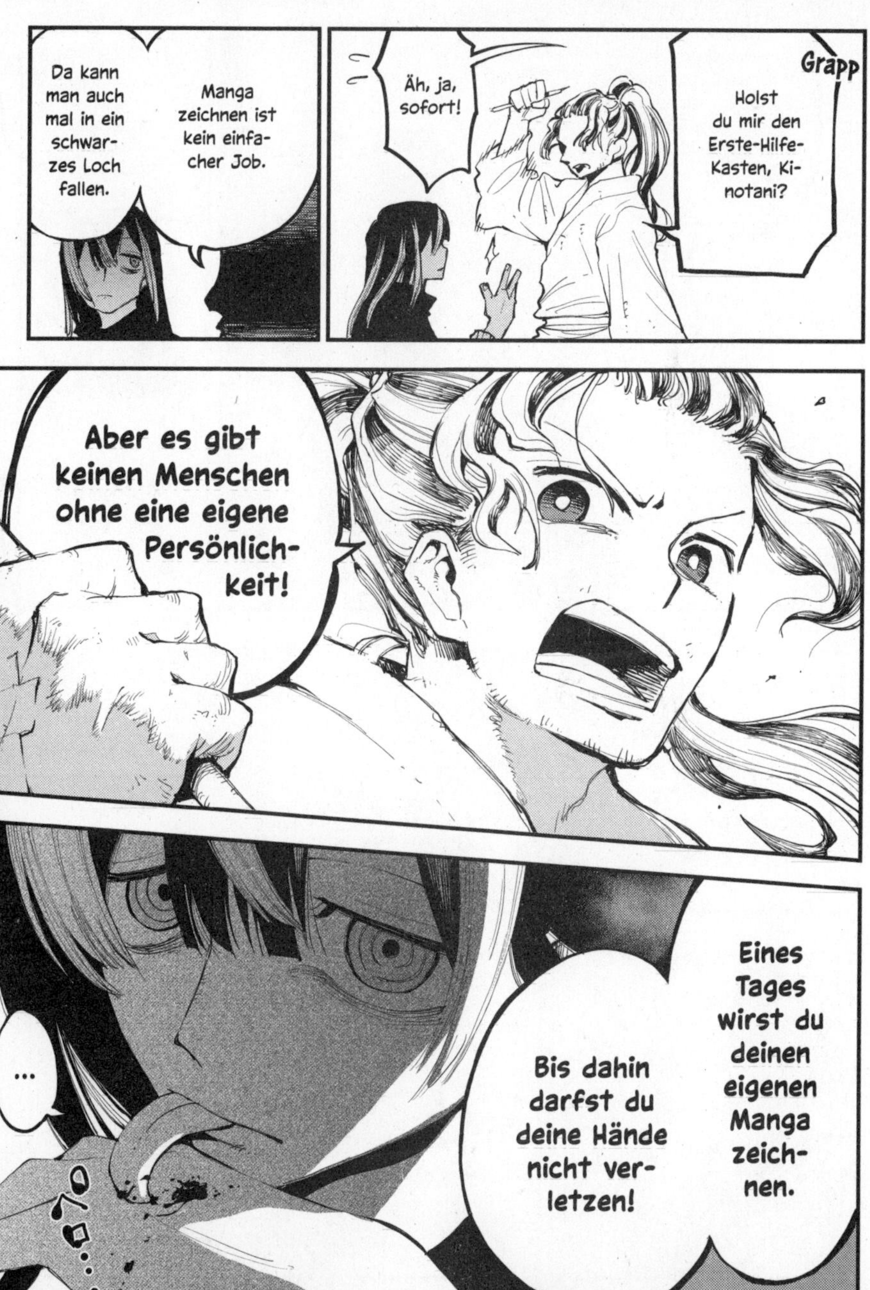
Grapp
Holst du mir den Erste-Hilfe-Kasten, Kinotani?
Äh, ja, sofort!
Manga zeichnen ist kein einfacher Job.
Da kann man auch mal in ein schwarzes Loch fallen.
Aber es gibt keinen Menschen ohne eine eigene Persönlichkeit!
Eines Tages wirst du deinen eigenen Manga zeichnen.
Bis dahin darfst du deine Hände nicht verletzen!
...
Slrp

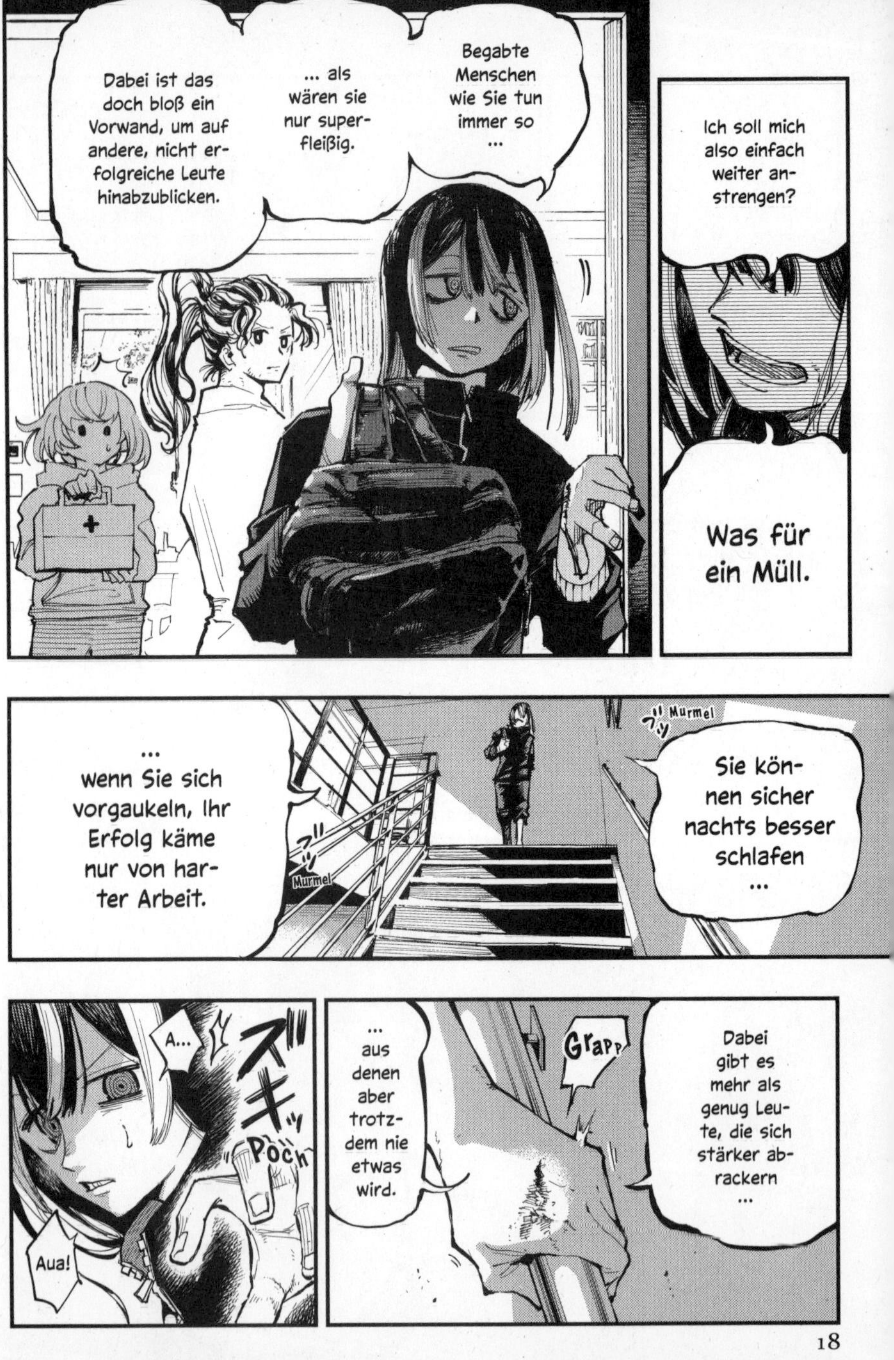

Ich soll mich also einfach weiter anstrengen?

Was für ein Müll.

Begabte Menschen wie Sie tun immer so ...

... als wären sie nur superfleißig.

Dabei ist das doch bloß ein Vorwand, um auf andere, nicht erfolgreiche Leute hinabzublicken.

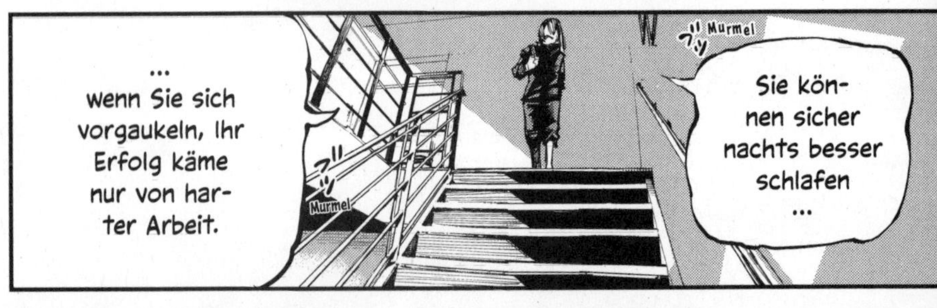

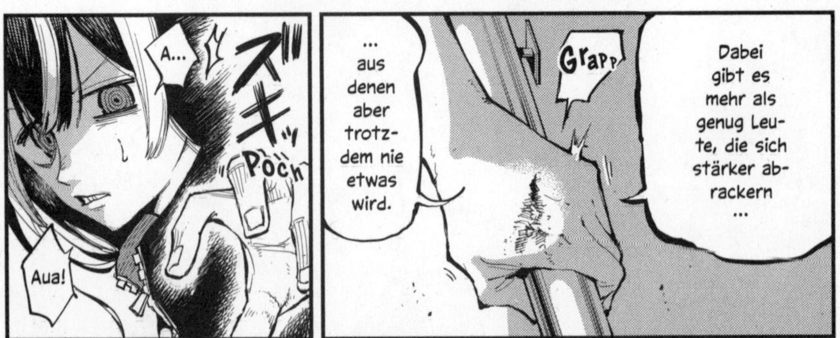

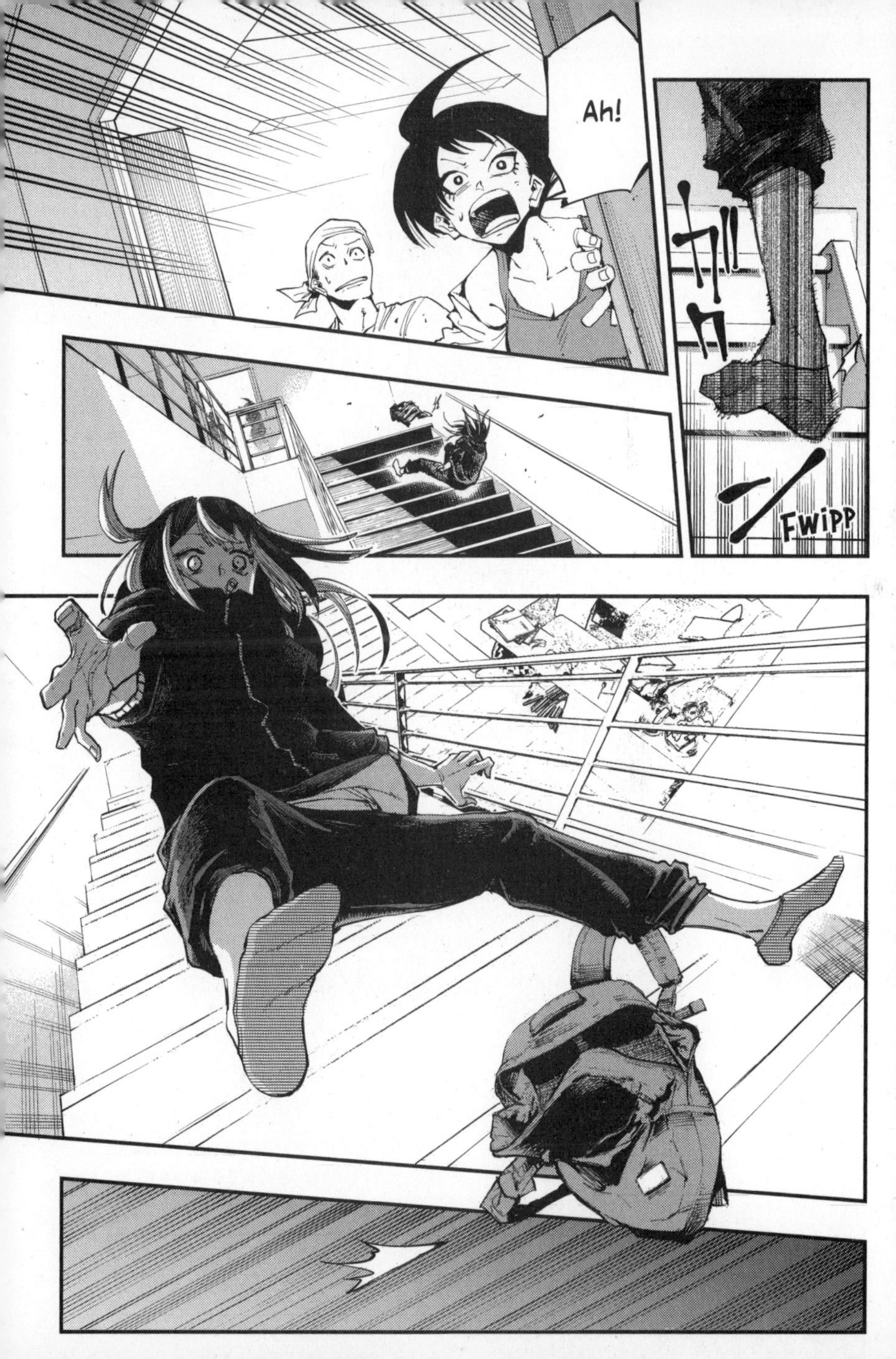
Ah!
FWIPP

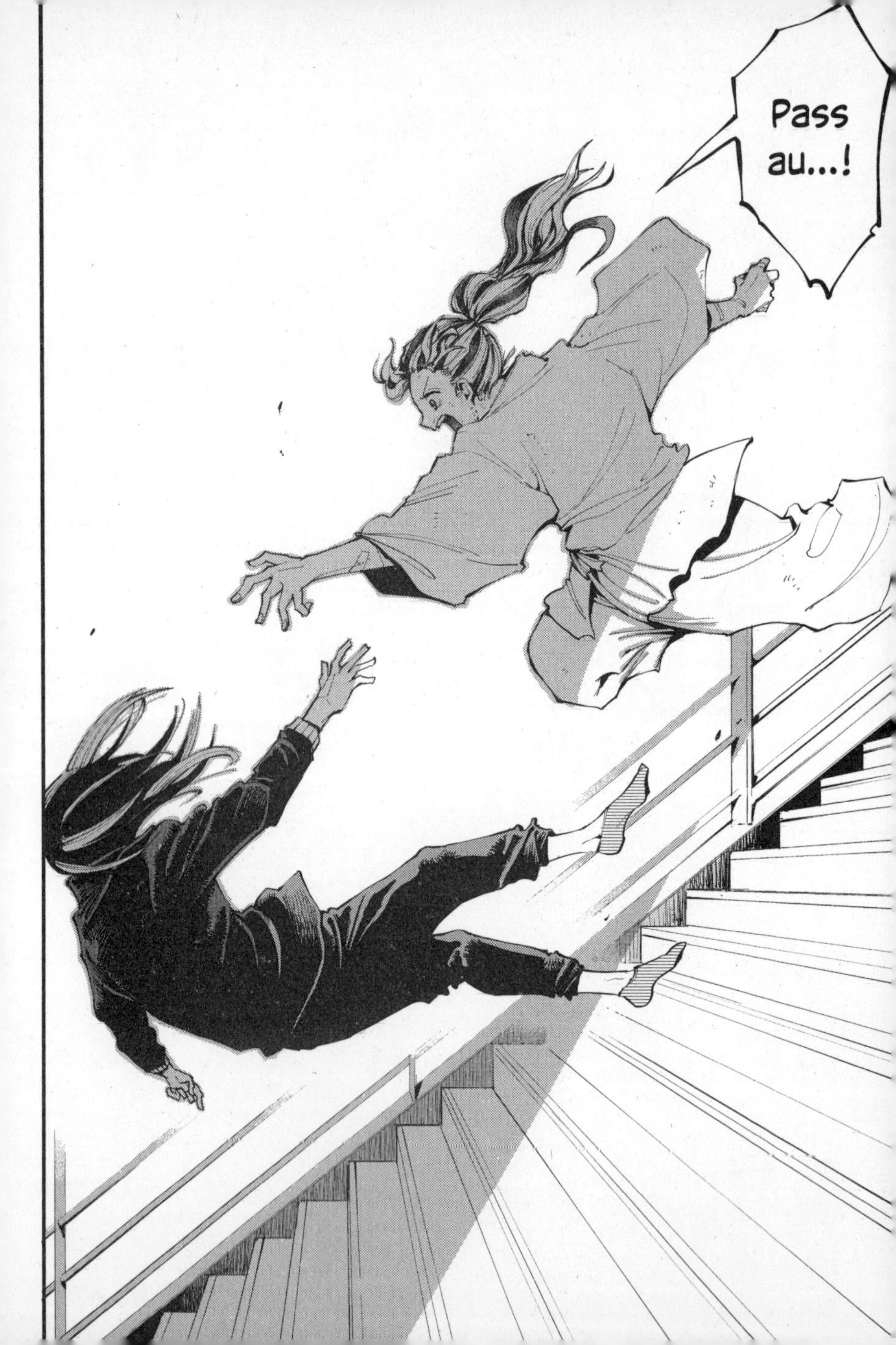
Pass
au...!

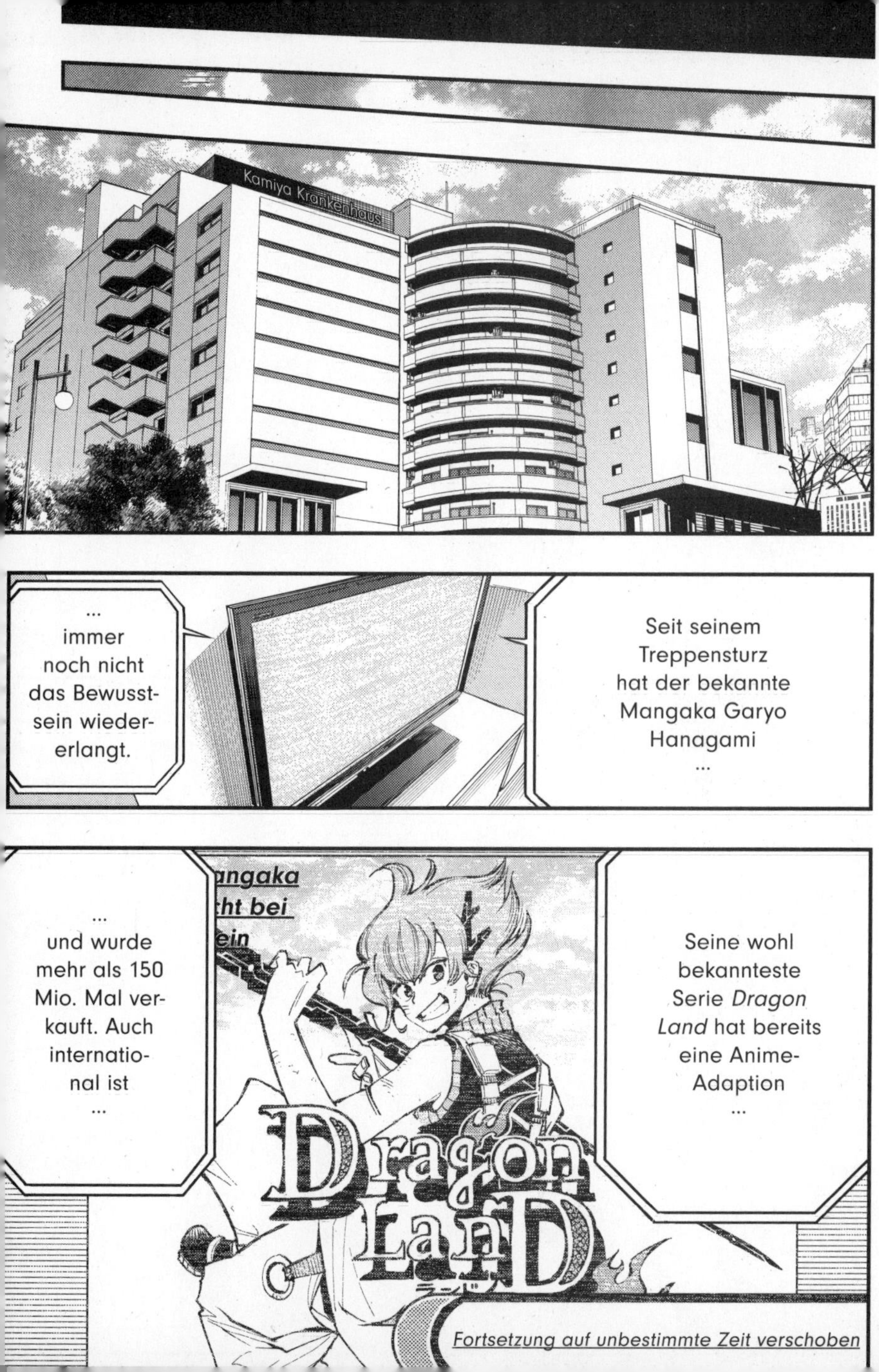

Kamiya Krankenhaus

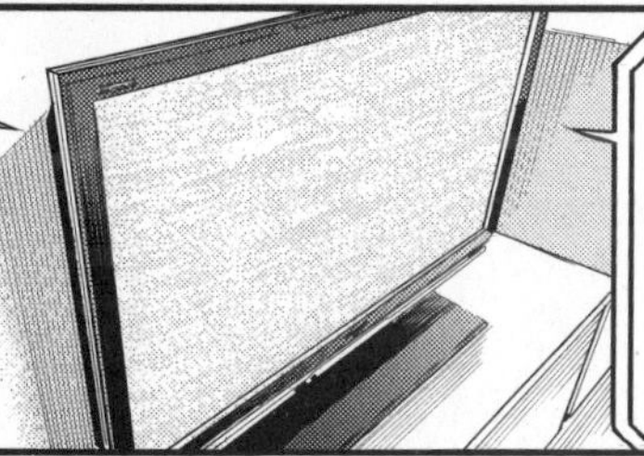

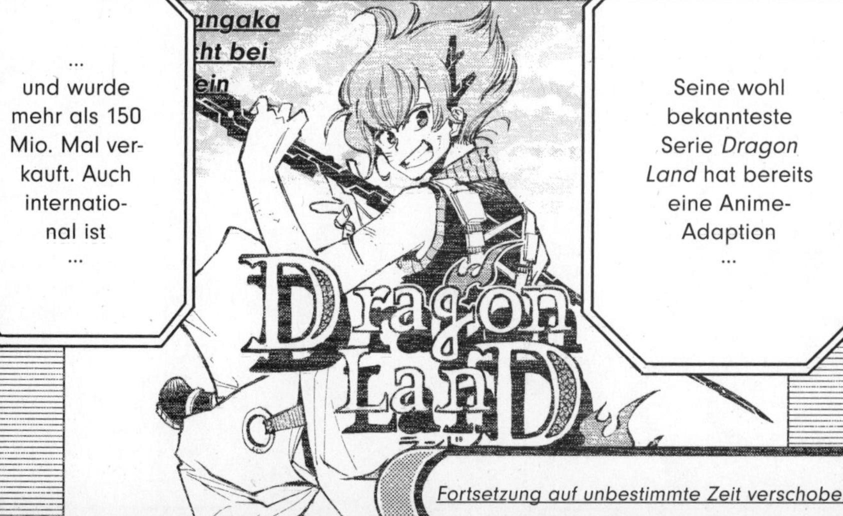

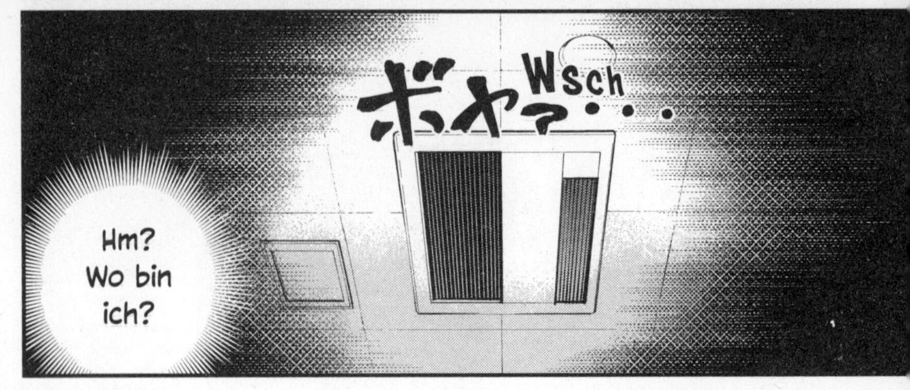

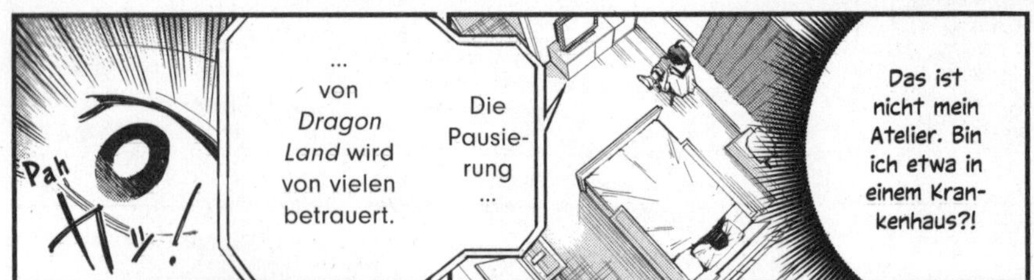

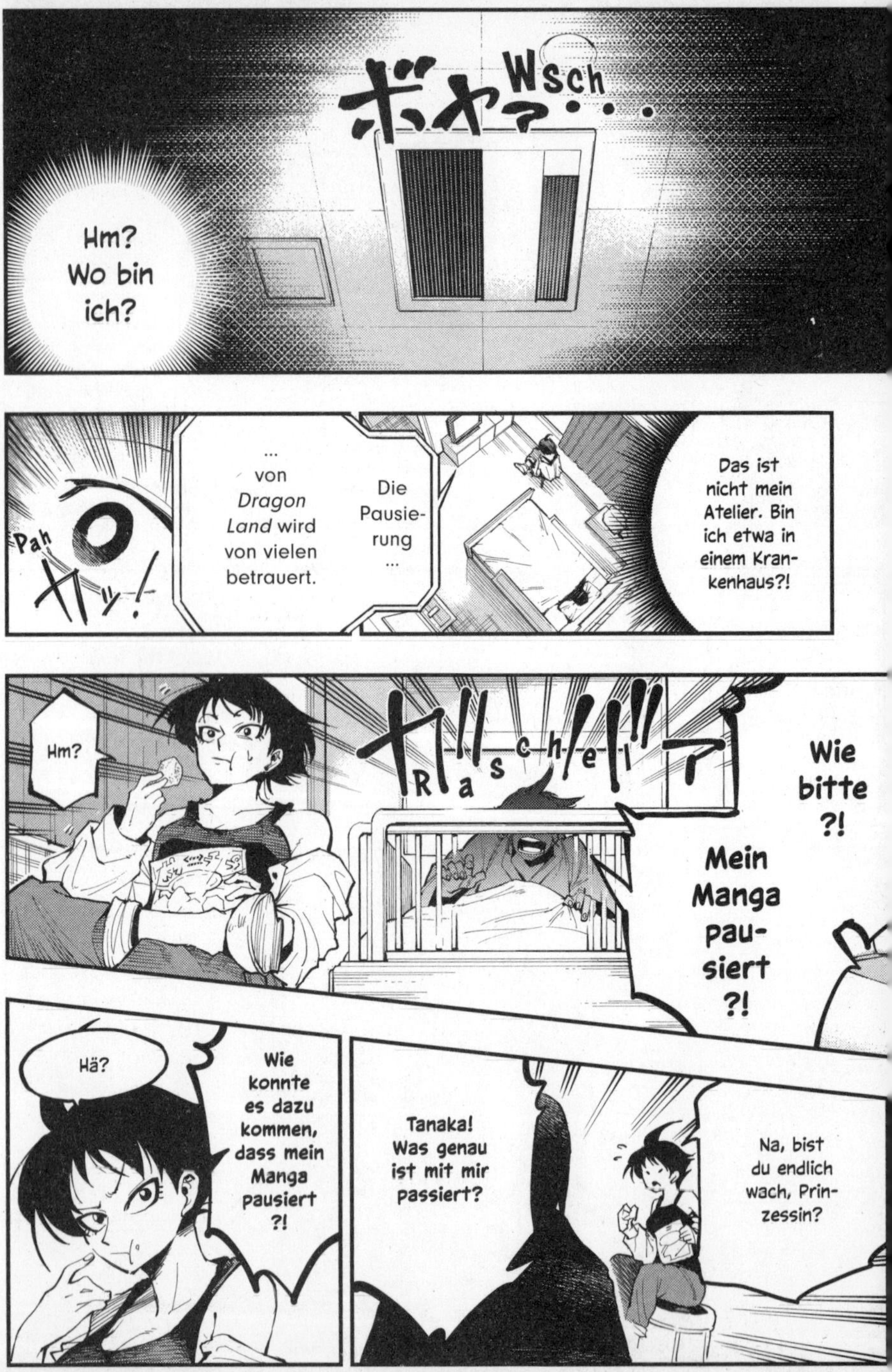

Wie bitte?!

Mein Manga pausiert?!

Raschel

Hm?

Na, bist du endlich wach, Prinzessin?

Tanaka! Was genau ist mit mir passiert?

Wie konnte es dazu kommen, dass mein Manga pausiert?!

Hä?

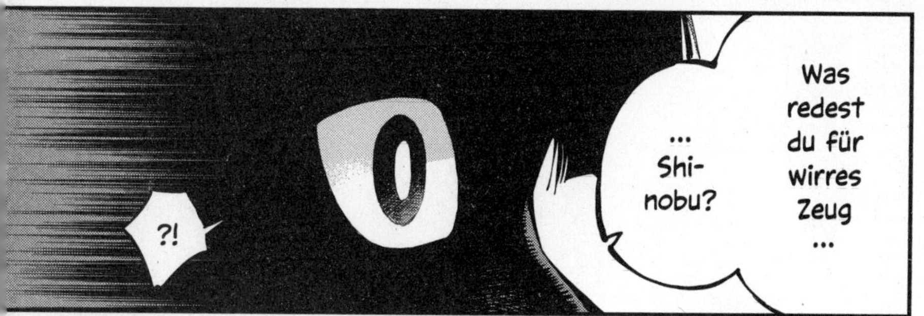

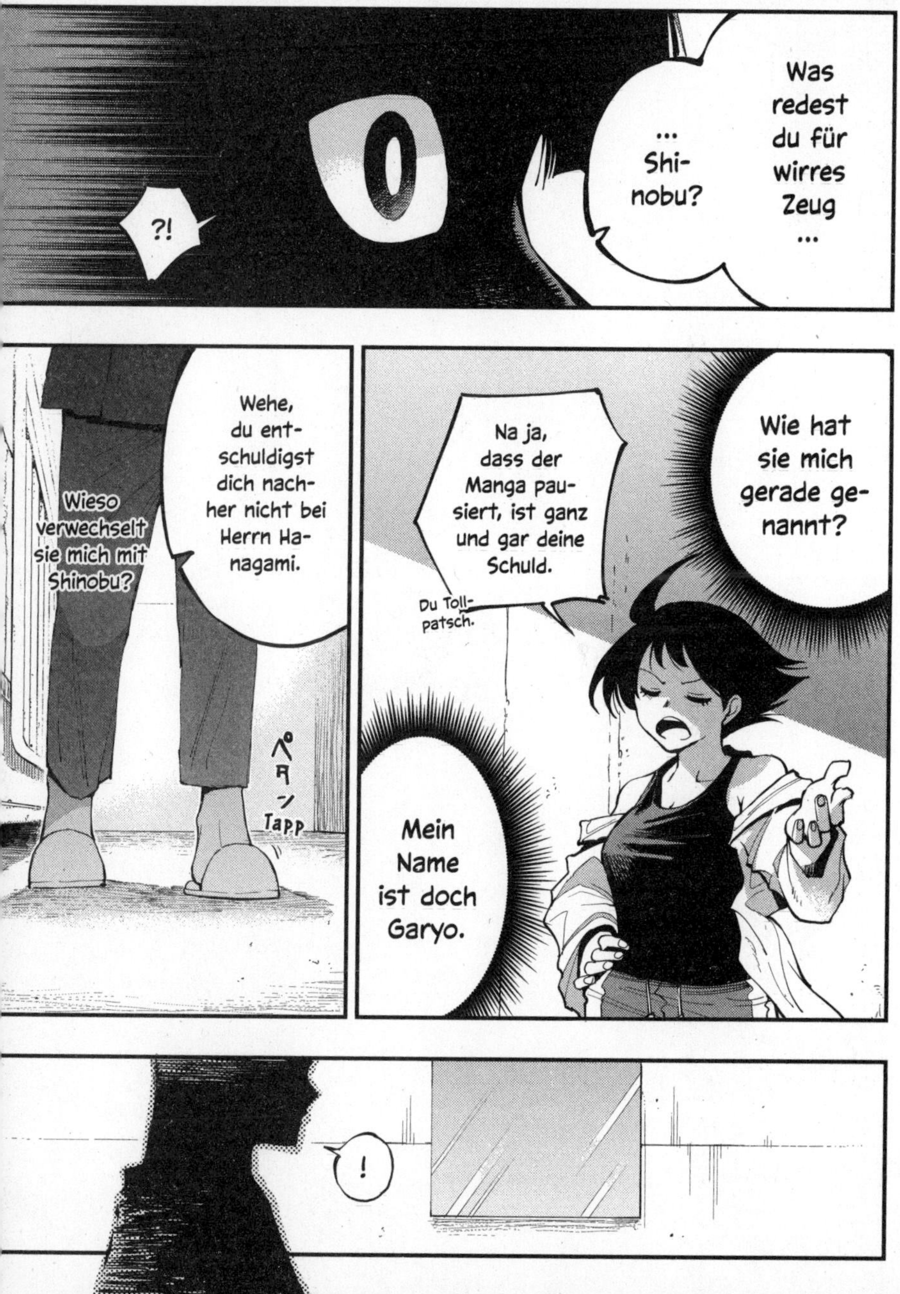

Wie hat sie mich gerade ge-nannt?

Na ja, dass der Manga pau-siert, ist ganz und gar deine Schuld.

Du Toll-patsch.

Mein Name ist doch Garyo.

Wehe, du ent-schuldigst dich nach-her nicht bei Herrn Ha-nagami.

Wieso verwechselt sie mich mit Shinobu?

ペタン

Tapp

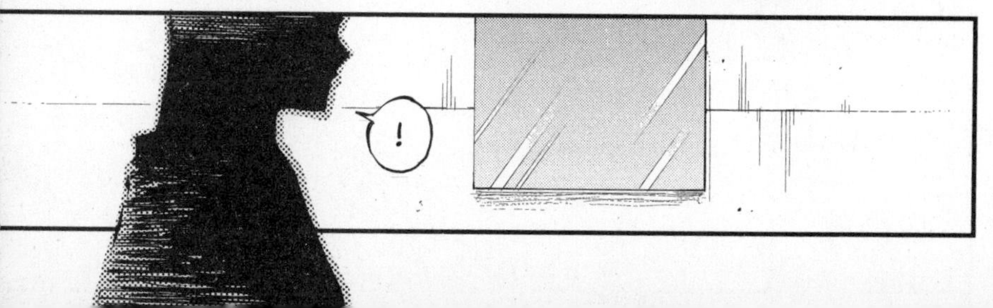

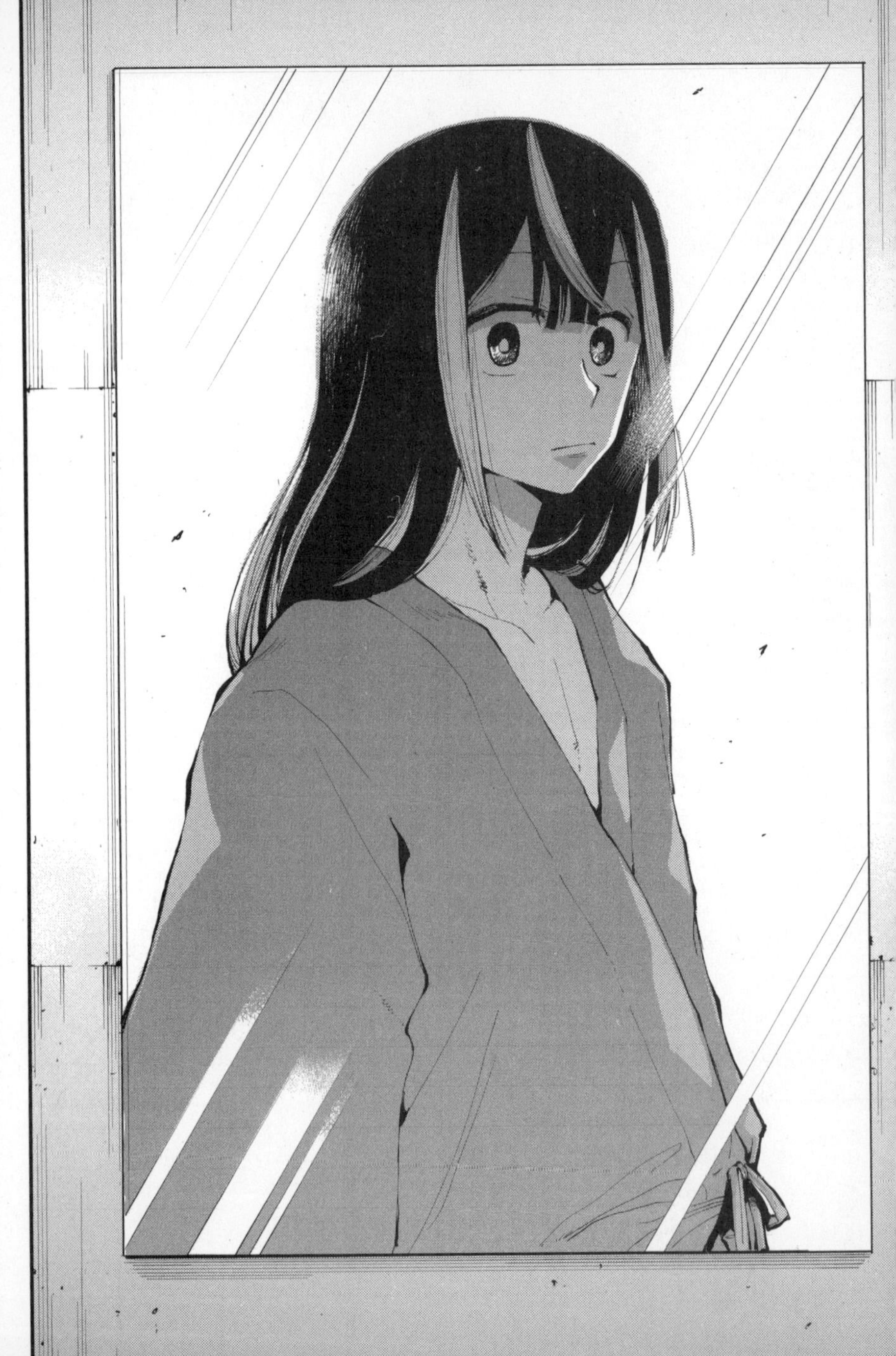

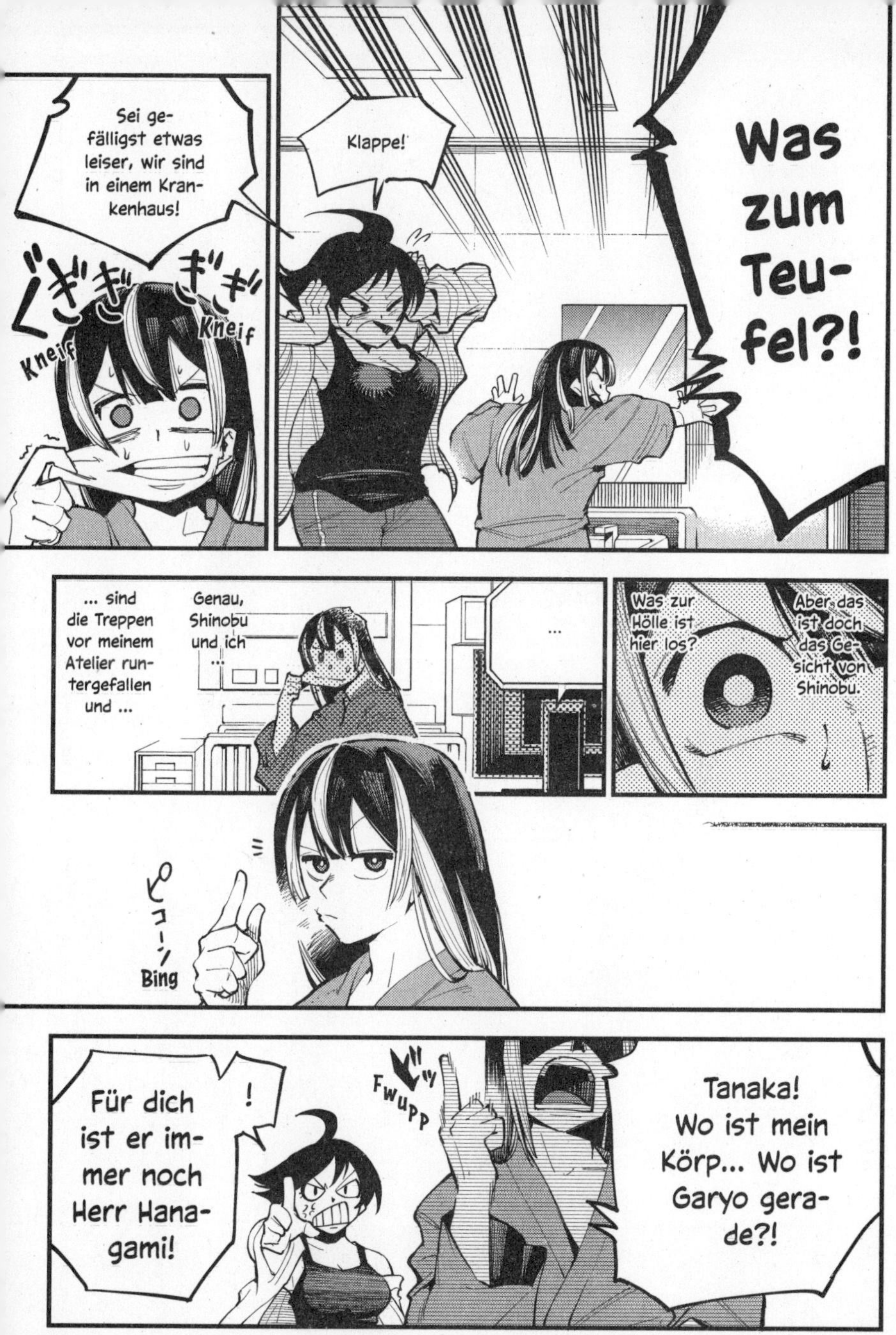

Was zum Teufel?!

Klappe!

Sei gefälligst etwas leiser, wir sind in einem Krankenhaus!

Kneif

Kneif

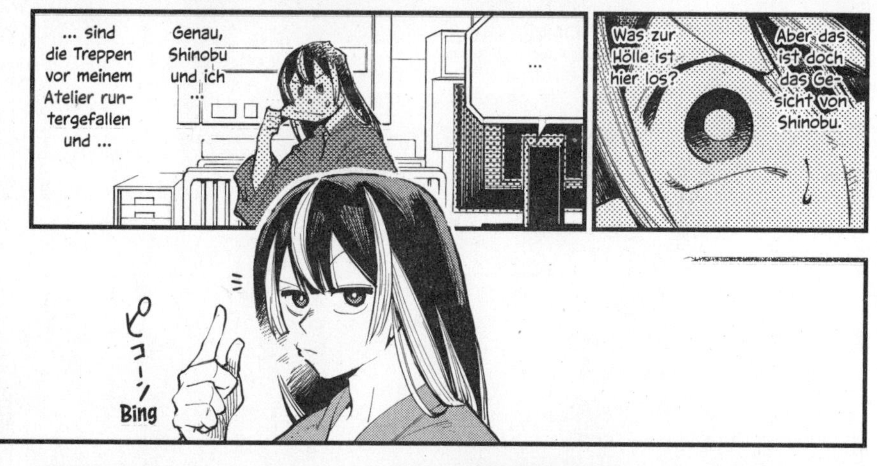

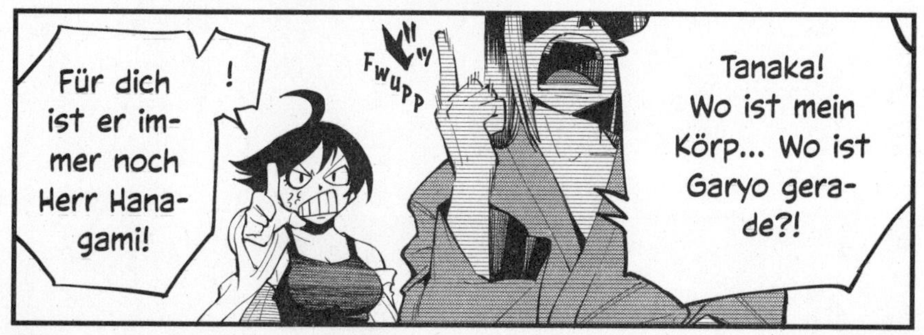

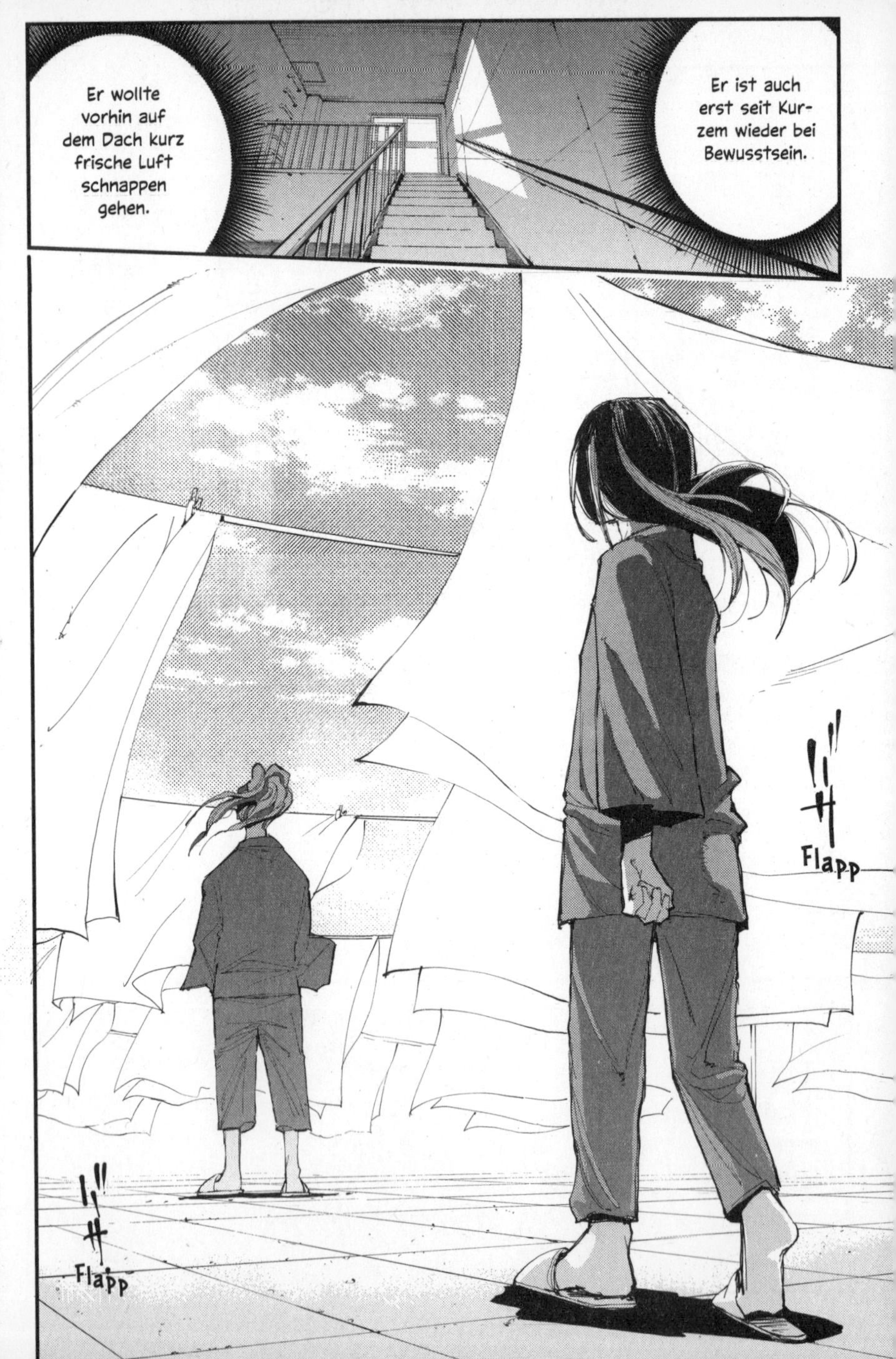
Er ist auch erst seit Kurzem wieder bei Bewusstsein.
Er wollte vorhin auf dem Dach kurz frische Luft schnappen gehen.
Flapp
Flapp

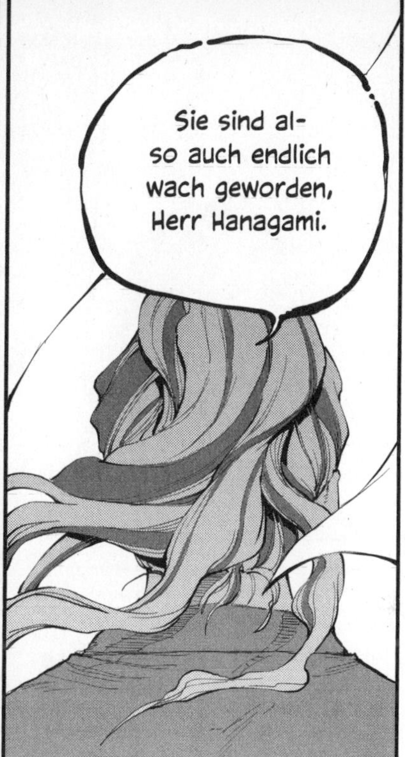
Sie sind also auch endlich wach geworden, Herr Hanagami.

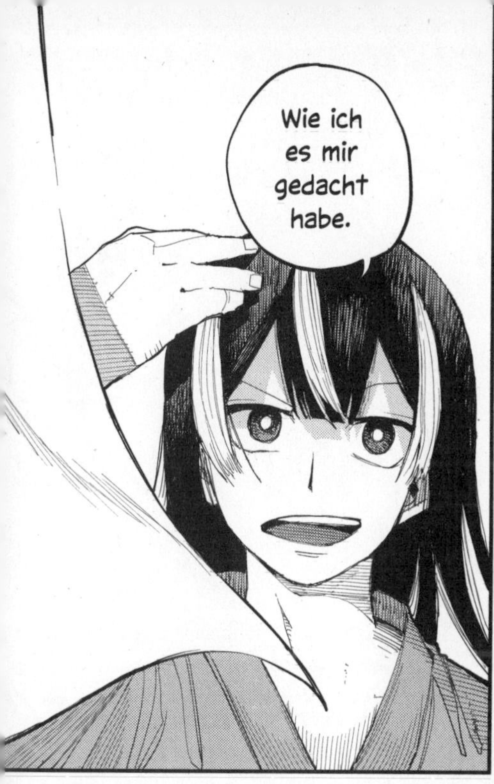
Wie ich es mir gedacht habe.

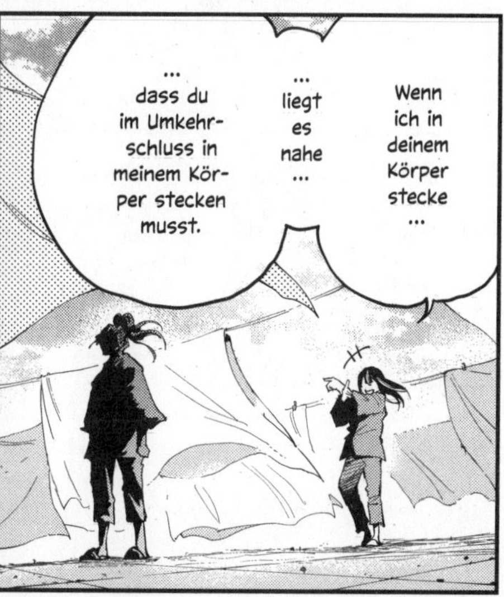
Wenn ich in deinem Körper stecke ...
... liegt es nahe ...
... dass du im Umkehrschluss in meinem Körper stecken musst.

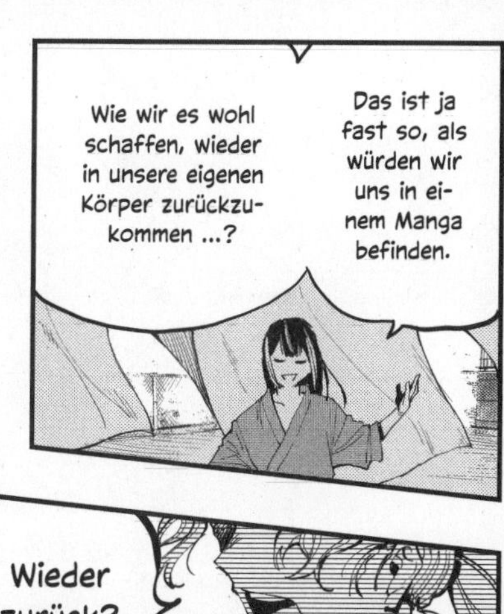
Das ist ja fast so, als würden wir uns in einem Manga befinden.
Wie wir es wohl schaffen, wieder in unsere eigenen Körper zurückzukommen ...?
Wieder zurück?

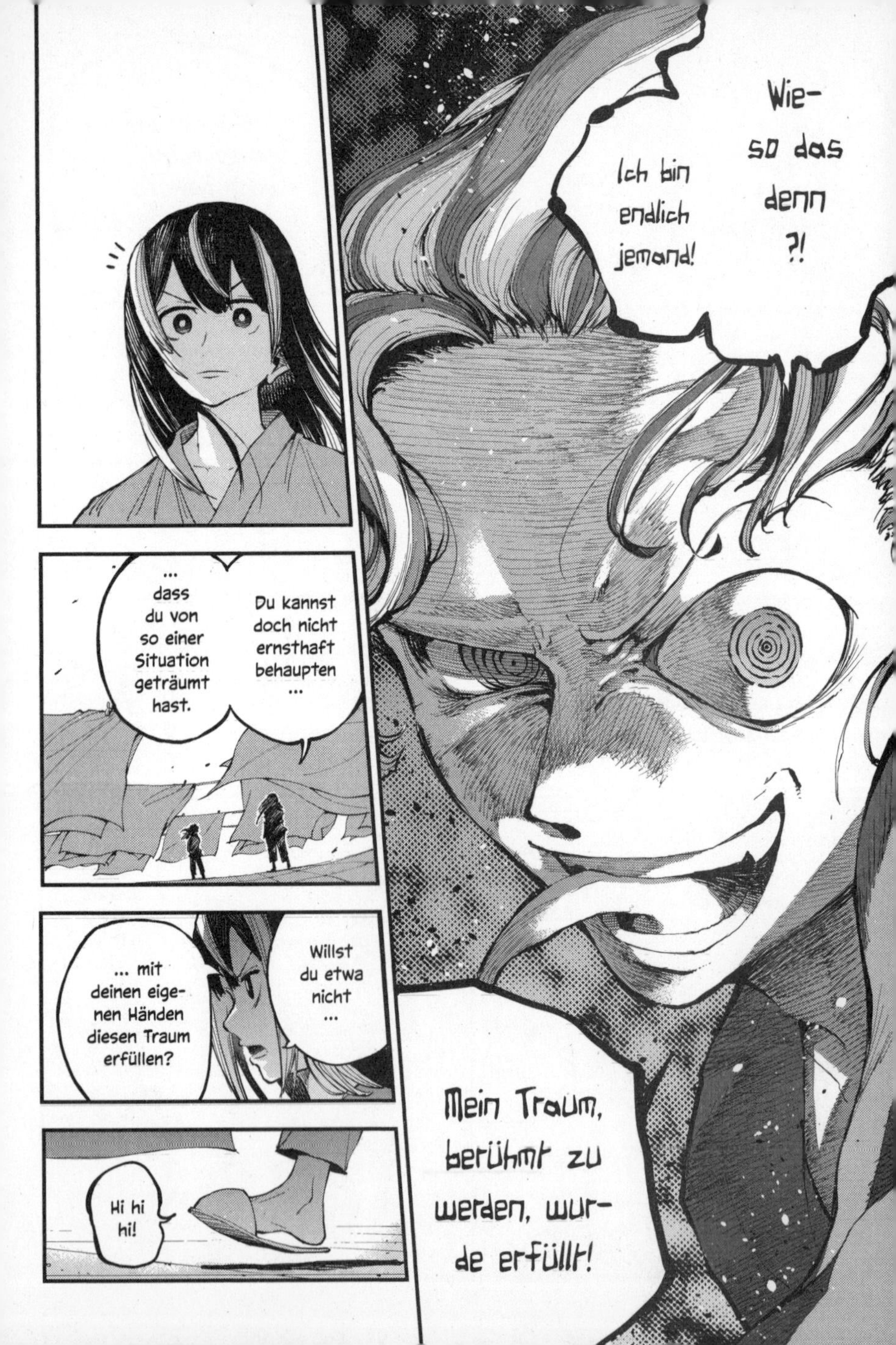

Wie-
so das
denn
?!
Ich bin
endlich
jemand!
Mein Traum,
berühmt zu
werden, wur-
de erfüllt!
Du kannst doch nicht ernsthaft behaupten …
… dass du von so einer Situation geträumt hast.
Willst du etwa nicht …
… mit deinen eige-nen Händen diesen Traum erfüllen?
Hi hi hi!

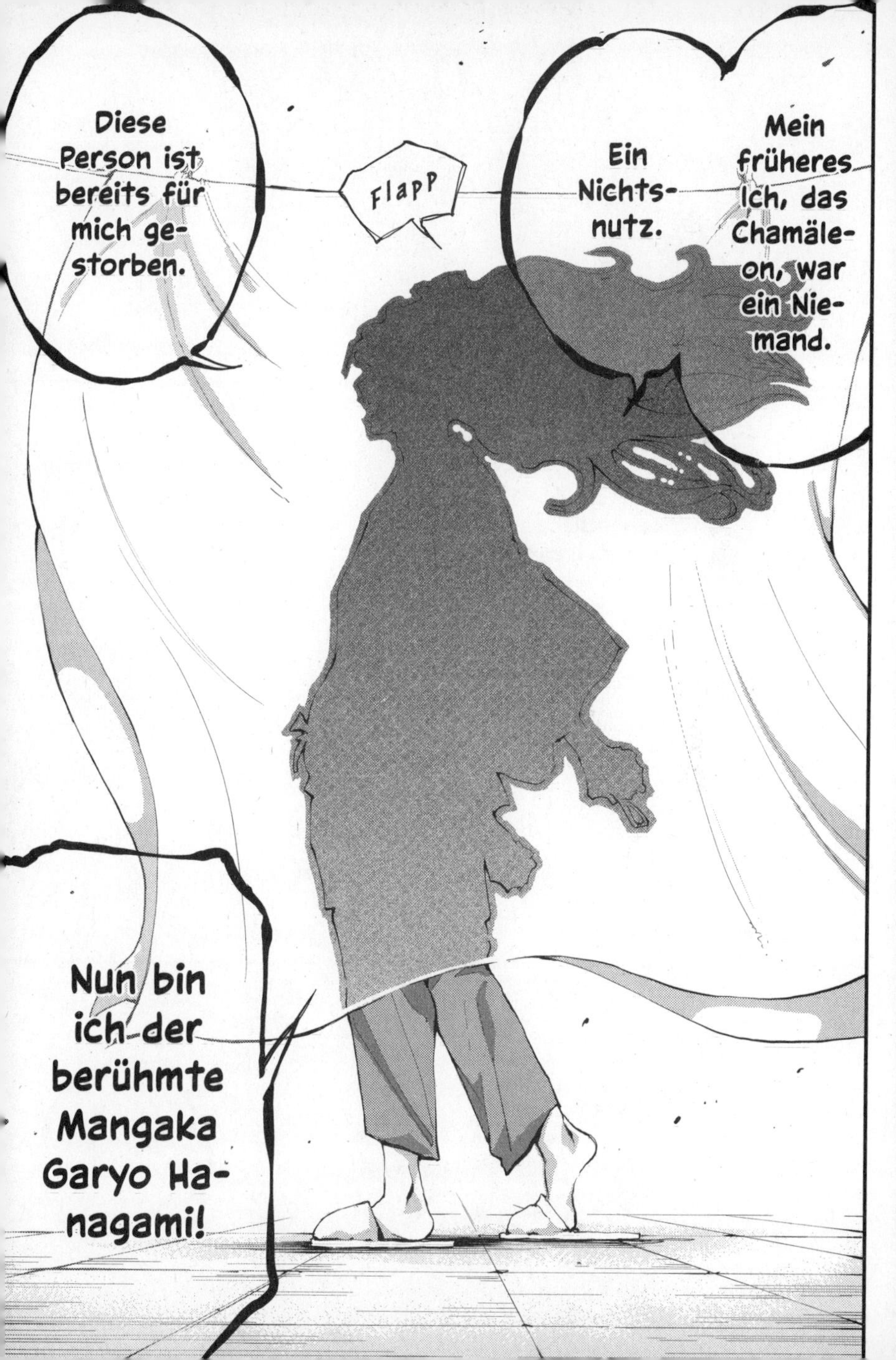
Mein früheres Ich, das Chamäleon, war ein Niemand.
Ein Nichtsnutz.
FlapP
Diese Person ist bereits für mich gestorben.
Nun bin ich der berühmte Mangaka Garyo Hanagami!

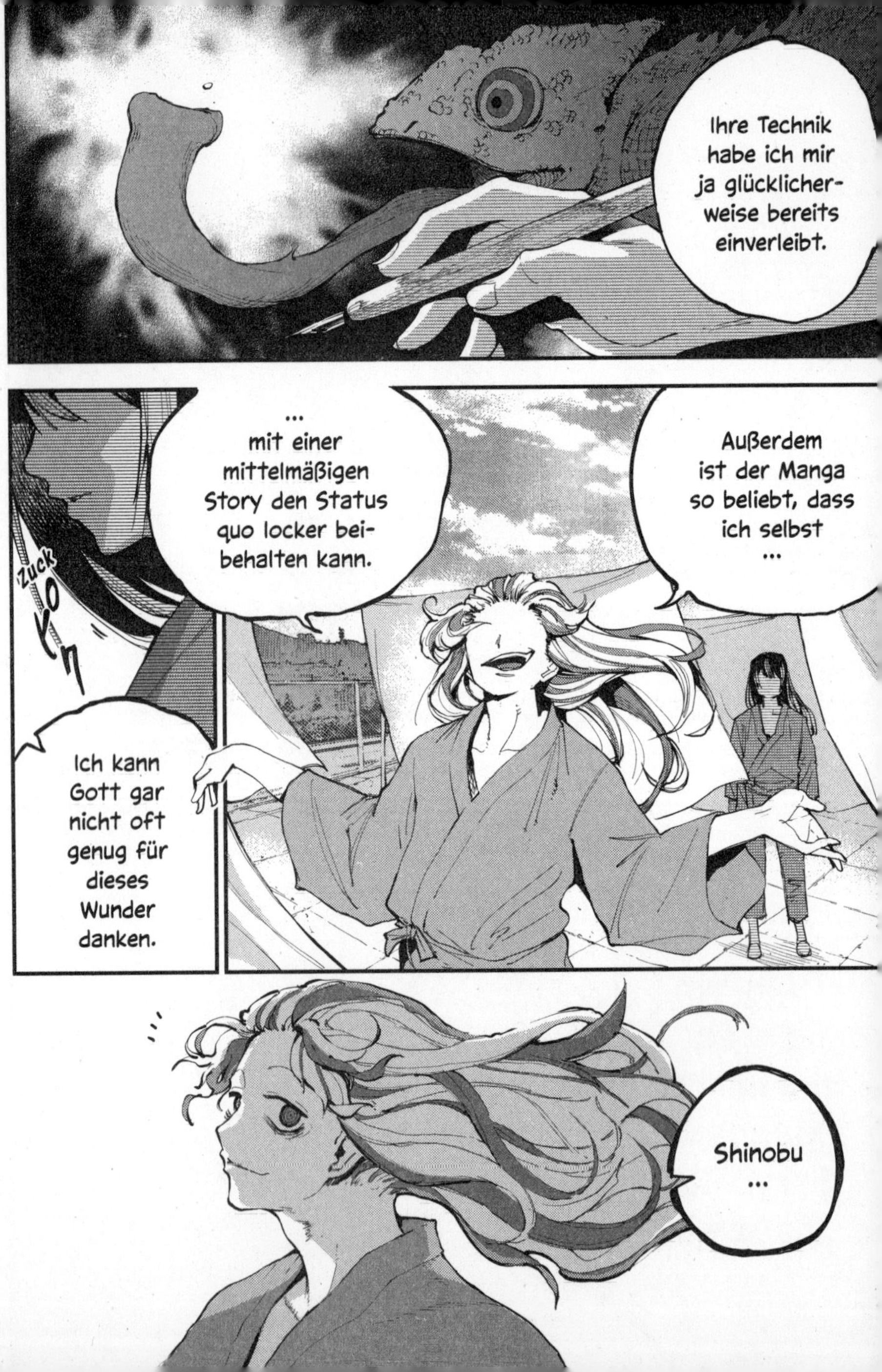

Ihre Technik habe ich mir ja glücklicherweise bereits einverleibt.

Außerdem ist der Manga so beliebt, dass ich selbst ...

... mit einer mittelmäßigen Story den Status quo locker beibehalten kann.

Zuck

Ich kann Gott gar nicht oft genug für dieses Wunder danken.

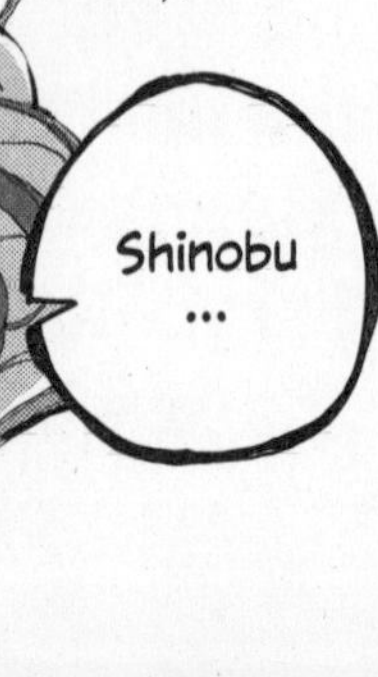

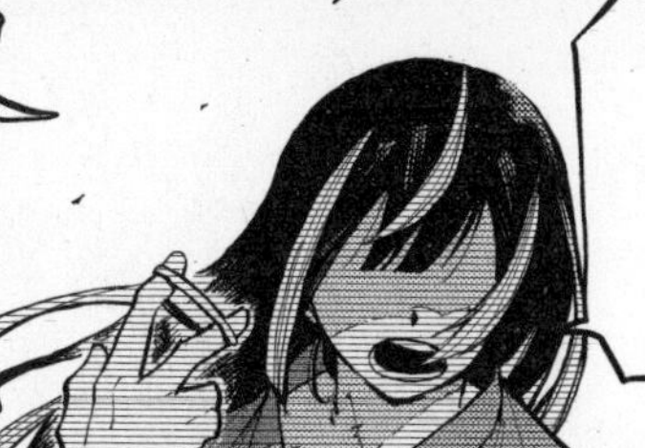
Weißt du, bis eben dachte ich mir …
… dass es mir nichts ausmachen würde, dir den Manga zu überlassen …
… wenn das der einzige Weg wäre, die Leser nicht im Stich zu lassen.

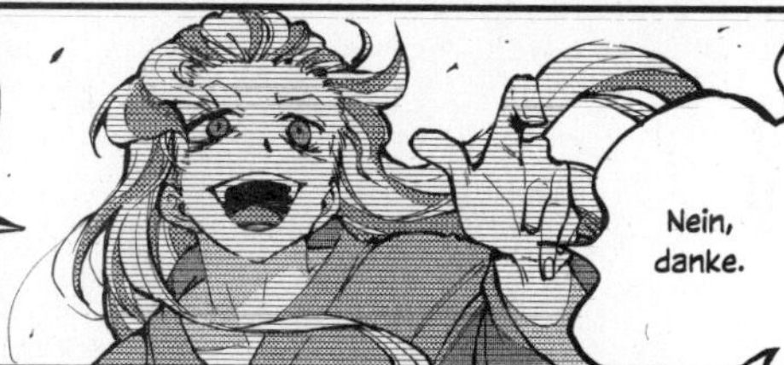
Sie meinen wohl, dass Sie die Story ausarbeiten und ich übernehme das Zeichnen.
Nein, danke.
Dragon Land ist jetzt mein Manga.

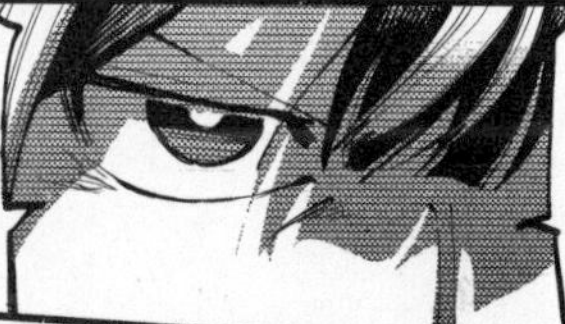
Aber eine Sache kann ich dir nicht vergeben.
Und das ist …
… deine Einstellung deiner Kunst gegenüber.

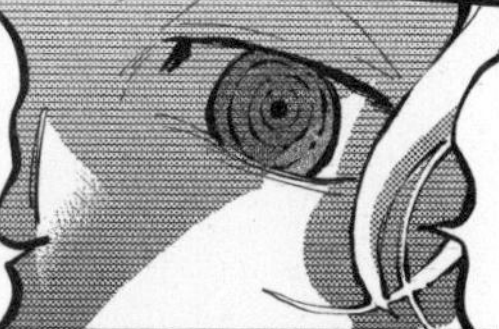
Na und, was wollen Sie schon machen?
Jemandem von dieser Situation erzählen?
Sie wissen doch selbst …
… dass Ihnen niemand glauben wird.

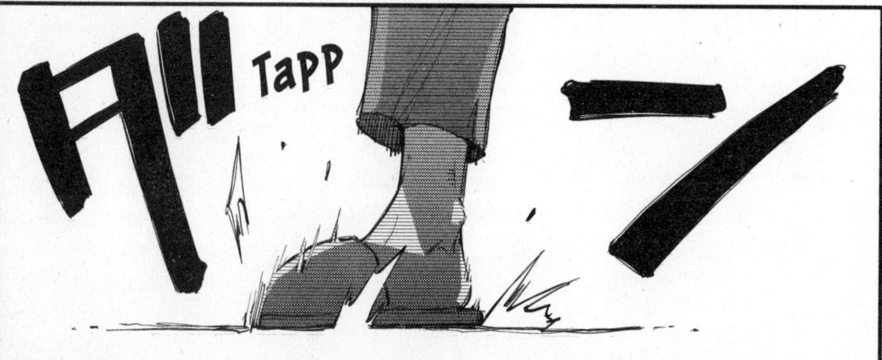
Tapp

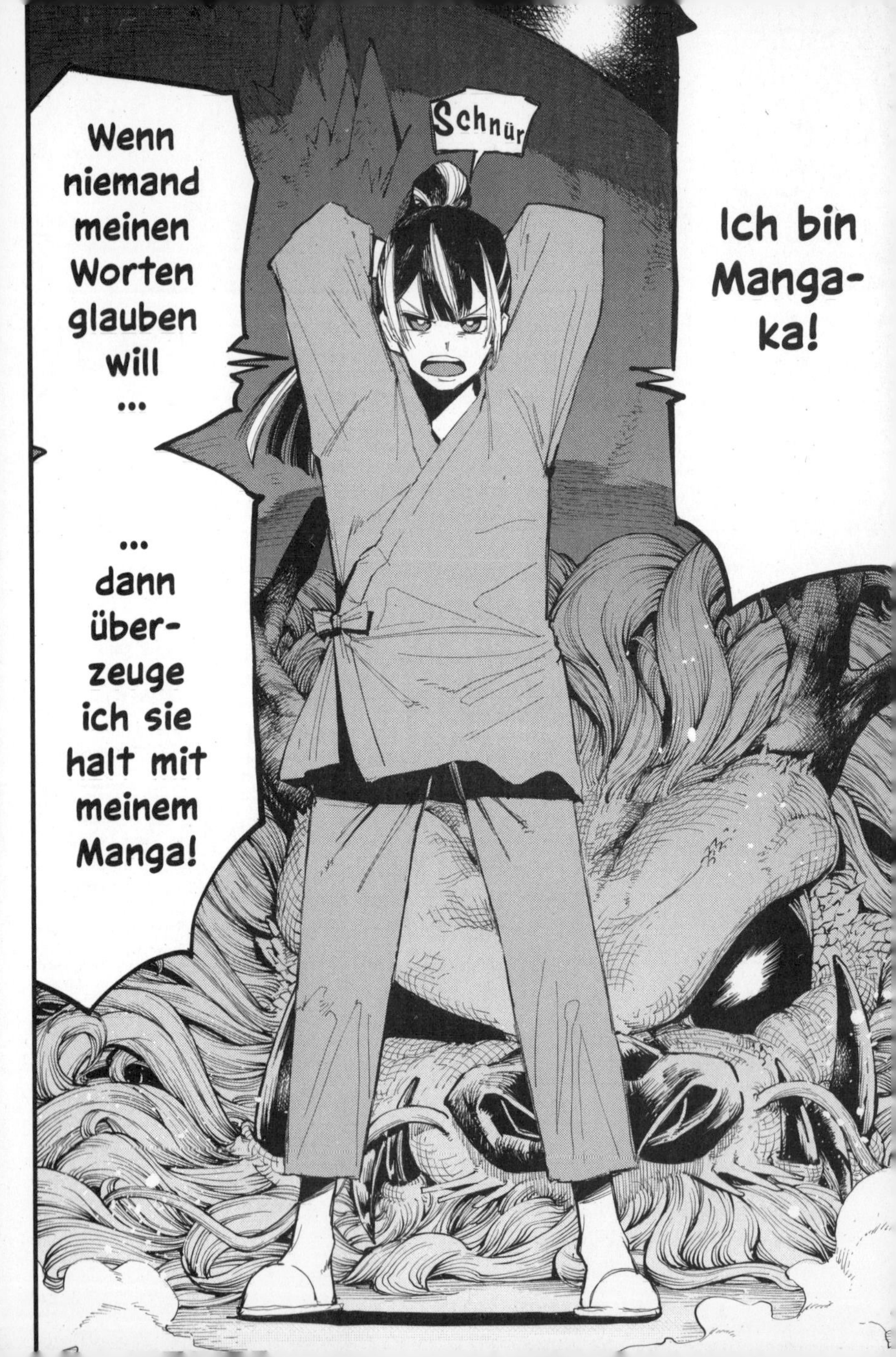
Schnür
Ich bin Manga-ka!
Wenn niemand meinen Worten glauben will …
… dann über-zeuge ich sie halt mit meinem Manga!

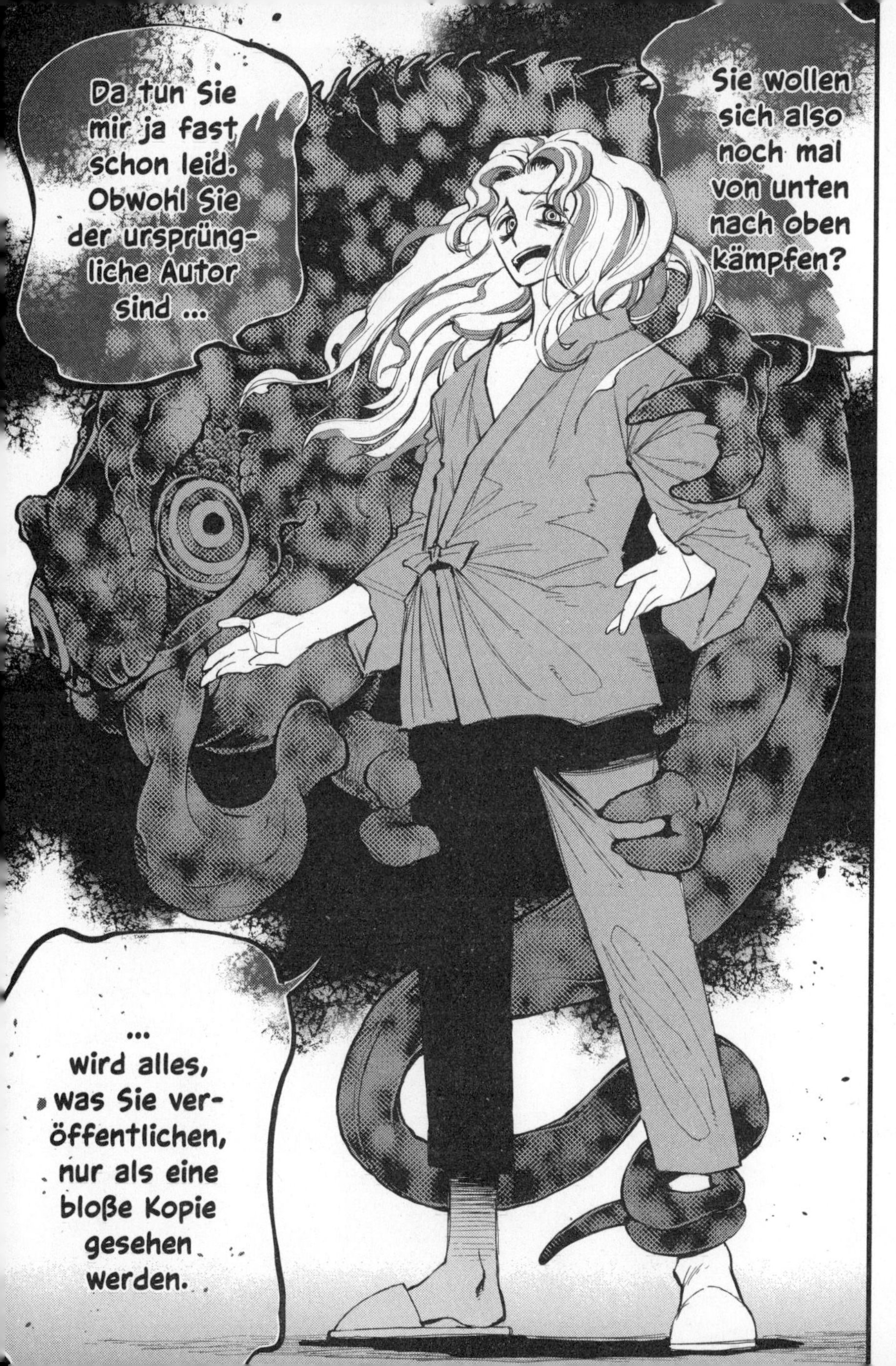
Sie wollen sich also noch mal von unten nach oben kämpfen?
Da tun Sie mir ja fast schon leid. Obwohl Sie der ursprüngliche Autor sind ...
... wird alles, was Sie veröffentlichen, nur als eine bloße Kopie gesehen werden.

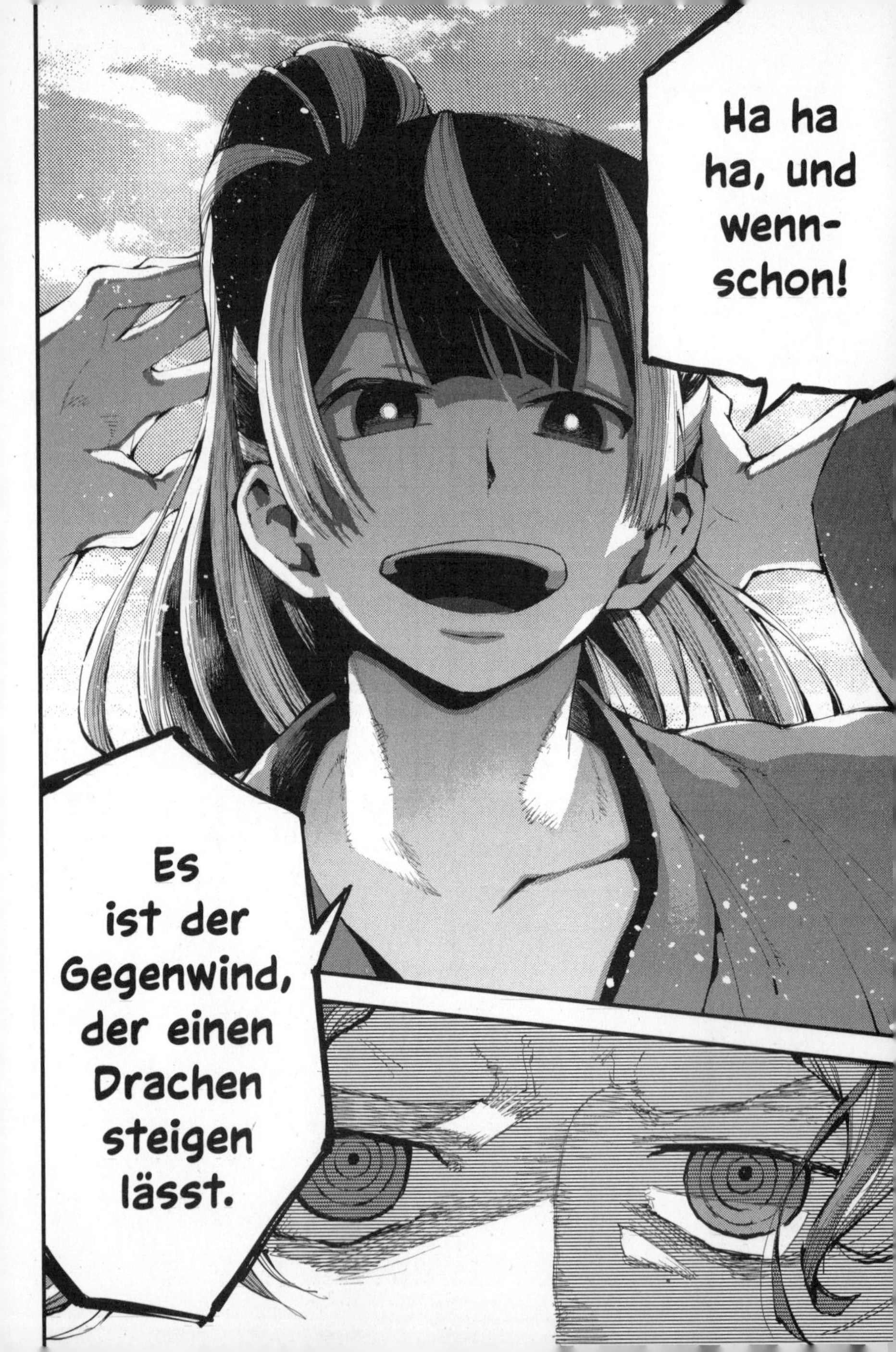
Ha ha ha, und wenn-schon!
Es ist der Gegenwind, der einen Drachen steigen lässt.

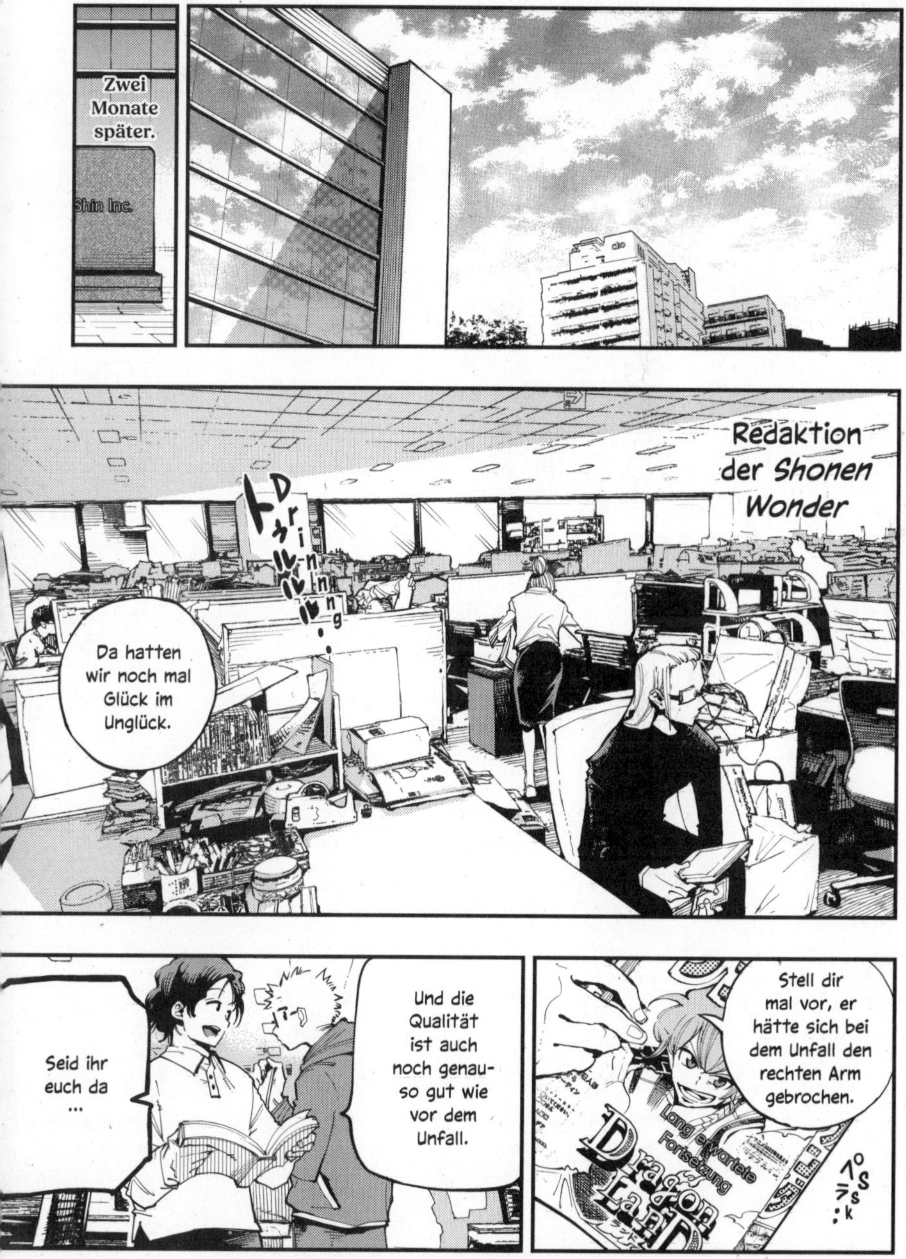

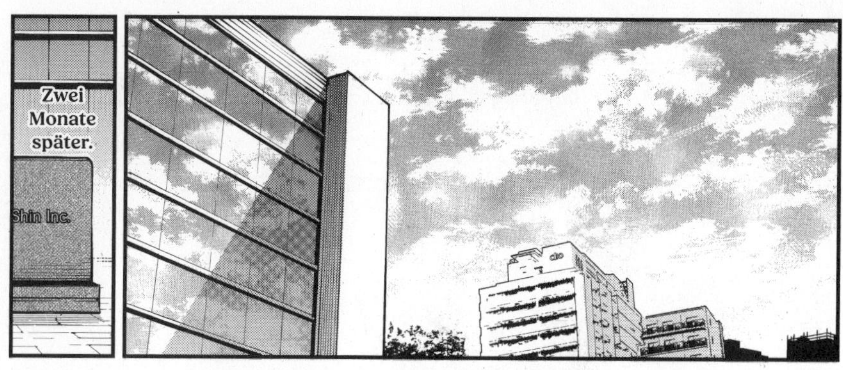

Redaktion der *Shonen Wonder*

Drinnng

Da hatten wir noch mal Glück im Unglück.

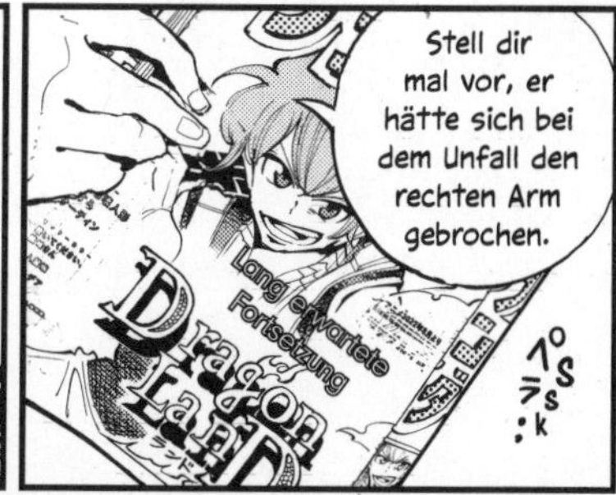

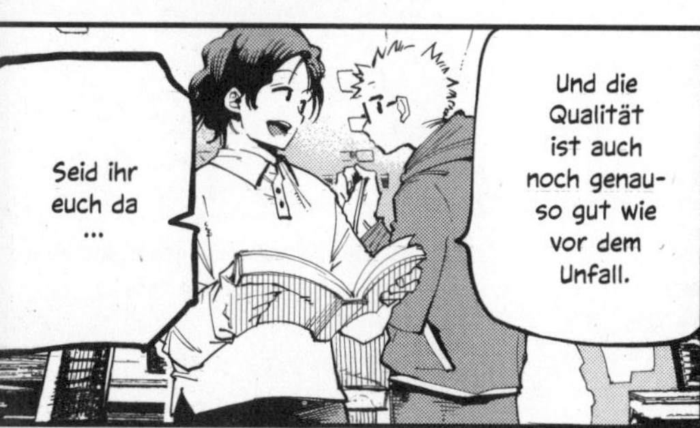

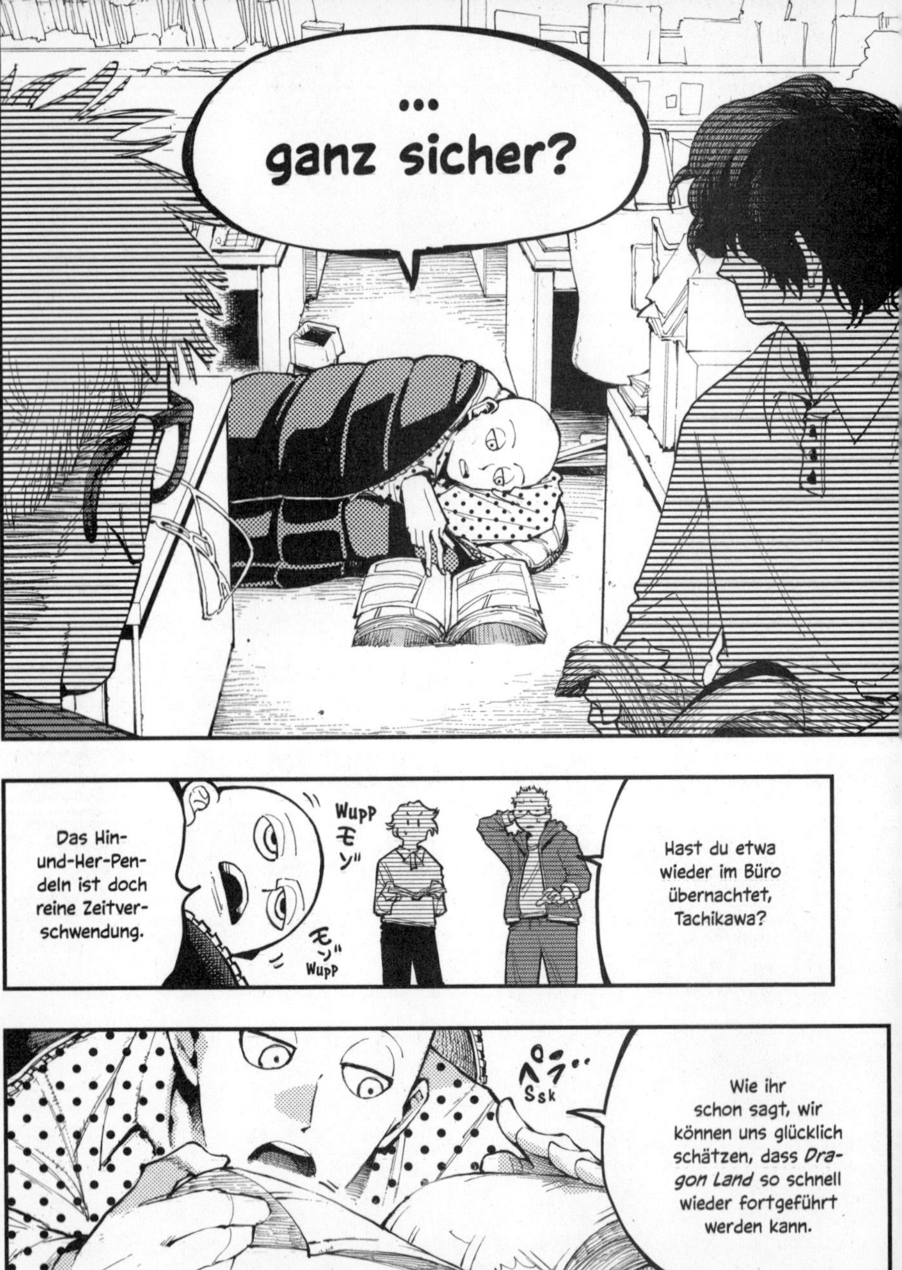

... ganz sicher?

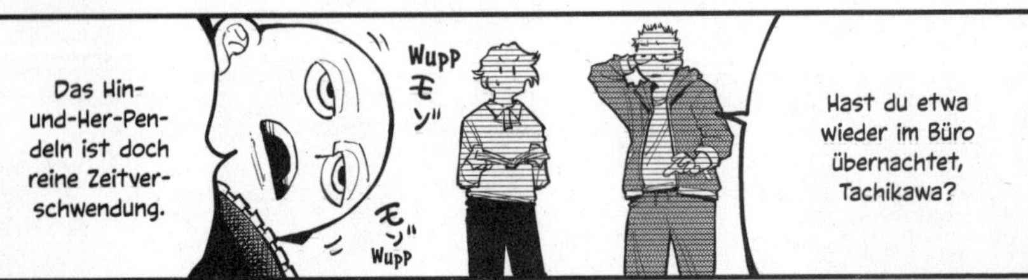

Hast du etwa wieder im Büro übernachtet, Tachikawa?
Wupp モゾ
モゾ Wupp
Das Hin-und-Her-Pendeln ist doch reine Zeitverschwendung.

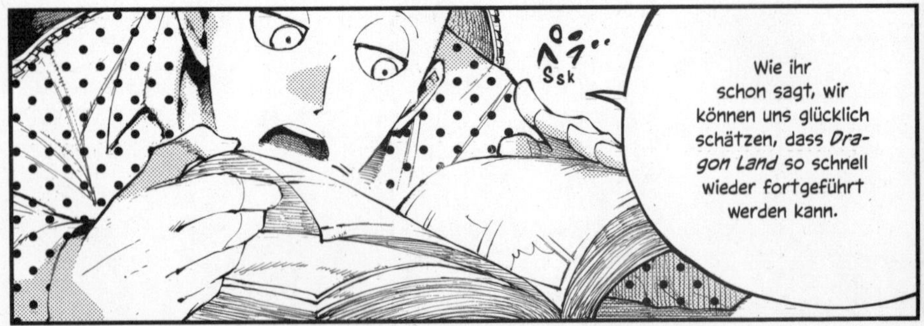

Wie ihr schon sagt, wir können uns glücklich schätzen, dass *Dragon Land* so schnell wieder fortgeführt werden kann.
Ssk

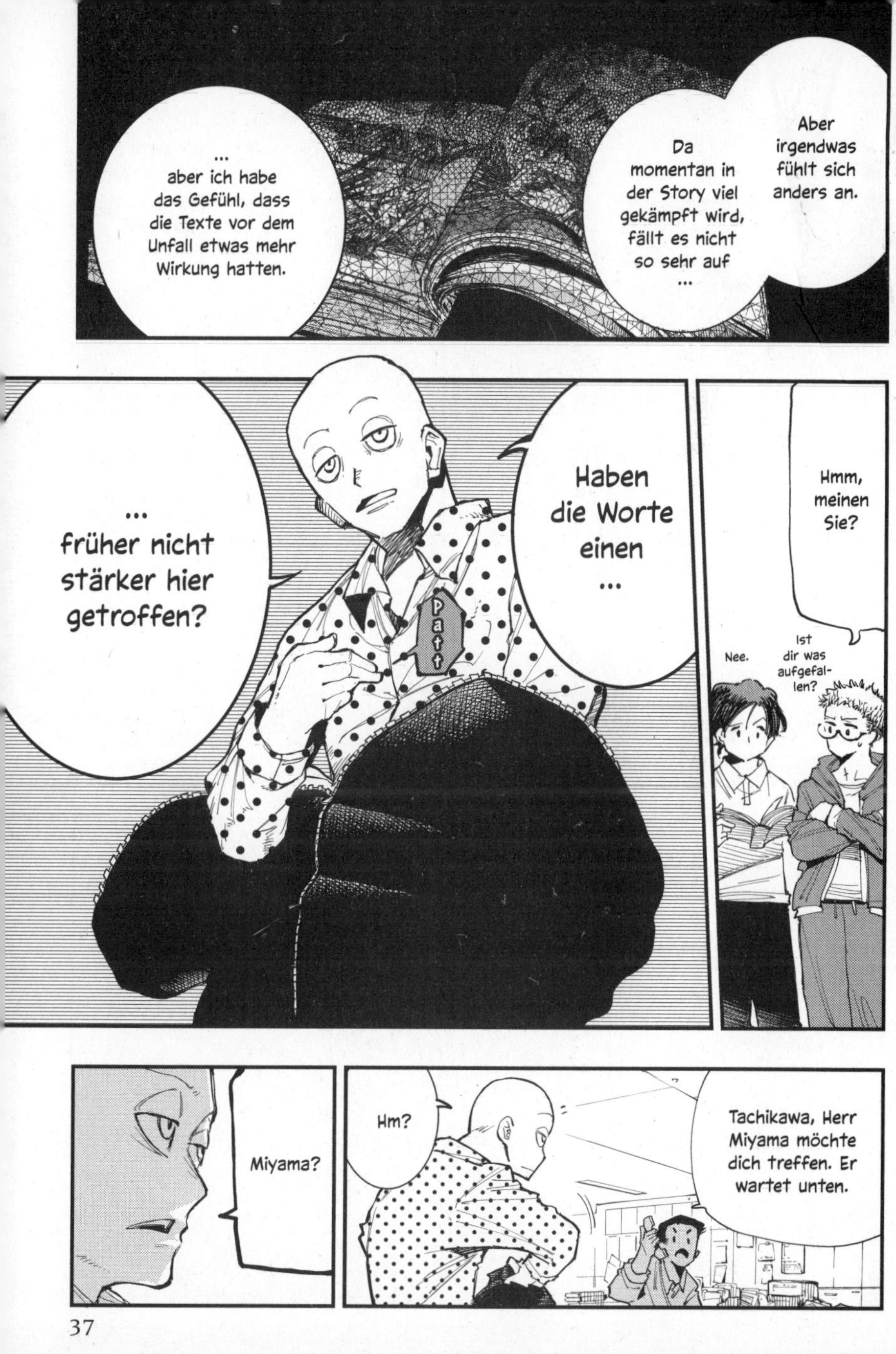

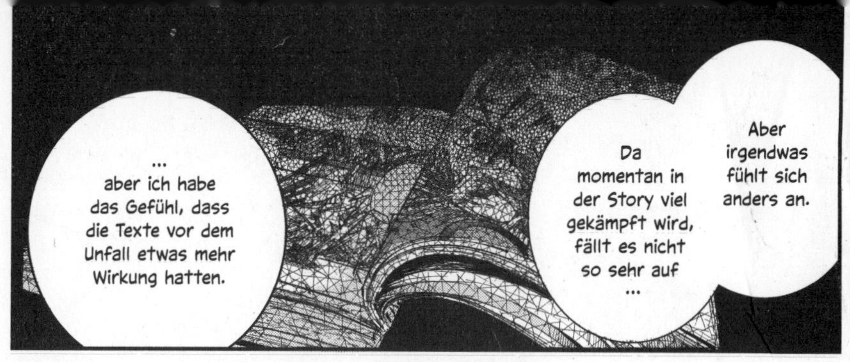

Hmm, meinen Sie?

Ist dir was aufgefallen?

Nee.

Haben die Worte einen ...

... früher nicht stärker hier getroffen?

Patt

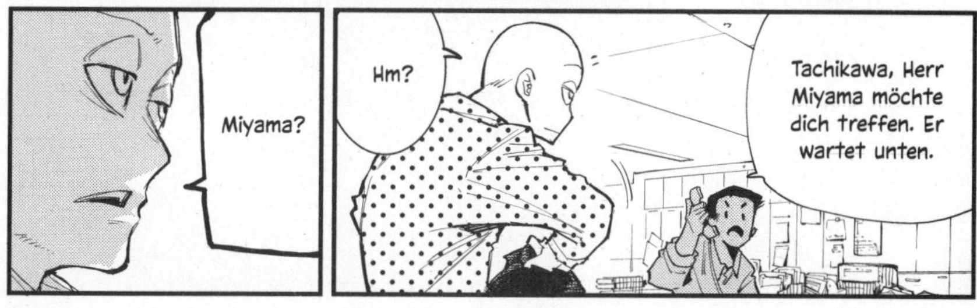

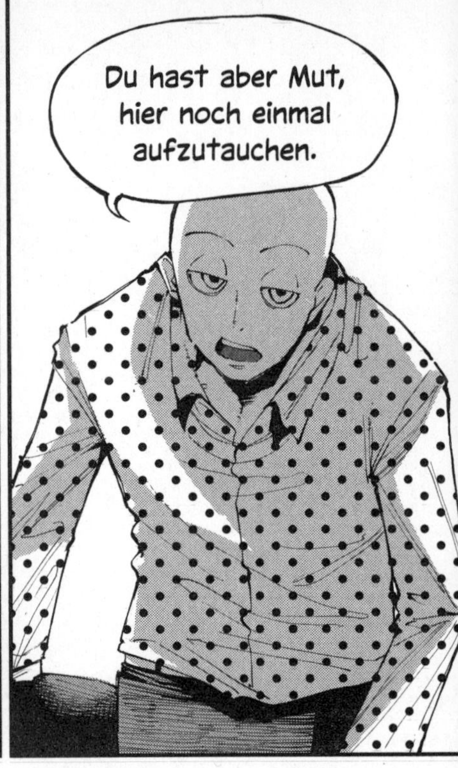
Du hast aber Mut, hier noch einmal aufzutauchen.

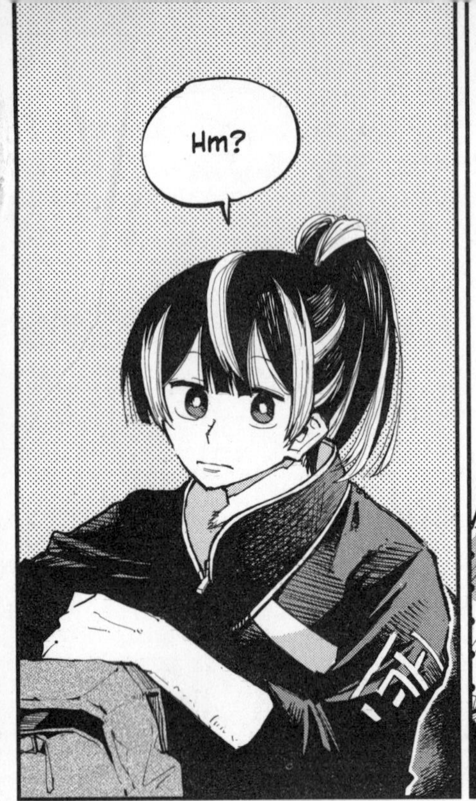
Hm?

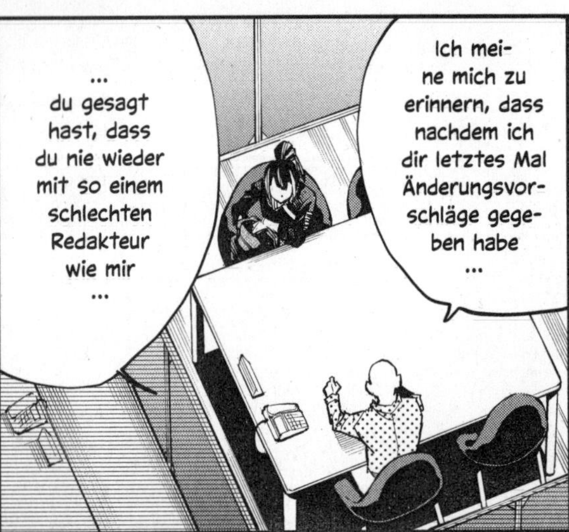
Ich meine mich zu erinnern, dass nachdem ich dir letztes Mal Änderungsvorschläge gegeben habe ...
... du gesagt hast, dass du nie wieder mit so einem schlechten Redakteur wie mir ...

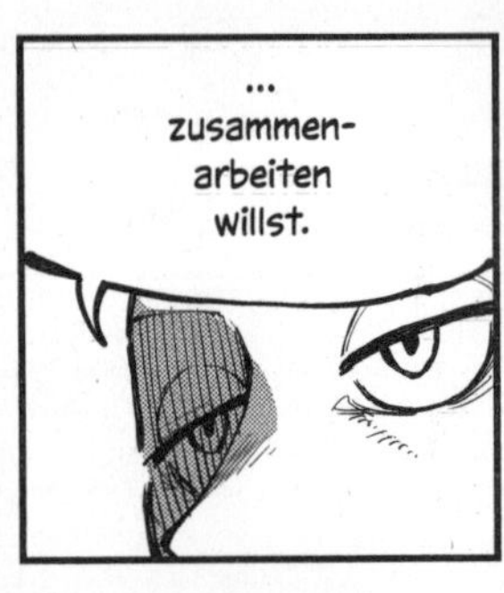
... zusammenarbeiten willst.

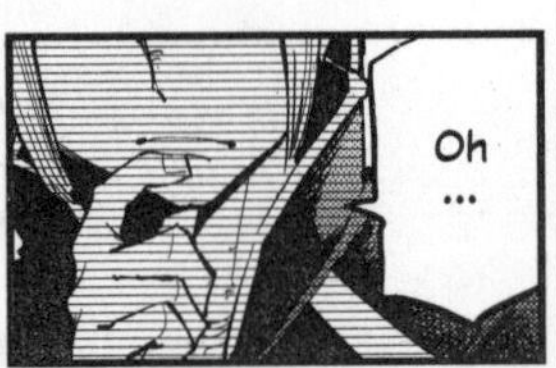
Oh ...

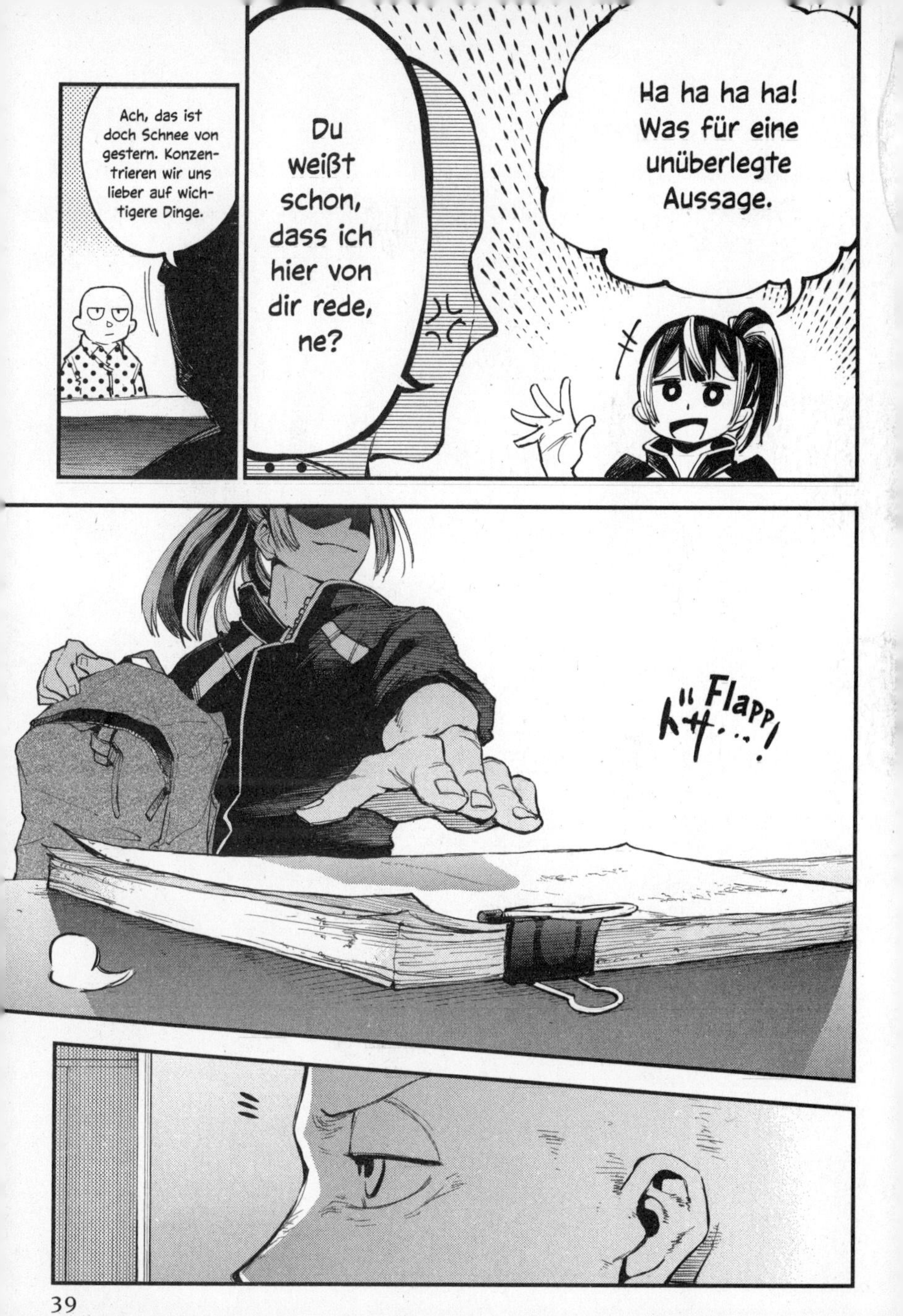

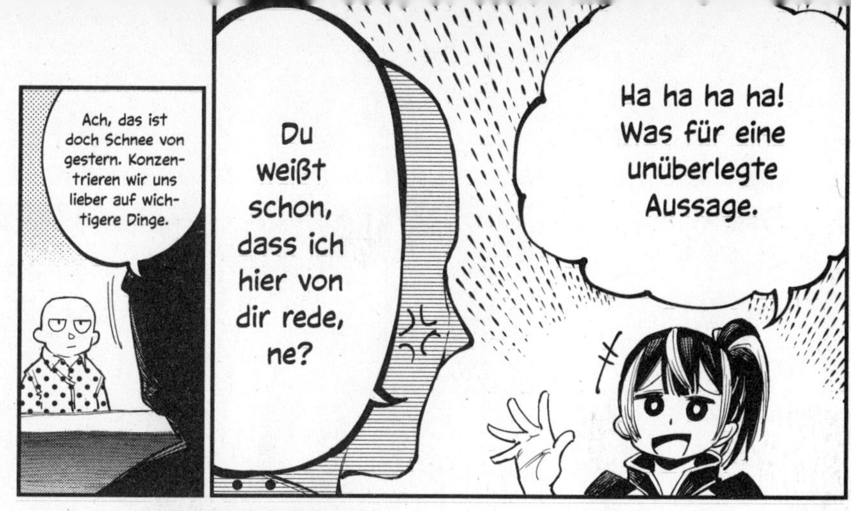
Ha ha ha ha! Was für eine unüberlegte Aussage.
Du weißt schon, dass ich hier von dir rede, ne?
Ach, das ist doch Schnee von gestern. Konzentrieren wir uns lieber auf wichtigere Dinge.

Flapp!

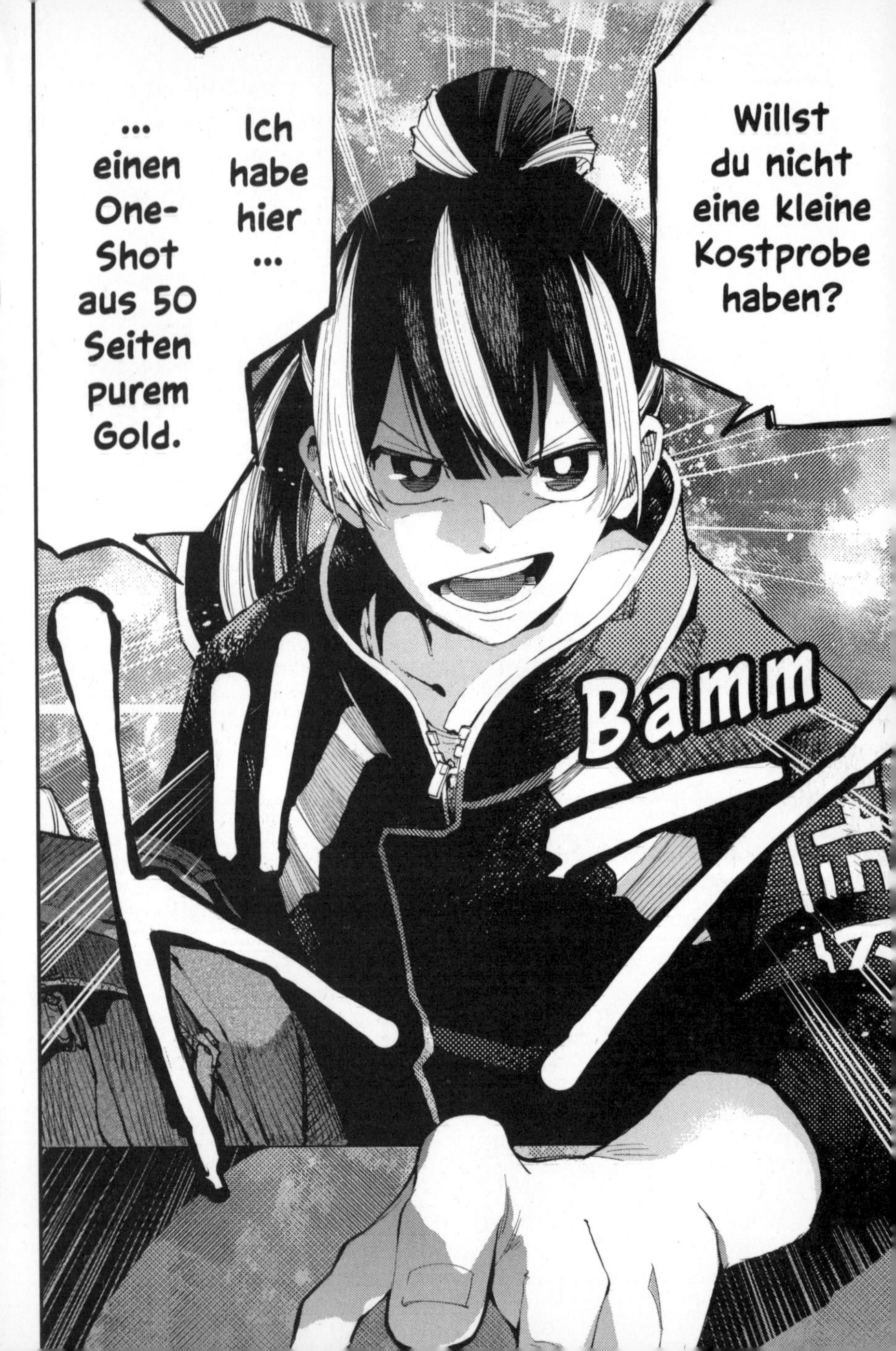
Willst du nicht eine kleine Kostprobe haben?
Ich habe hier ...
... einen One-Shot aus 50 Seiten purem Gold.
Bamm

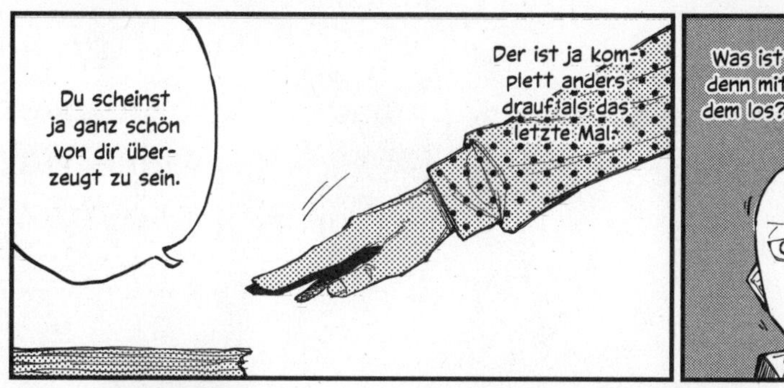
Der ist ja komplett anders drauf als das letzte Mal.
Du scheinst ja ganz schön von dir überzeugt zu sein.

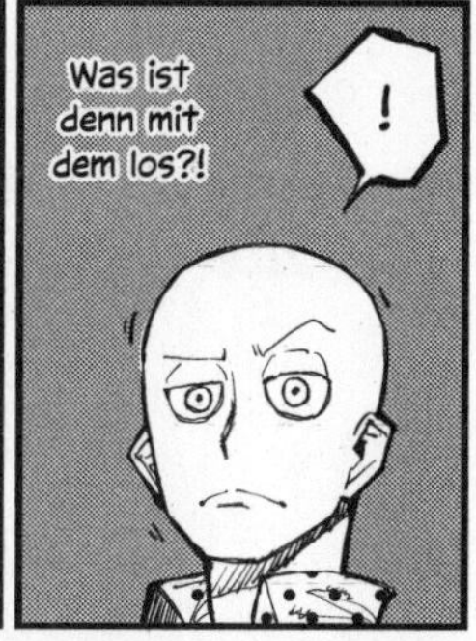
Was ist denn mit dem los?!
!

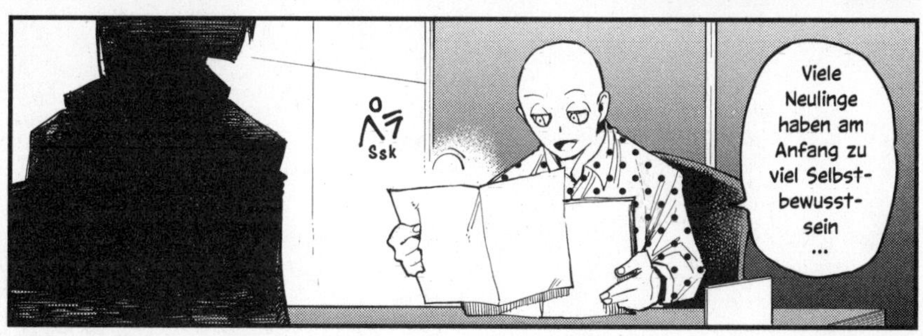
Viele Neulinge haben am Anfang zu viel Selbstbewusstsein ...
Ssk

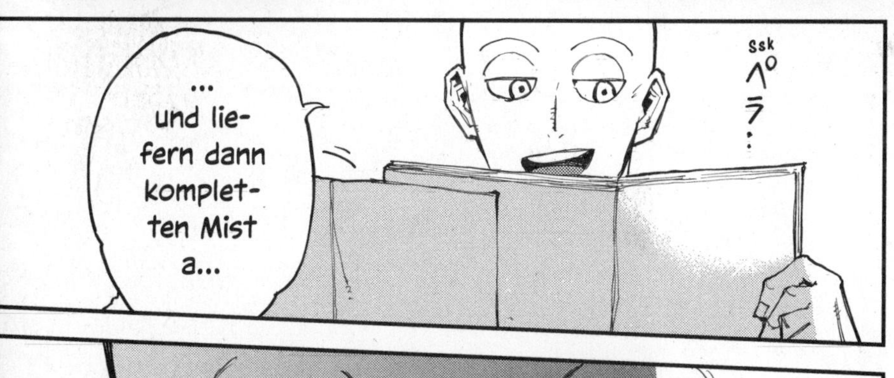
Ssk
... und liefern dann kompletten Mist a...

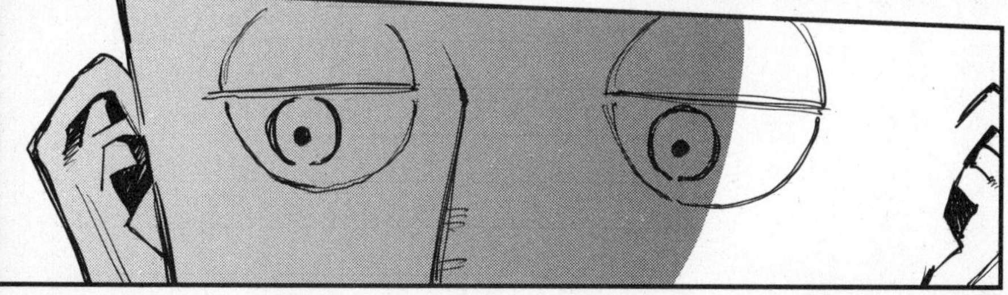

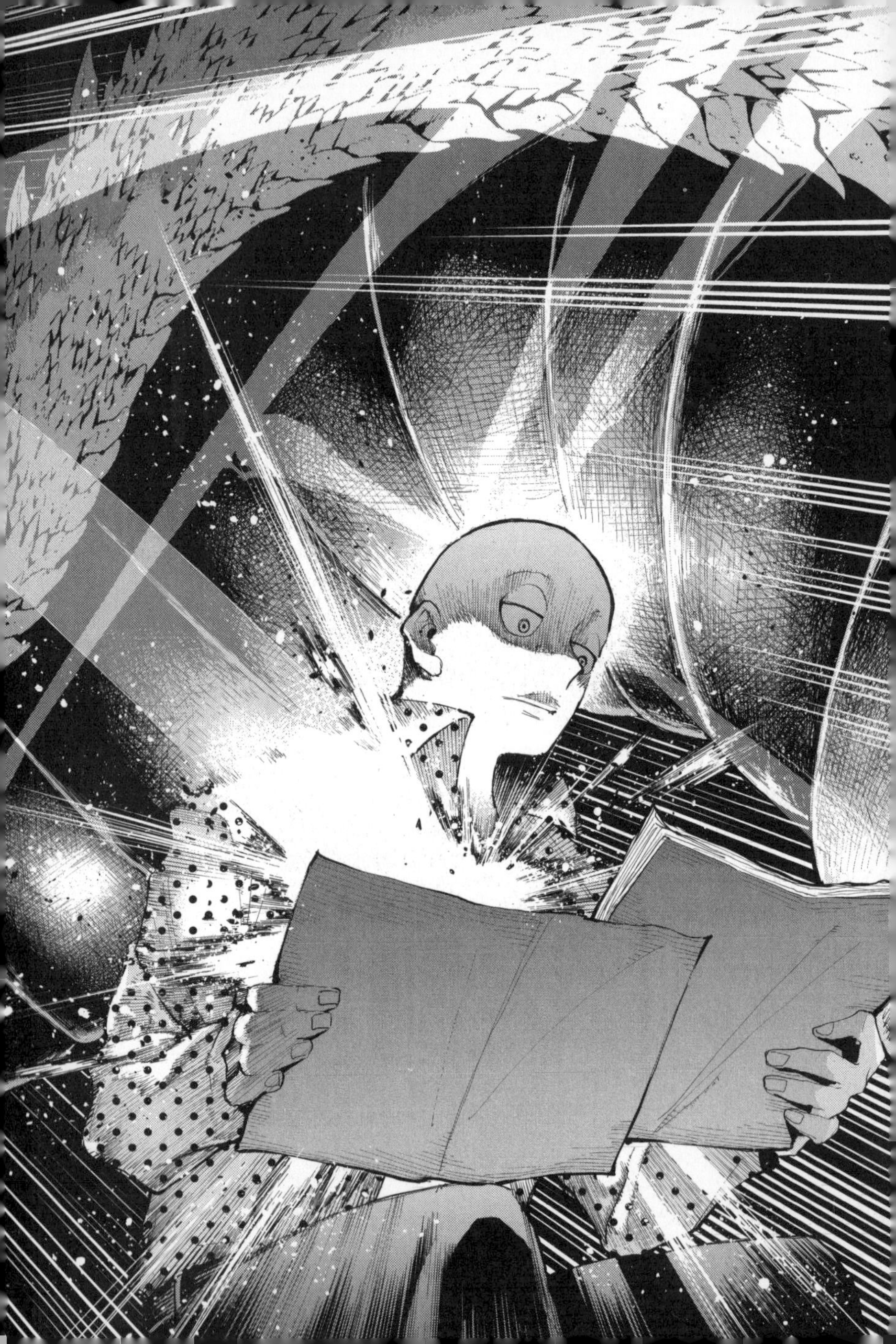

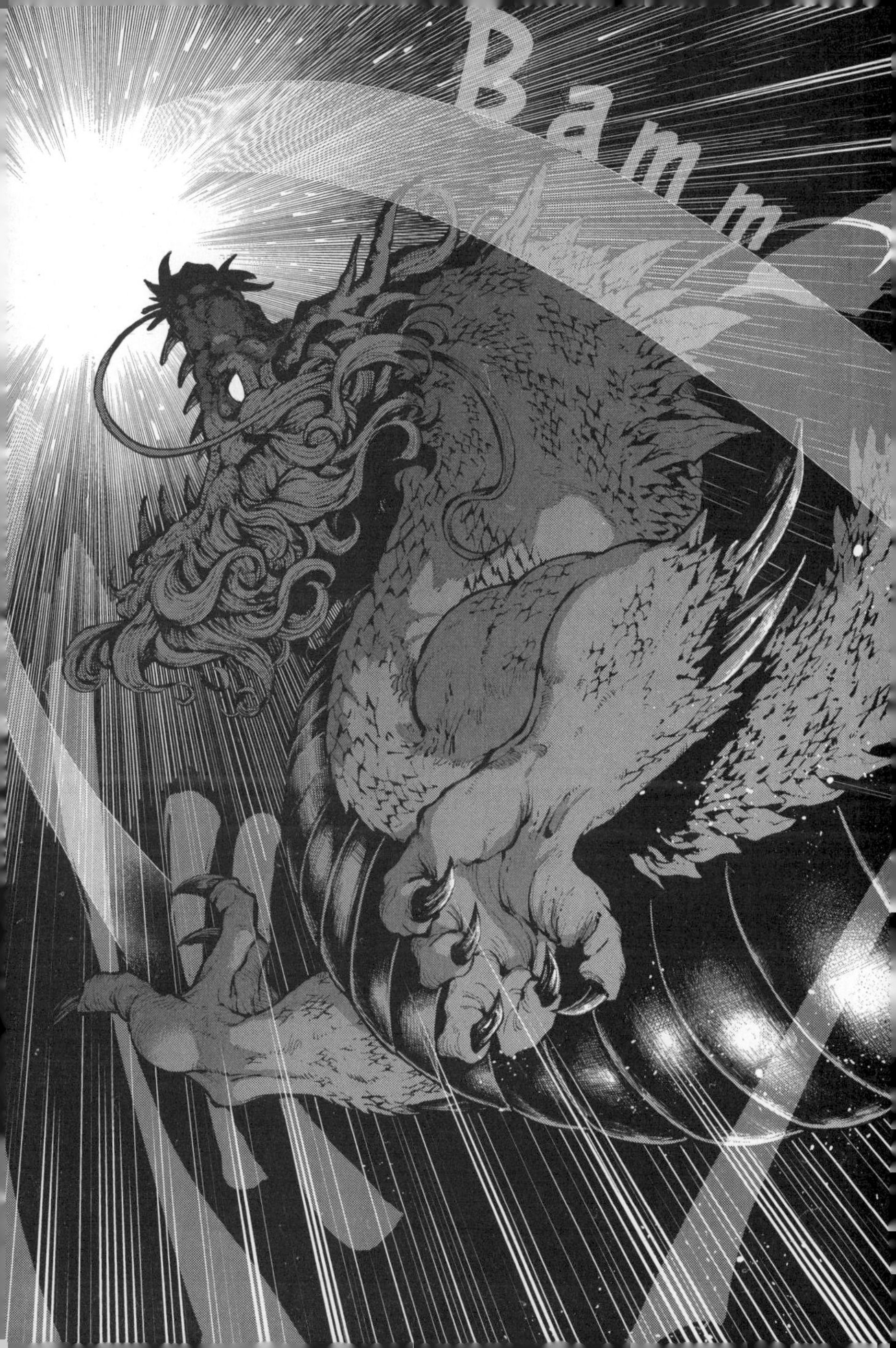
Bamm

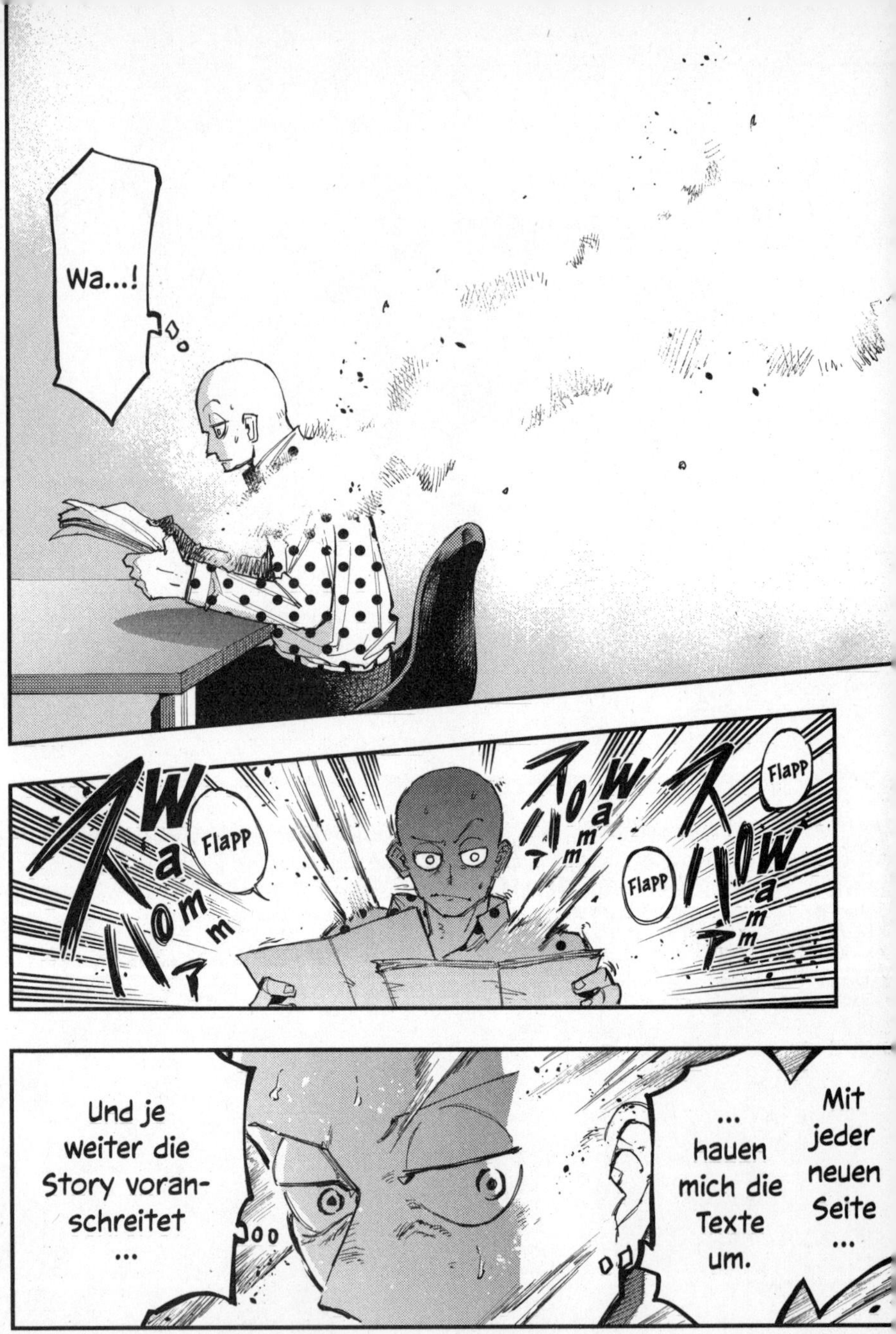

Wa...!

Flapp

Flapp

Flapp

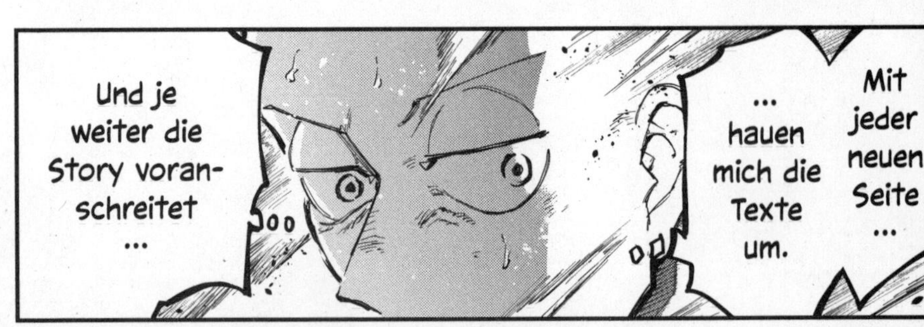

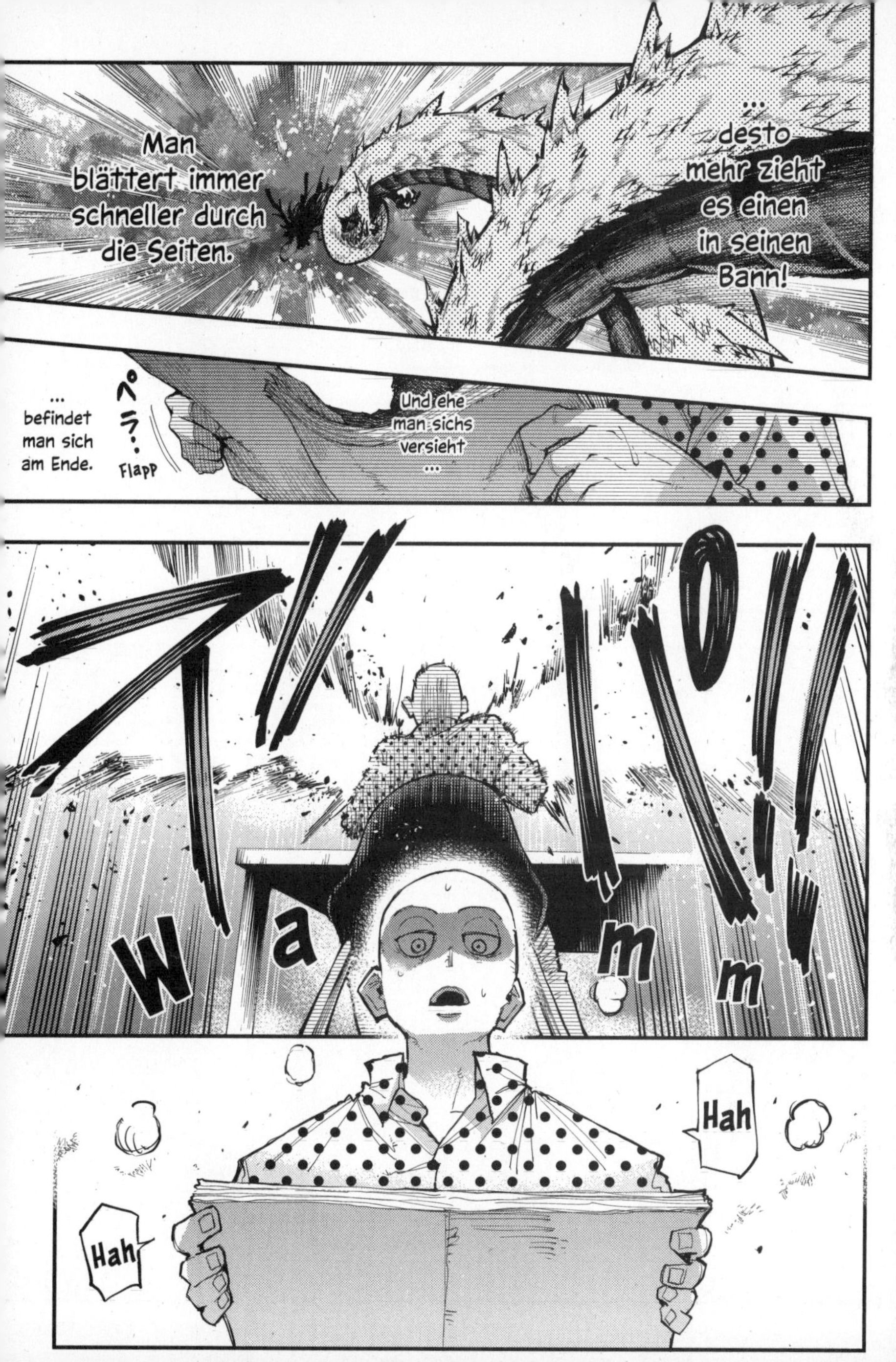
… desto mehr zieht es einen in seinen Bann!
Man blättert immer schneller durch die Seiten.
Und ehe man sichs versieht …
ペラ…
Flapp
… befindet man sich am Ende.
Wamm
Hah
Hah

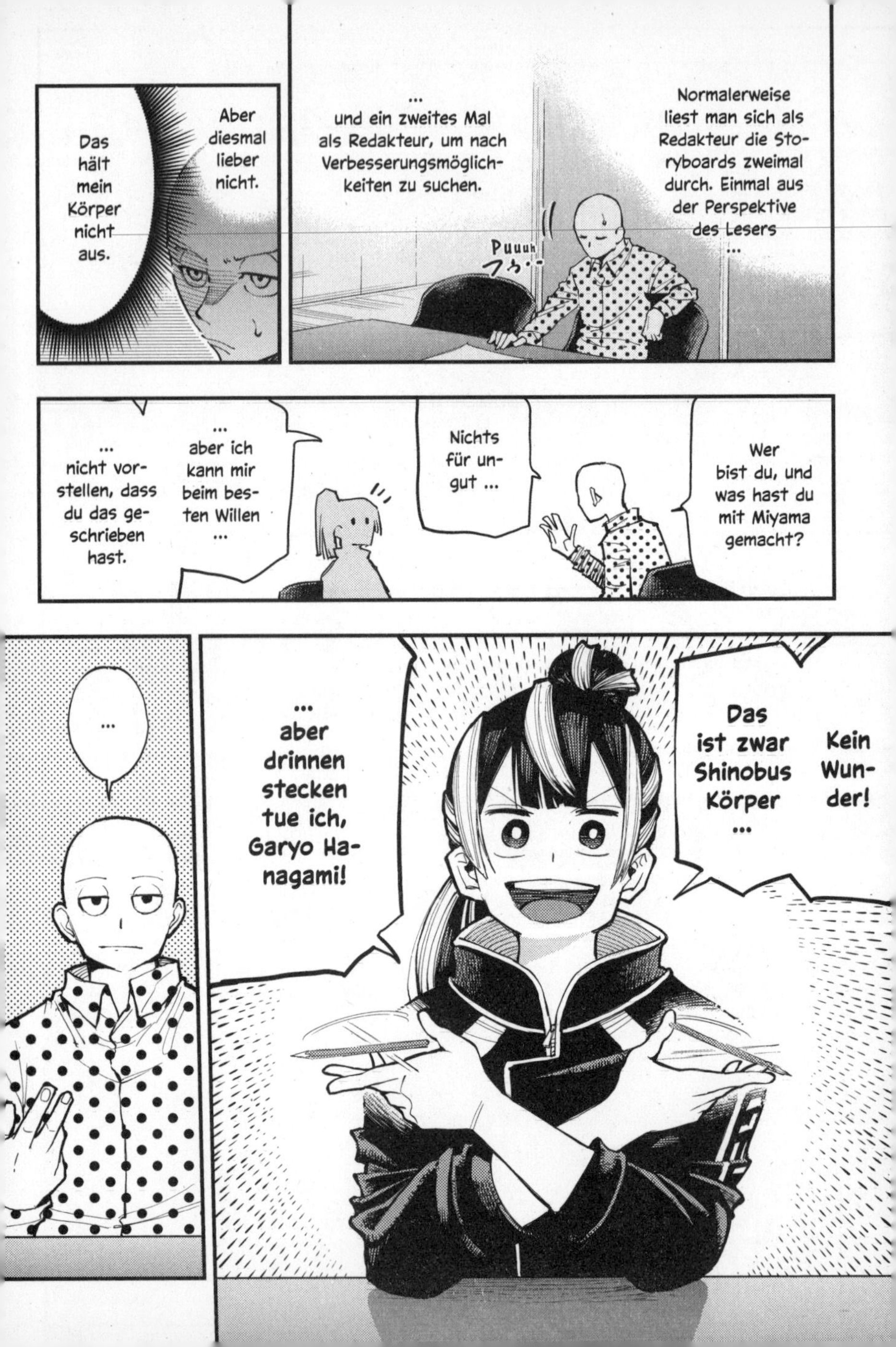

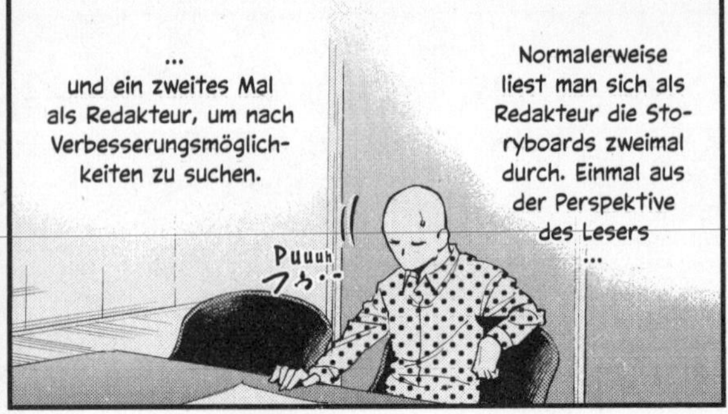
Normalerweise liest man sich als Redakteur die Storyboards zweimal durch. Einmal aus der Perspektive des Lesers ...
Puuuh
... und ein zweites Mal als Redakteur, um nach Verbesserungsmöglichkeiten zu suchen.

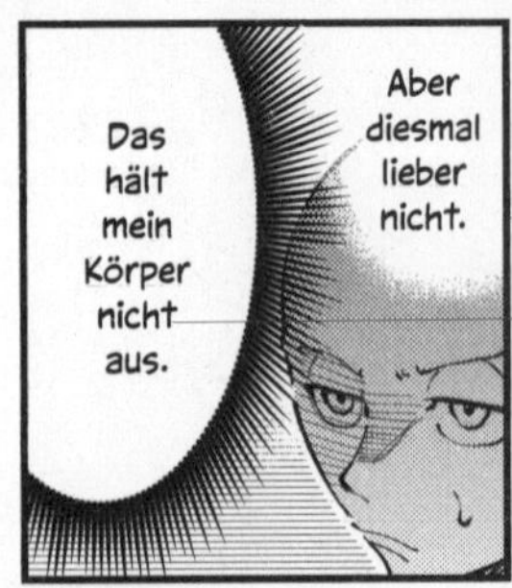
Aber diesmal lieber nicht.
Das hält mein Körper nicht aus.

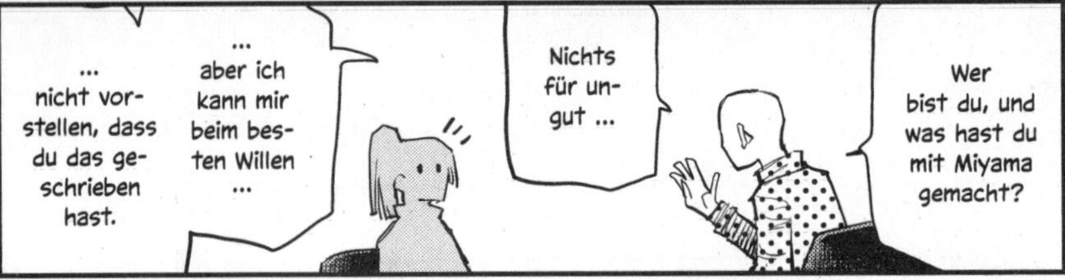
Wer bist du, und was hast du mit Miyama gemacht?
Nichts für ungut ...
... aber ich kann mir beim besten Willen ...
... nicht vorstellen, dass du das geschrieben hast.

Kein Wunder!
Das ist zwar Shinobus Körper ...
... aber drinnen stecken tue ich, Garyo Hanagami!
...

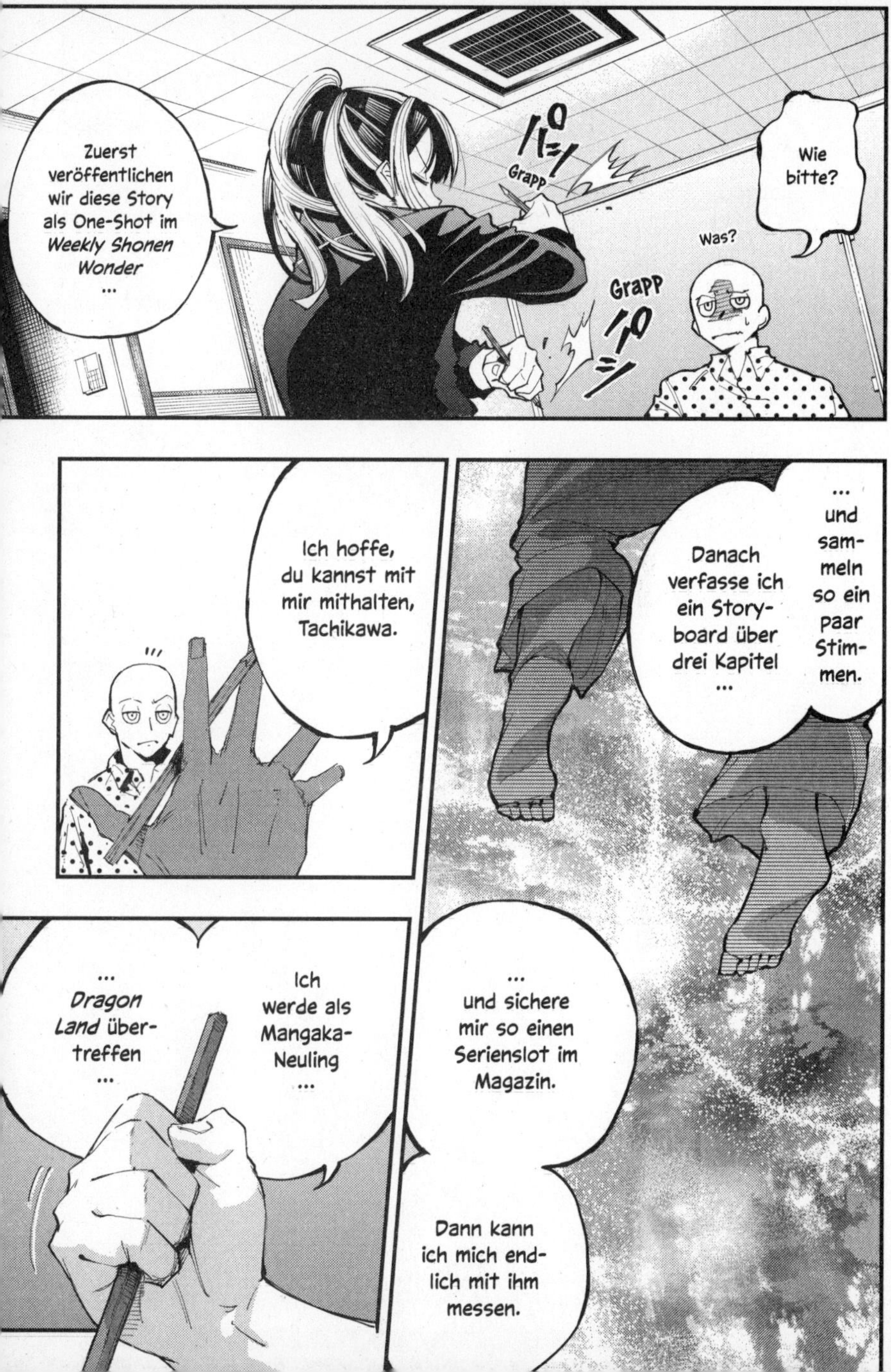

Wie bitte?
Was?
Grapp
Grapp
Zuerst veröffentlichen wir diese Story als One-Shot im *Weekly Shonen Wonder* ...
Danach verfasse ich ein Storyboard über drei Kapitel ...
... und sammeln so ein paar Stimmen.
... und sichere mir so einen Serienslot im Magazin.
Dann kann ich mich endlich mit ihm messen.
Ich hoffe, du kannst mit mir mithalten, Tachikawa.
Ich werde als Mangaka-Neuling ...
... *Dragon Land* übertreffen ...

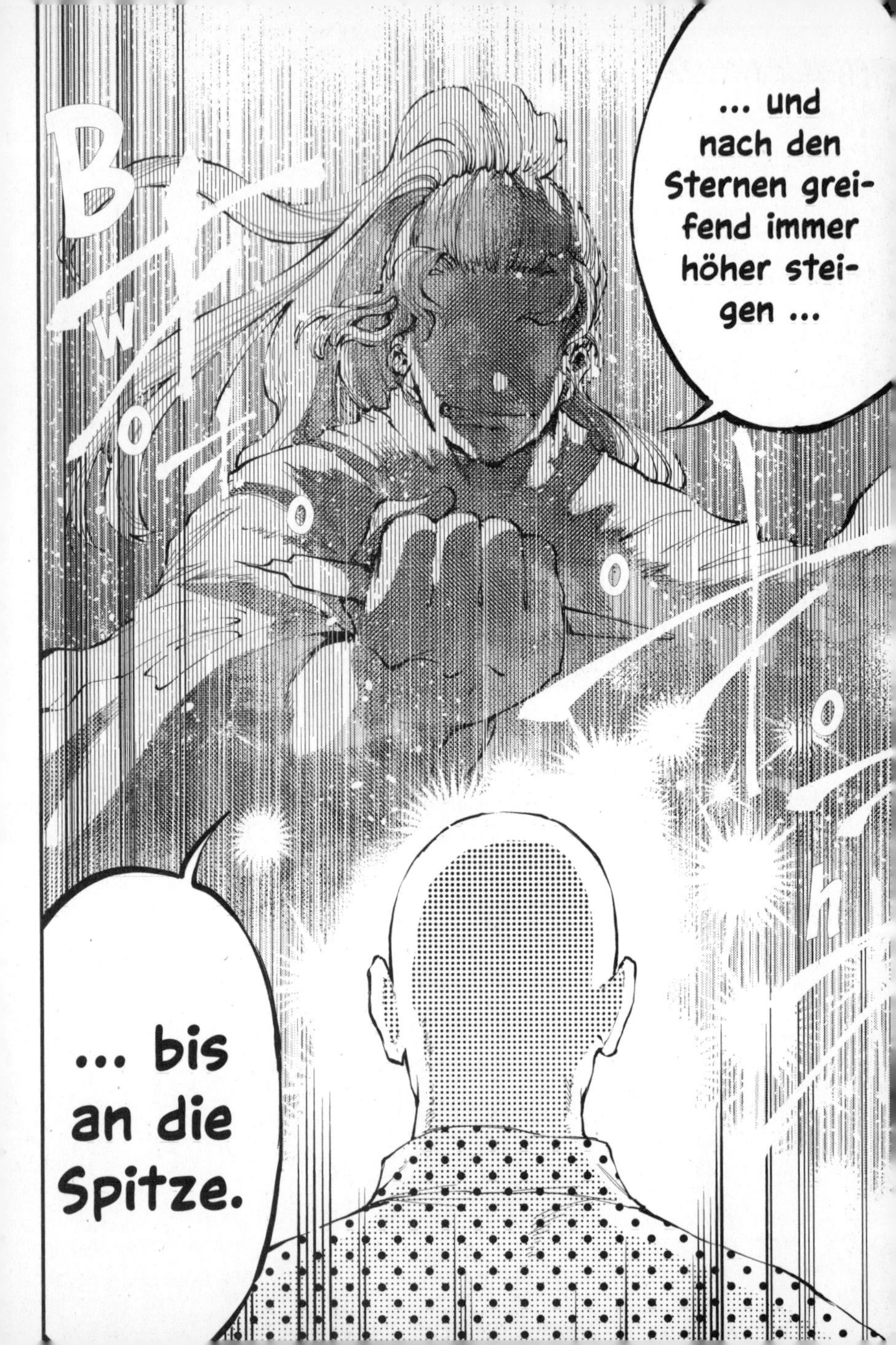
... und nach den Sternen greifend immer höher steigen ...
Bwooooh
... bis an die Spitze.

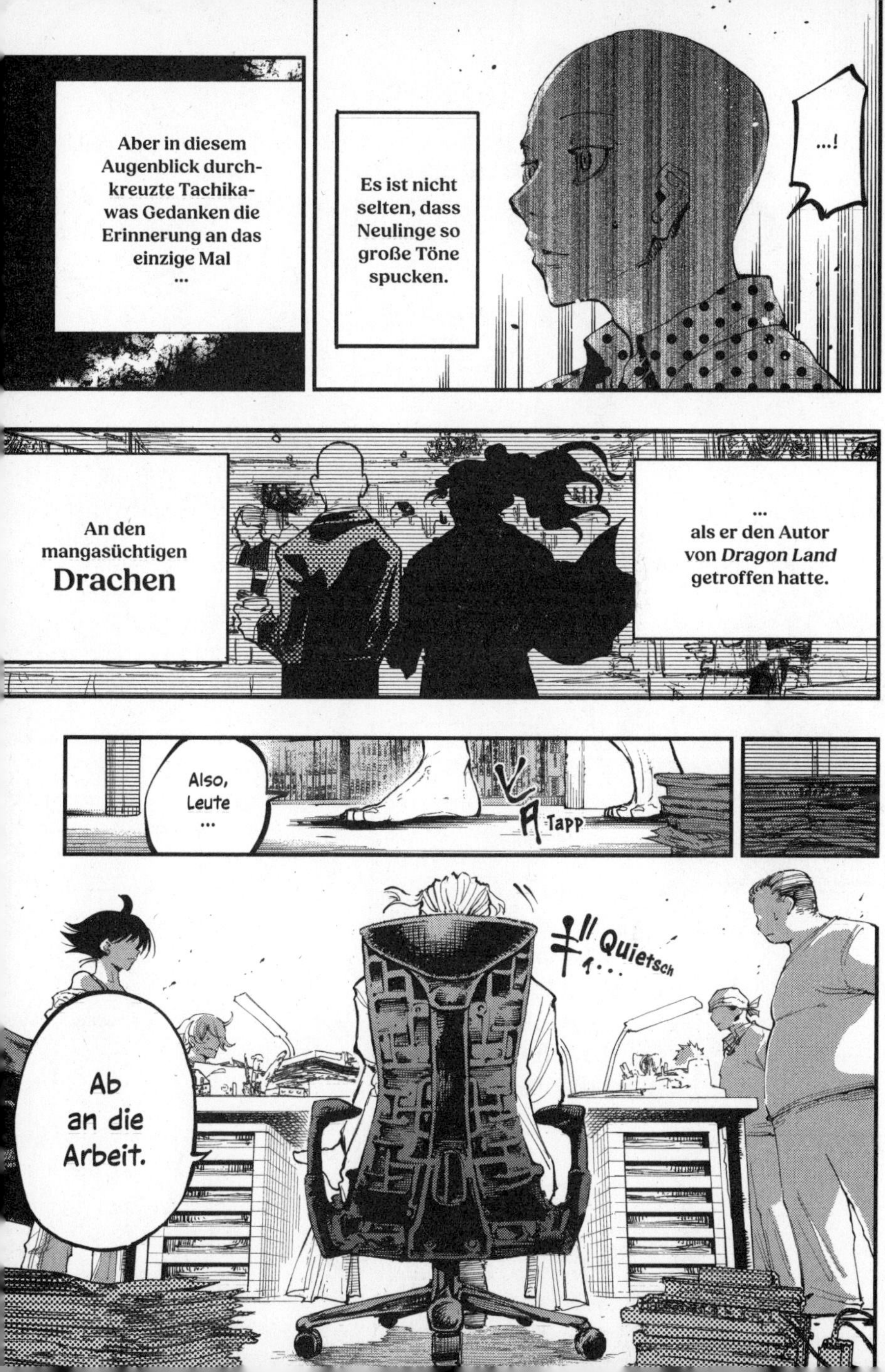

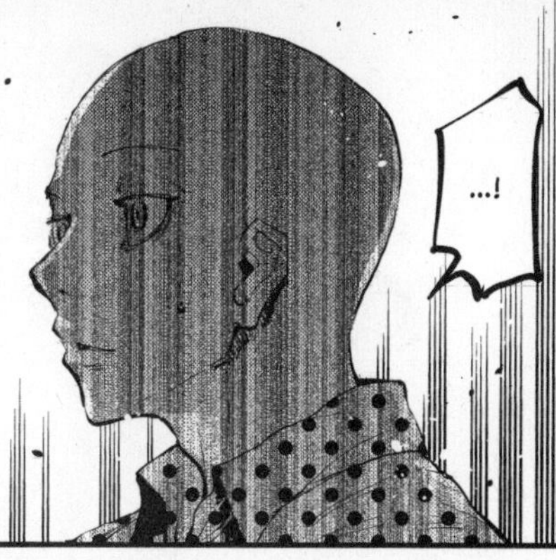

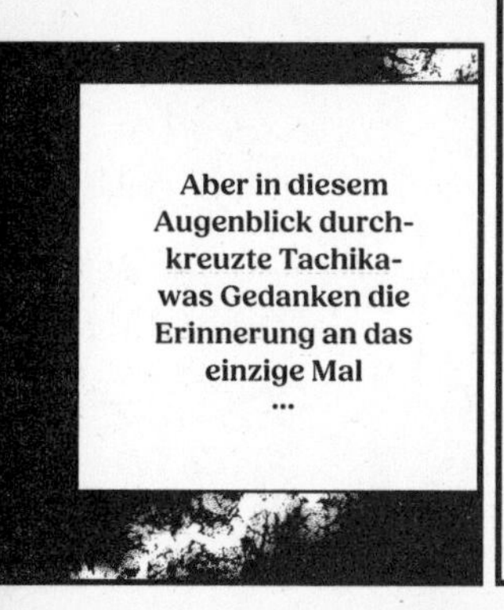

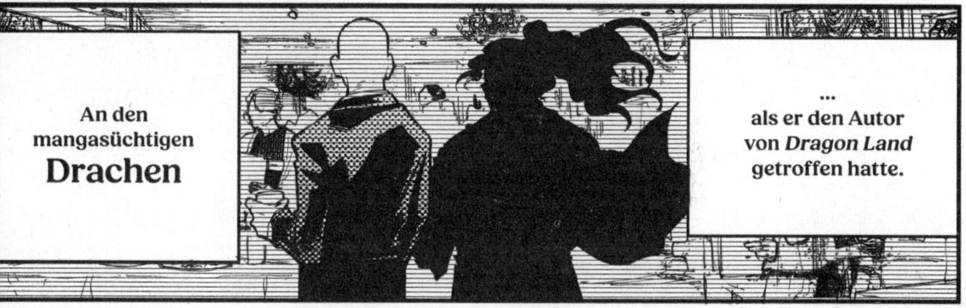

Tapp
Also, Leute ...
Quietsch
Ab an die Arbeit.

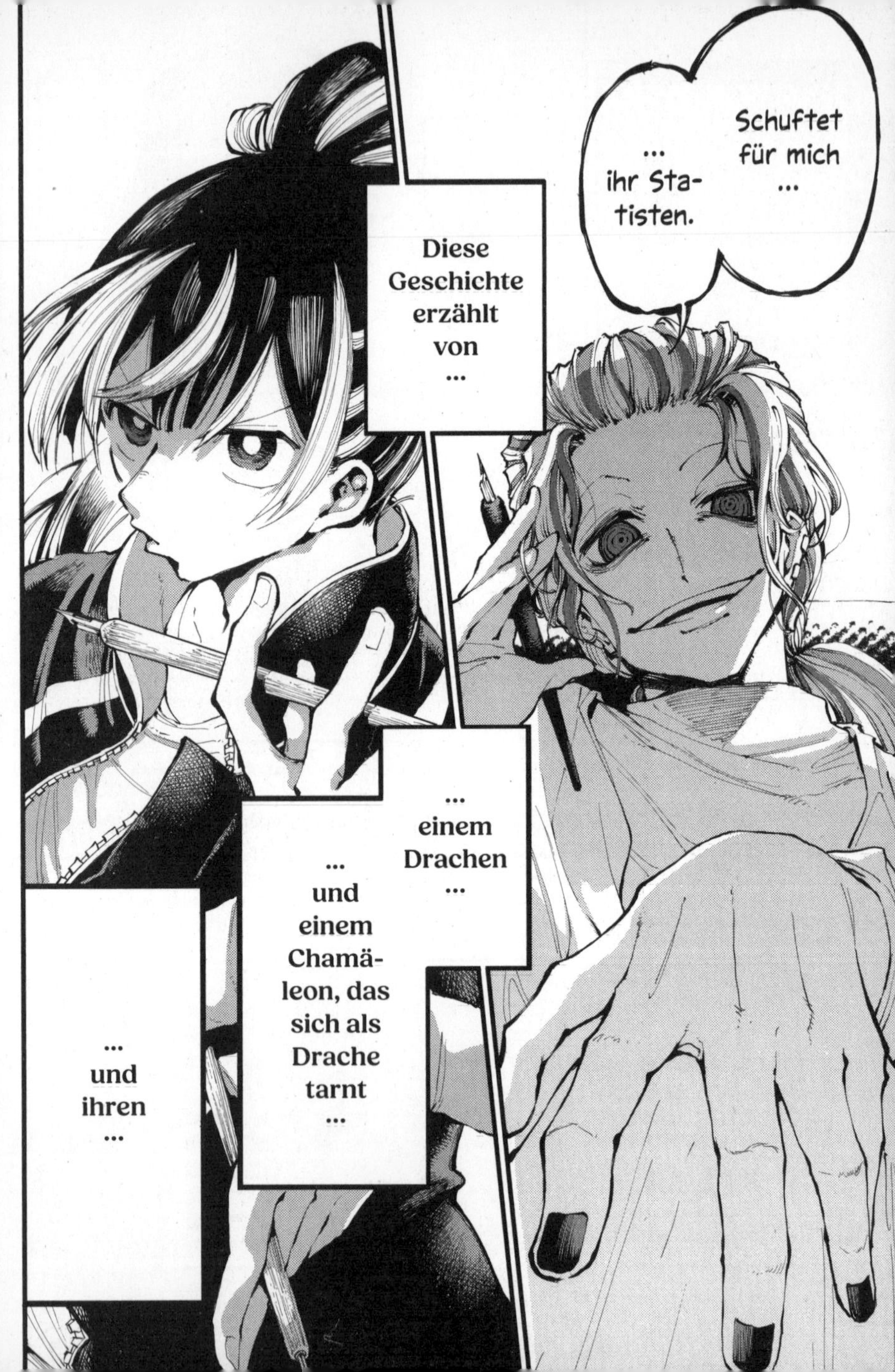

Schuftet für mich ...
... ihr Statisten.
Diese Geschichte erzählt von ...
... einem Drachen ...
... und einem Chamäleon, das sich als Drache tarnt ...
... und ihren ...

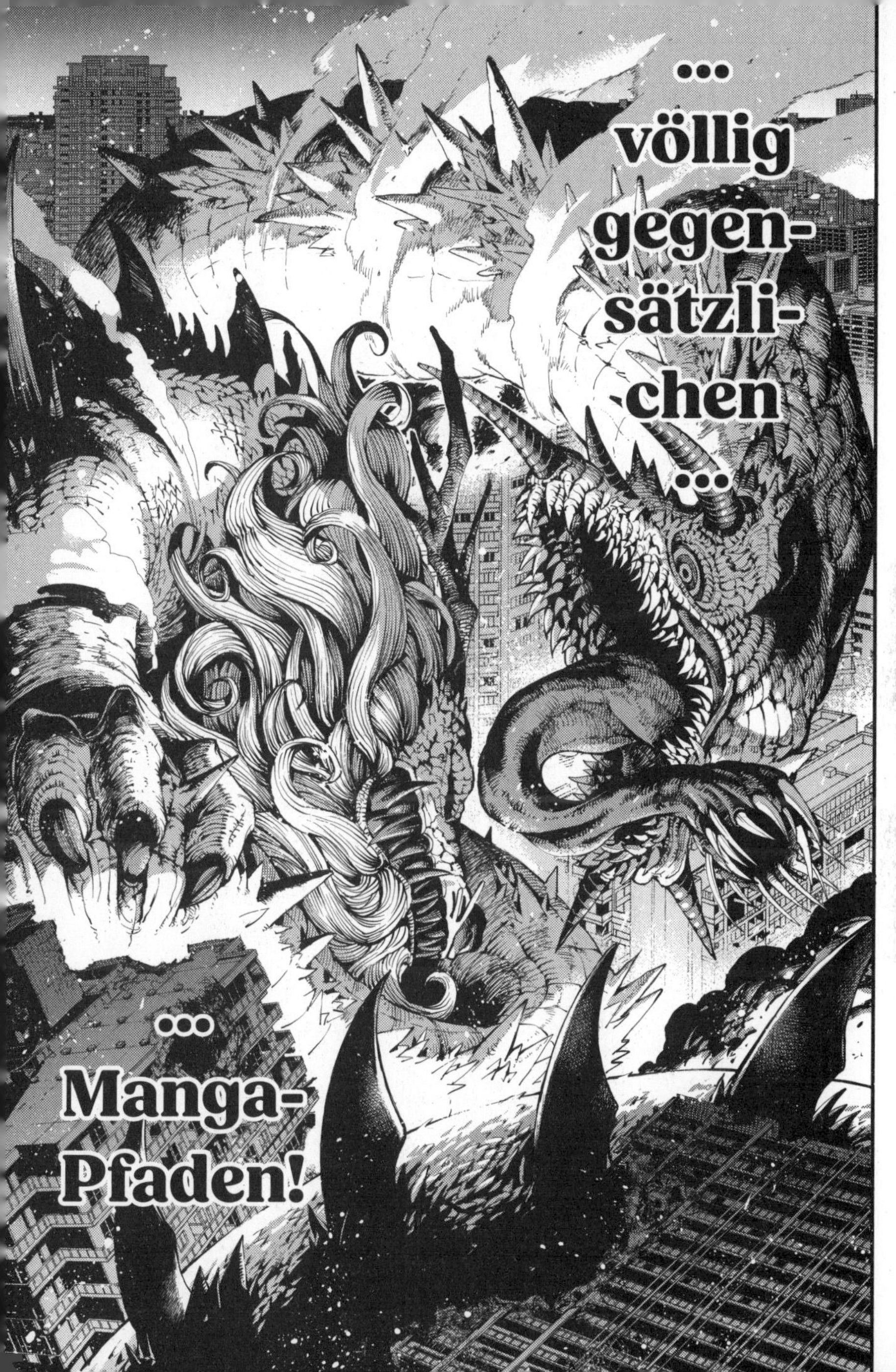
...
völlig
gegen-
sätzli-
chen
...
...
Manga-
Pfaden!

Begriffserklärung

Manga-Assistent

Assistenten unterstützen Mangaka in ihrer Arbeit! Ihre Aufgaben reichen vom Zeichnen von Hintergründen und Menschenmengen bis hin zum Tuschen der Hauptcharaktere. Ihre Aufgaben variieren je nach Künstler, für den sie arbeiten. Die Teams sind oft für einen laufenden Manga festgelegt. Wird auch mit Assi abgekürzt.

Das ist übrigens das Assistententeam von *Dragon Land* (Stand: Kapitel 1):

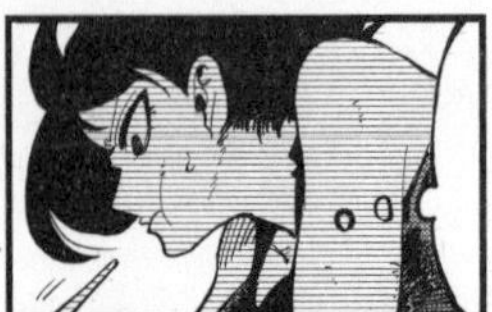

Ringo Tanaka
Geht gerne ins Fitnessstudio, kann aber süßen Versuchungen nicht widerstehen.

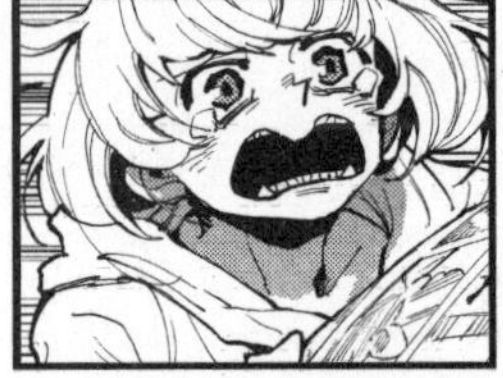

Yu Kinotani
Die Jüngste im Team mit der wenigsten Erfahrung. Wird kurz vor der Deadline immer etwas nervös.

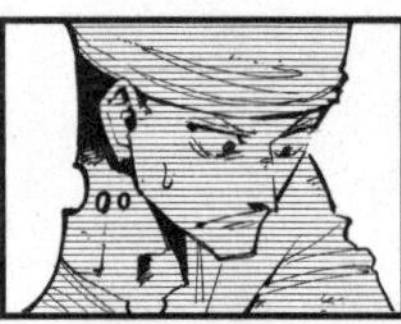

Takumi Sasaki
Hat die beste Technik.

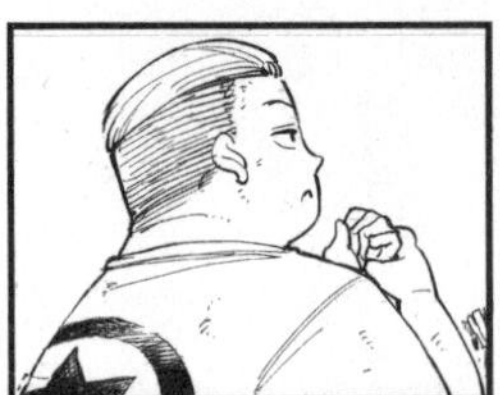

Tadashi Moro
Nimmt sich gerne Zeit und trennt streng sein Privat- und Berufsleben.

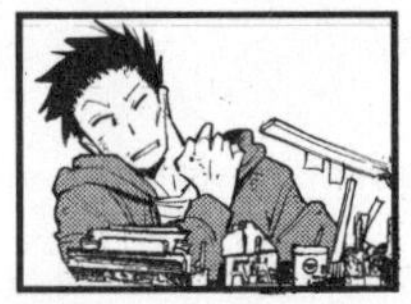

Shinichi Kuramoto
Hat Frau und Kind und liebt Kaffee.

Souta Nimi
Klassenclown und der Älteste im Team.

Hilfsassistent

Ein Hilfsassistent, auch bekannt als Help, ist jemand, der kurzfristig für ein oder zwei Tage als Firefighter eingesetzt wird. Mit anderen Worten: Sie werden immer dann gerufen, wenn es kurz vor der Deadline knapp wird und alle im absoluten Stress sind. Ein robustes Gemüt ist also ein absolutes Muss!

Shinobu Miyama

Mentale Stärke: 95
Mangatechnik: 95
Sozialkompetenz: -600

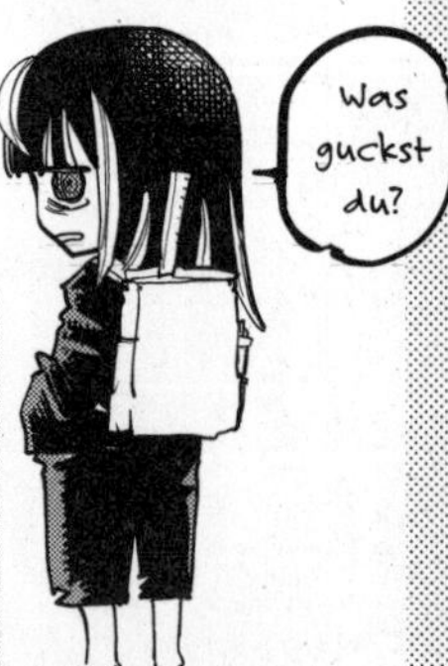

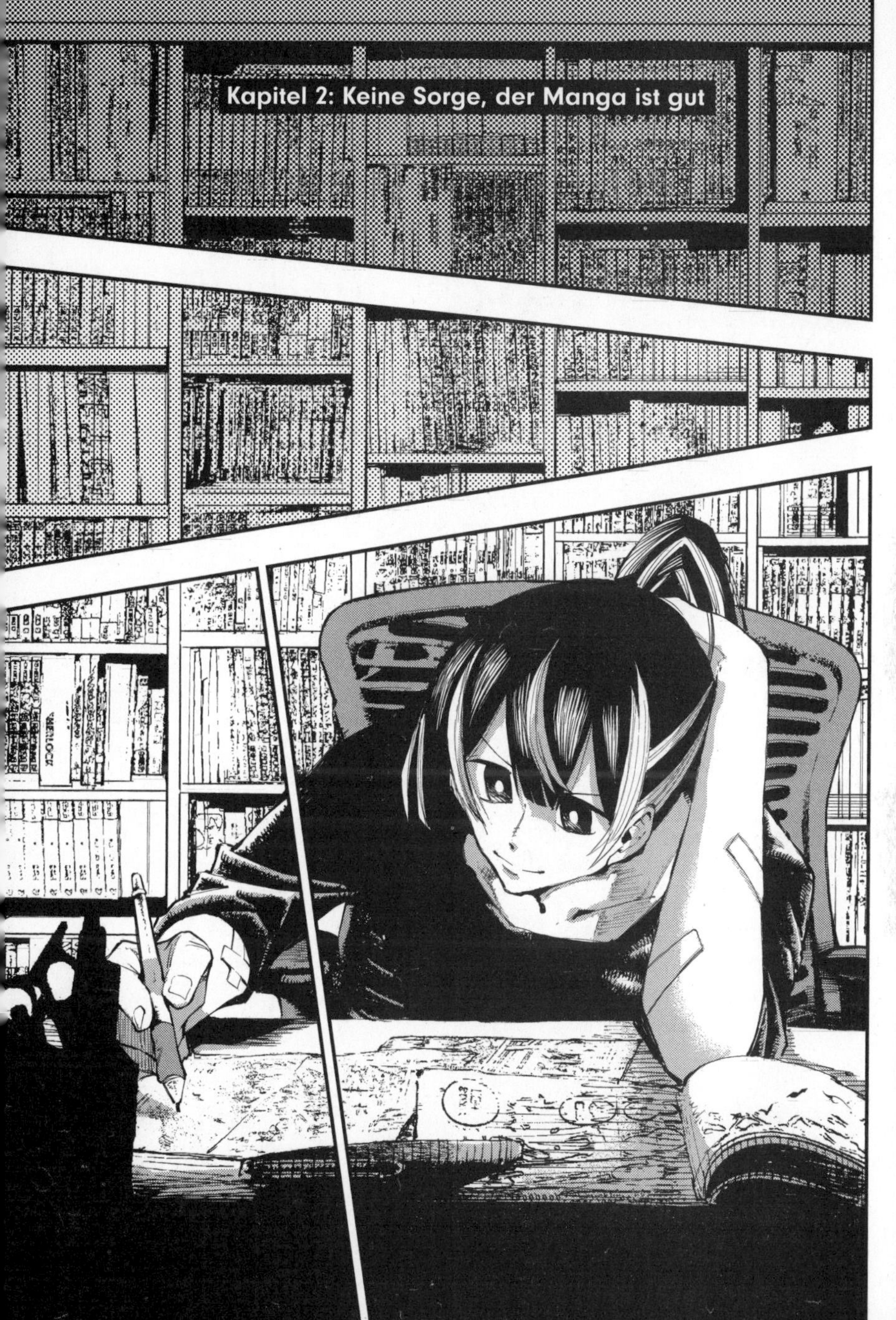
Kapitel 2: Keine Sorge, der Manga ist gut

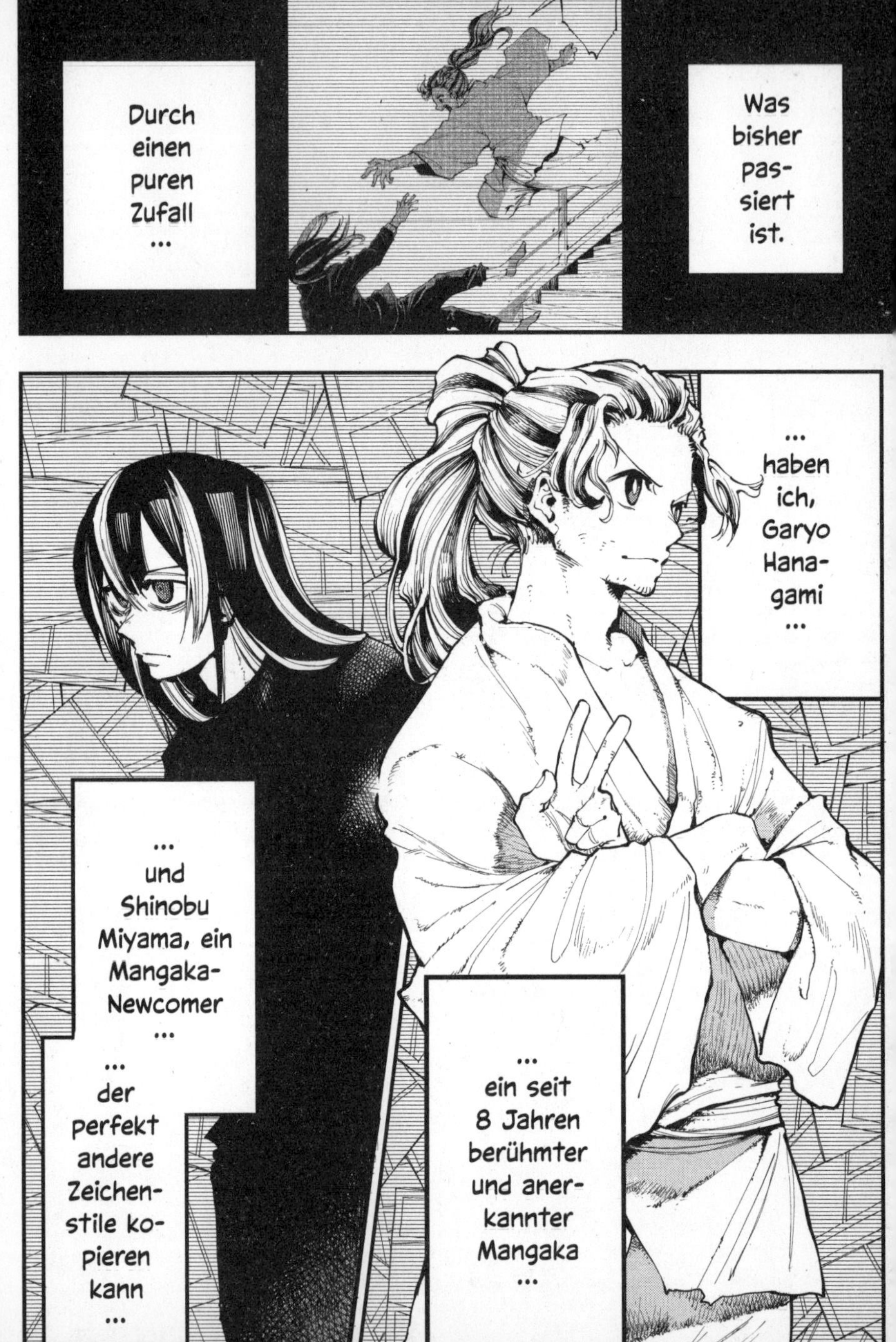
Was bisher passiert ist.
Durch einen puren Zufall ...
... haben ich, Garyo Hanagami ...
... ein seit 8 Jahren berühmter und anerkannter Mangaka ...
... und Shinobu Miyama, ein Mangaka-Newcomer ...
... der perfekt andere Zeichenstile kopieren kann ...

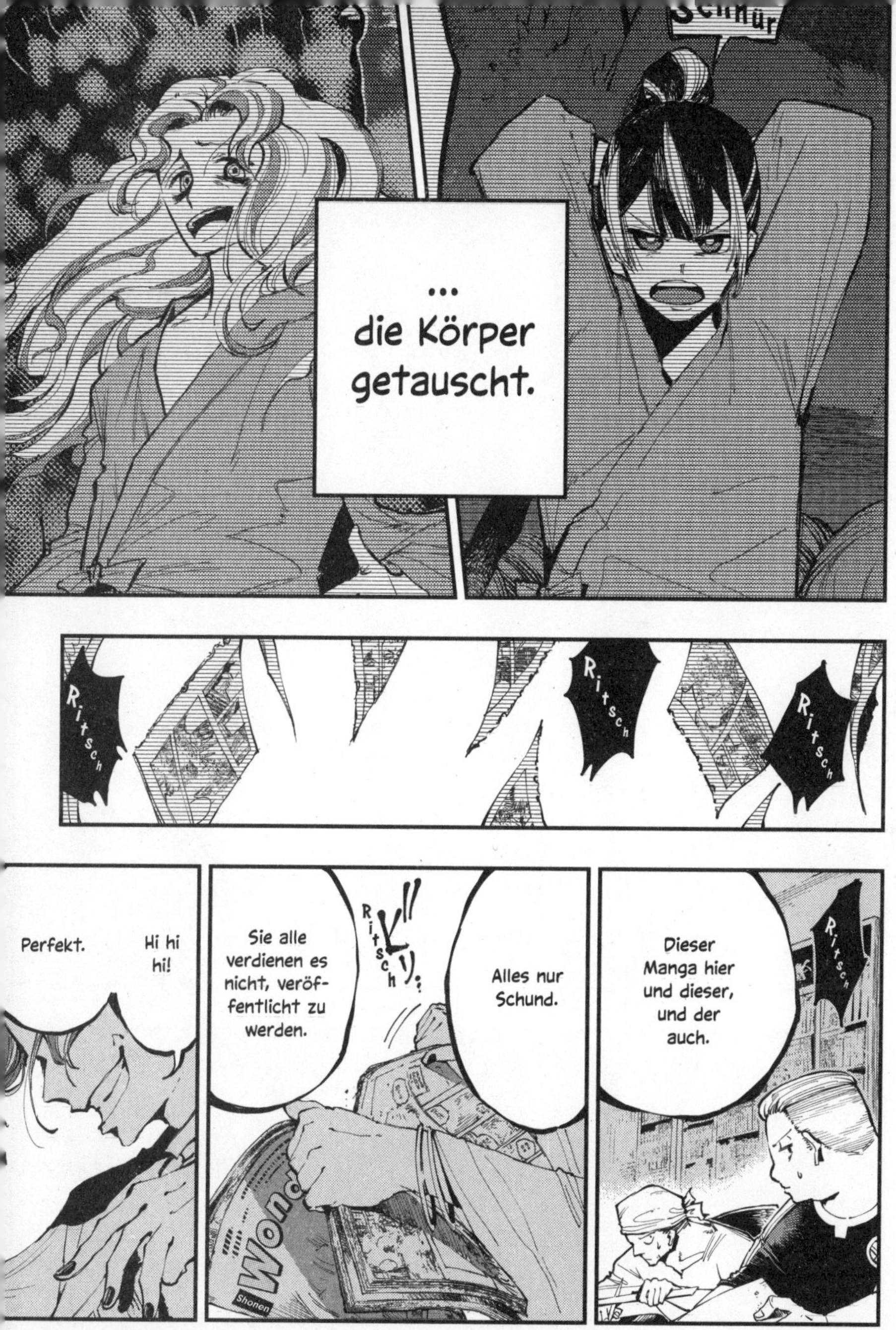

...
die Körper
getauscht.

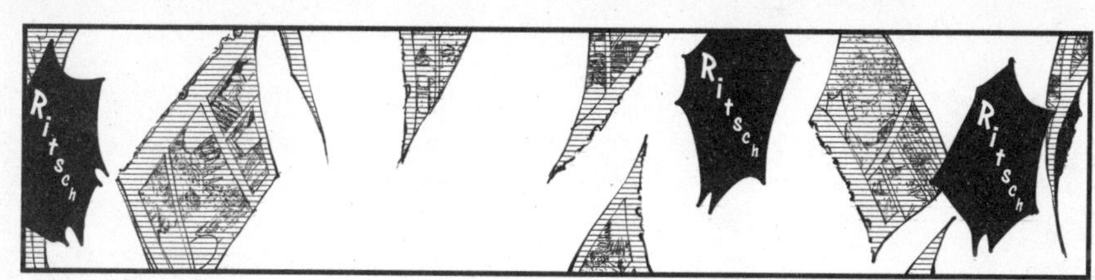

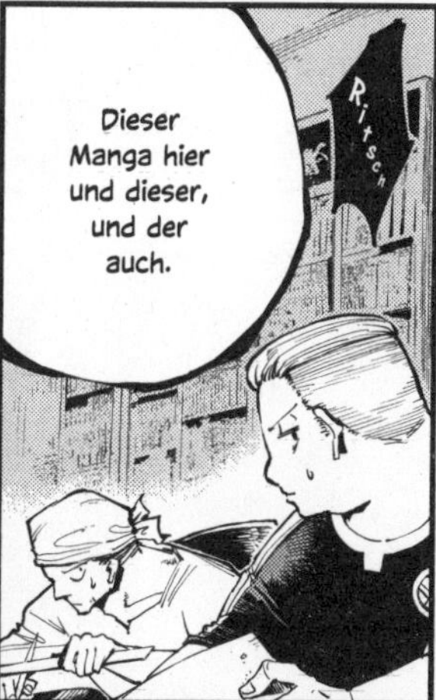

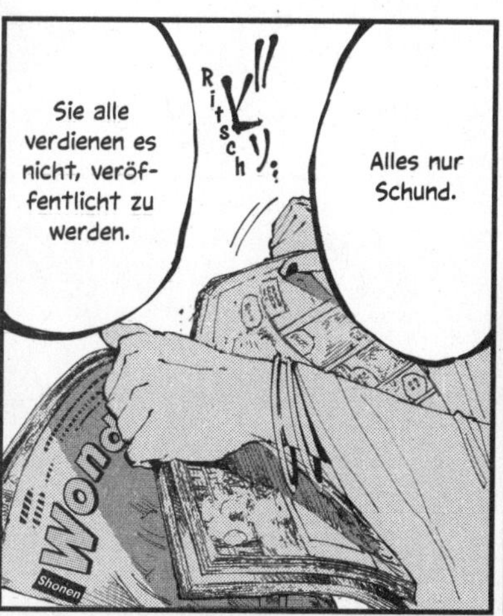

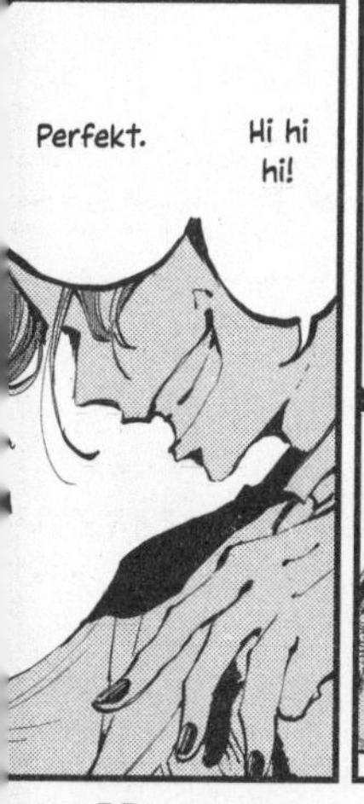

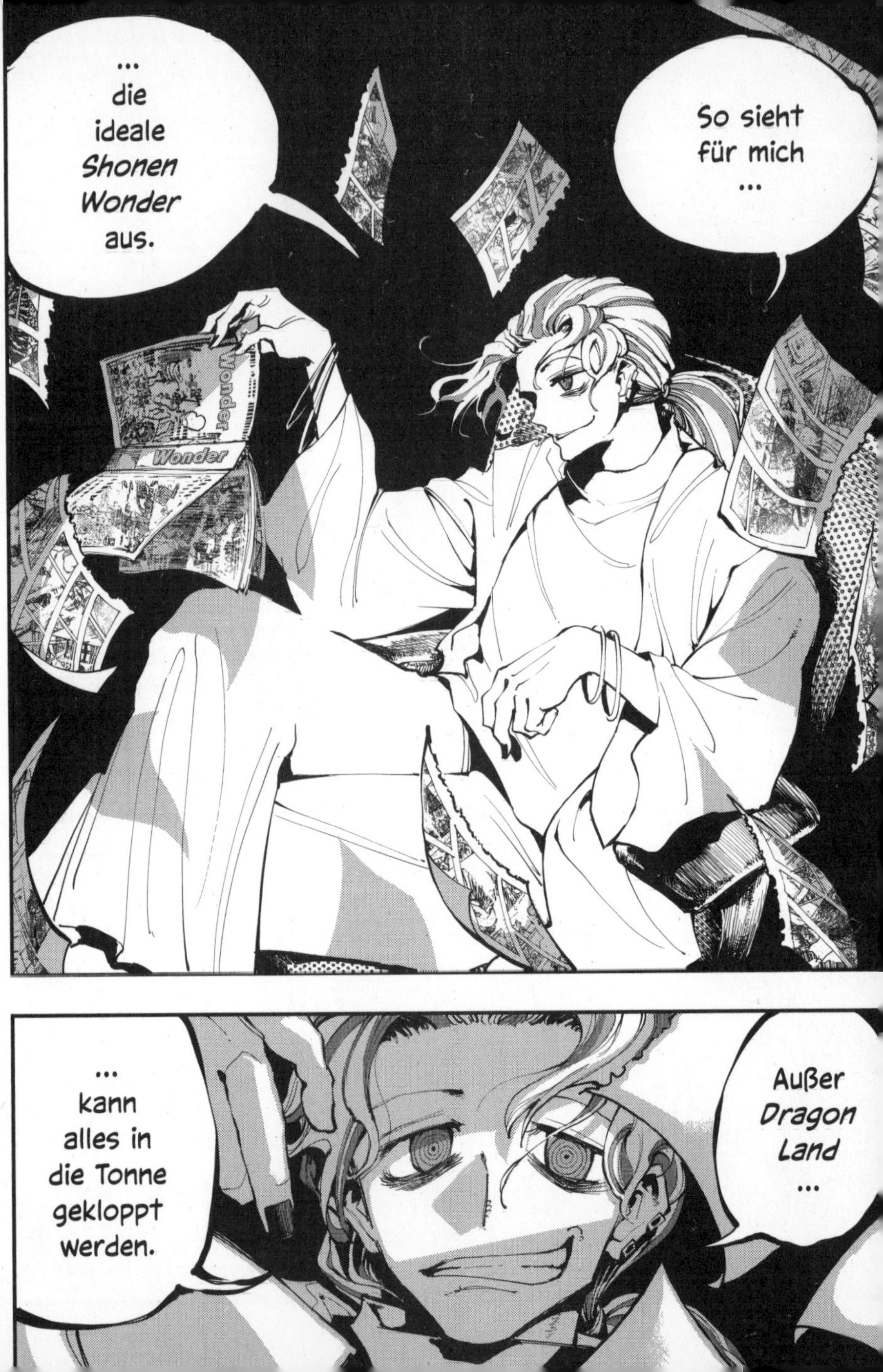

So sieht für mich ...

... die ideale *Shonen Wonder* aus.

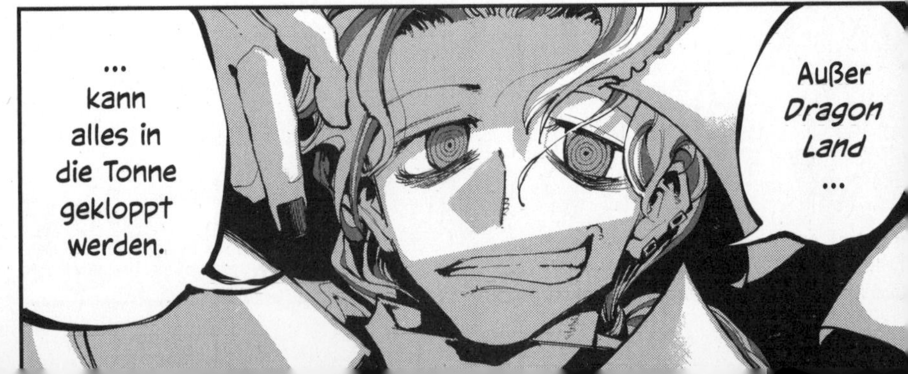

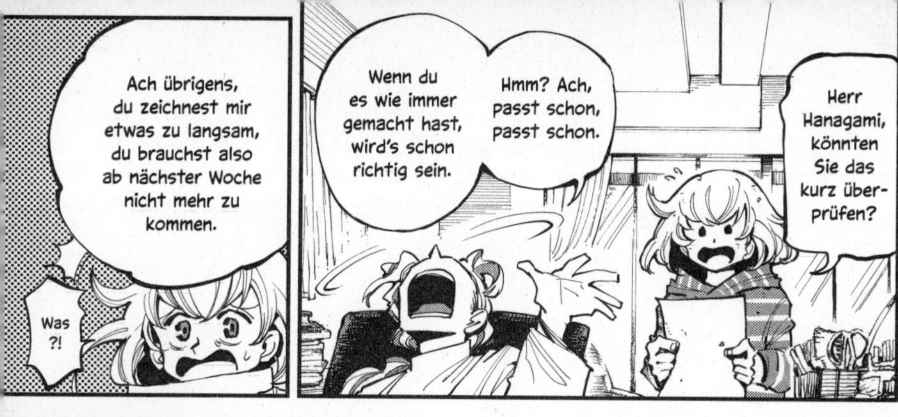
Herr Hanagami, könnten Sie das kurz über-prüfen?
Hmm? Ach, passt schon, passt schon.
Wenn du es wie immer gemacht hast, wird's schon richtig sein.
Ach übrigens, du zeichnest mir etwas zu langsam, du brauchst also ab nächster Woche nicht mehr zu kommen.
Was ?!

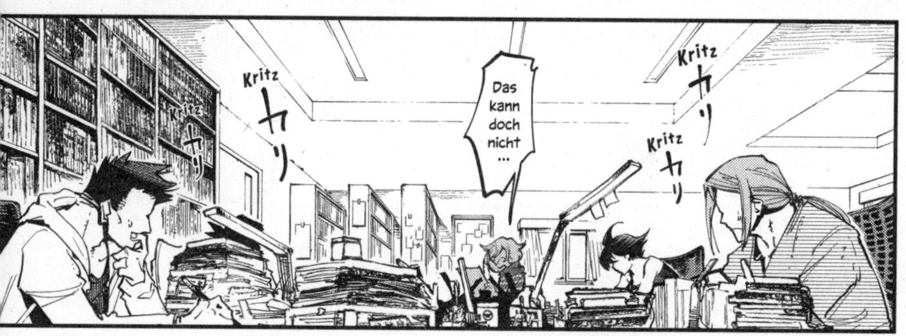
Kritz
Kritz
Das kann doch nicht ...
Kritz
Kritz

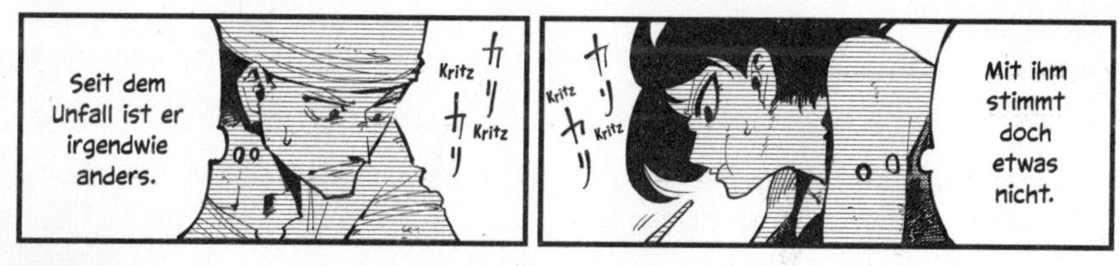
Mit ihm stimmt doch etwas nicht.
Kritz
Kritz
Kritz
Kritz
Seit dem Unfall ist er irgendwie anders.

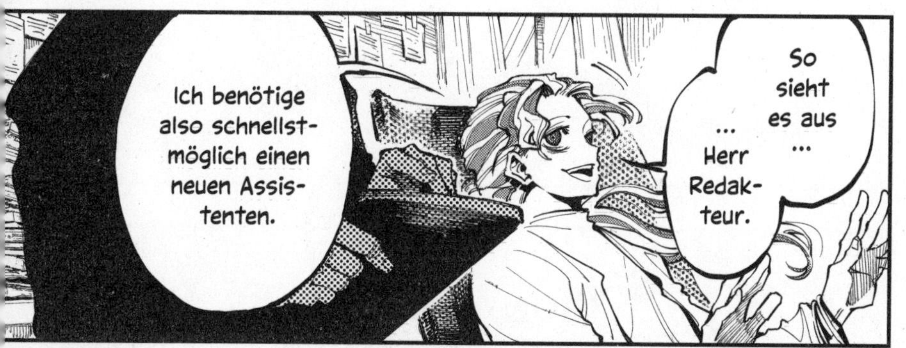
So sieht es aus ...
... Herr Redak-teur.
Ich benötige also schnellst-möglich einen neuen Assis-tenten.

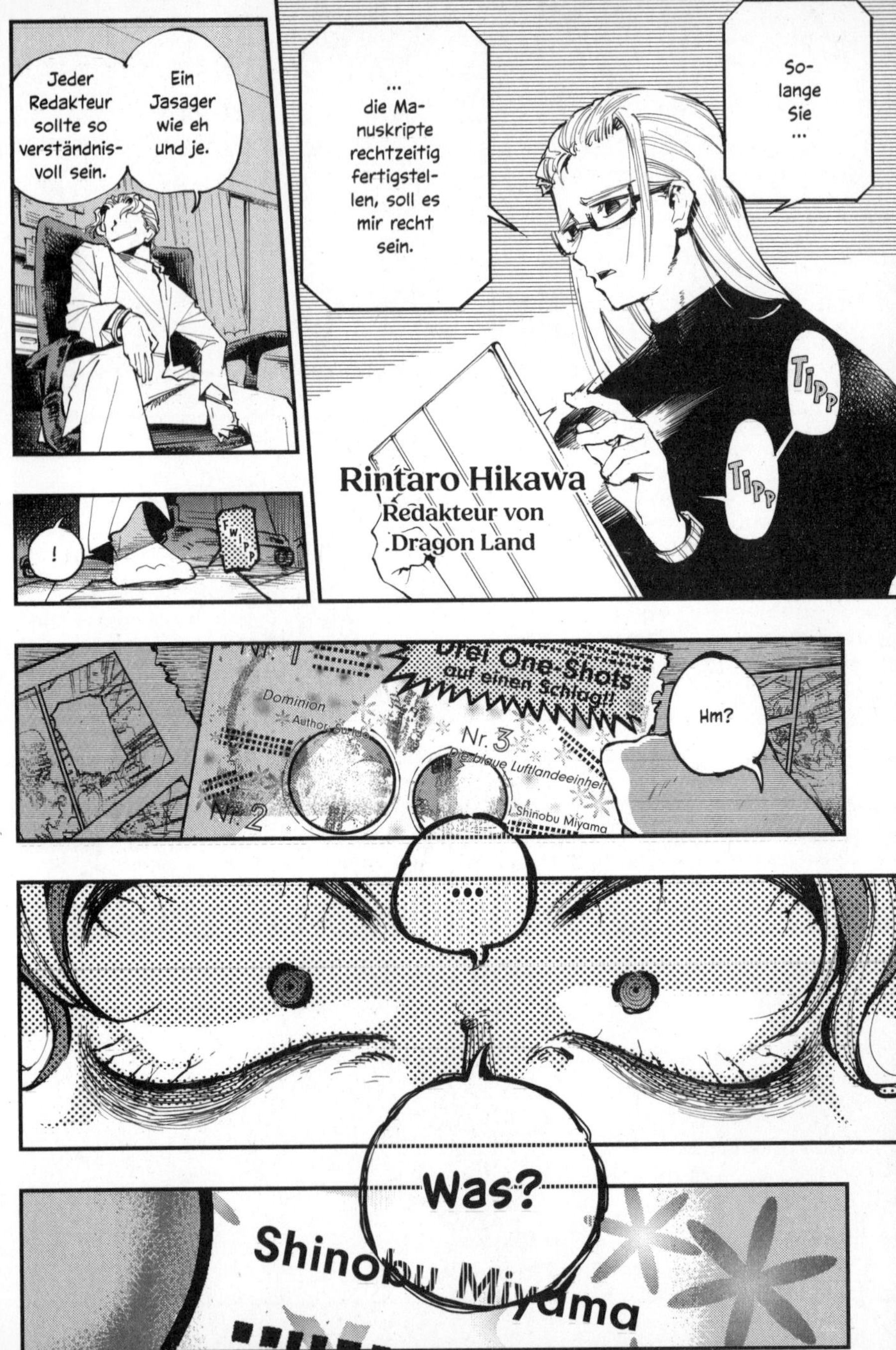

Solange Sie ...
... die Manuskripte rechtzeitig fertigstellen, soll es mir recht sein.
Rintaro Hikawa
Redakteur von Dragon Land
Tipp
Tipp
Ein Jasager wie eh und je.
Jeder Redakteur sollte so verständnisvoll sein.
Fwipp
!
Hm?
Drei One-Shots auf einen Schlag!!
Dominion
Nr. 2
Nr. 3
Die blaue Luftlandeeinheit
Shinobu Miyama
...
Was?
Shinobu Miyama

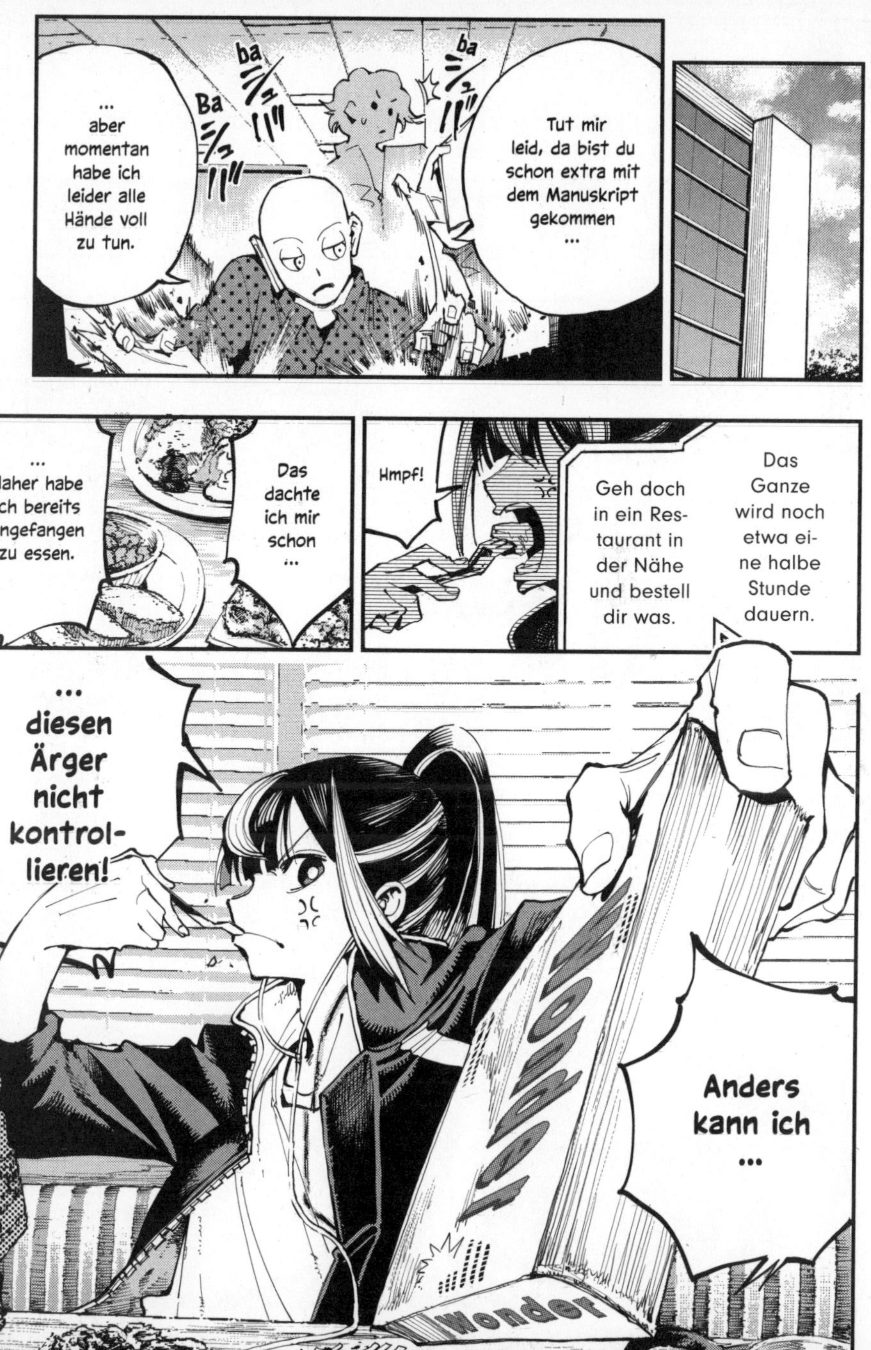

ba
ba
Ba
Tut mir leid, da bist du schon extra mit dem Manuskript gekommen ...
... aber momentan habe ich leider alle Hände voll zu tun.
Das Ganze wird noch etwa eine halbe Stunde dauern.
Geh doch in ein Restaurant in der Nähe und bestell dir was.
Hmpf!
Das dachte ich mir schon ...
... daher habe ich bereits angefangen zu essen.
Anders kann ich ...
... diesen Ärger nicht kontrollieren!
Wonder

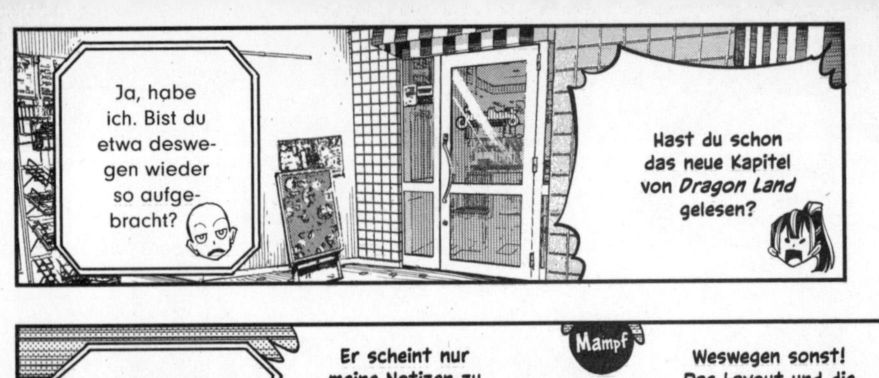

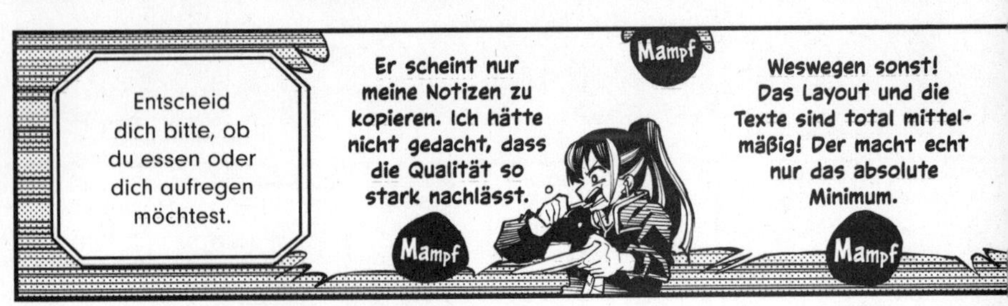

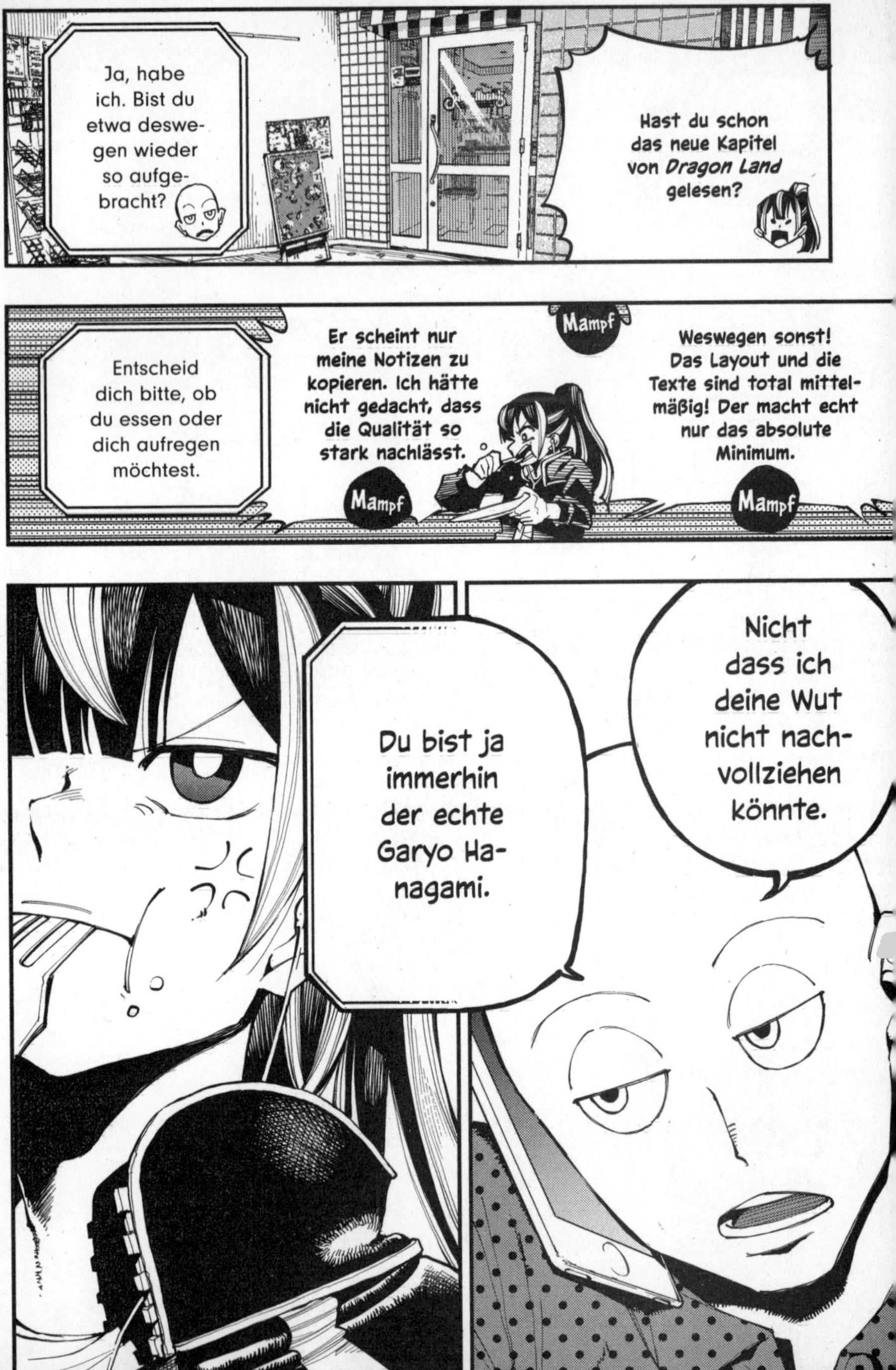

Nicht dass ich deine Wut nicht nachvollziehen könnte.

Du bist ja immerhin der echte Garyo Hanagami.

Also, diesen One-Shot ...

... werde ich vorerst mit nach oben nehmen.

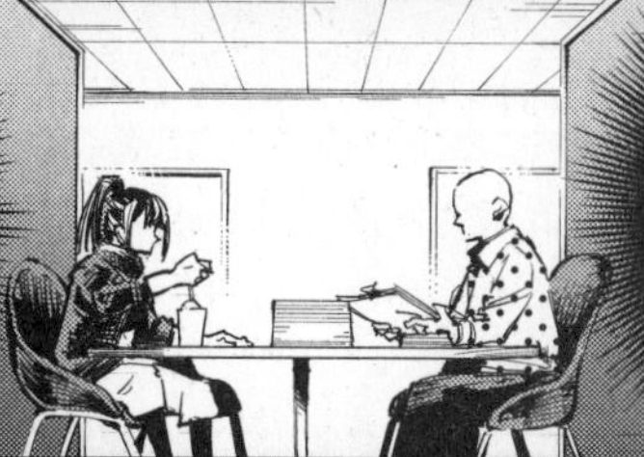

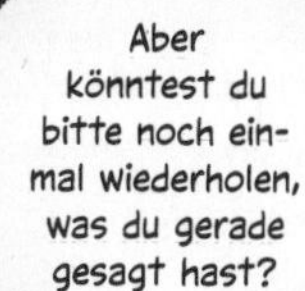

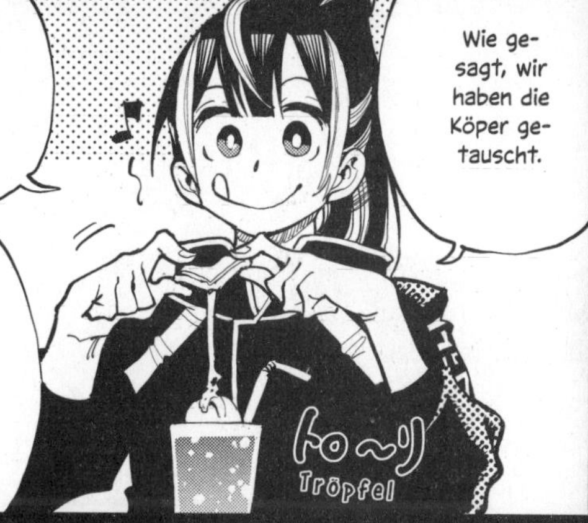

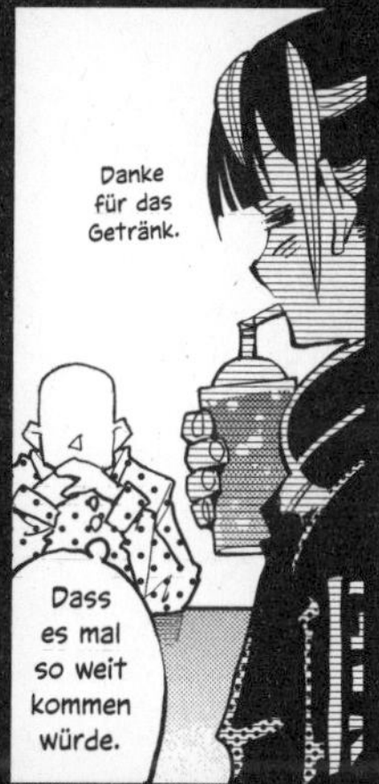

Dass ich einen Mangaka, für den ich verantwortlich bin, so in die Enge getrieben habe.

Ich muss ihn wieder in die Realität zurückzerren.

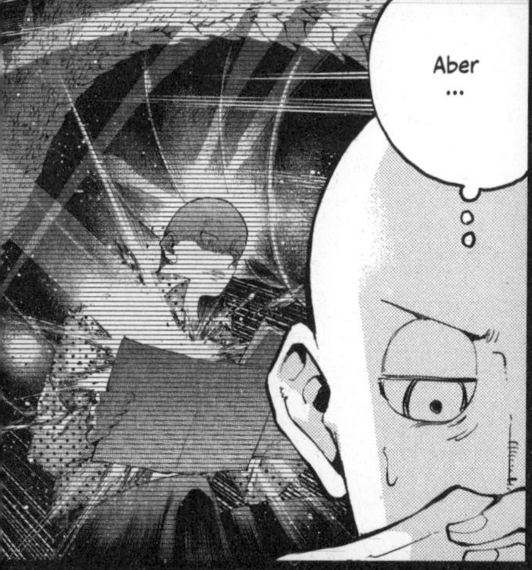

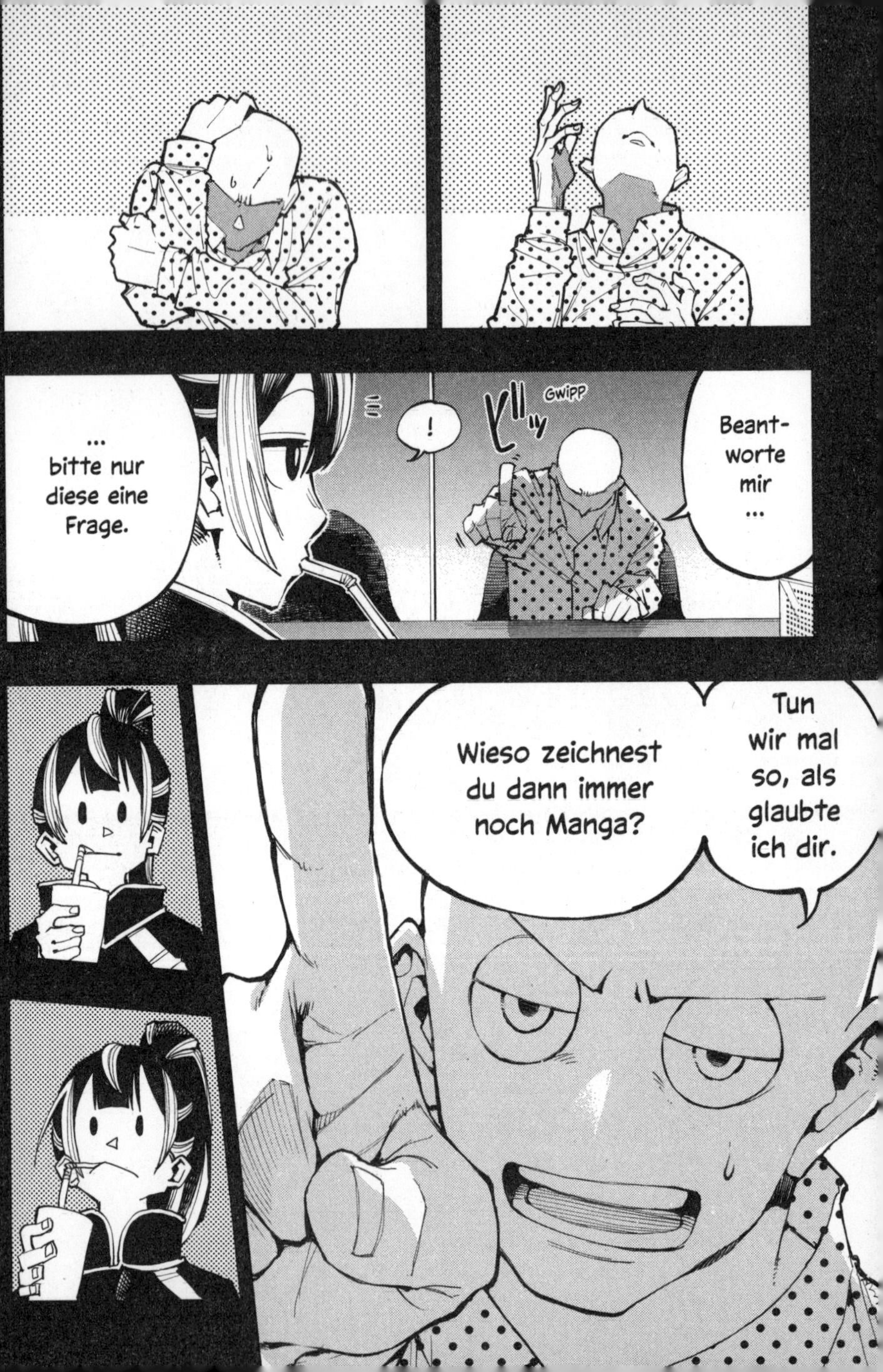

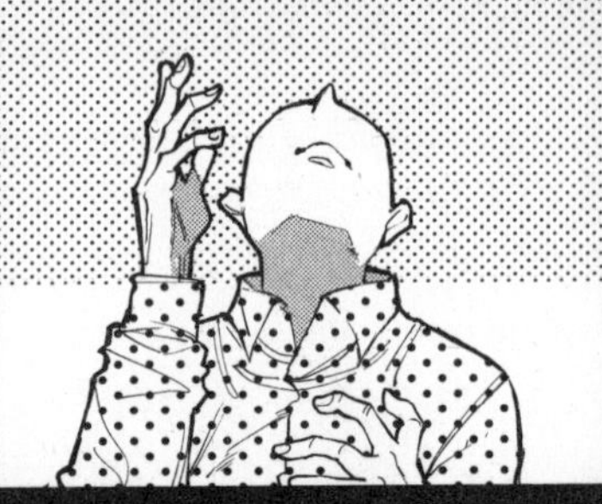
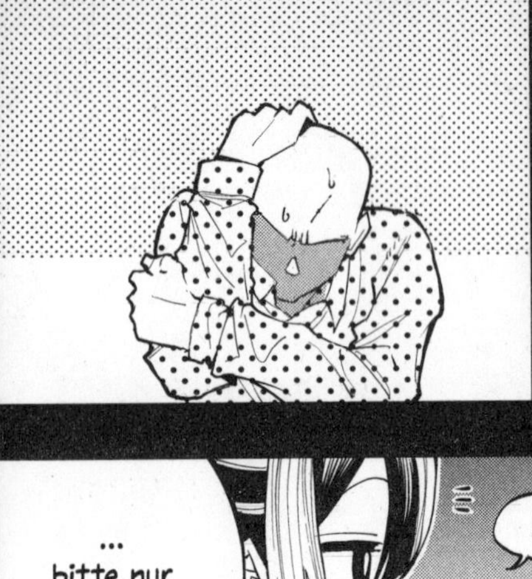
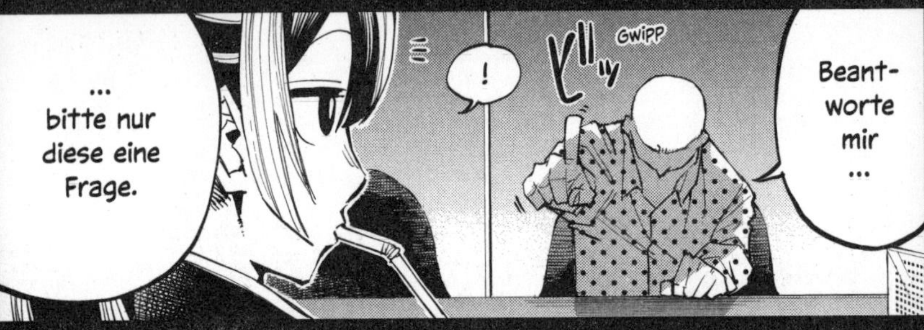

Tun wir mal so, als glaubte ich dir.

Wieso zeichnest du dann immer noch Manga?

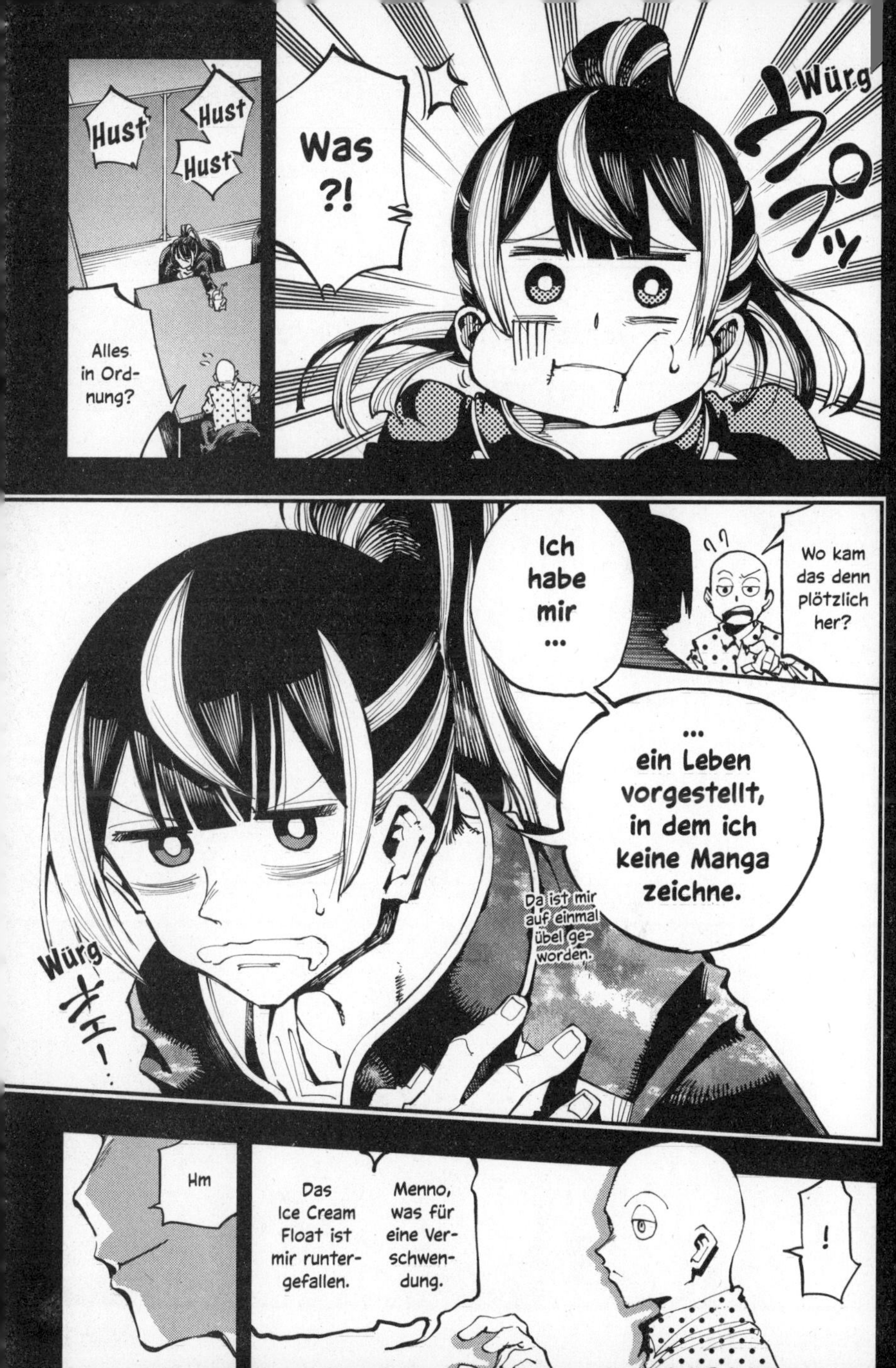
Würg
Was ?!
Hust
Hust
Hust
Alles in Ordnung?
Wo kam das denn plötzlich her?
Ich habe mir …
… ein Leben vorgestellt, in dem ich keine Manga zeichne.
Da ist mir auf einmal übel geworden.
Würg
!
Menno, was für eine Verschwendung.
Das Ice Cream Float ist mir runtergefallen.
Hm

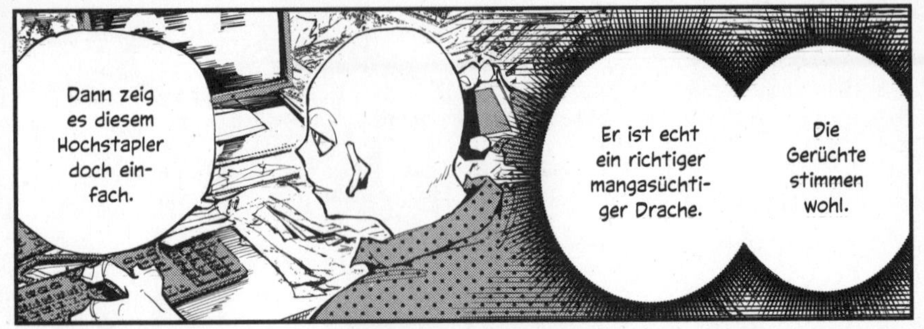
Die Gerüchte stimmen wohl.
Er ist echt ein richtiger mangasüchti-ger Drache.
Dann zeig es diesem Hochstapler doch ein-fach.

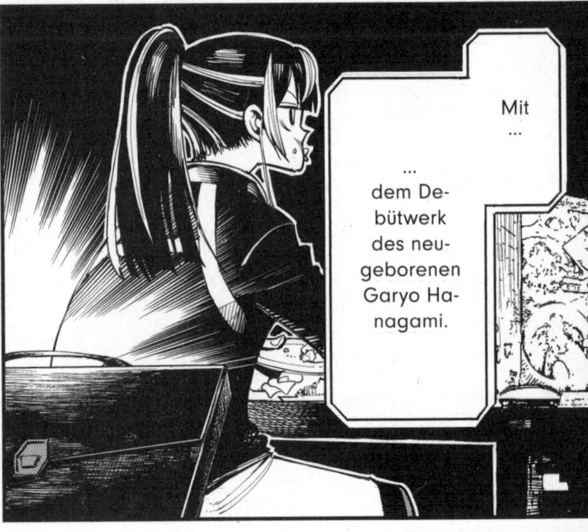
Mit ...
... dem De-bütwerk des neu-geborenen Garyo Ha-nagami.

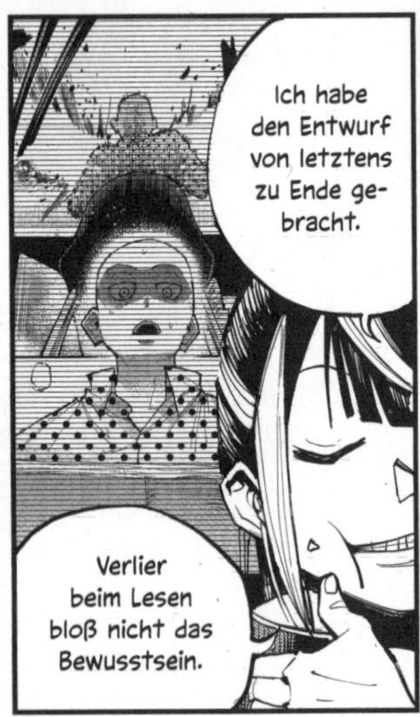
Ich habe den Entwurf von letztens zu Ende ge-bracht.
Verlier beim Lesen bloß nicht das Bewusstsein.

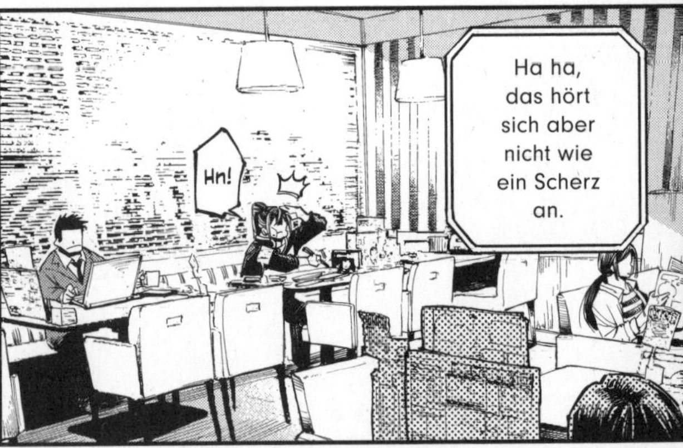
Ha ha, das hört sich aber nicht wie ein Scherz an.
Hn!

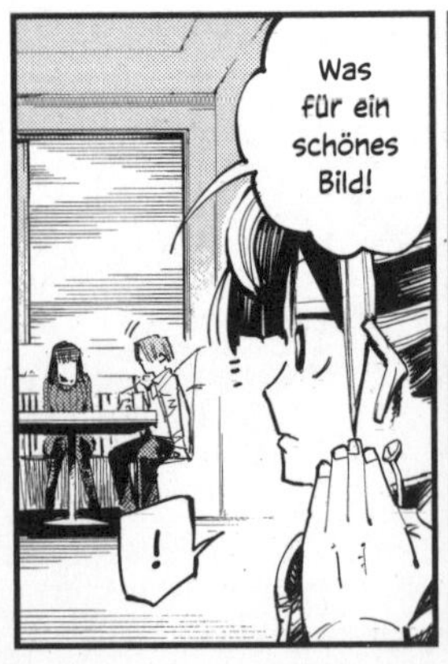
Was für ein schönes Bild!
!

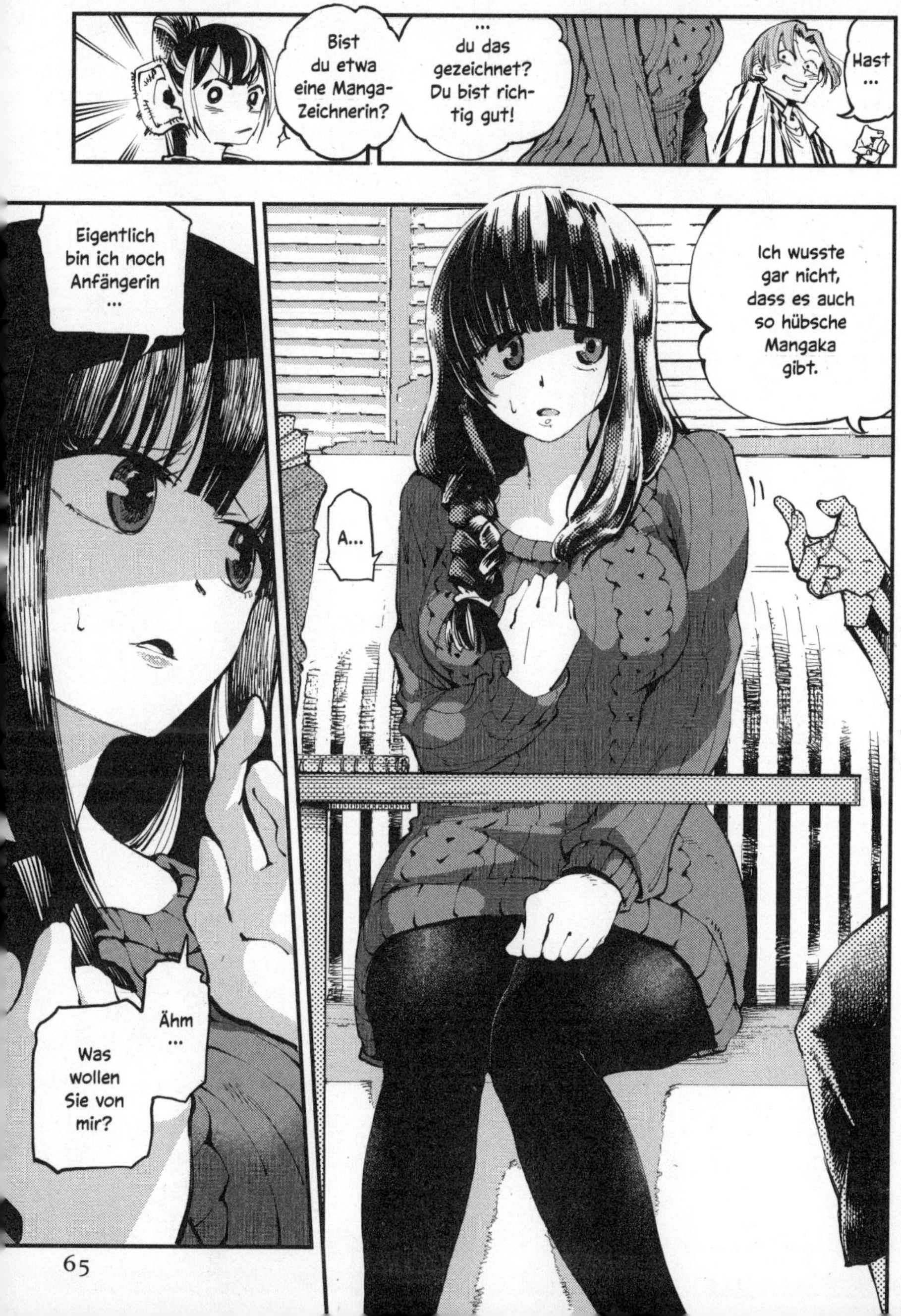

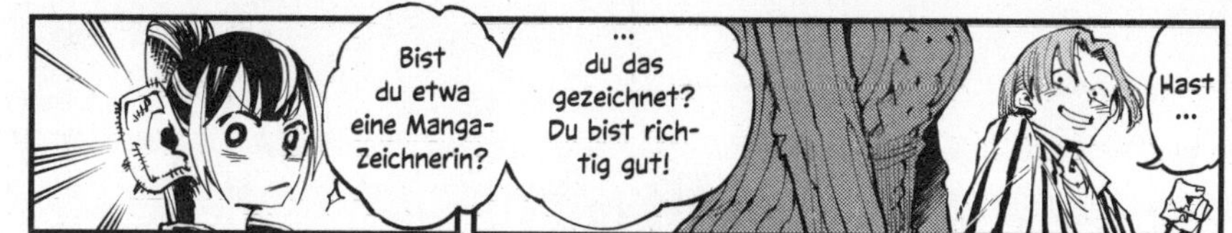

Ich wusste gar nicht, dass es auch so hübsche Mangaka gibt.

A...

Eigentlich bin ich noch Anfängerin ...

Ähm ...

Was wollen Sie von mir?

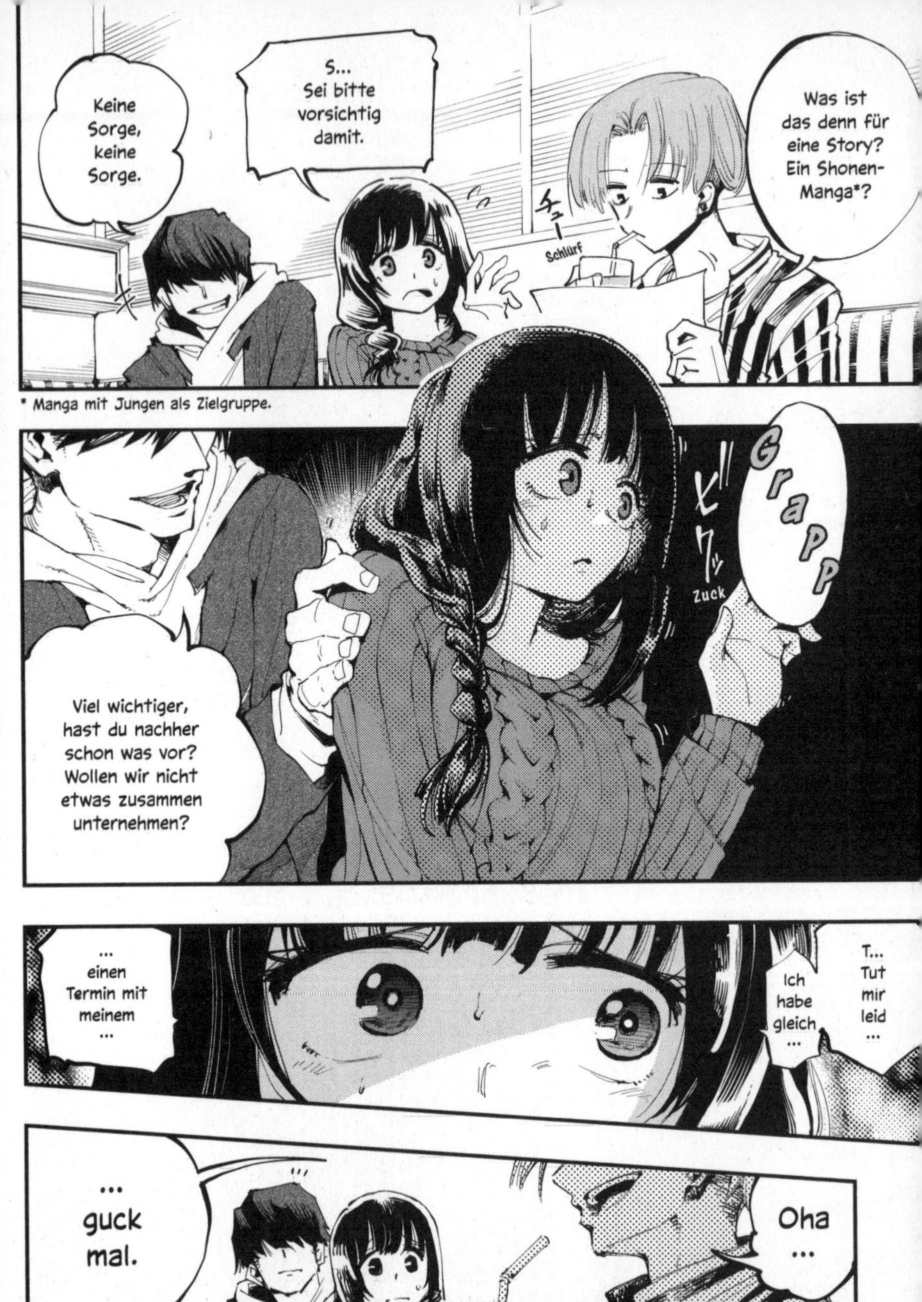

* Manga mit Jungen als Zielgruppe.

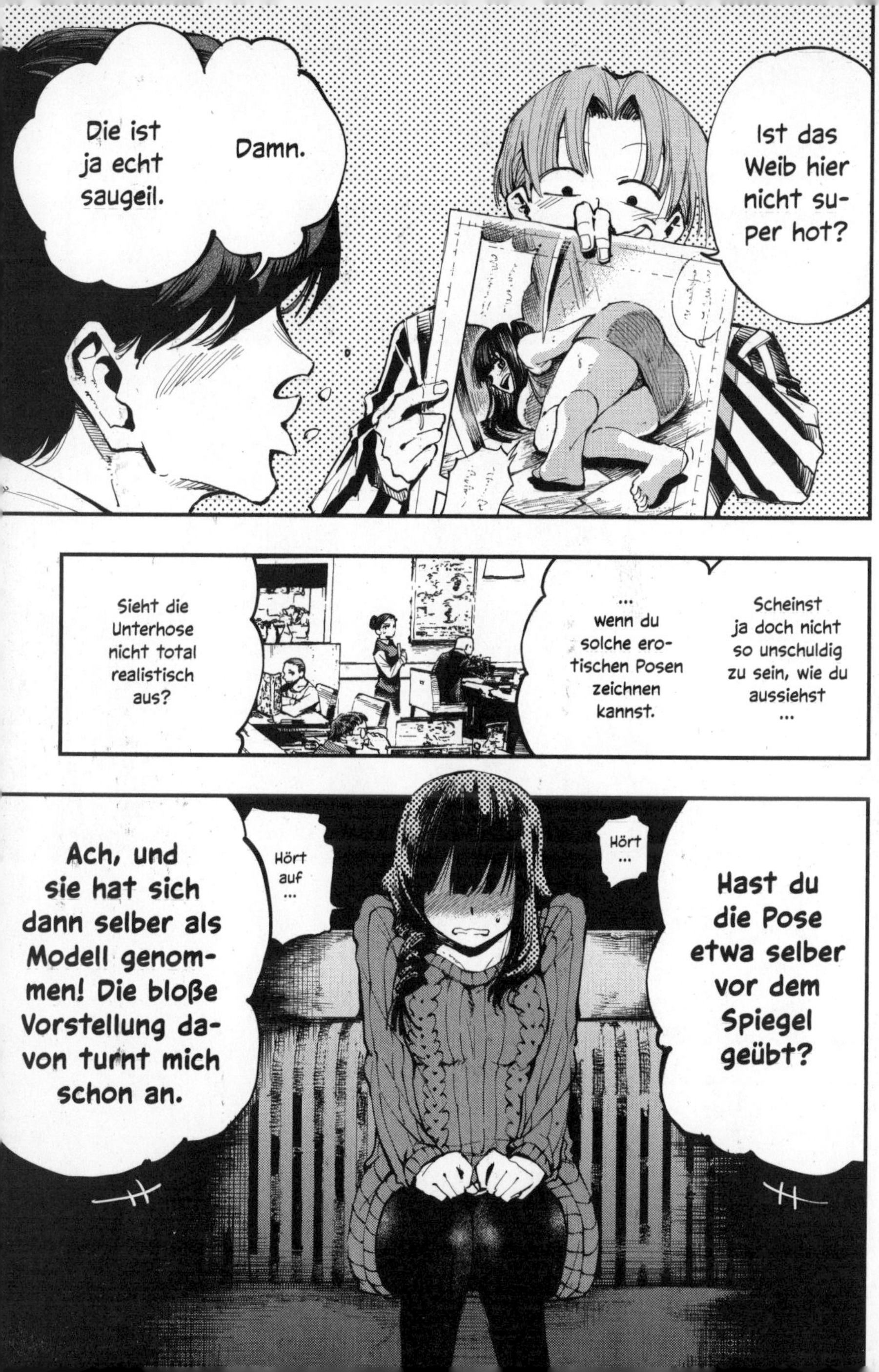

Ist das Weib hier nicht super hot?

Damn.

Die ist ja echt saugeil.

Scheinst ja doch nicht so unschuldig zu sein, wie du aussiehst ...

... wenn du solche erotischen Posen zeichnen kannst.

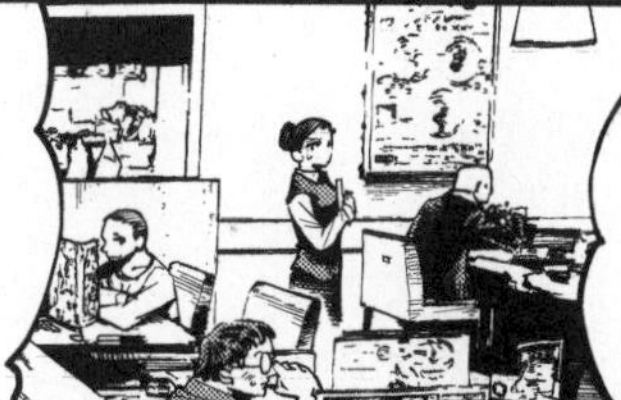

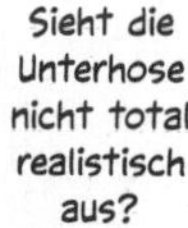

Hast du die Pose etwa selber vor dem Spiegel geübt?

Hört ...

Hört auf ...

Ach, und sie hat sich dann selber als Modell genommen! Die bloße Vorstellung davon turnt mich schon an.

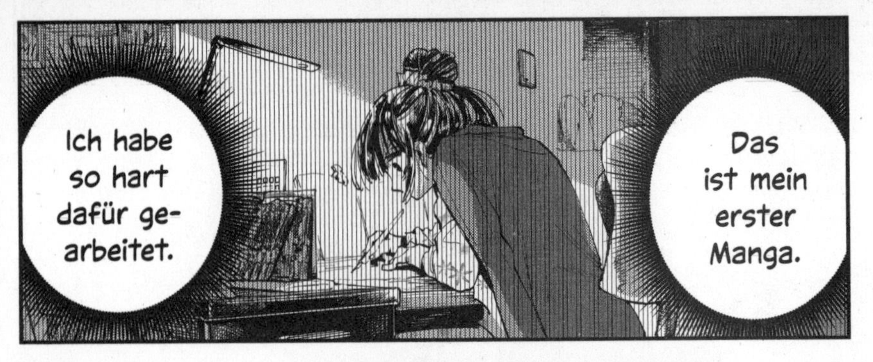

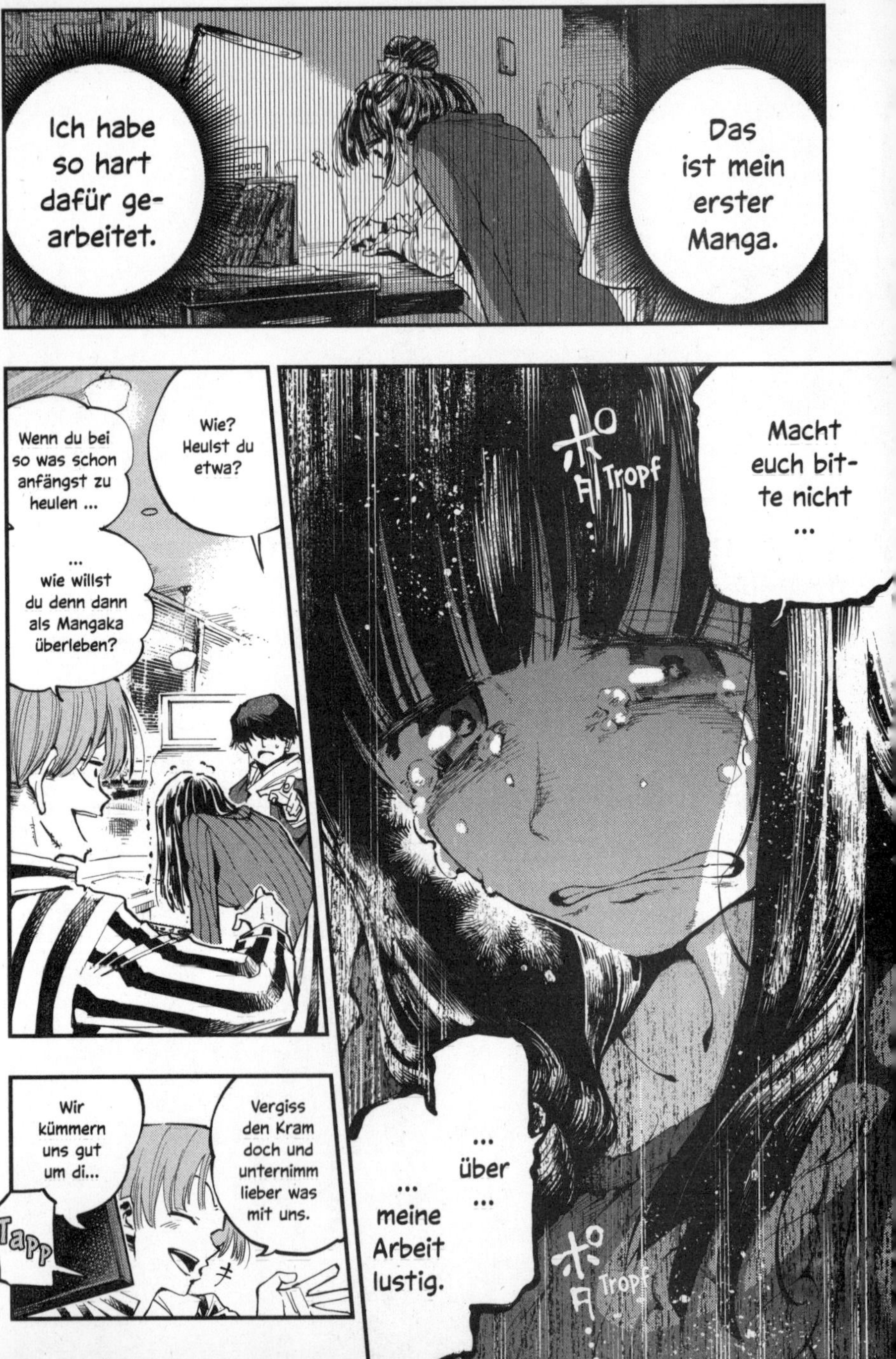

Macht euch bitte nicht ...

Tropf

Wie? Heulst du etwa?

Wenn du bei so was schon anfängst zu heulen ...

... wie willst du denn dann als Mangaka überleben?

Vergiss den Kram doch und unternimm lieber was mit uns.

Wir kümmern uns gut um di...

Tapp

... über ...

... meine Arbeit lustig.

Tropf

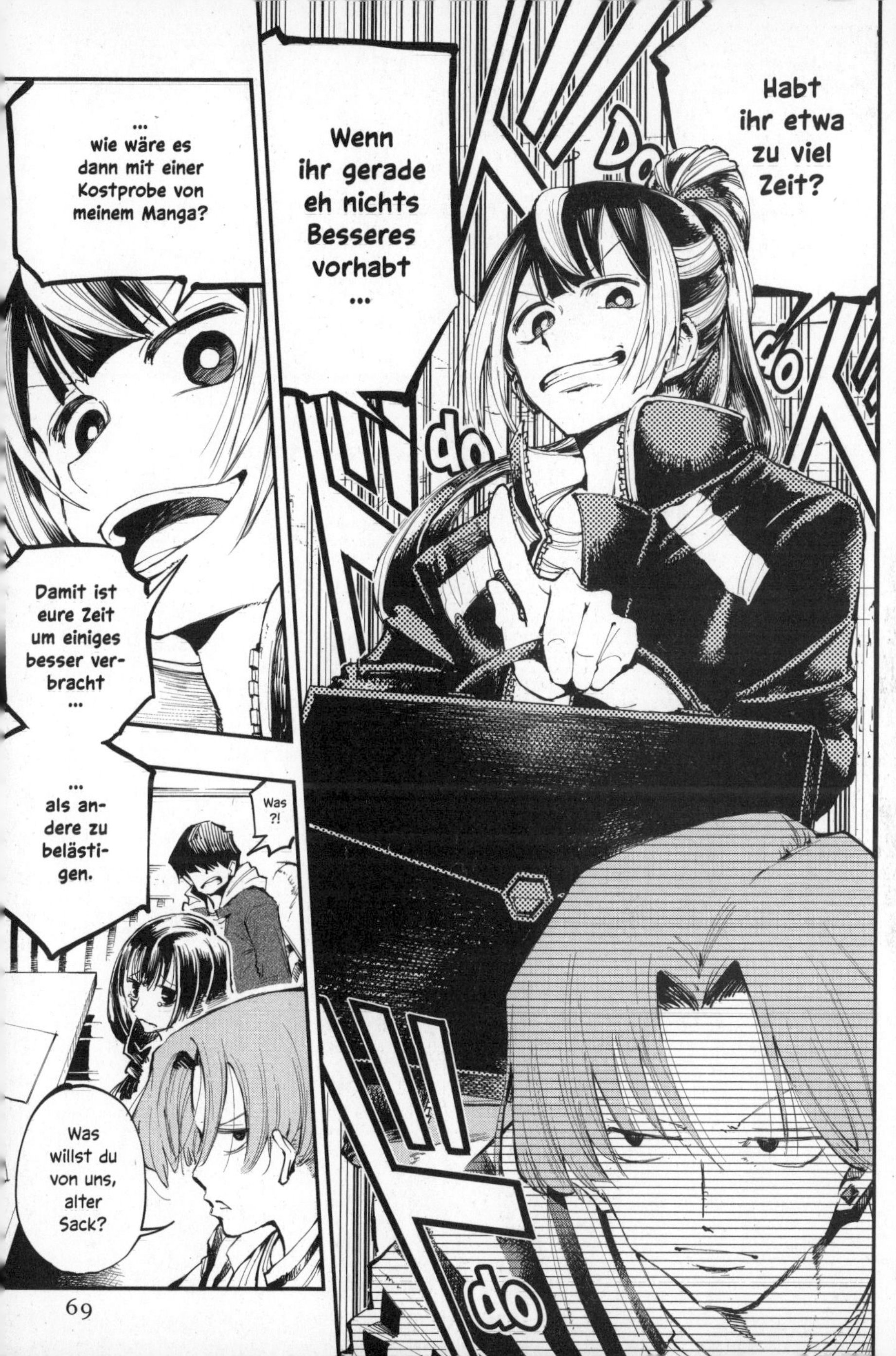

Habt ihr etwa zu viel Zeit?
Wenn ihr gerade eh nichts Besseres vorhabt ...
... wie wäre es dann mit einer Kostprobe von meinem Manga?
Do
do
do
Damit ist eure Zeit um einiges besser verbracht ...
... als andere zu belästigen.
Was ?!
Was willst du von uns, alter Sack?
do

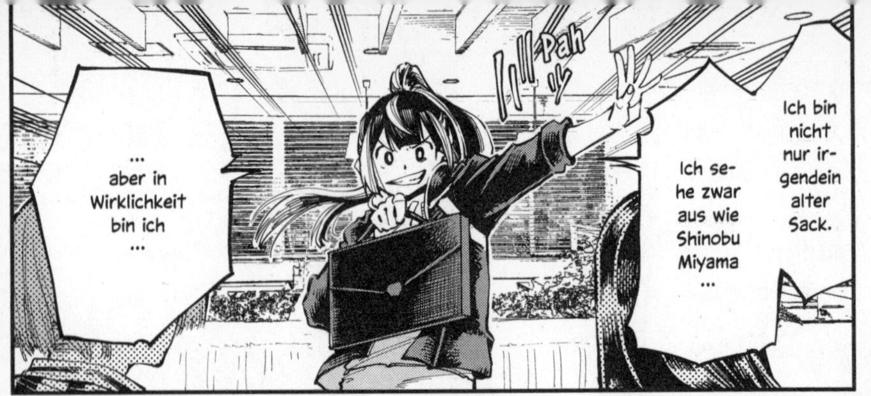
Ich bin nicht nur irgendein alter Sack.
Ich sehe zwar aus wie Shinobu Miyama ...
Pah
... aber in Wirklichkeit bin ich ...

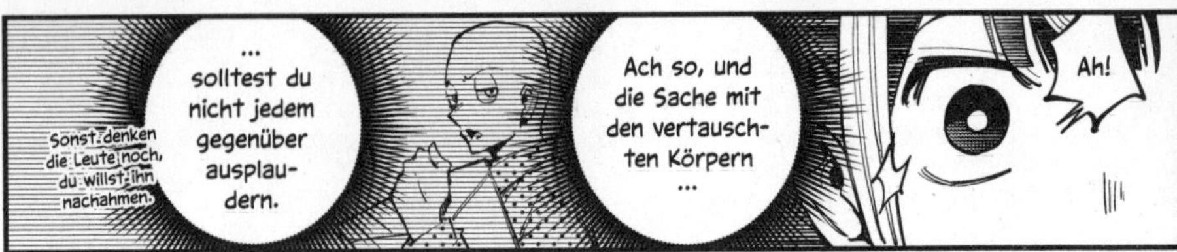
Ah!
Ach so, und die Sache mit den vertauschten Körpern ...
... solltest du nicht jedem gegenüber ausplaudern.
Sonst denken die Leute noch, du willst ihn nachahmen.

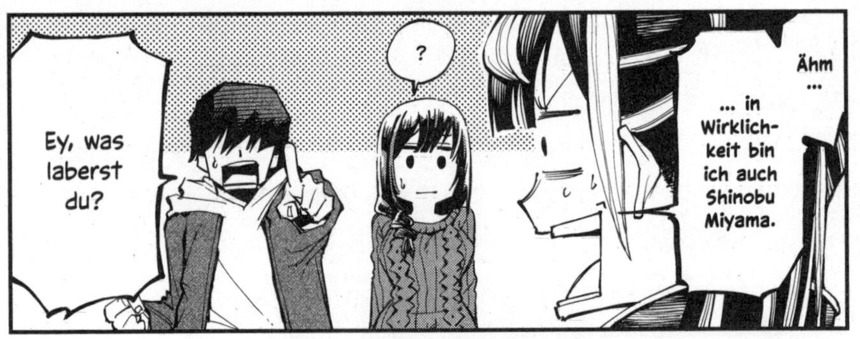
Ähm ...
... in Wirklichkeit bin ich auch Shinobu Miyama.
?
Ey, was laberst du?

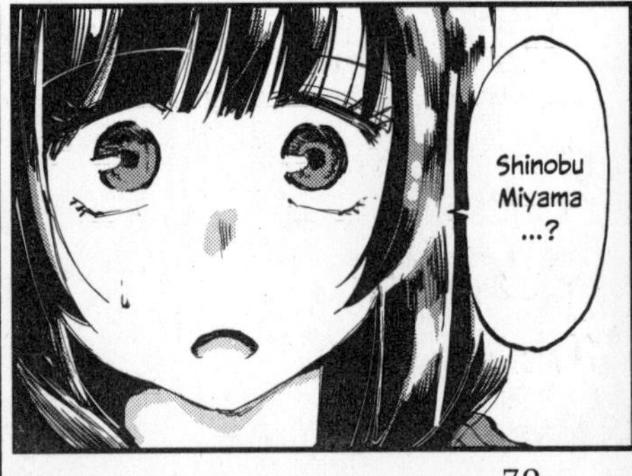
Shinobu Miyama ...?

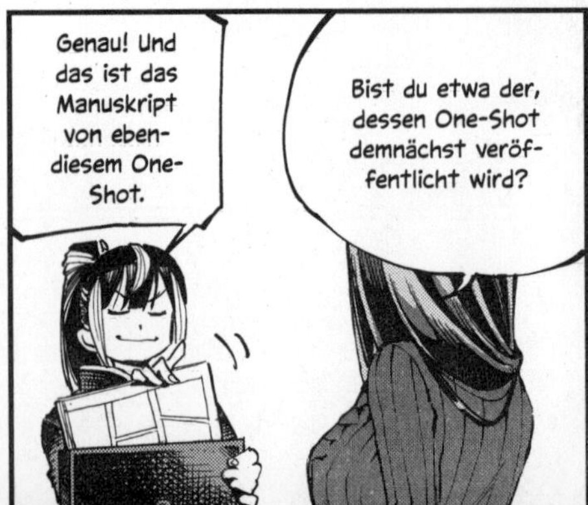
Bist du etwa der, dessen One-Shot demnächst veröffentlicht wird?
Genau! Und das ist das Manuskript von ebendiesem One-Shot.

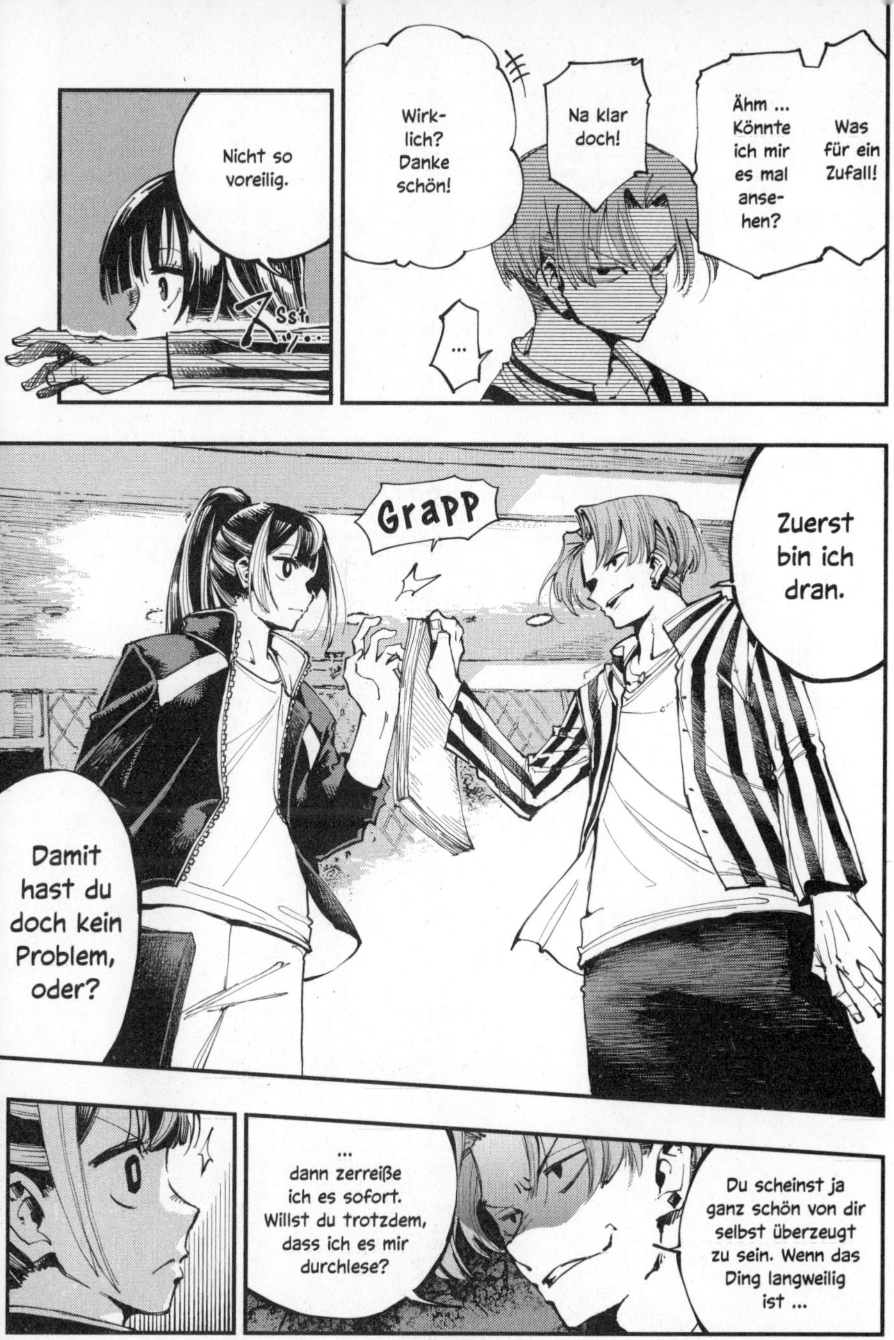

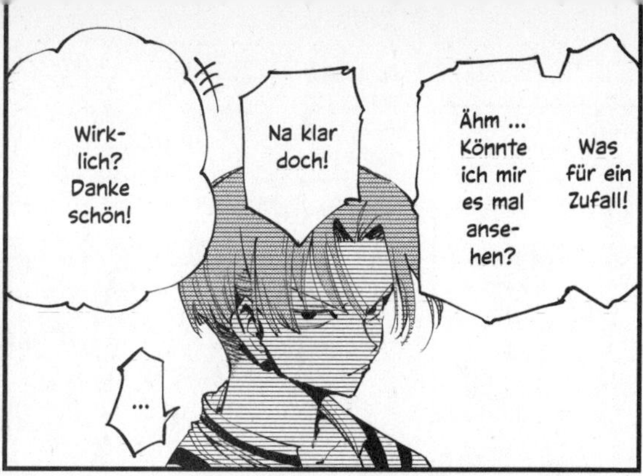
Was für ein Zufall!
Ähm ... Könnte ich mir es mal anse-hen?
Na klar doch!
Wirk-lich? Danke schön!
...

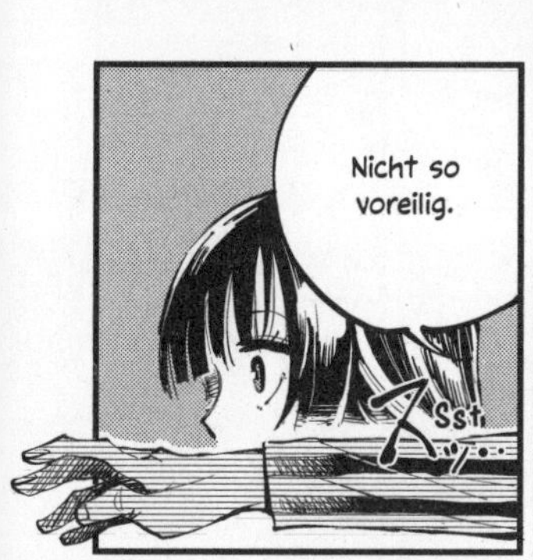
Nicht so voreilig.
Sst

Zuerst bin ich dran.
Grapp
Damit hast du doch kein Problem, oder?

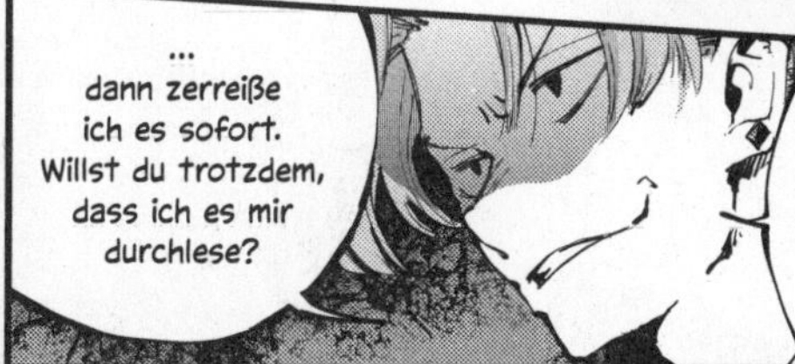
Du scheinst ja ganz schön von dir selbst überzeugt zu sein. Wenn das Ding langweilig ist ...
... dann zerreiße ich es sofort. Willst du trotzdem, dass ich es mir durchlese?

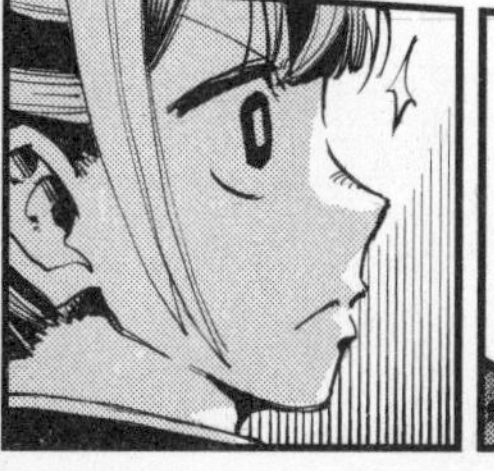

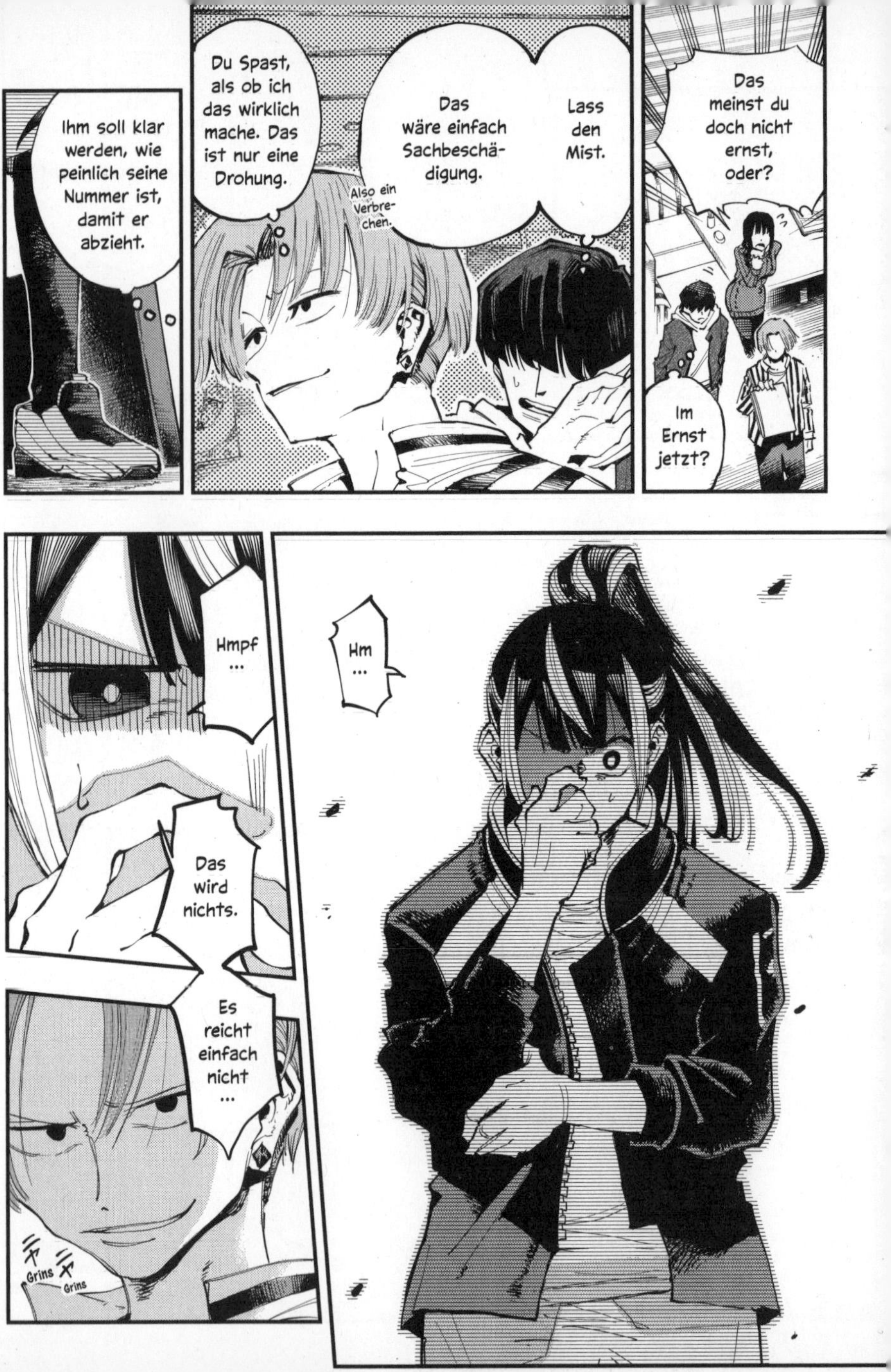

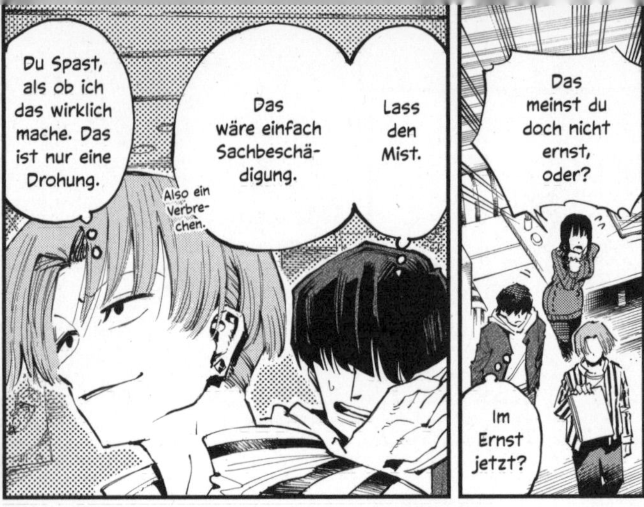

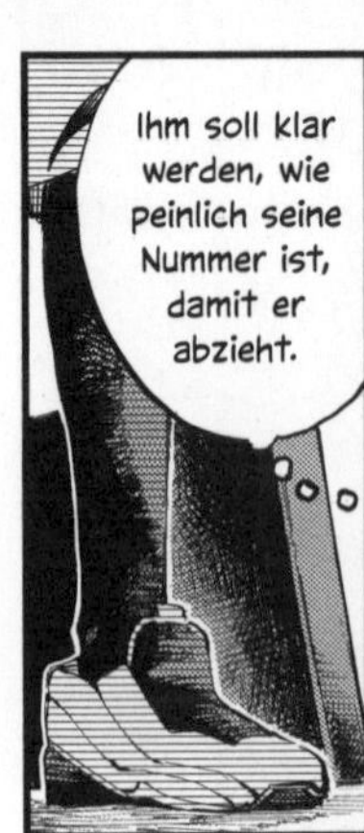

Hm ...

Hmpf ...

Das wird nichts.

Es reicht einfach nicht ...

Grins Grins

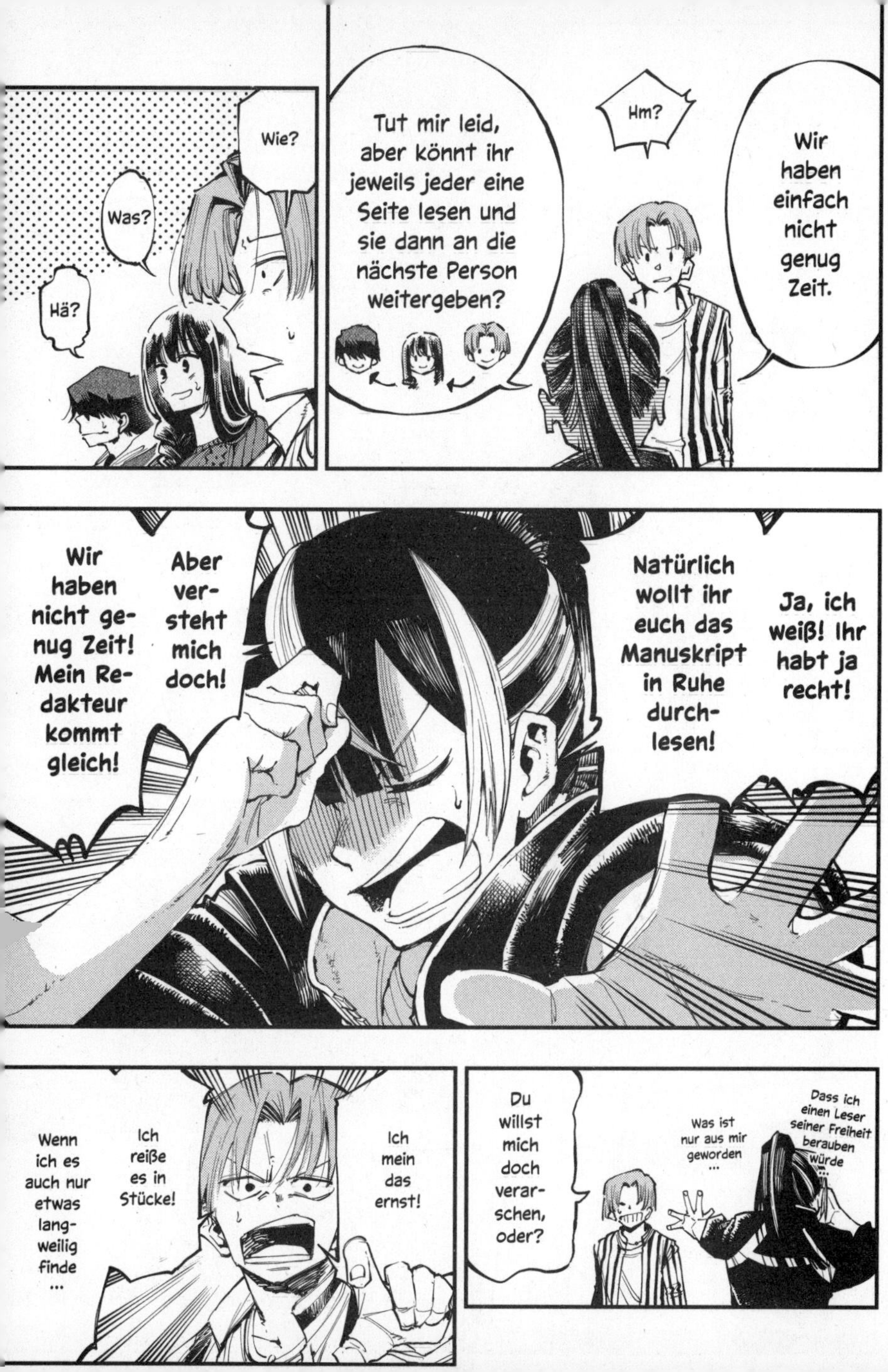

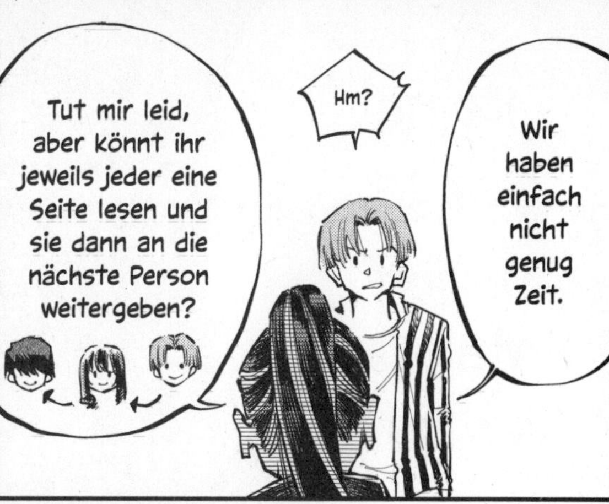

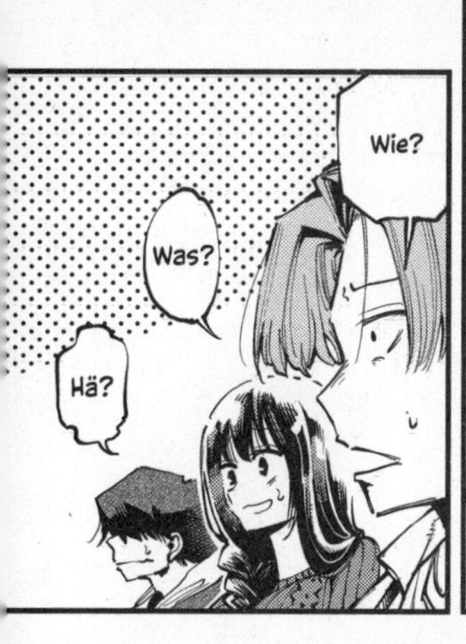

Ja, ich weiß! Ihr habt ja recht!

Natürlich wollt ihr euch das Manuskript in Ruhe durchlesen!

Aber versteht mich doch!

Wir haben nicht genug Zeit! Mein Redakteur kommt gleich!

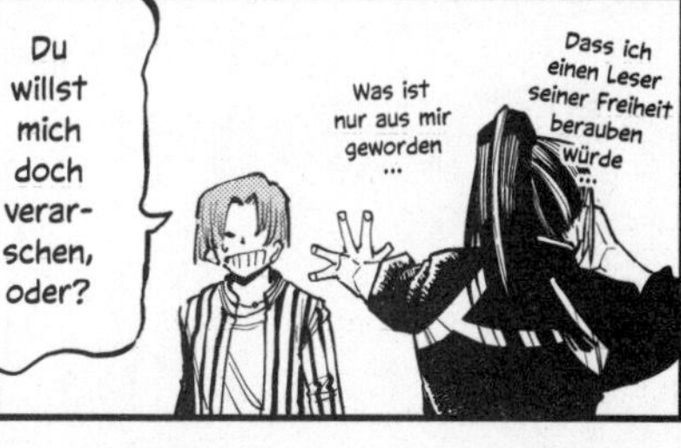

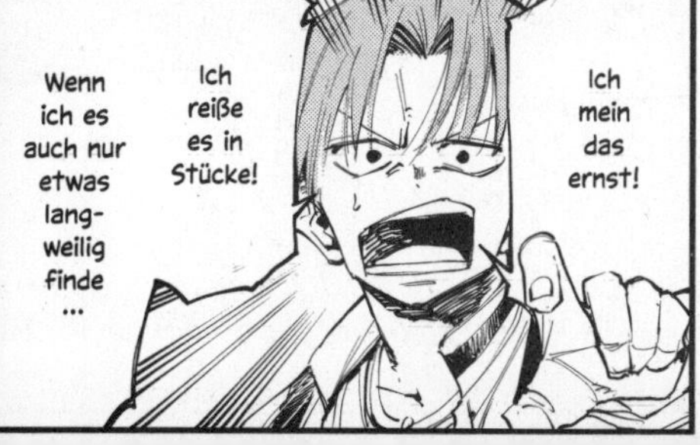

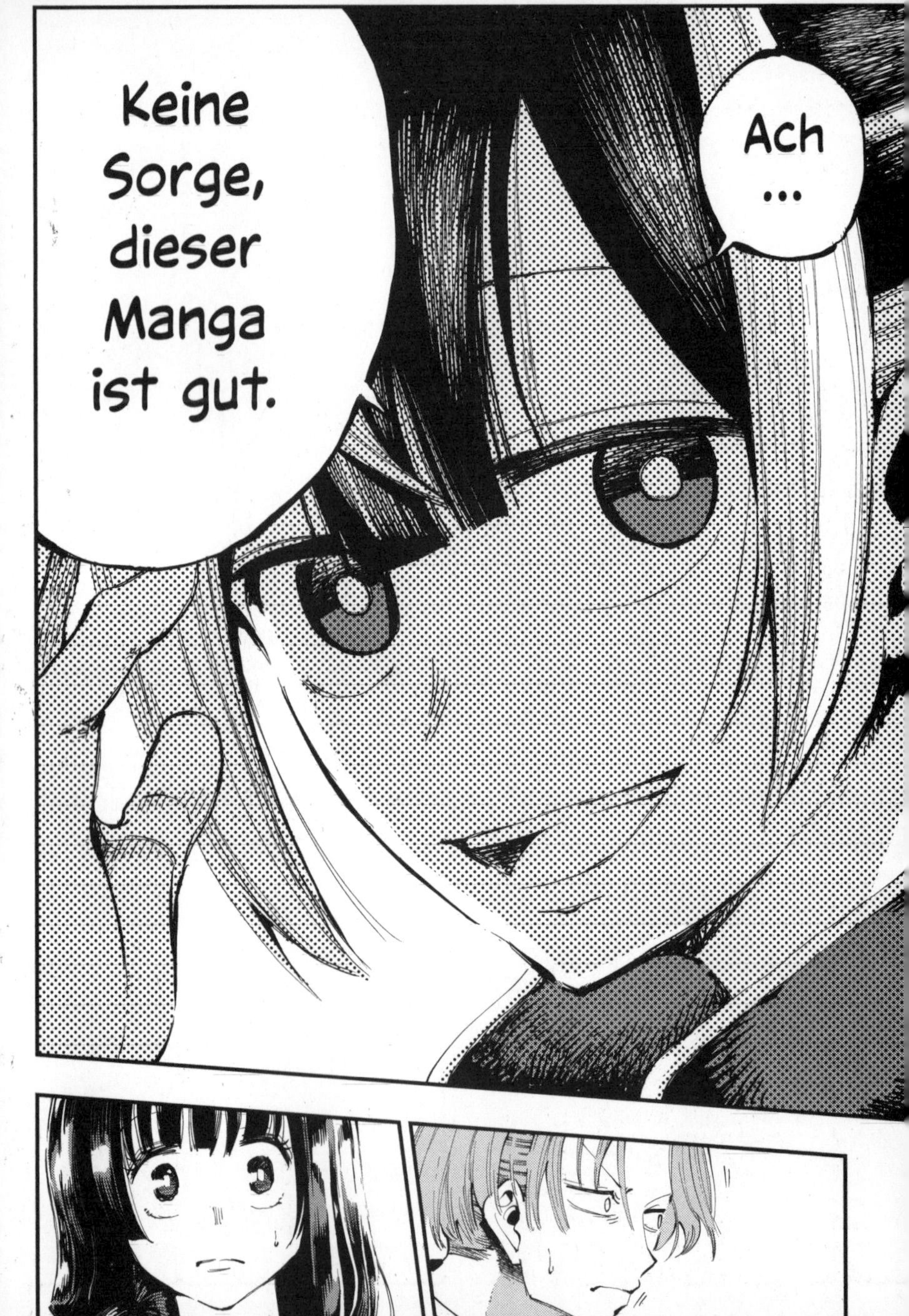
Ach ...
Keine Sorge, dieser Manga ist gut.

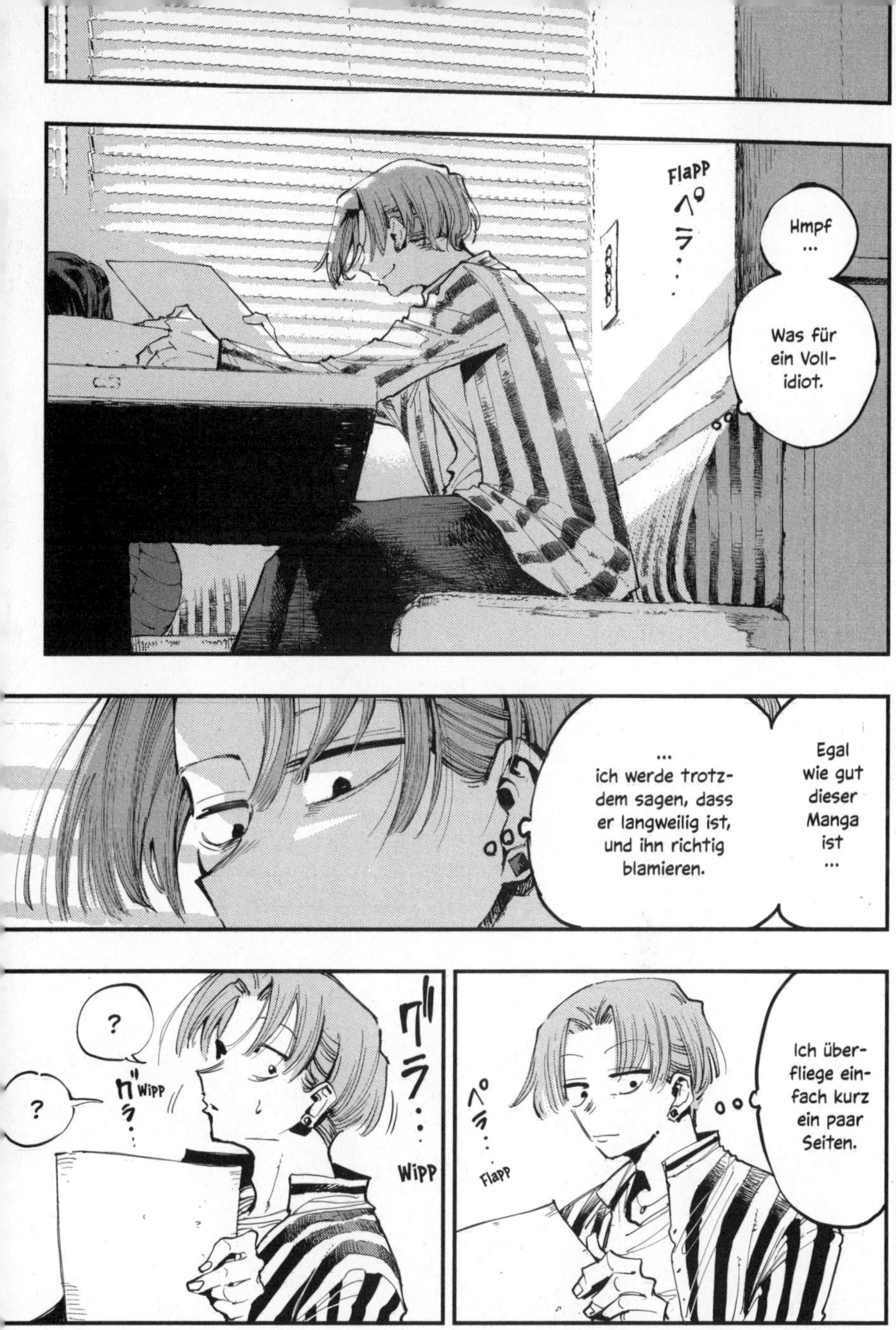

Flapp

Hmpf ...

Was für ein Vollidiot.

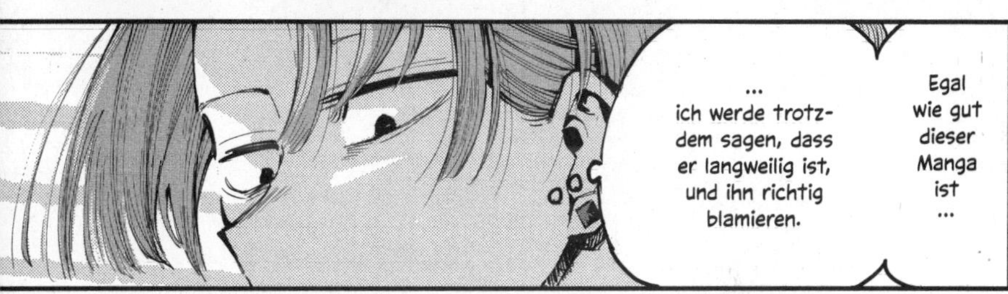

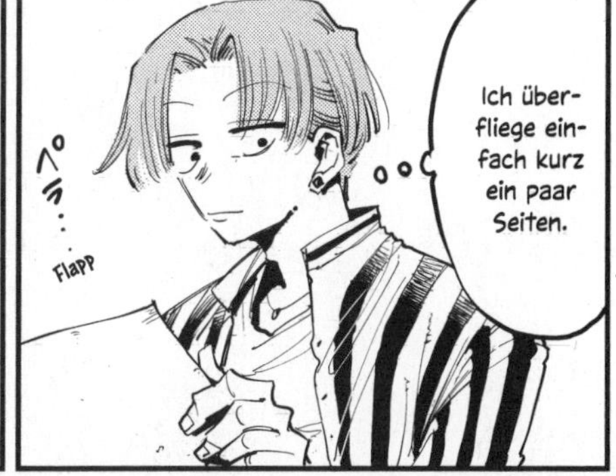

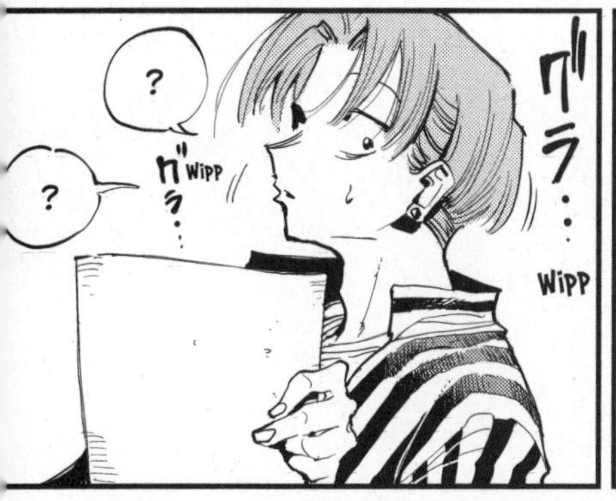

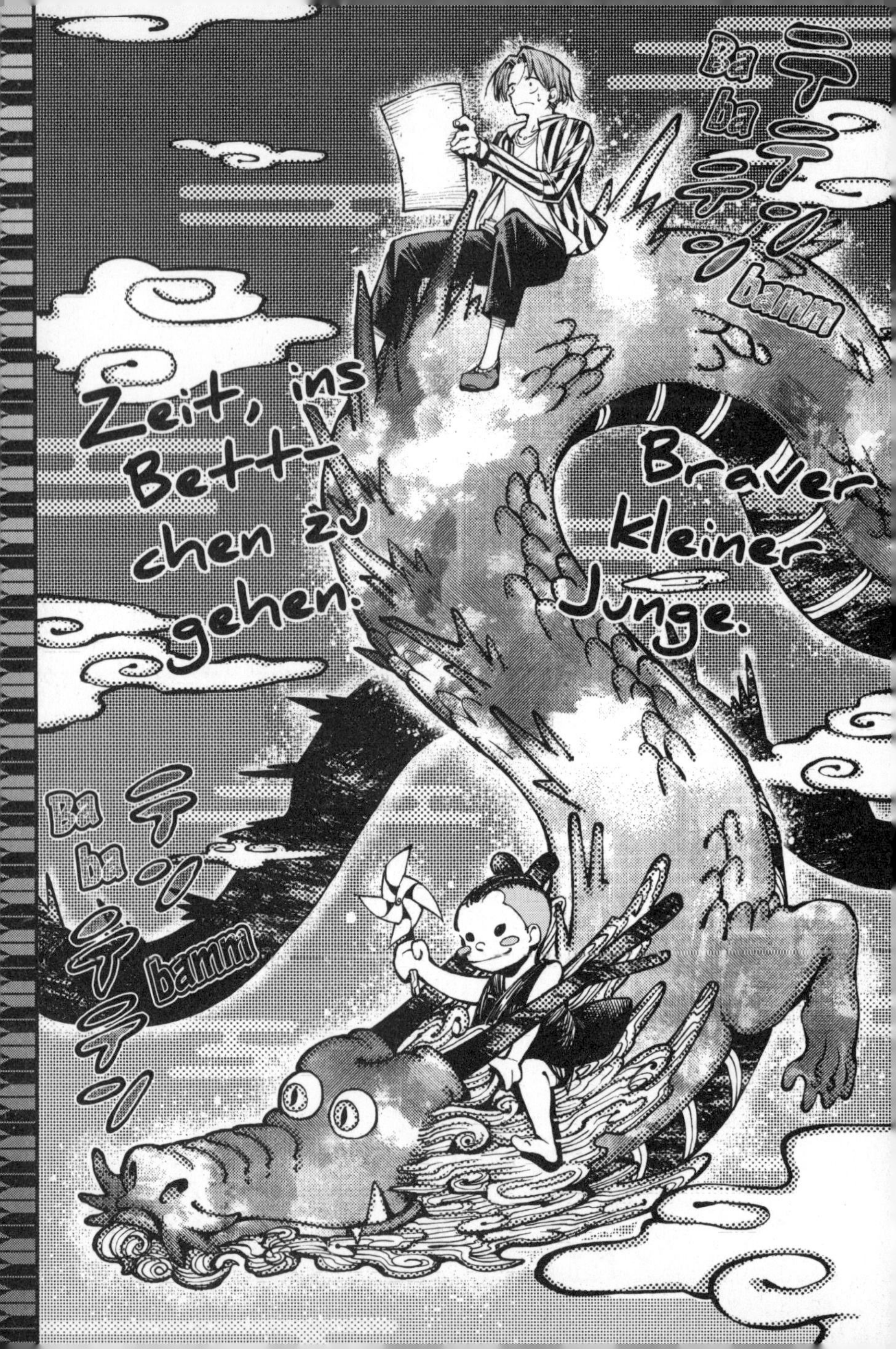
Ba ba bamm
Braver kleiner Junge.
Zeit, ins Bett-chen zu gehen.
Ba ba bamm

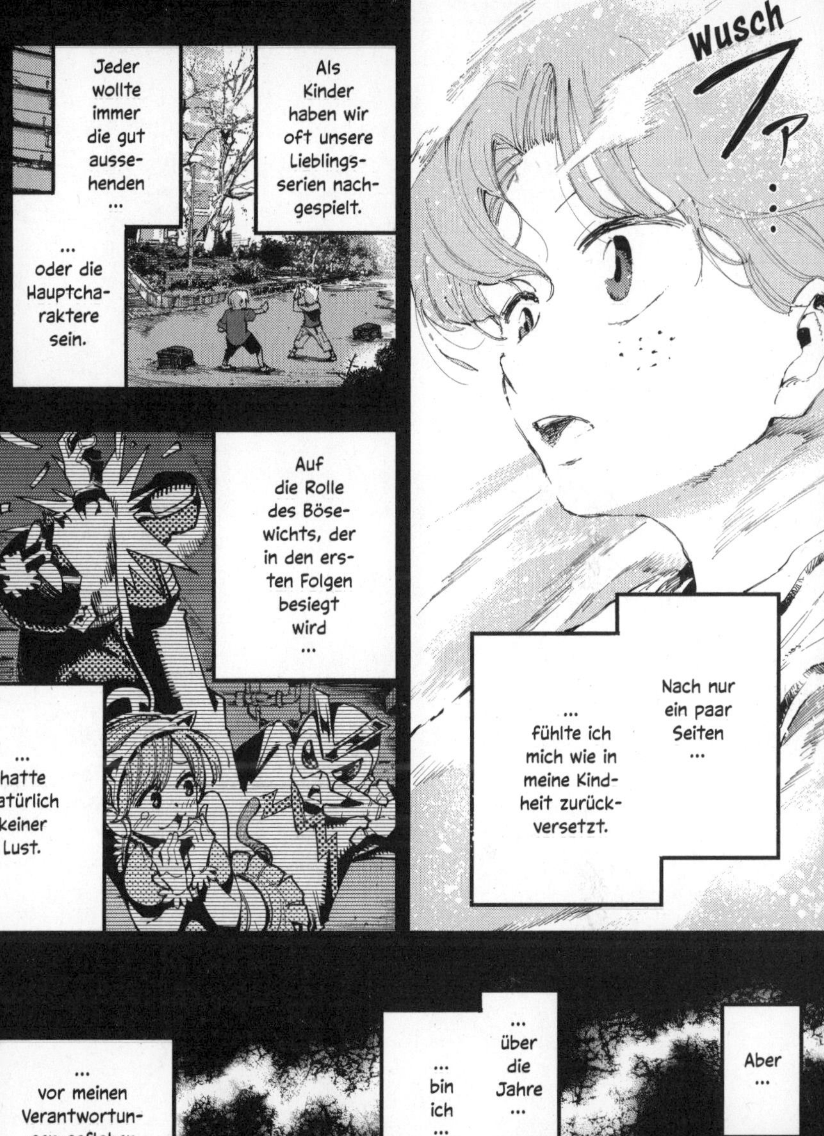
Wusch
Nach nur ein paar Seiten …
… fühlte ich mich wie in meine Kindheit zurückversetzt.
Als Kinder haben wir oft unsere Lieblings-serien nach-gespielt.
Jeder wollte immer die gut ausse-henden …
… oder die Hauptcha-raktere sein.
Auf die Rolle des Böse-wichts, der in den ers-ten Folgen besiegt wird …
… hatte natürlich keiner Lust.
Aber …
… über die Jahre …
… bin ich …
… vor meinen Verantwortun-gen geflohen und habe immer den einfachsten Weg gewählt.

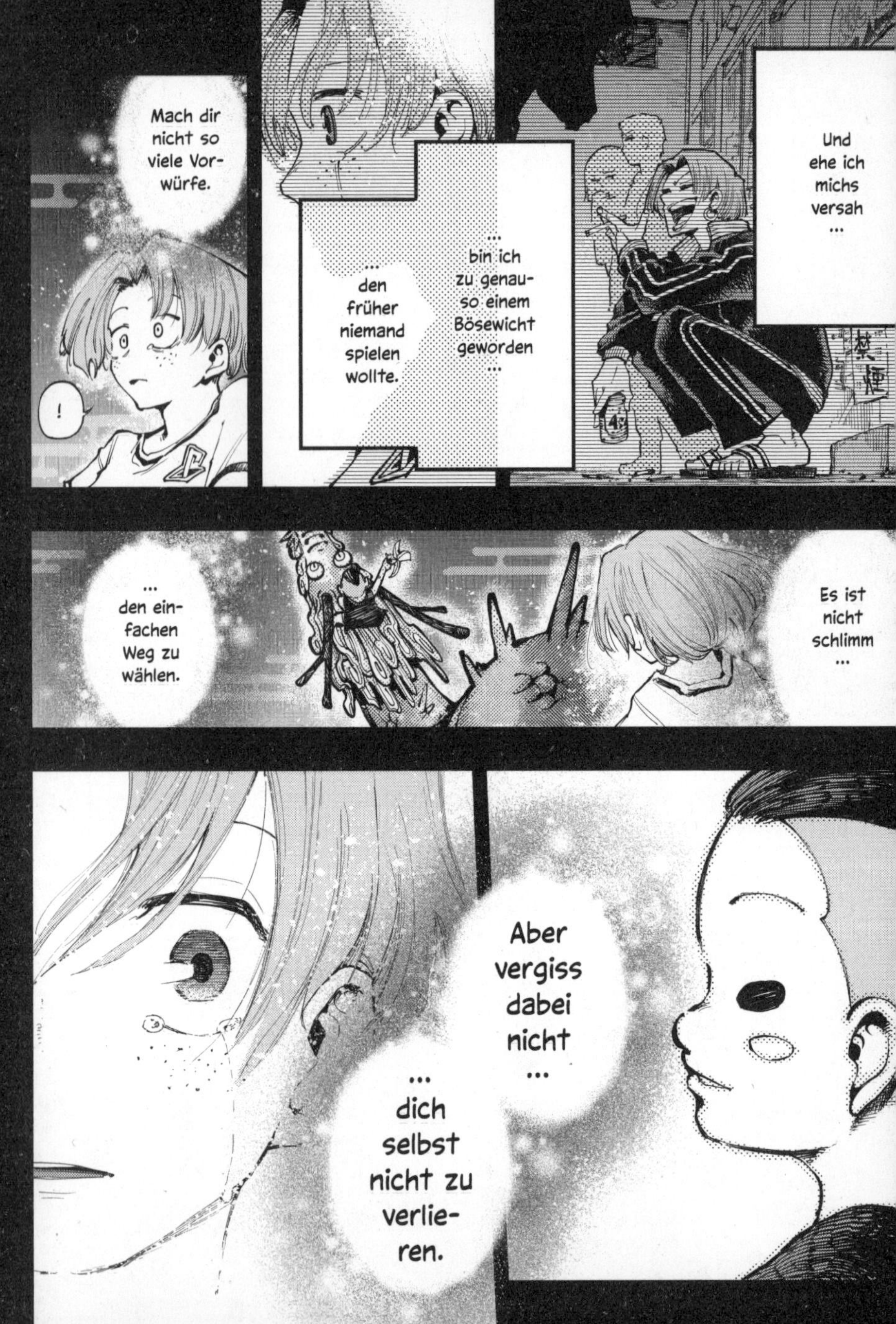
Und ehe ich michs versah ...
禁煙
... bin ich zu genau-so einem Bösewicht geworden ...
... den früher niemand spielen wollte.
Mach dir nicht so viele Vor-würfe.
!
Es ist nicht schlimm ...
... den ein-fachen Weg zu wählen.
Aber vergiss dabei nicht ...
... dich selbst nicht zu verlie-ren.

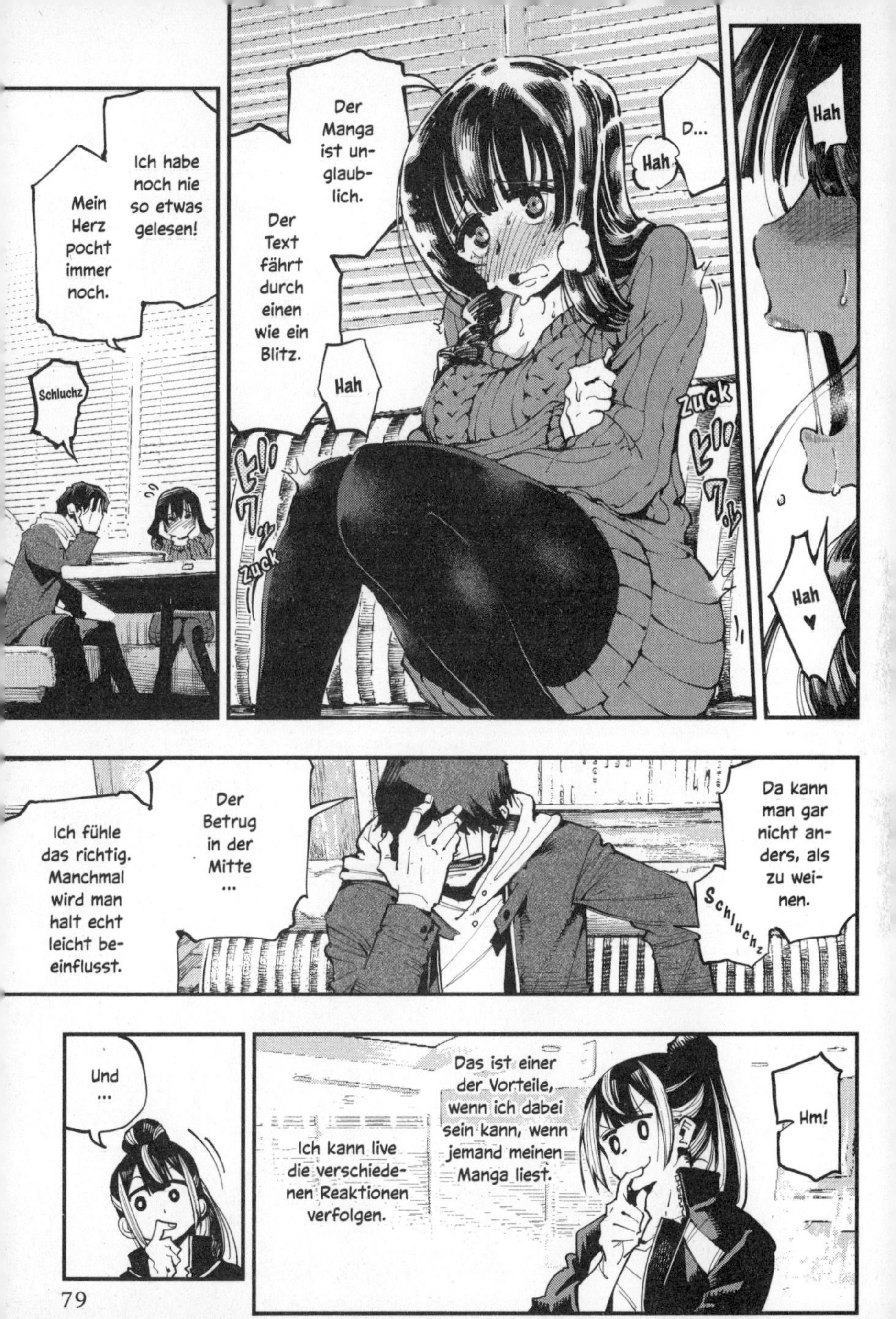

Hah
D...
Hah
Hah ♥
Der Manga ist unglaublich.
Der Text fährt durch einen wie ein Blitz.
Hah
Zuck
Zuck

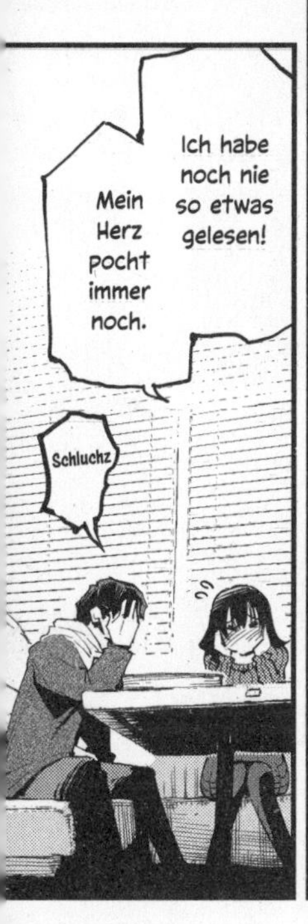

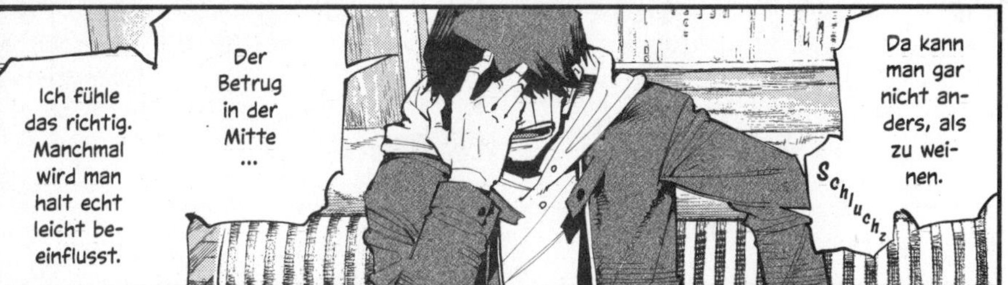

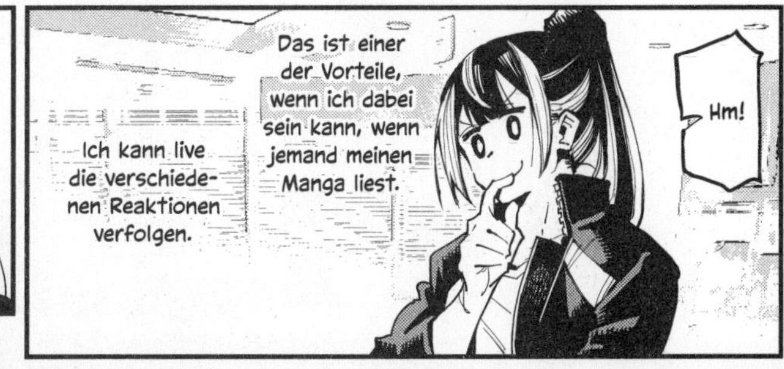

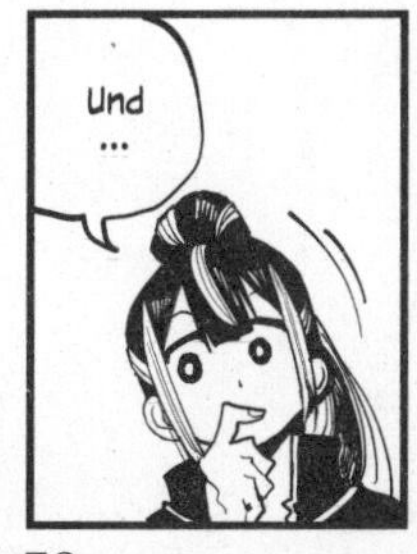

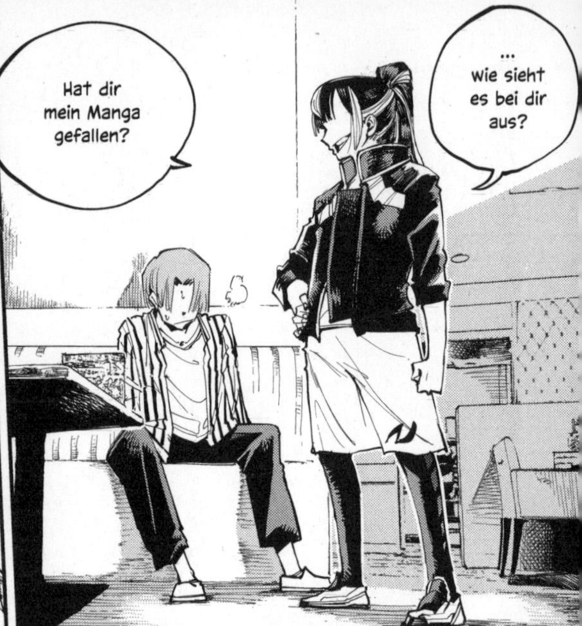
... wie sieht es bei dir aus?
Hat dir mein Manga gefallen?

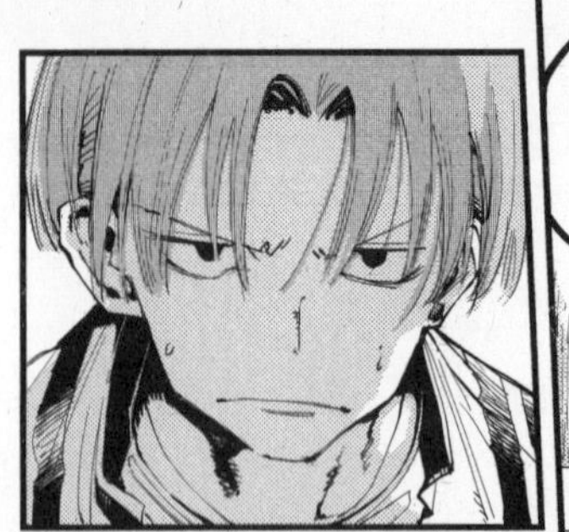

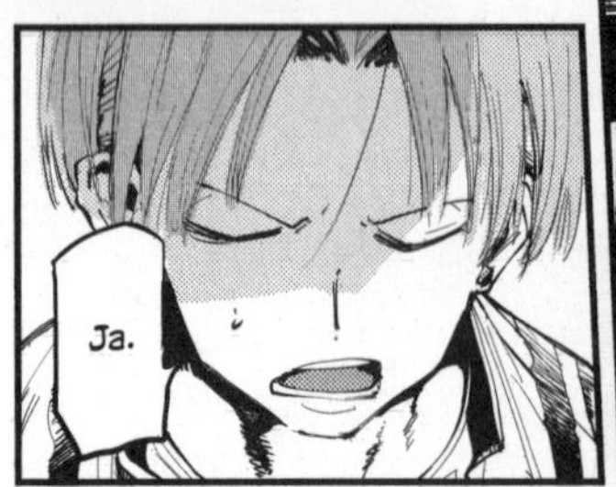
Ja.

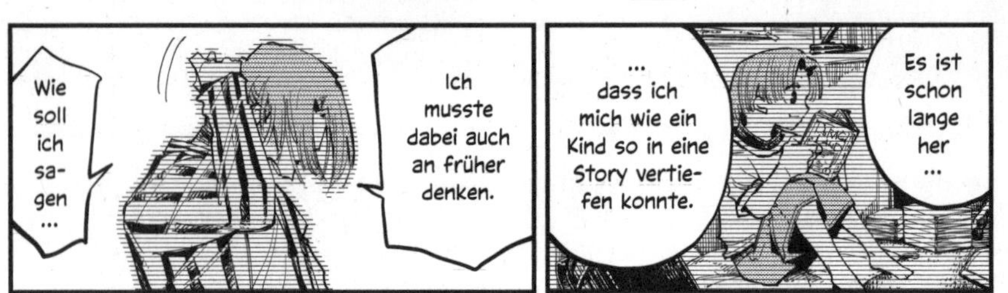
Es ist schon lange her ...
... dass ich mich wie ein Kind so in eine Story vertiefen konnte.
Ich musste dabei auch an früher denken.
Wie soll ich sagen ...

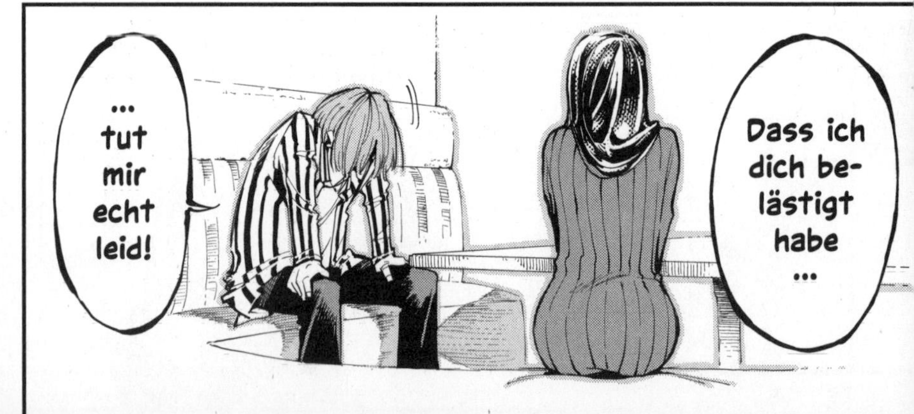
Dass ich dich belästigt habe ...
... tut mir echt leid!

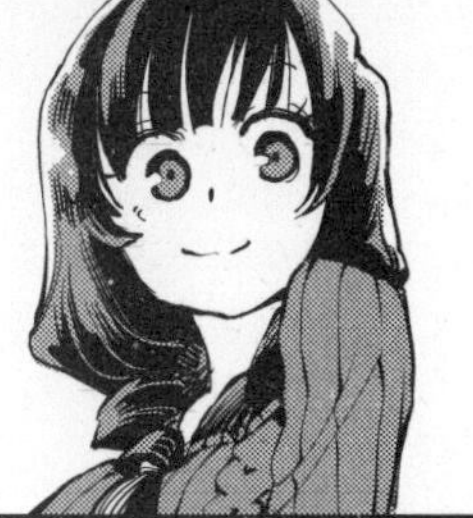

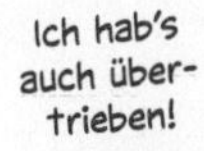
Ich hab's auch übertrieben!

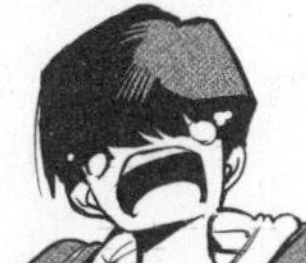
Tut mir leid!

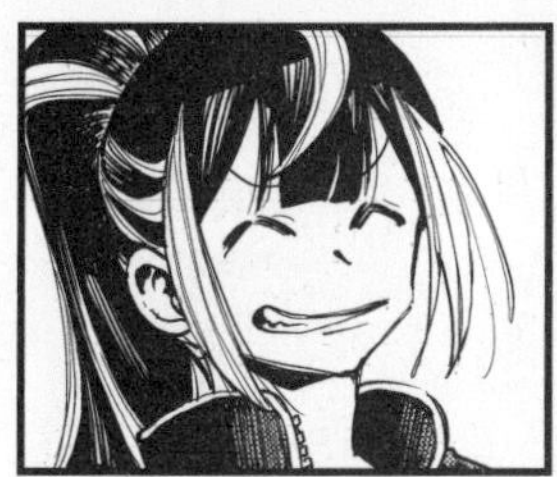

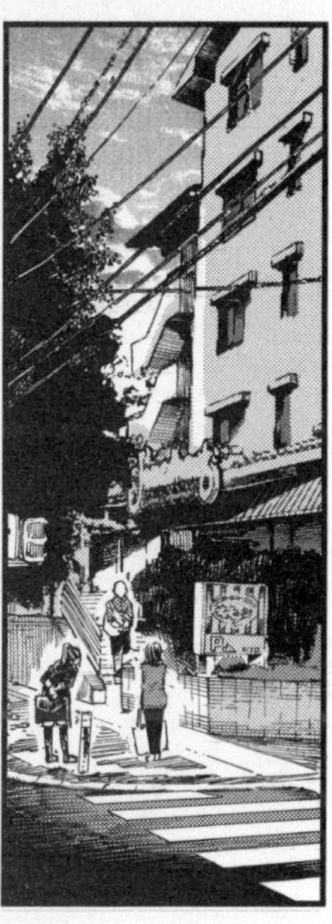

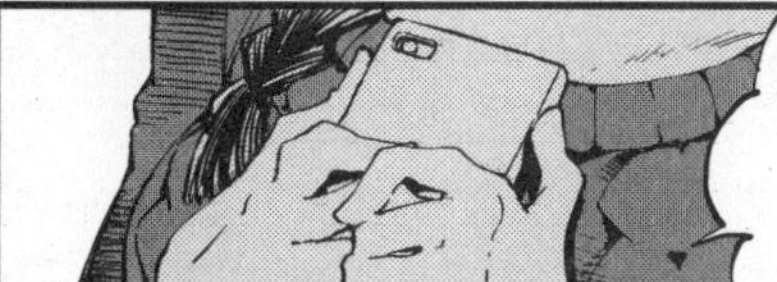
Ich kann mich gar nicht genug bedanken!

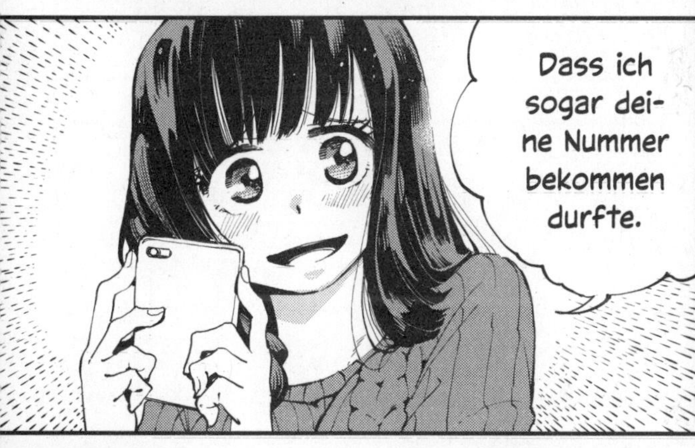
Dass ich sogar deine Nummer bekommen durfte.

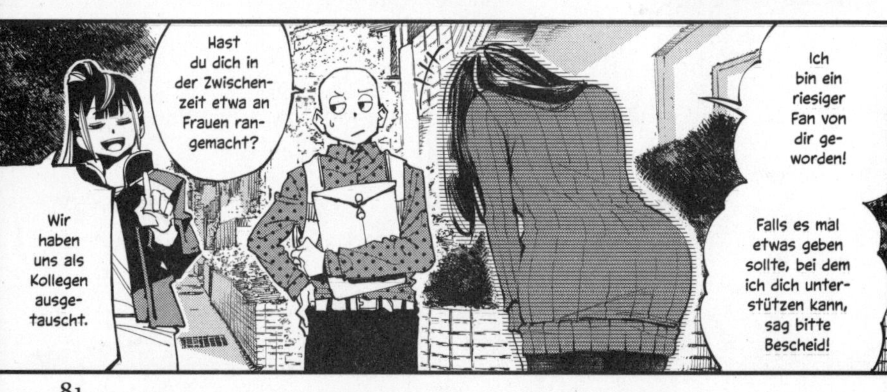
Ich bin ein riesiger Fan von dir geworden!
Falls es mal etwas geben sollte, bei dem ich dich unterstützen kann, sag bitte Bescheid!
Hast du dich in der Zwischenzeit etwa an Frauen rangemacht?
Wir haben uns als Kollegen ausgetauscht.

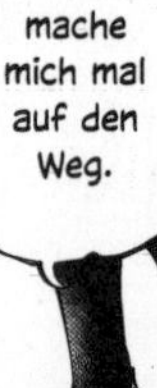
Ich mache mich mal auf den Weg.

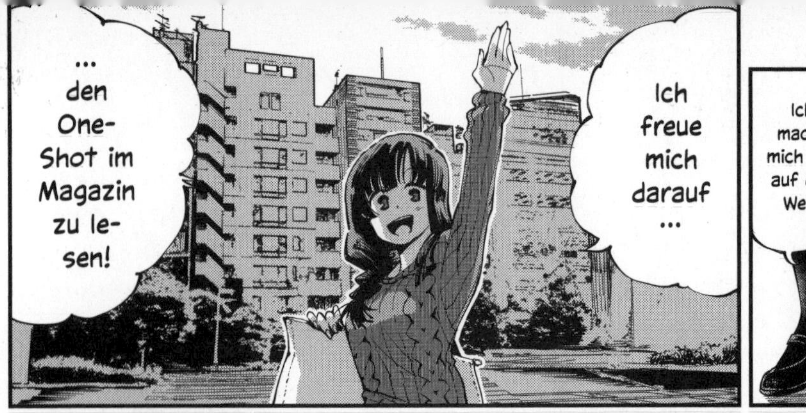
Ich freue mich darauf ...
... den One-Shot im Magazin zu lesen!

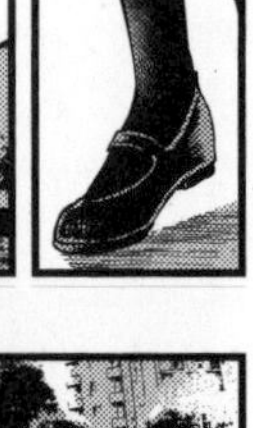

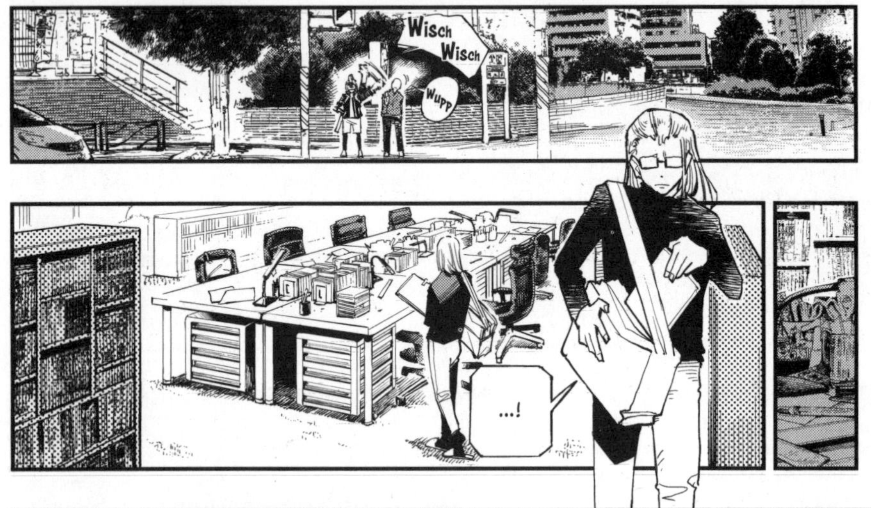
Wisch Wisch
Wupp
...!

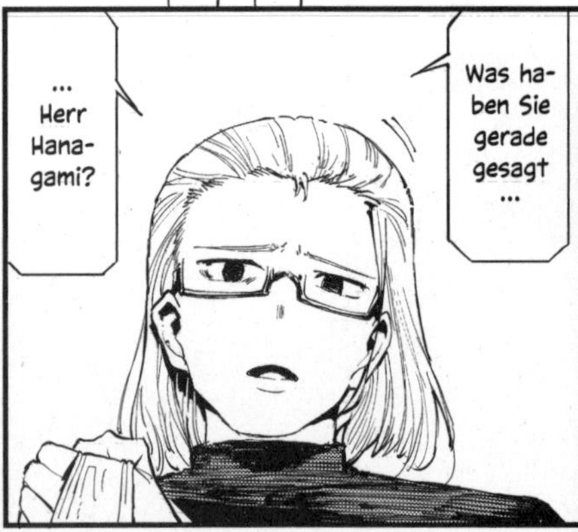
Was haben Sie gerade gesagt ...
... Herr Hanagami?

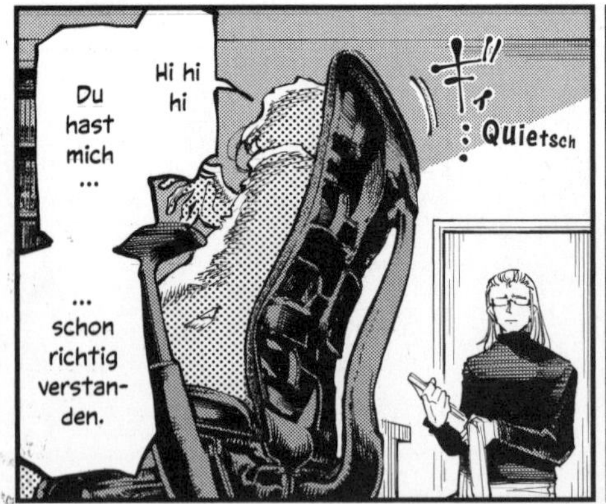
Quietsch
Hi hi hi
Du hast mich ...
... schon richtig verstanden.

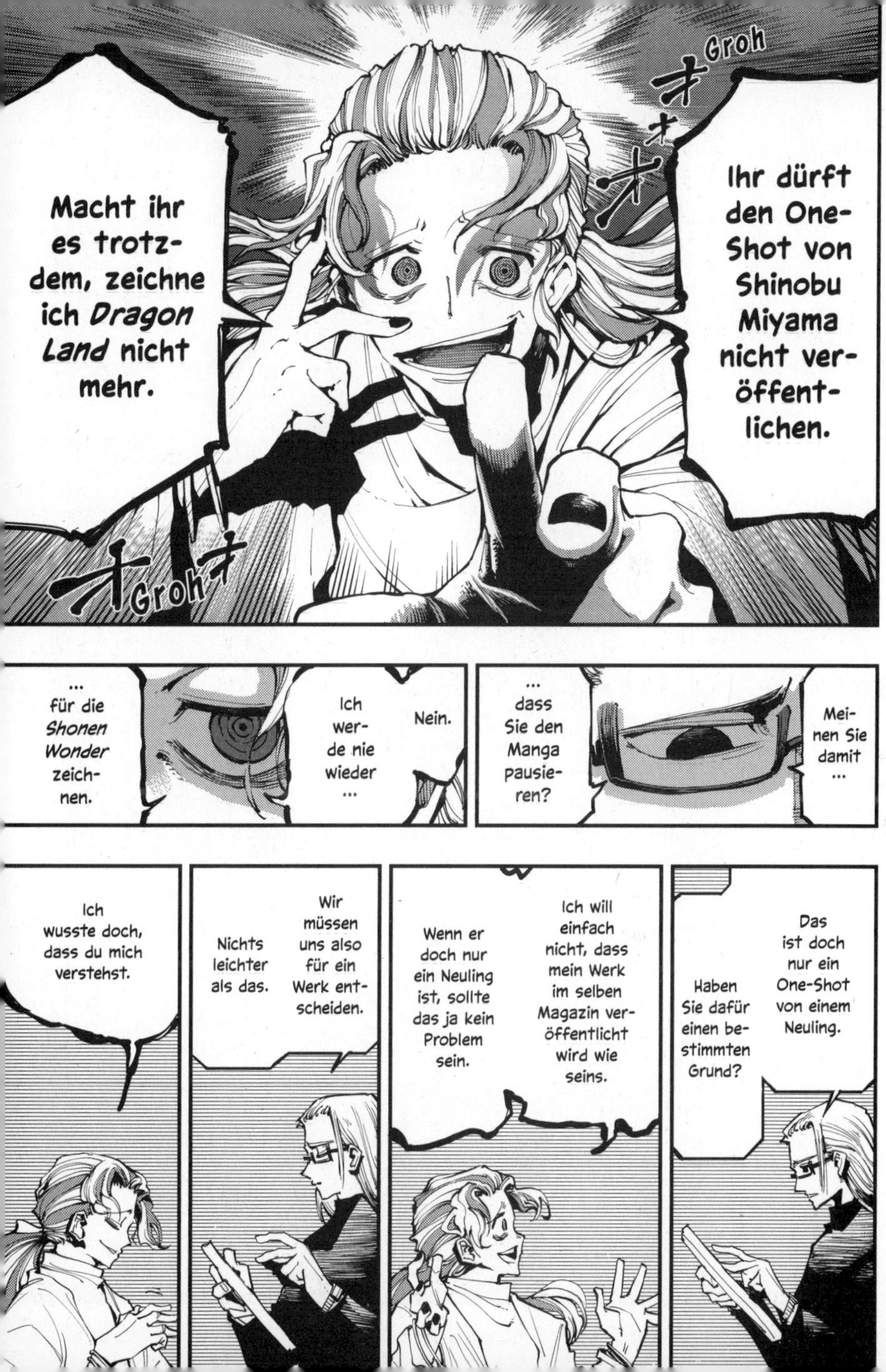

Groh

Ihr dürft den One-Shot von Shinobu Miyama nicht veröffentlichen.

Macht ihr es trotzdem, zeichne ich *Dragon Land* nicht mehr.

Groh

Meinen Sie damit ...

... dass Sie den Manga pausieren?

Nein.

Ich werde nie wieder ...

... für die *Shonen Wonder* zeichnen.

Das ist doch nur ein One-Shot von einem Neuling.

Haben Sie dafür einen bestimmten Grund?

Ich will einfach nicht, dass mein Werk im selben Magazin veröffentlicht wird wie seins.

Wenn er doch nur ein Neuling ist, sollte das ja kein Problem sein.

Wir müssen uns also für ein Werk entscheiden.

Nichts leichter als das.

Ich wusste doch, dass du mich verstehst.

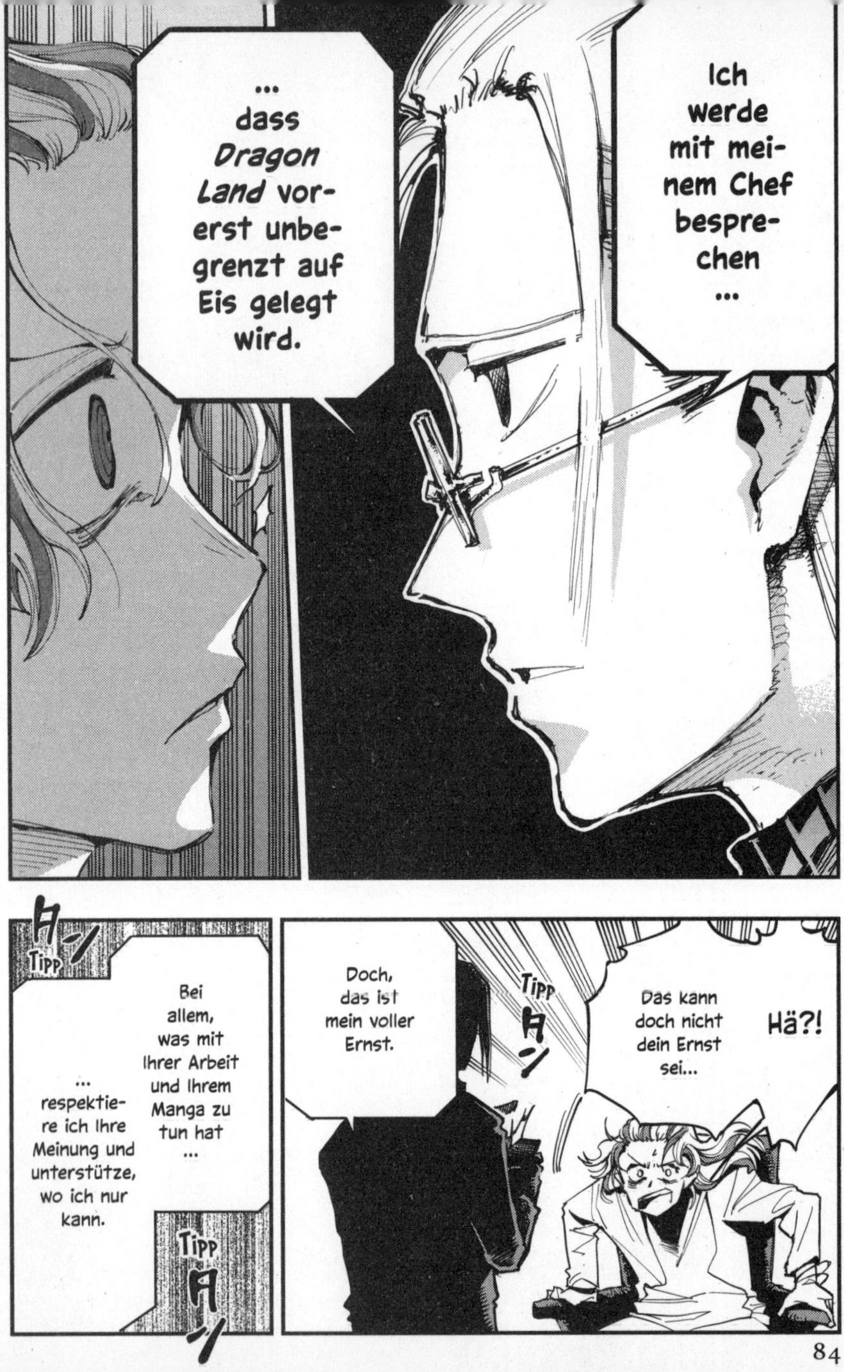

Ich werde mit meinem Chef besprechen ...

... dass *Dragon Land* vorerst unbegrenzt auf Eis gelegt wird.

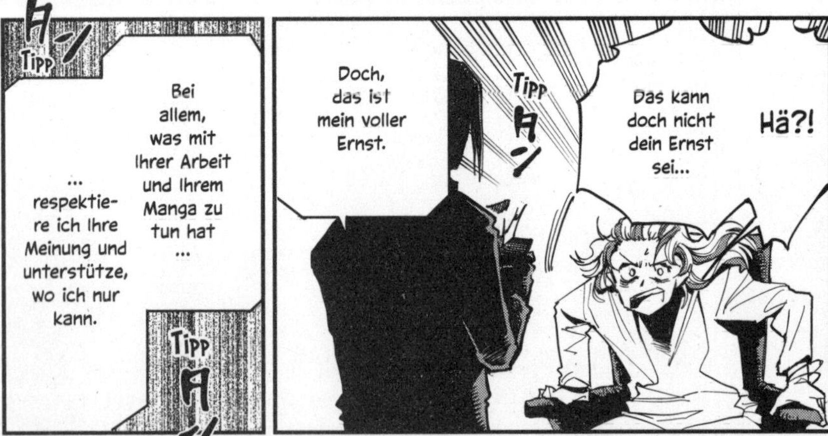

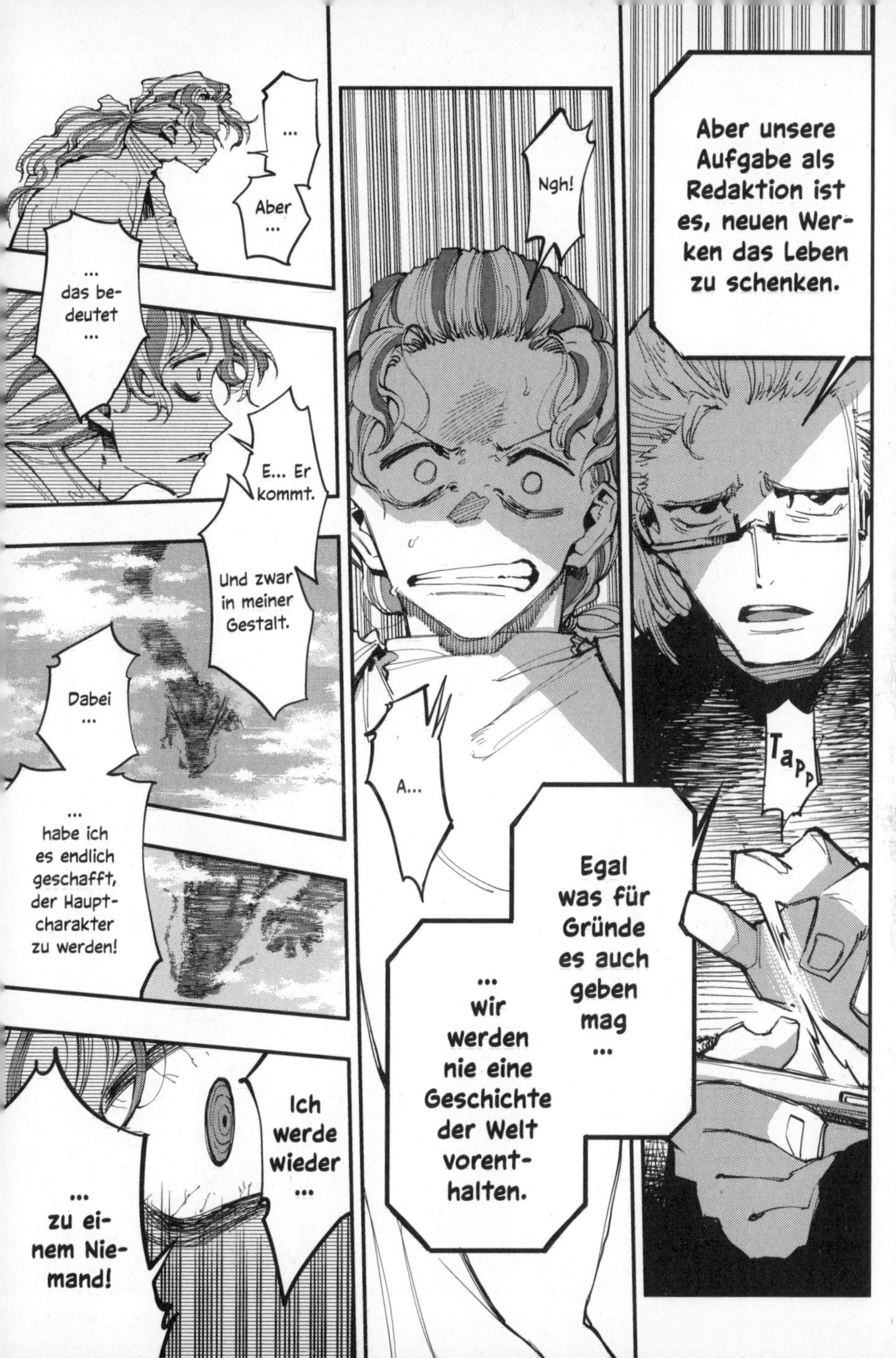
Aber unsere Aufgabe als Redaktion ist es, neuen Werken das Leben zu schenken.
Tapp
Egal was für Gründe es auch geben mag ...
... wir werden nie eine Geschichte der Welt vorenthalten.
Ngh!
A...
...
Aber ...
... das bedeutet ...
E... Er kommt.
Und zwar in meiner Gestalt.
Dabei ...
... habe ich es endlich geschafft, der Hauptcharakter zu werden!
Ich werde wieder ...
... zu einem Niemand!

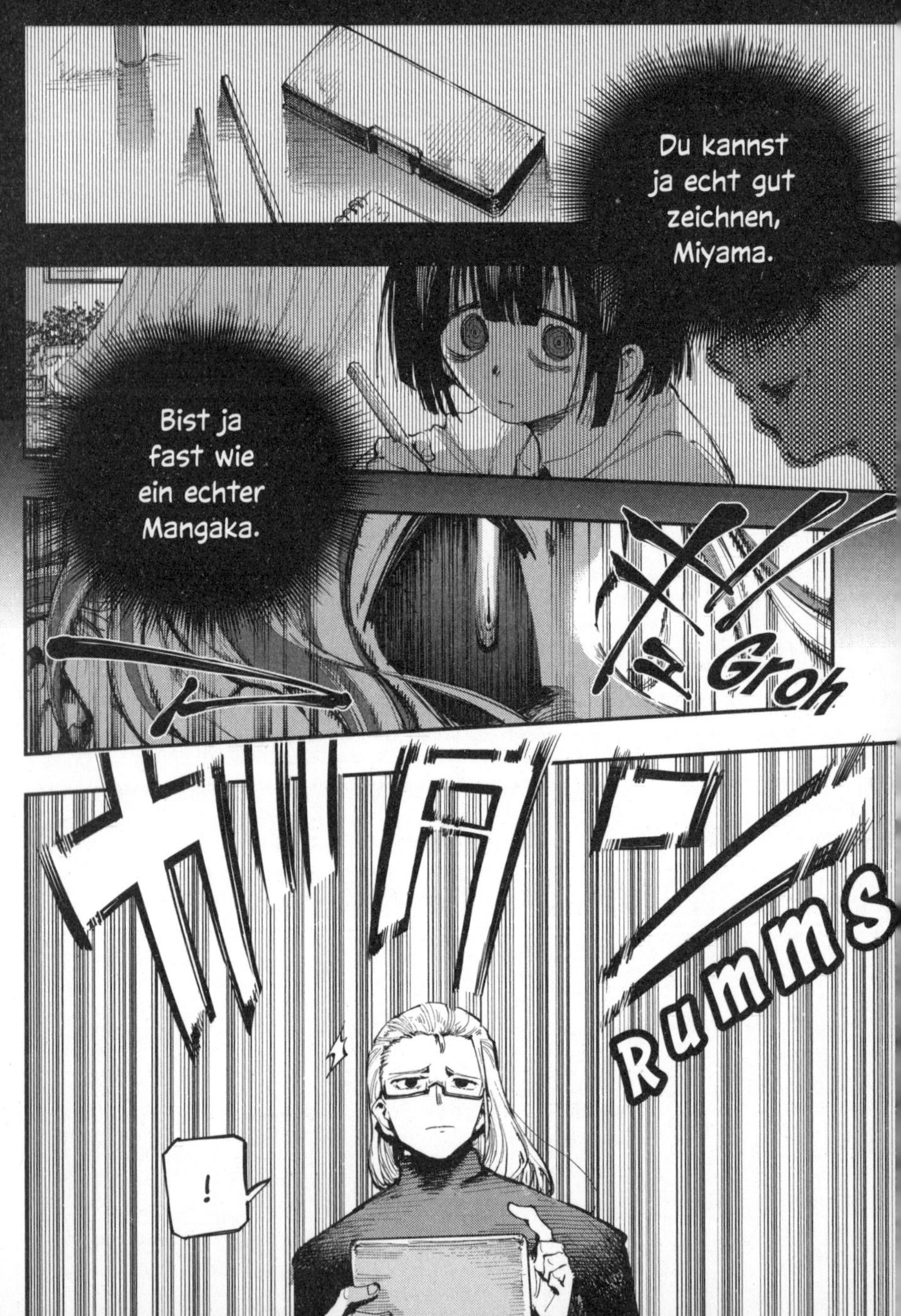
Du kannst ja echt gut zeichnen, Miyama.
Bist ja fast wie ein echter Mangaka.
Groh
Rumms
!

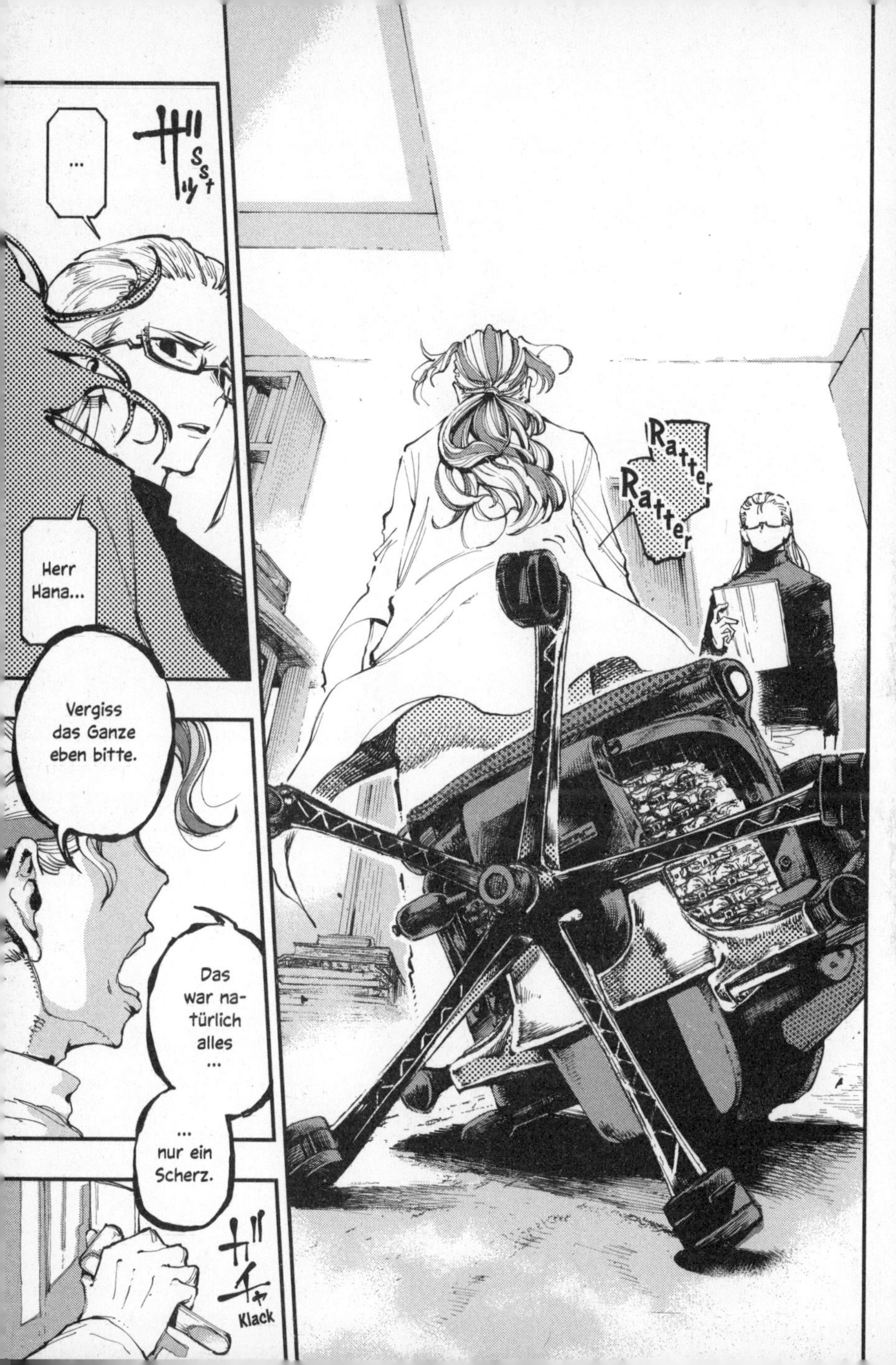

Ratter
Ratter
...
Ssst
Herr Hana...
Vergiss das Ganze eben bitte.
Das war natürlich alles ...
... nur ein Scherz.
Klack

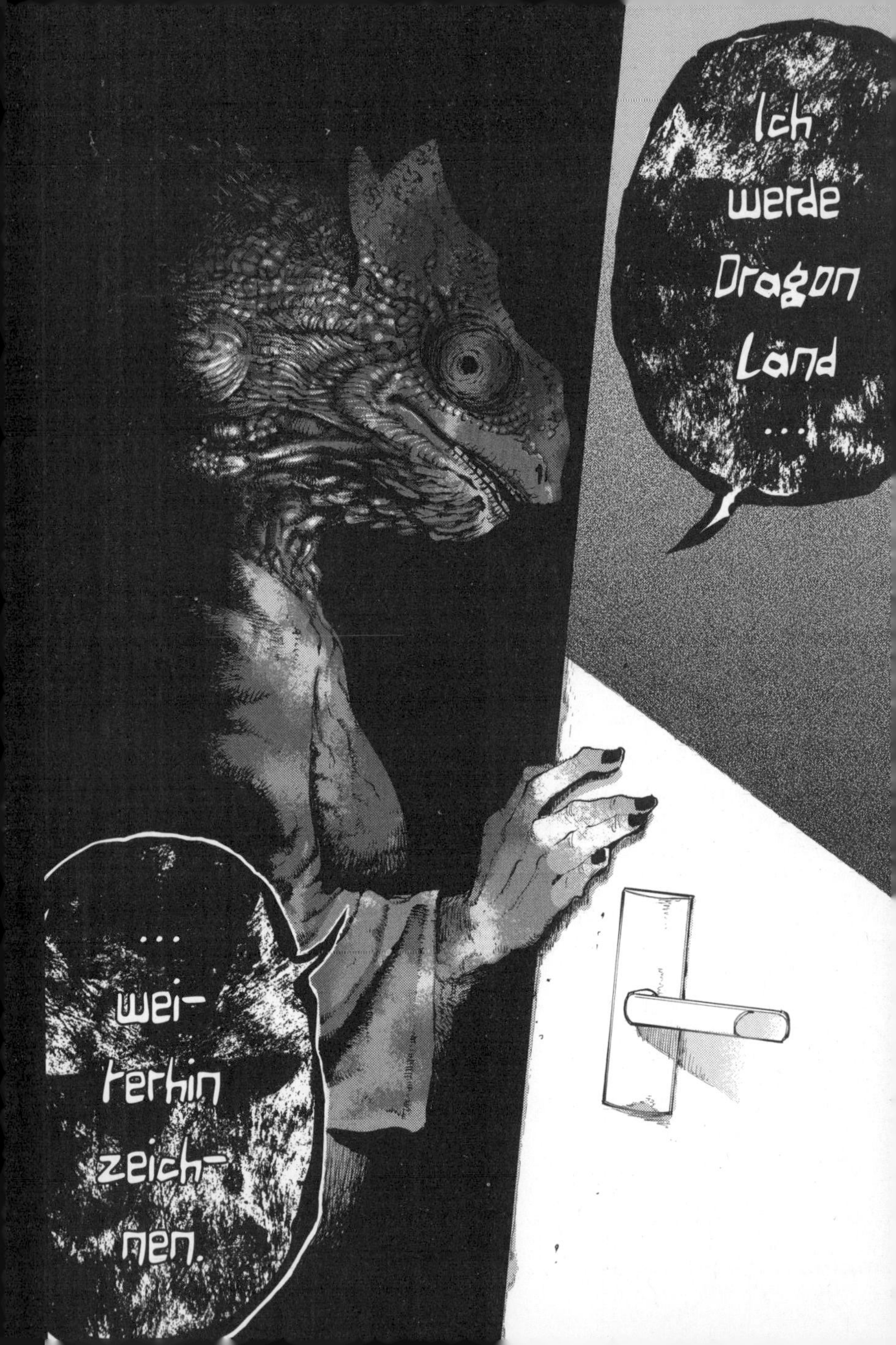

Ich
werde
Dragon
Land
...
... wei-
terhin
zeich-
nen.

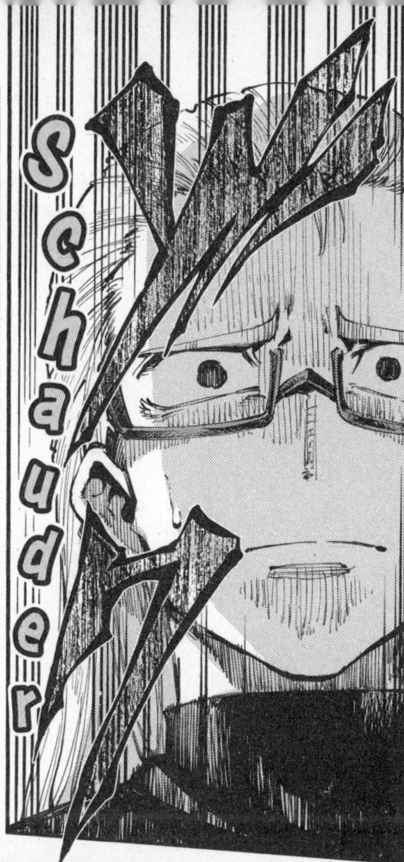
Schauder

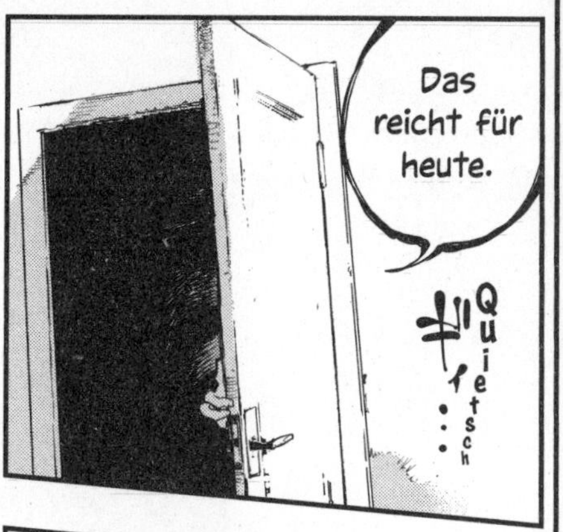
Das reicht für heute.
Quietsch

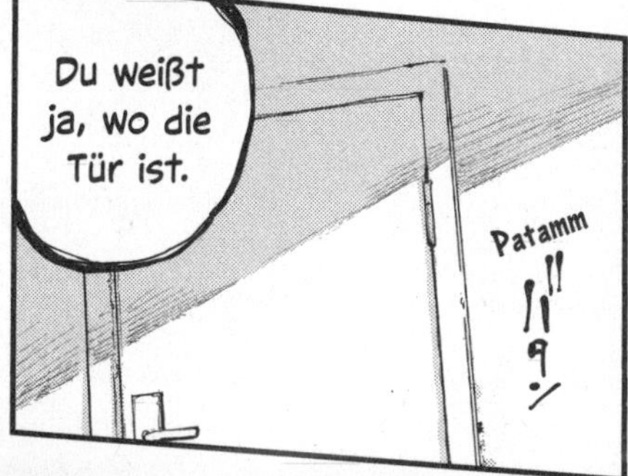
Du weißt ja, wo die Tür ist.
Patamm

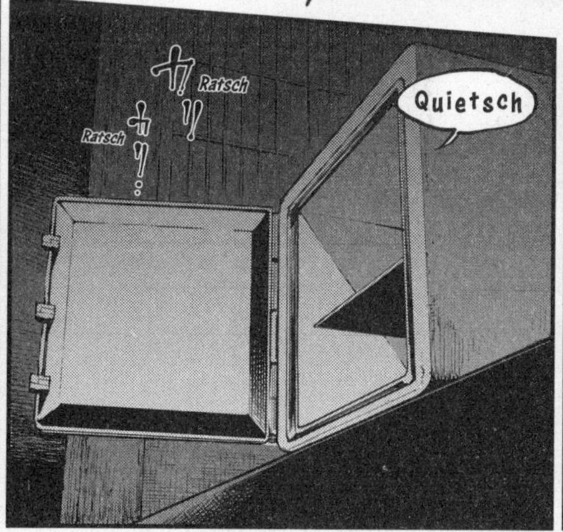
Quietsch
Ratsch
Ratsch

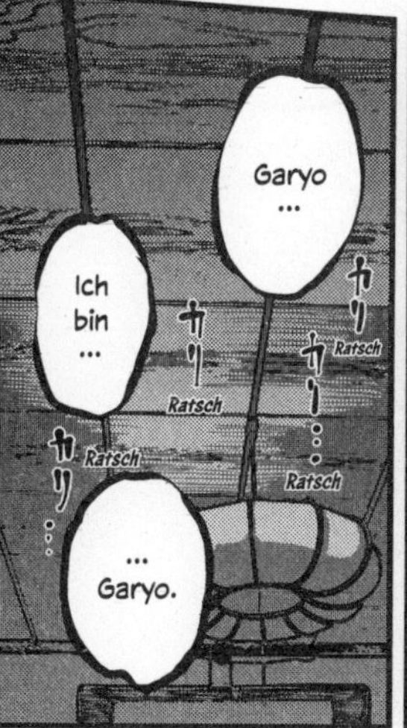
Garyo …
Ich bin …
Ratsch
Ratsch
Ratsch
Ratsch
… Garyo.

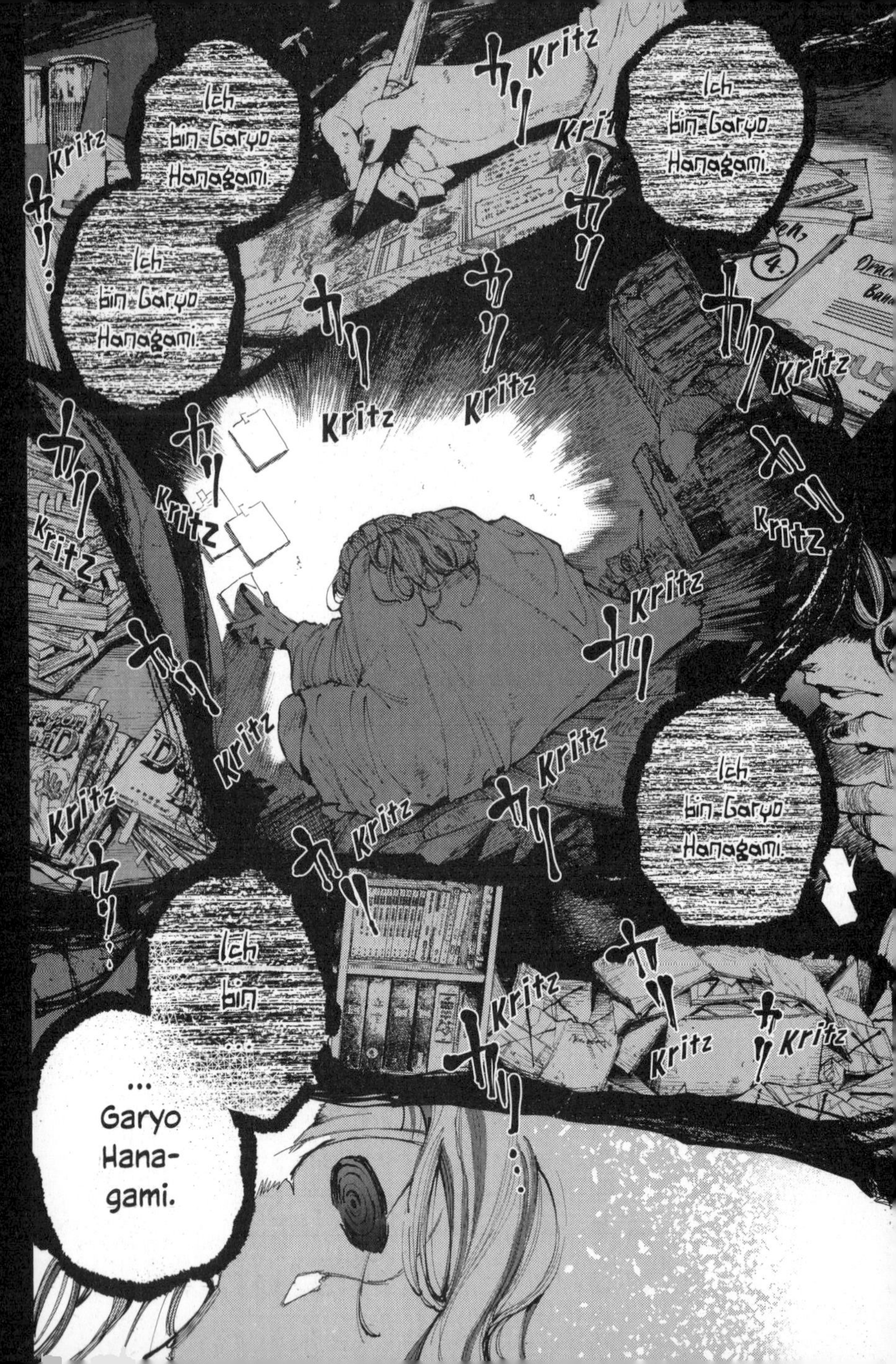

Ich bin Garyo Hanagami.
Ich bin Garyo Hanagami.
Ich bin Garyo Hanagami.
Ich bin Garyo Hanagami.
Ich bin ...
... Garyo Hanagami.

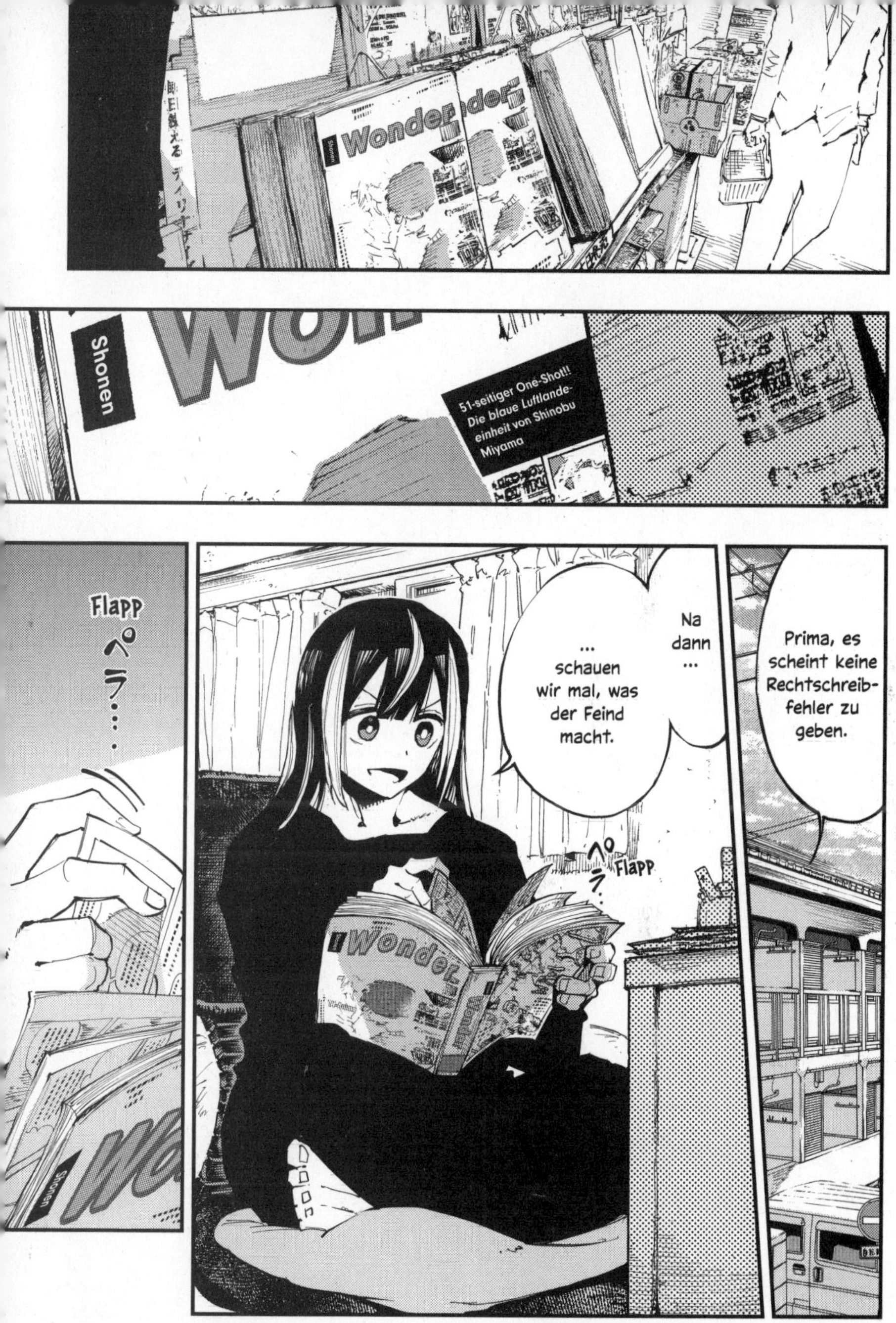

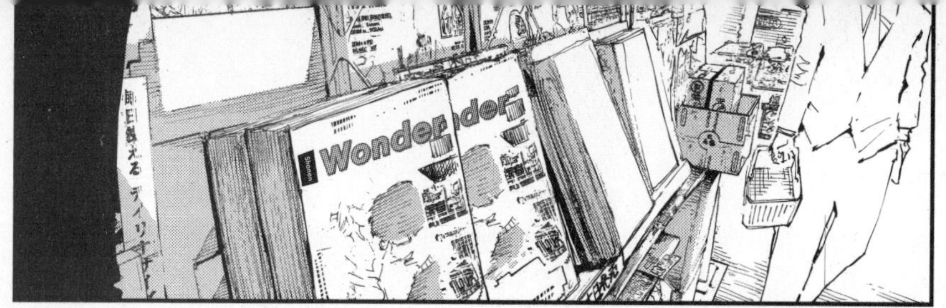

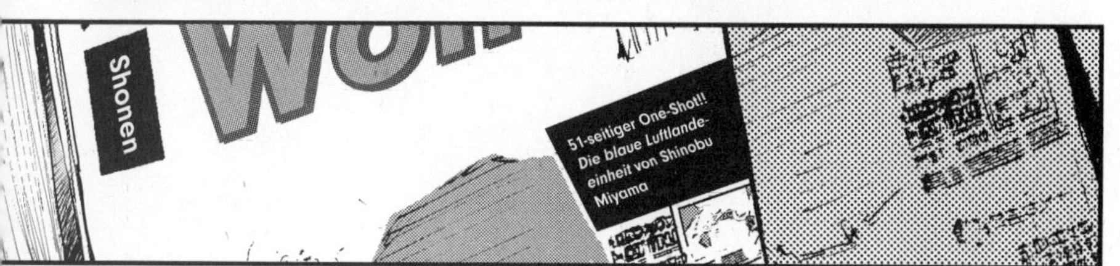

Prima, es scheint keine Rechtschreib-fehler zu geben.

Na dann ...

... schauen wir mal, was der Feind macht.

Flapp

Flapp

ペラ…

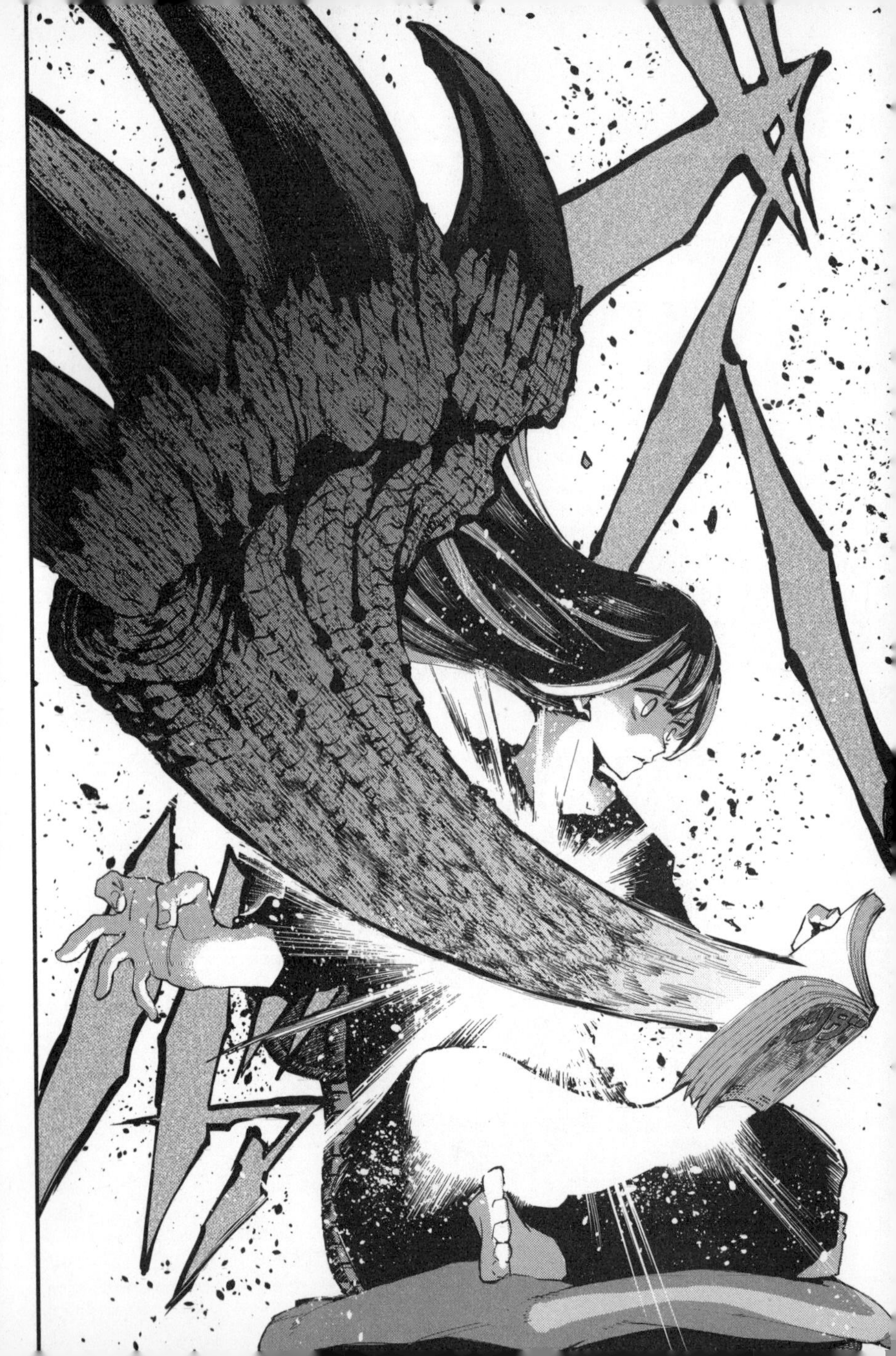

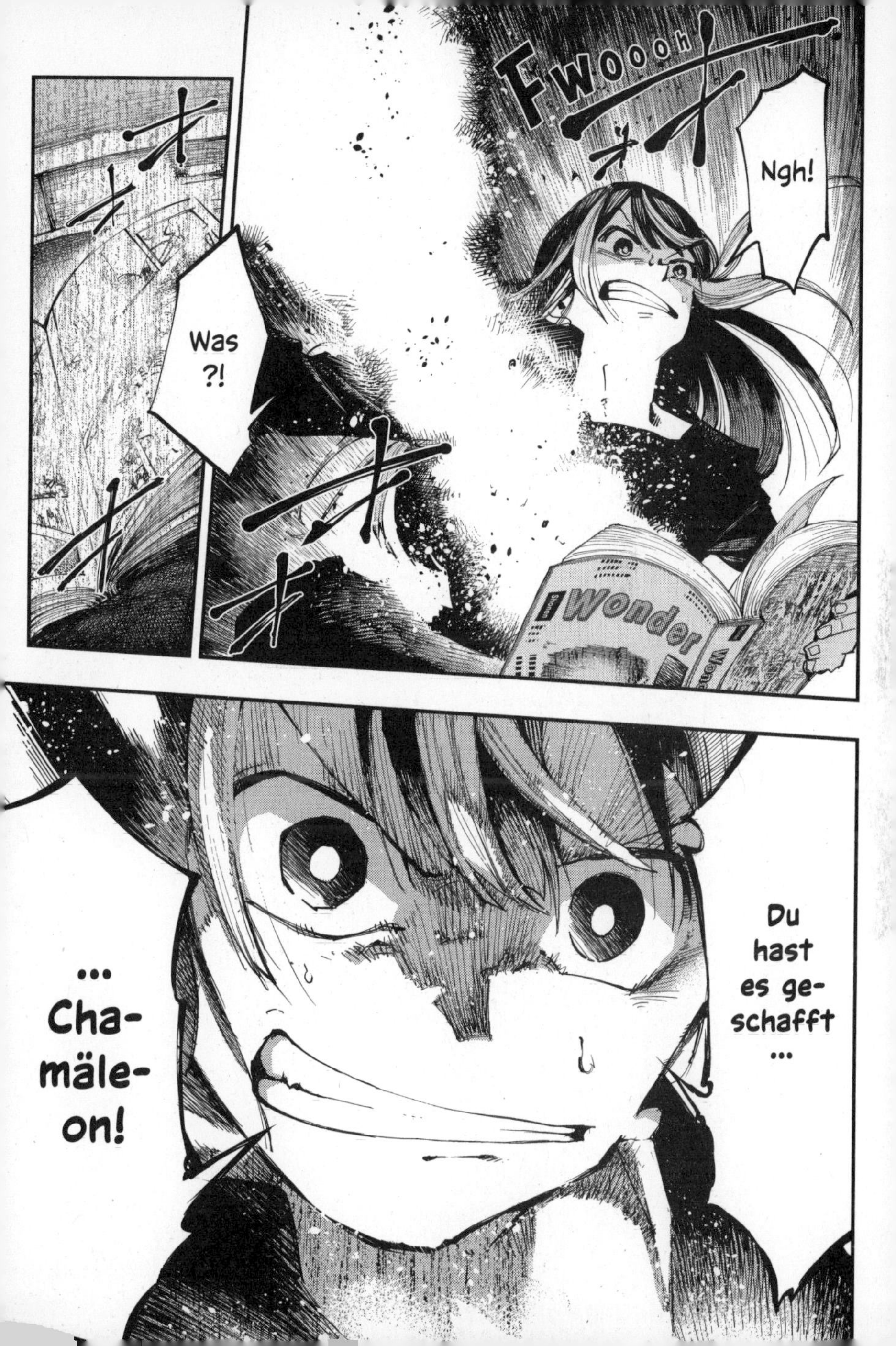

Fwoooh
Ngh!
Was ?!
Wonder
Du hast es geschafft ...
... Chamäleon!

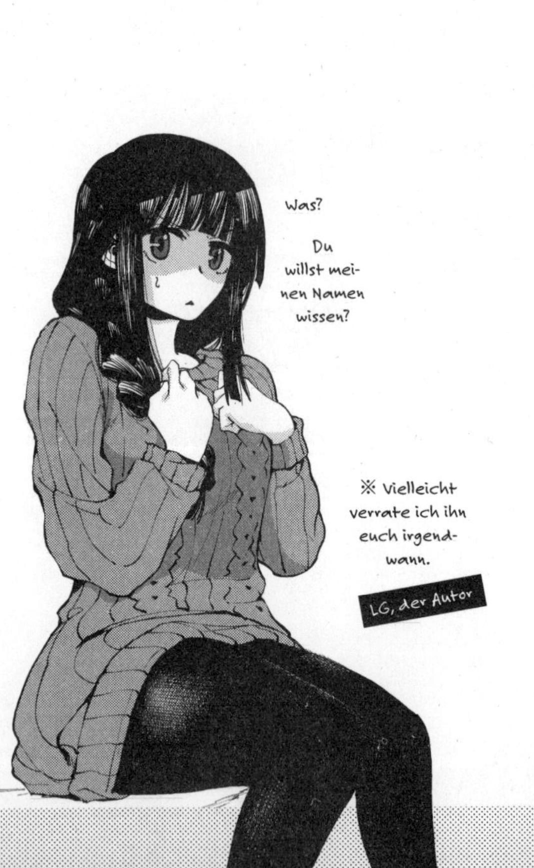
Was?
Du willst meinen Namen wissen?
※ Vielleicht verrate ich ihn euch irgendwann.
LG, der Autor

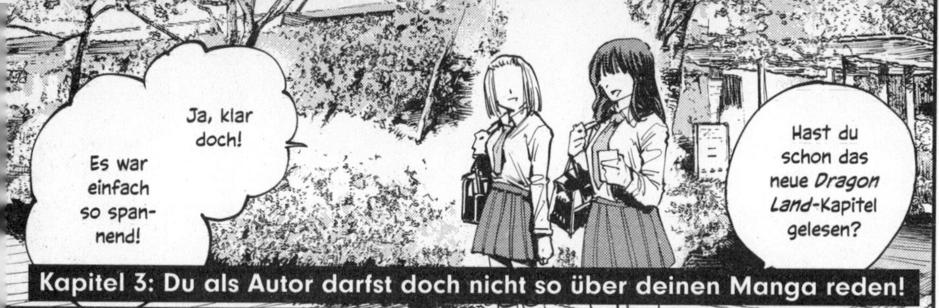

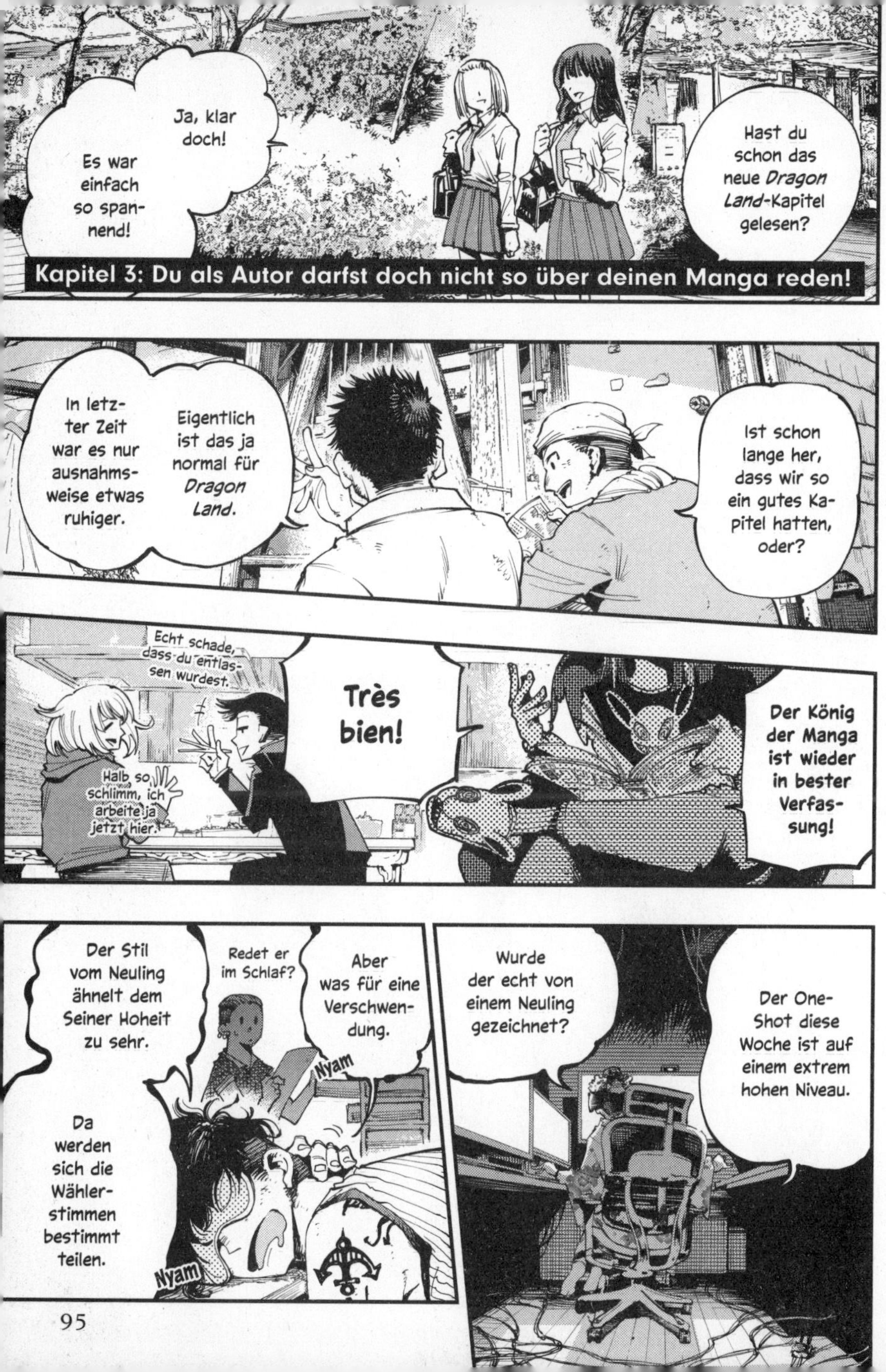

Kapitel 3: Du als Autor darfst doch nicht so über deinen Manga reden!

Ist schon lange her, dass wir so ein gutes Kapitel hatten, oder?

Eigentlich ist das ja normal für *Dragon Land*.

In letzter Zeit war es nur ausnahmsweise etwas ruhiger.

Der König der Manga ist wieder in bester Verfassung!

Très bien!

Echt schade, dass du entlassen wurdest.

Halb so schlimm, ich arbeite ja jetzt hier.

Der One-Shot diese Woche ist auf einem extrem hohen Niveau.

Wurde der echt von einem Neuling gezeichnet?

Aber was für eine Verschwendung.

Redet er im Schlaf?

Der Stil vom Neuling ähnelt dem Seiner Hoheit zu sehr.

Nyam

Da werden sich die Wählerstimmen bestimmt teilen.

Nyam

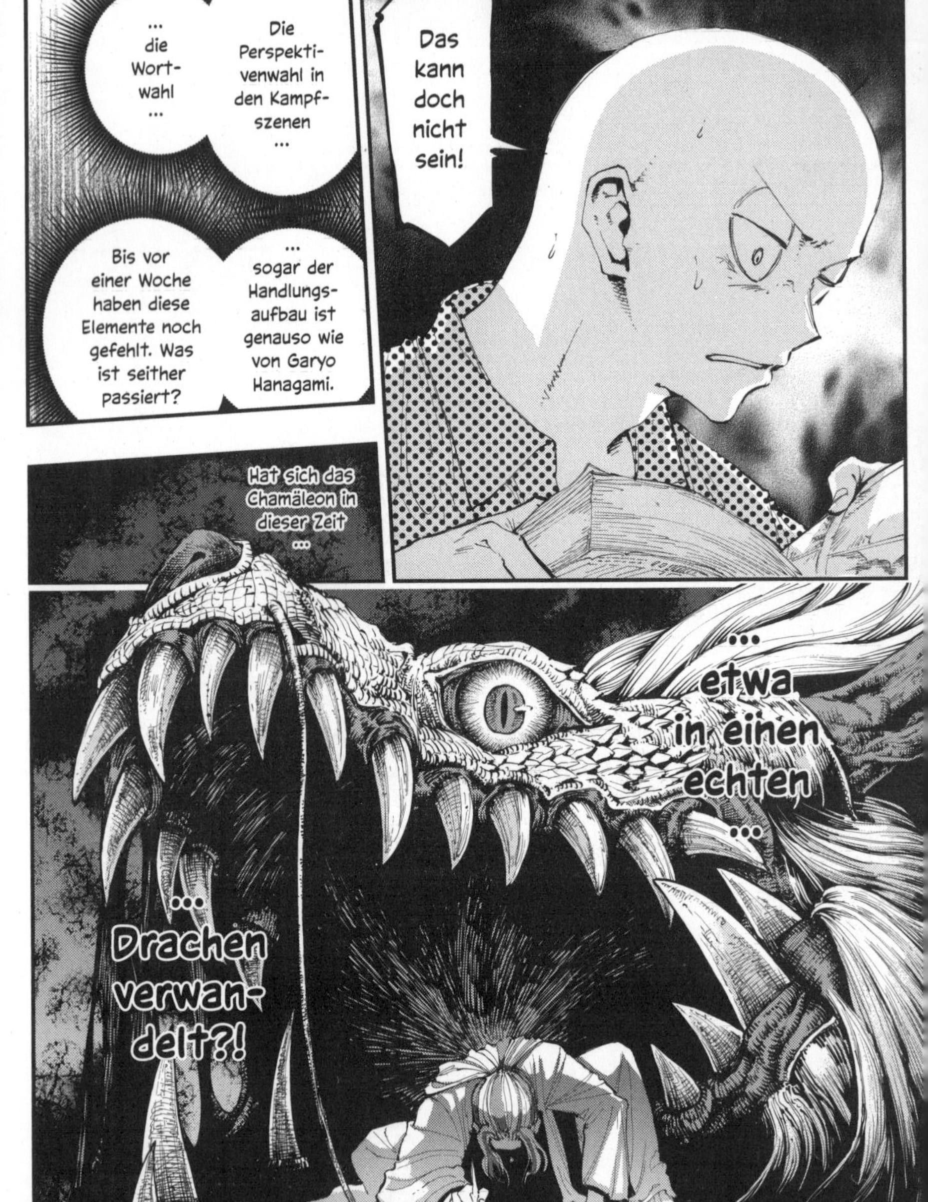

Das kann doch nicht sein!
Die Perspektivenwahl in den Kampfszenen ...
... die Wortwahl ...
... sogar der Handlungsaufbau ist genauso wie von Garyo Hanagami.
Bis vor einer Woche haben diese Elemente noch gefehlt. Was ist seither passiert?
Hat sich das Chamäleon in dieser Zeit ...
... etwa in einen echten ...
... Drachen verwandelt?!

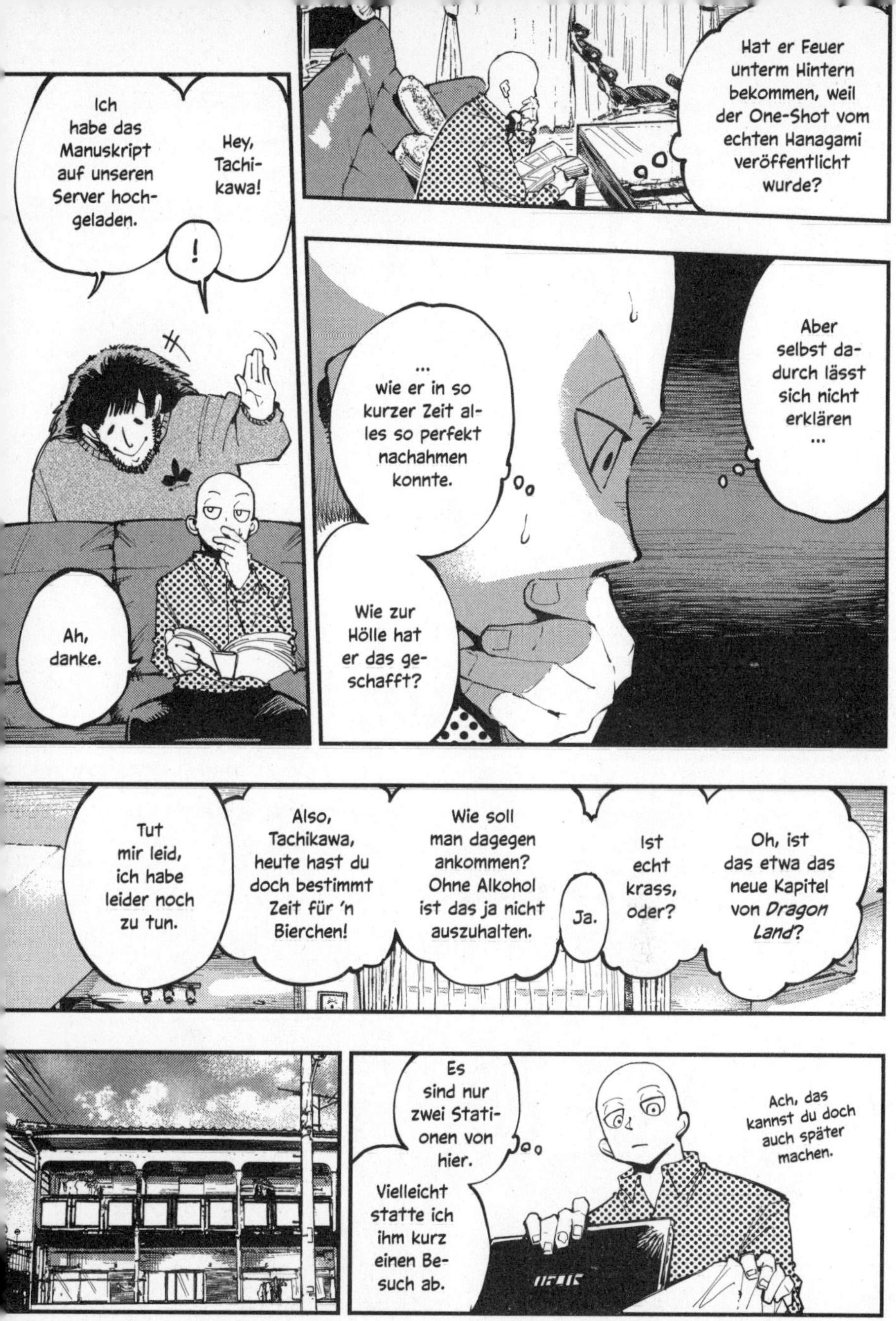

Hat er Feuer unterm Hintern bekommen, weil der One-Shot vom echten Hanagami veröffentlicht wurde?

Hey, Tachikawa!

!

Ich habe das Manuskript auf unseren Server hochgeladen.

Aber selbst dadurch lässt sich nicht erklären ...

... wie er in so kurzer Zeit alles so perfekt nachahmen konnte.

Wie zur Hölle hat er das geschafft?

Ah, danke.

Oh, ist das etwa das neue Kapitel von *Dragon Land*?

Ist echt krass, oder?

Ja.

Wie soll man dagegen ankommen? Ohne Alkohol ist das ja nicht auszuhalten.

Also, Tachikawa, heute hast du doch bestimmt Zeit für 'n Bierchen!

Tut mir leid, ich habe leider noch zu tun.

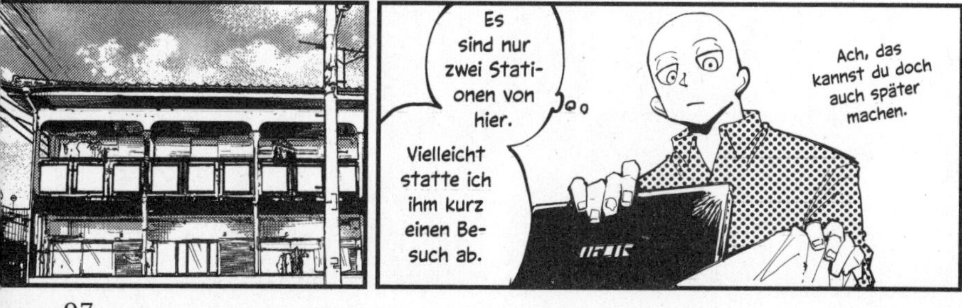

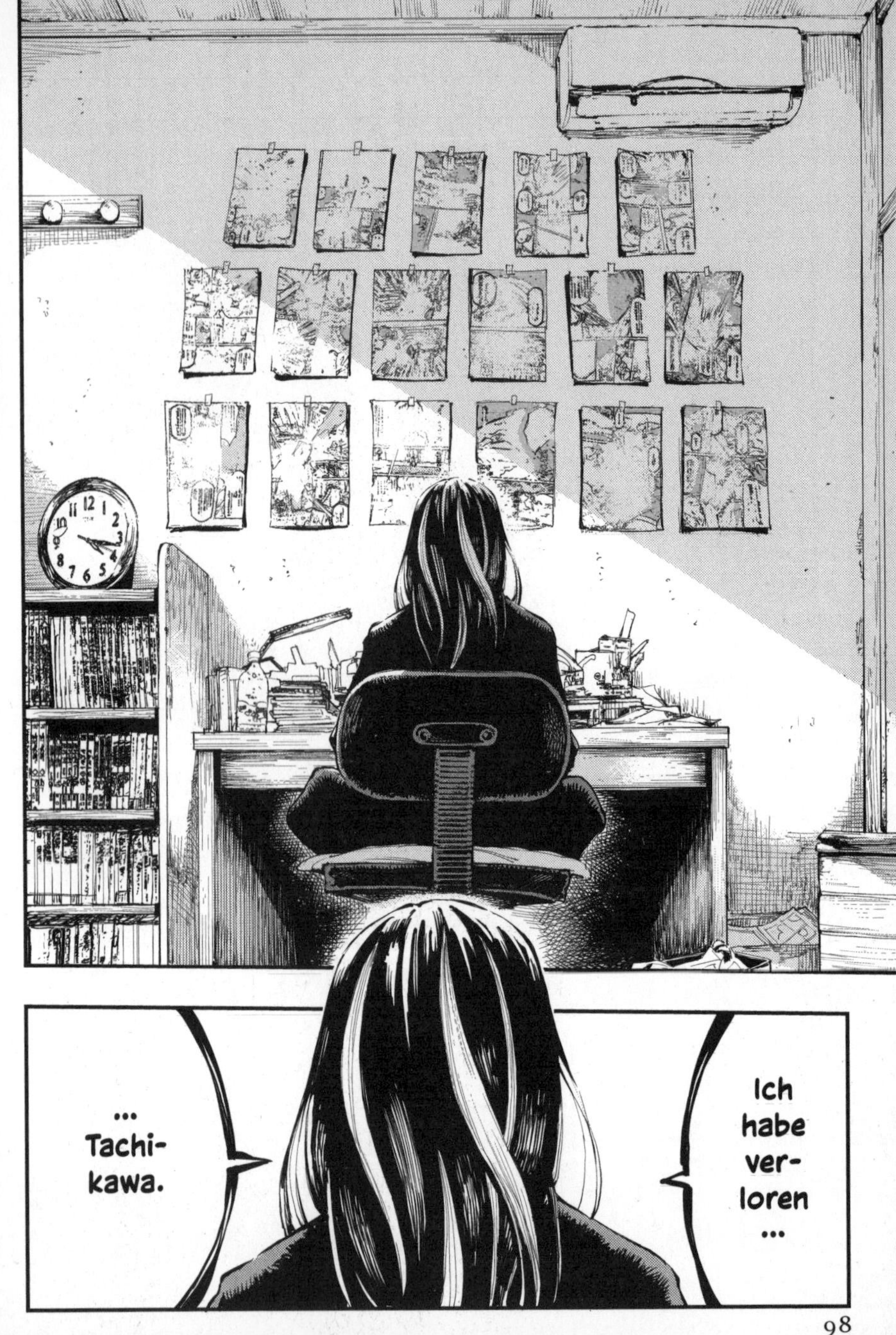
Ich habe verloren …
… Tachikawa.

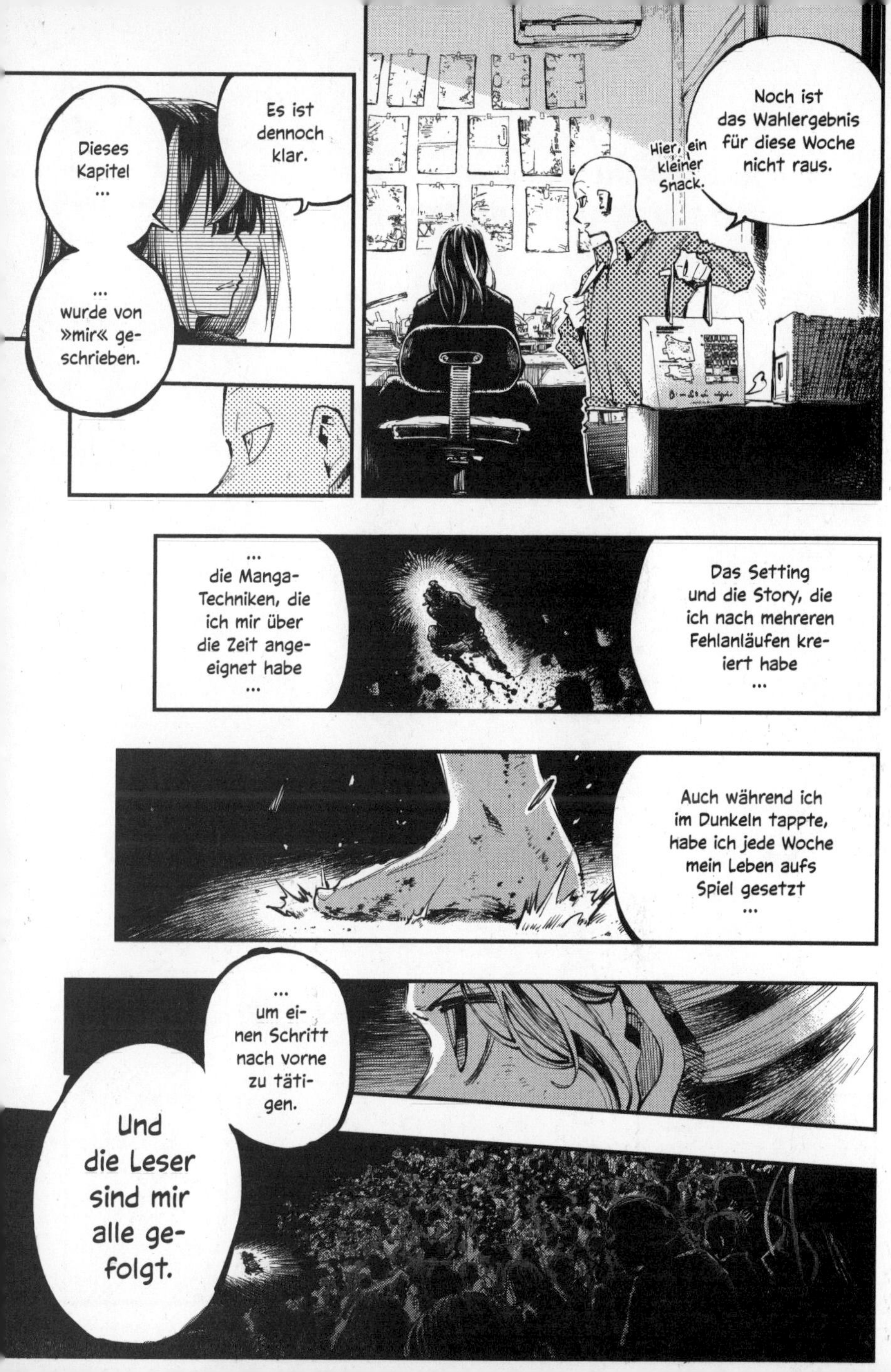

Noch ist das Wahlergebnis für diese Woche nicht raus.
Hier, ein kleiner Snack.

Es ist dennoch klar.
Dieses Kapitel ...
... wurde von »mir« geschrieben.

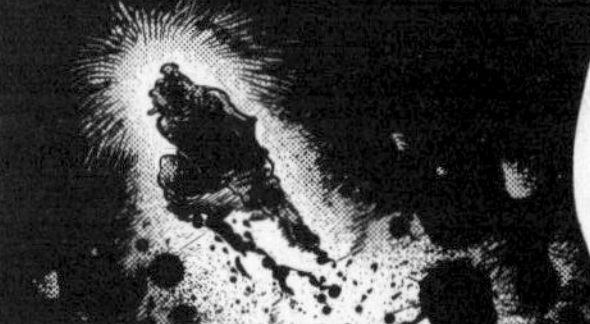

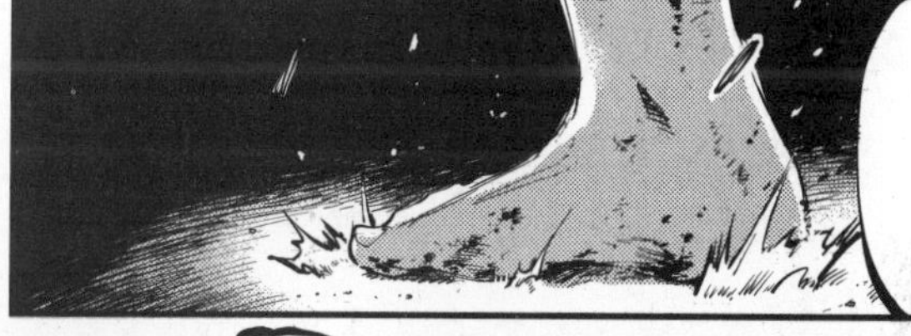

... um einen Schritt nach vorne zu tätigen.

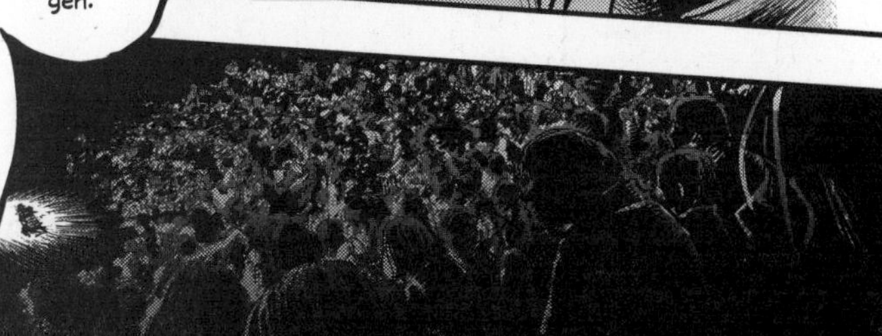

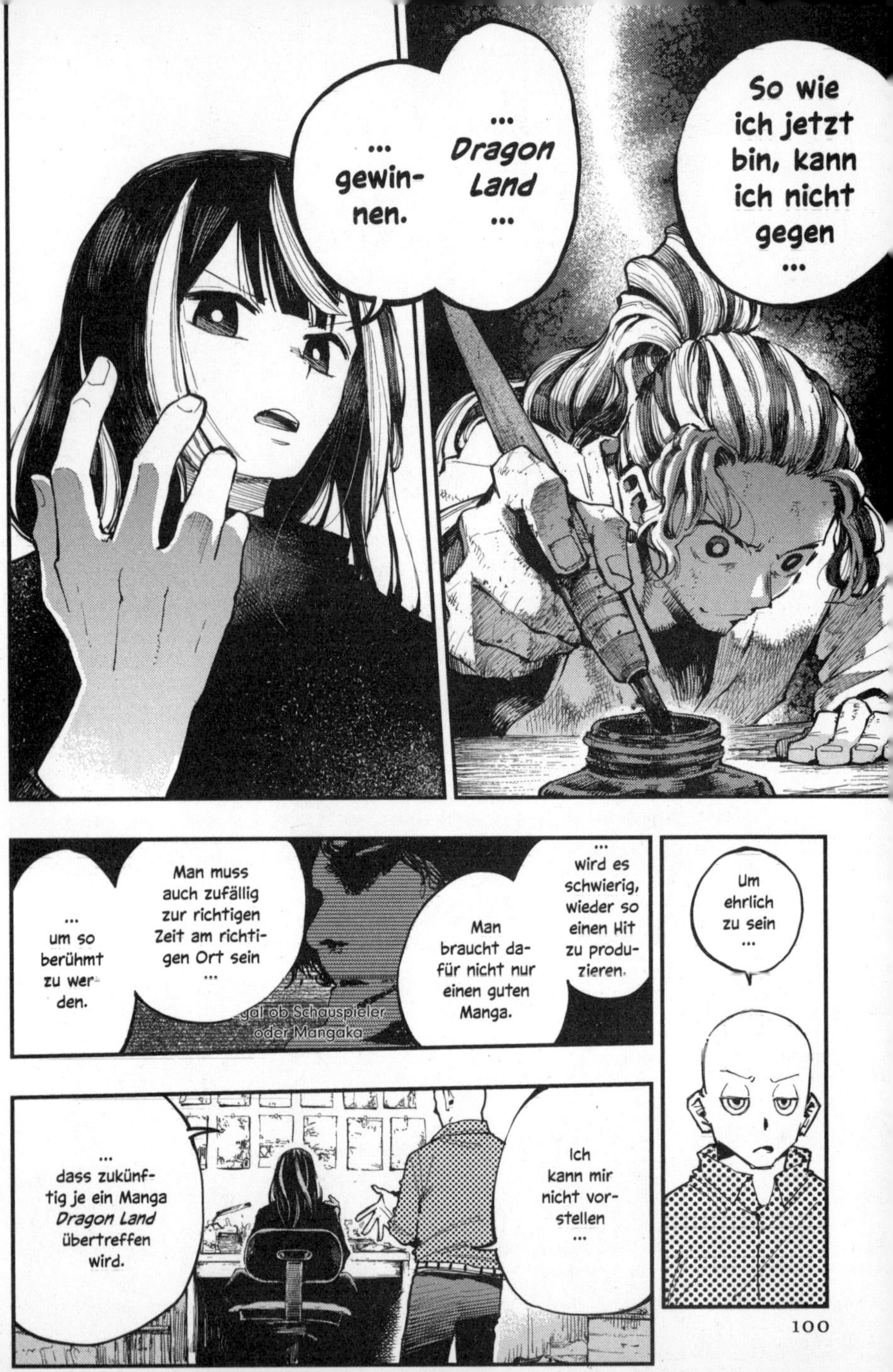

So wie ich jetzt bin, kann ich nicht gegen ...
... *Dragon Land* ...
... gewinnen.

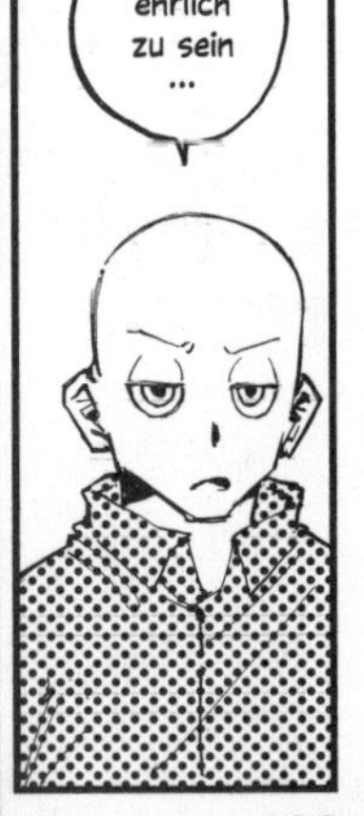

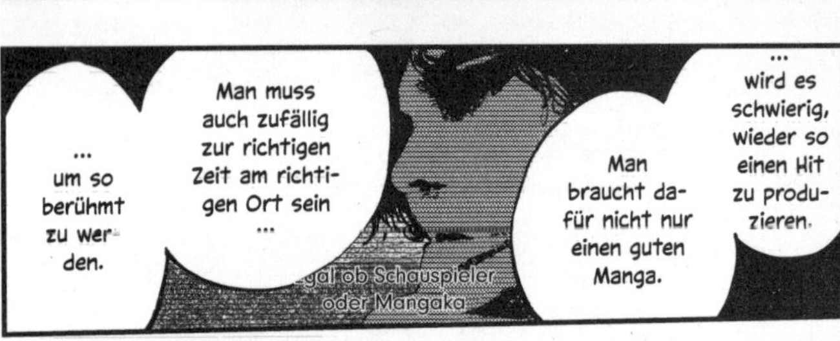

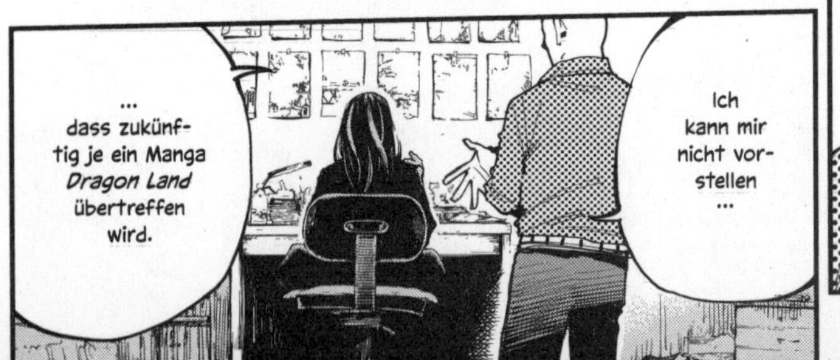

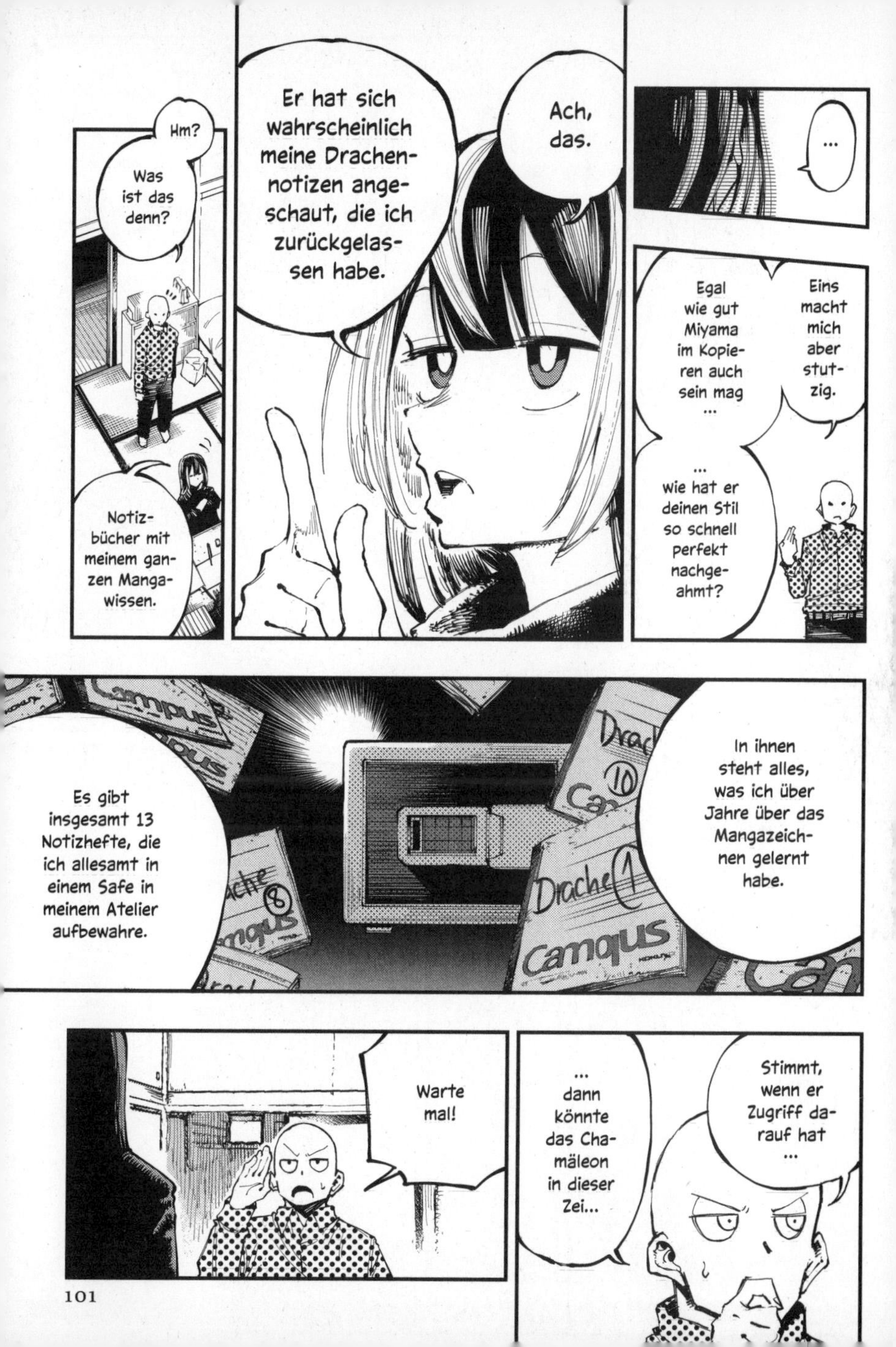

…

Eins macht mich aber stutzig.

Egal wie gut Miyama im Kopieren auch sein mag …

… wie hat er deinen Stil so schnell perfekt nachgeahmt?

Ach, das.

Er hat sich wahrscheinlich meine Drachennotizen angeschaut, die ich zurückgelassen habe.

Hm?

Was ist das denn?

Notizbücher mit meinem ganzen Mangawissen.

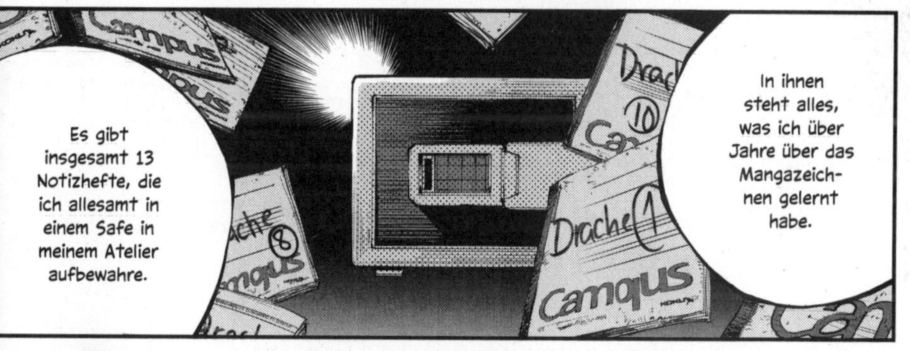

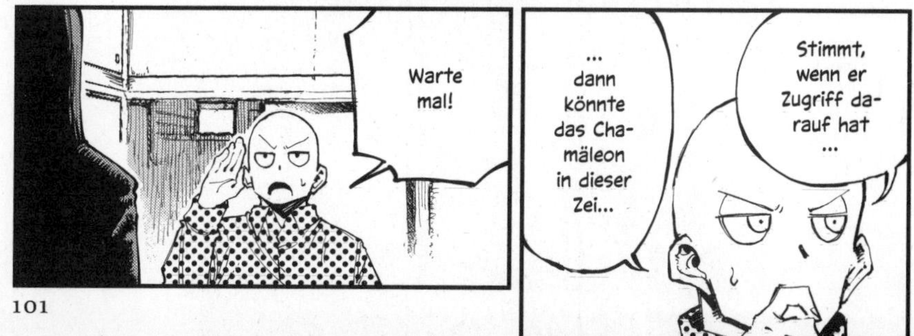

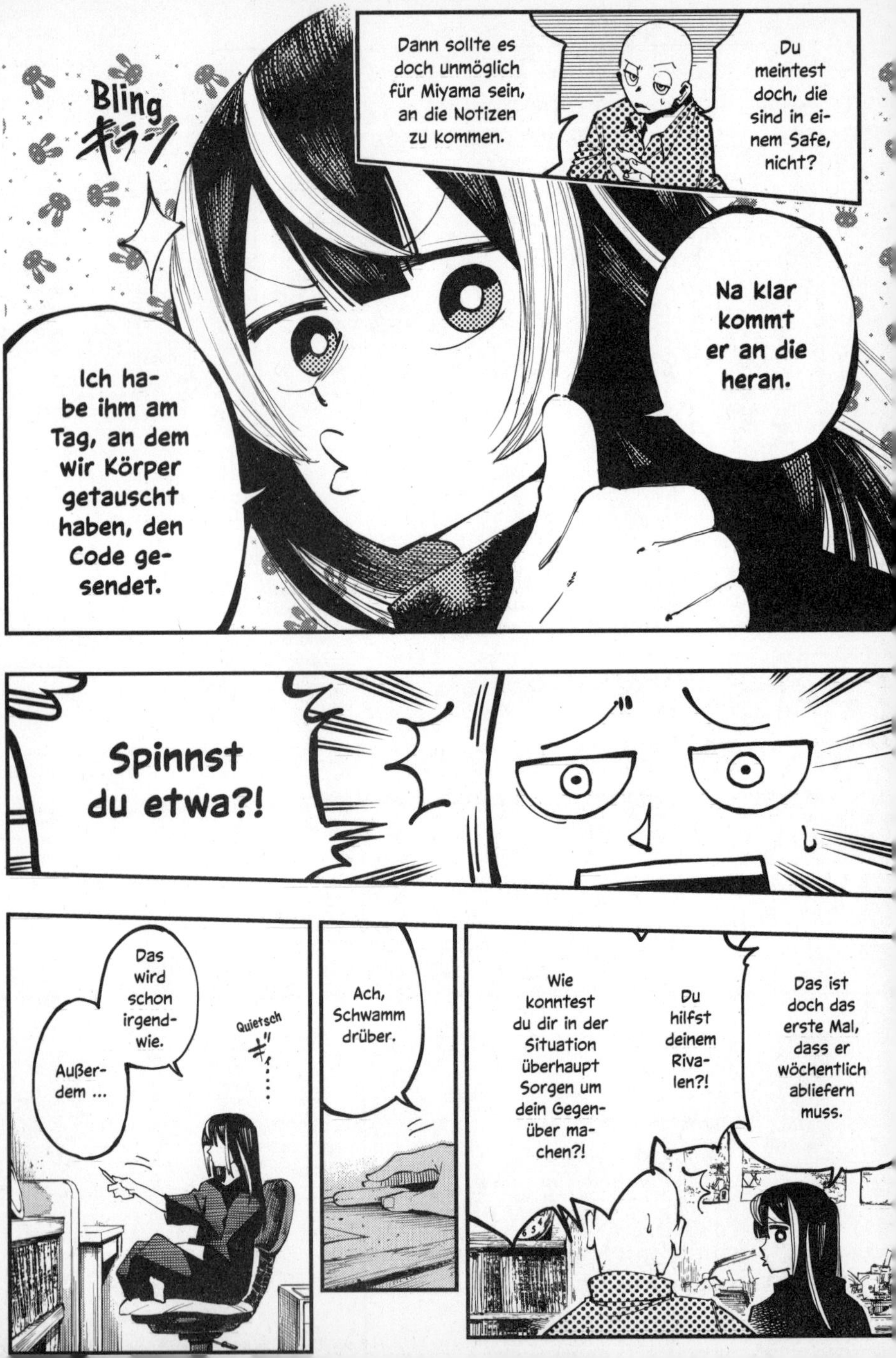

Du meintest doch, die sind in einem Safe, nicht?

Dann sollte es doch unmöglich für Miyama sein, an die Notizen zu kommen.

Bling キラッ

Na klar kommt er an die heran.

Ich habe ihm am Tag, an dem wir Körper getauscht haben, den Code gesendet.

Spinnst du etwa?!

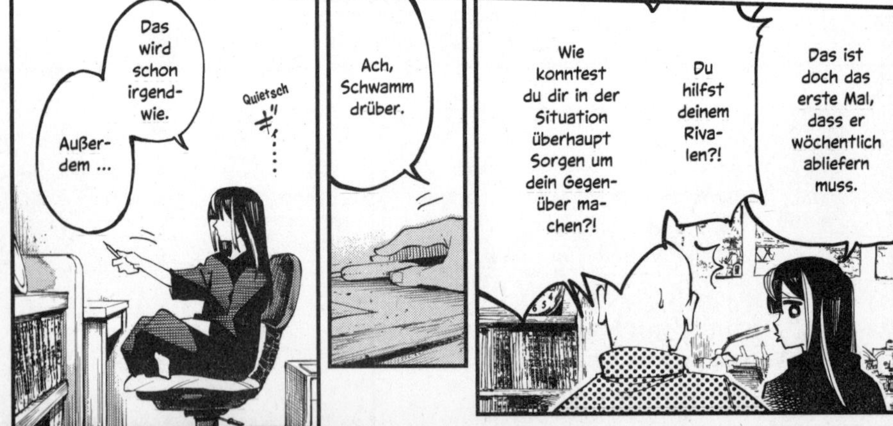

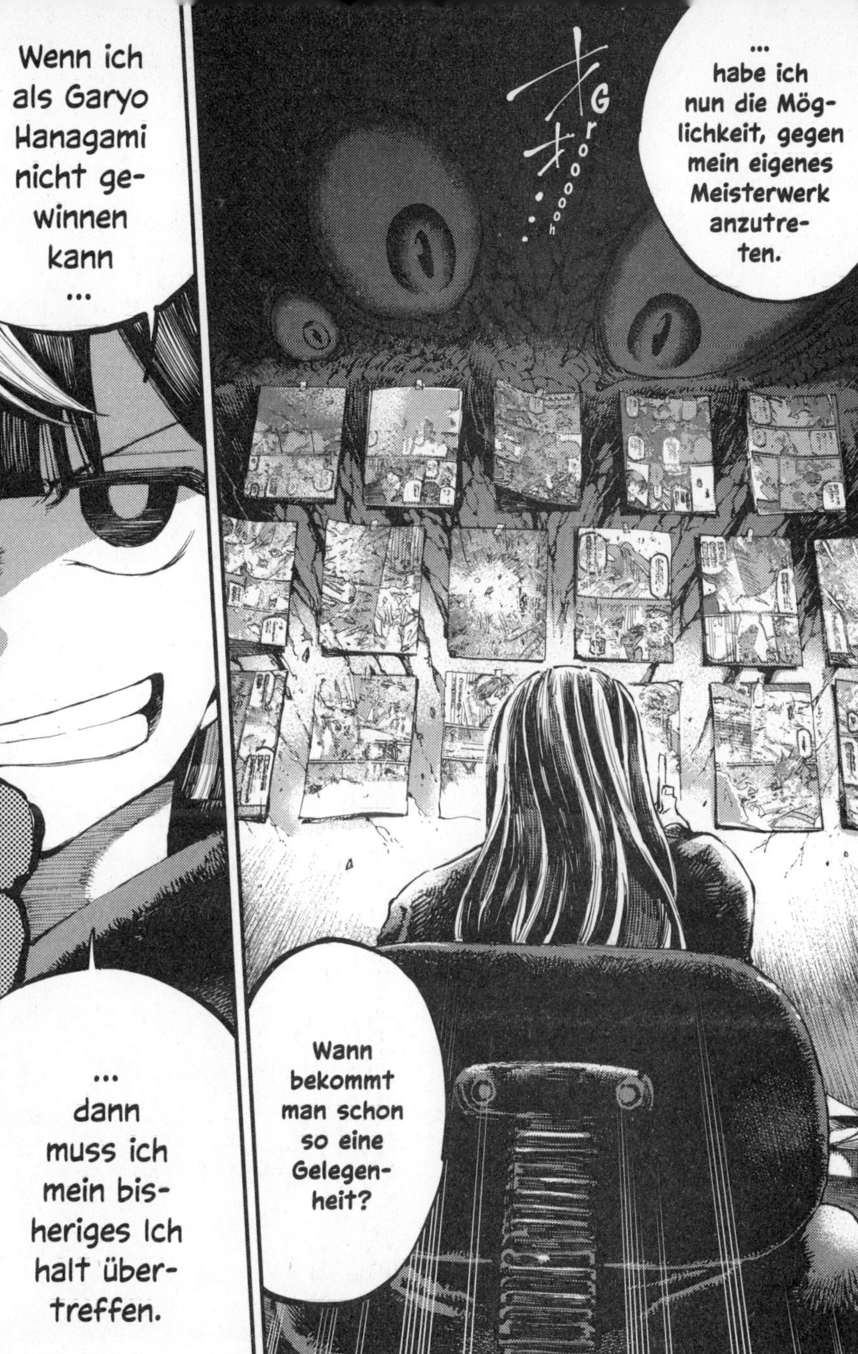
... habe ich nun die Möglichkeit, gegen mein eigenes Meisterwerk anzutreten.
Grooooooh
Wann bekommt man schon so eine Gelegenheit?
Wenn ich als Garyo Hanagami nicht gewinnen kann ...
... dann muss ich mein bisheriges Ich halt übertreffen.

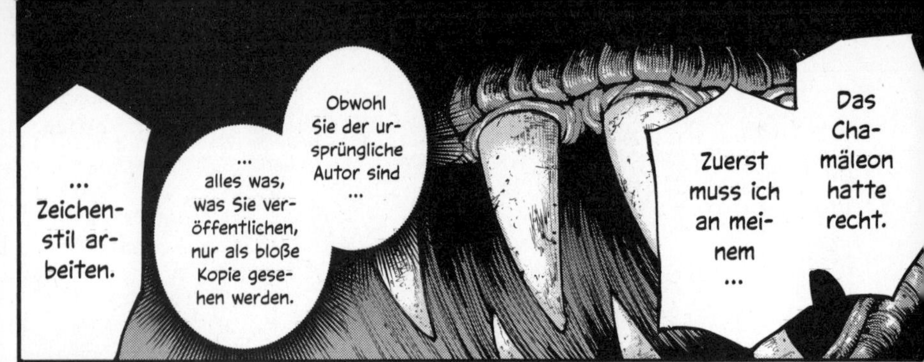

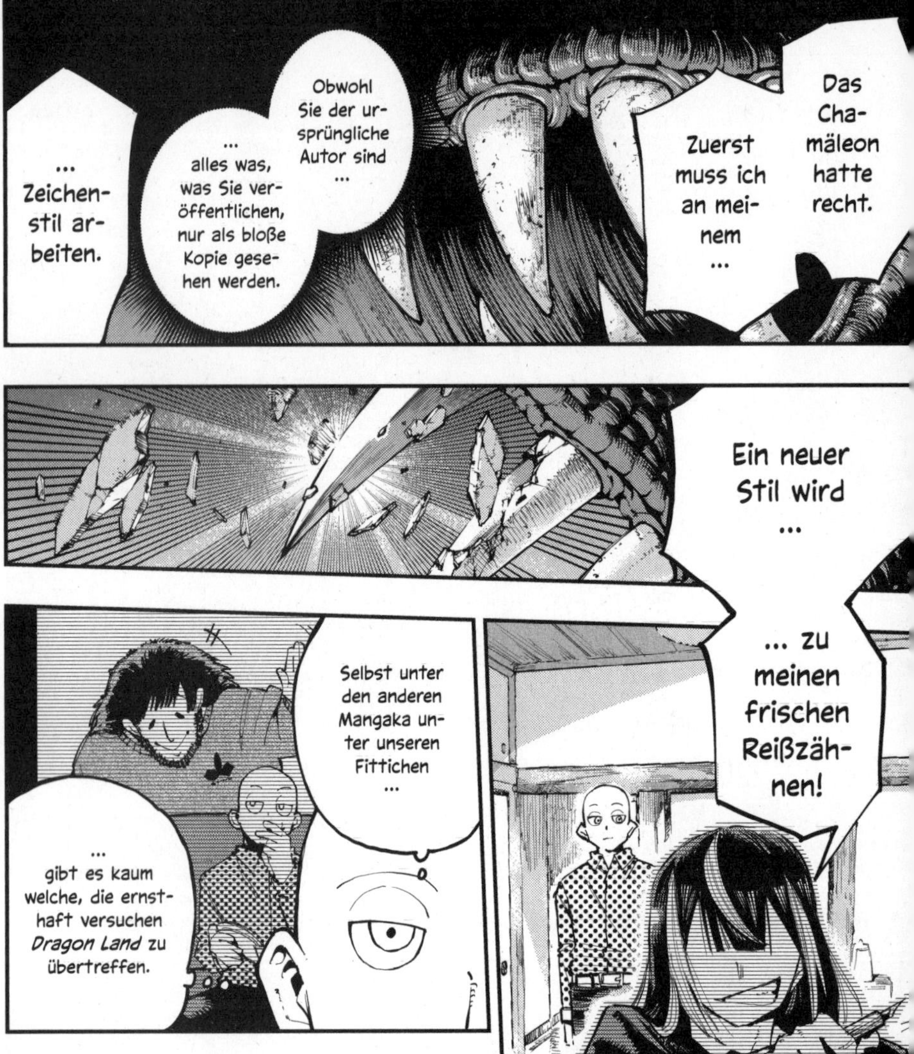

Ein neuer Stil wird ...

... zu meinen frischen Reißzähnen!

Selbst unter den anderen Mangaka unter unseren Fittichen ...

... gibt es kaum welche, die ernsthaft versuchen *Dragon Land* zu übertreffen.

Dass dann ausgerechnet der Autor selbst ...

... versucht noch mal neu anzufangen ...

Hmpf ...

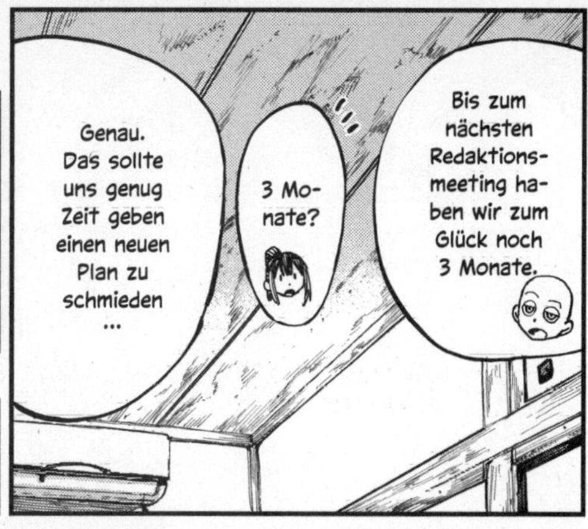

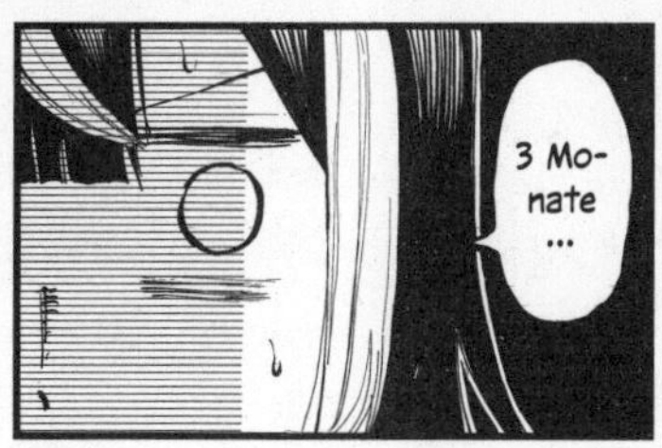

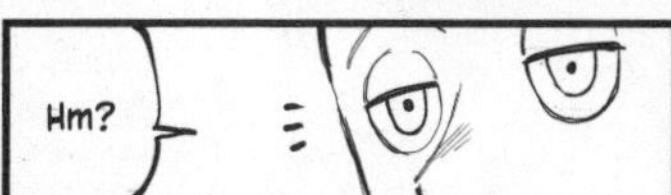

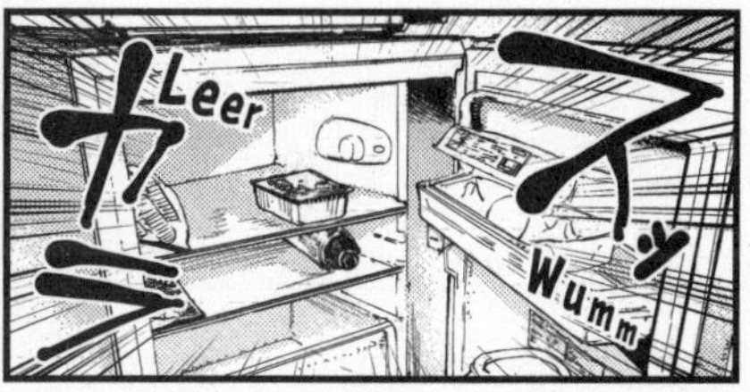

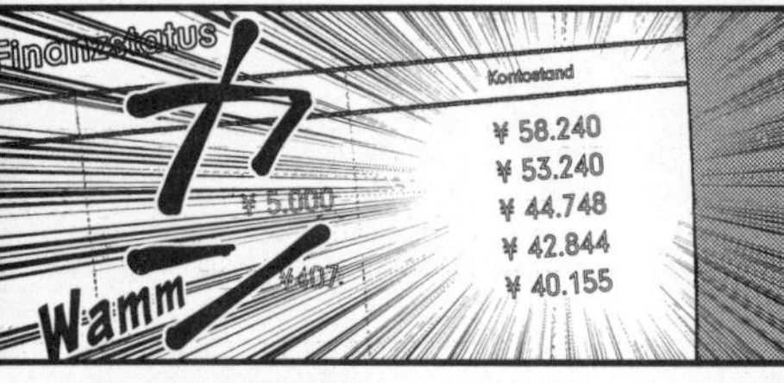

Miete, Heizkosten, Konsumausgaben, Zeichenbedarf, Fahrtkosten, Handykosten,

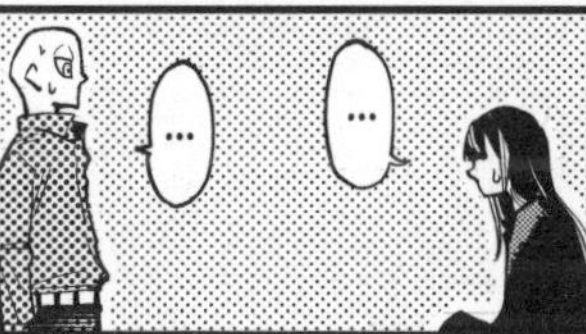

Wasserkosten, Gaskosten, Krankenversicherungskosten, Rente, Lebensmittelkosten etc.

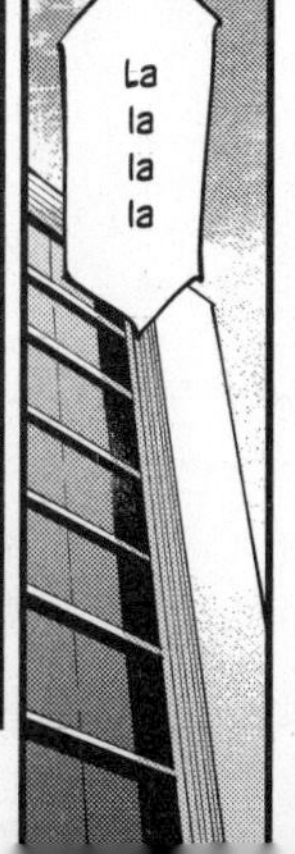

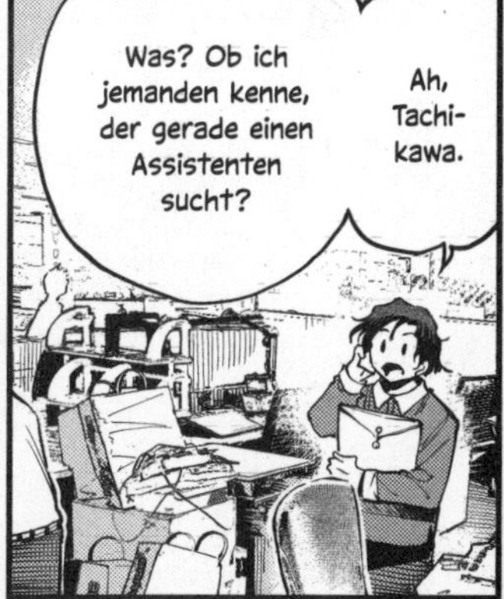

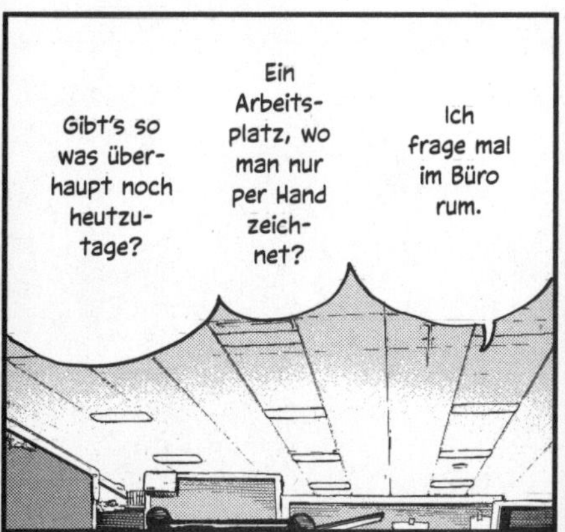

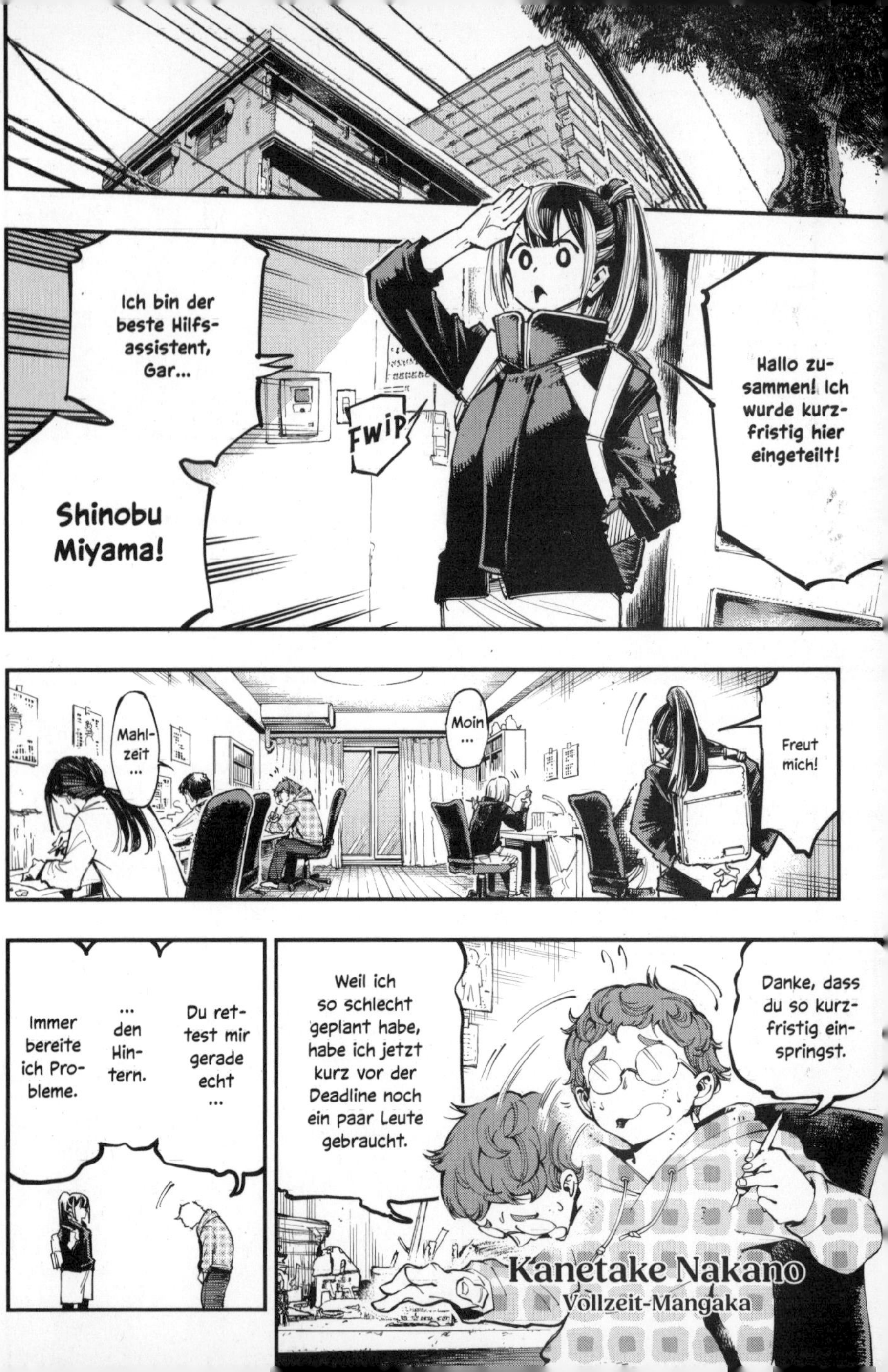

Hallo zusammen! Ich wurde kurzfristig hier eingeteilt!

FWIP

Ich bin der beste Hilfsassistent, Gar...

Shinobu Miyama!

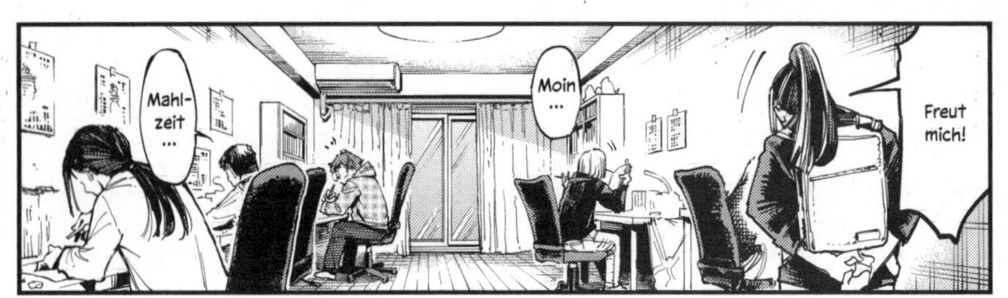

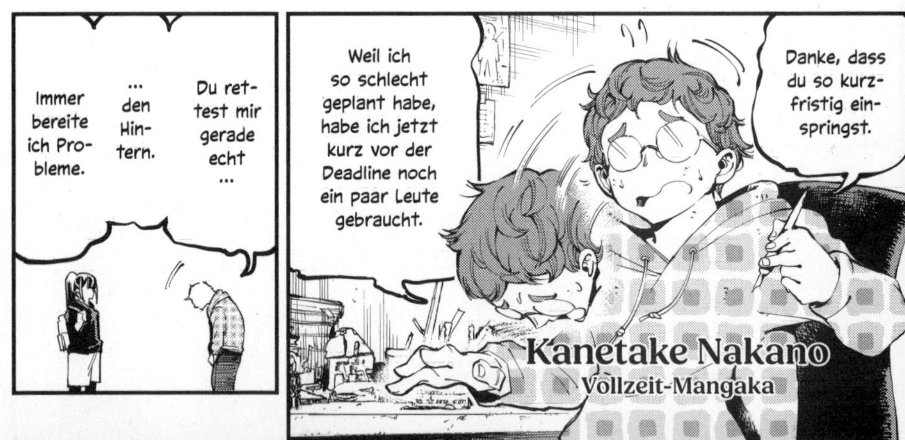

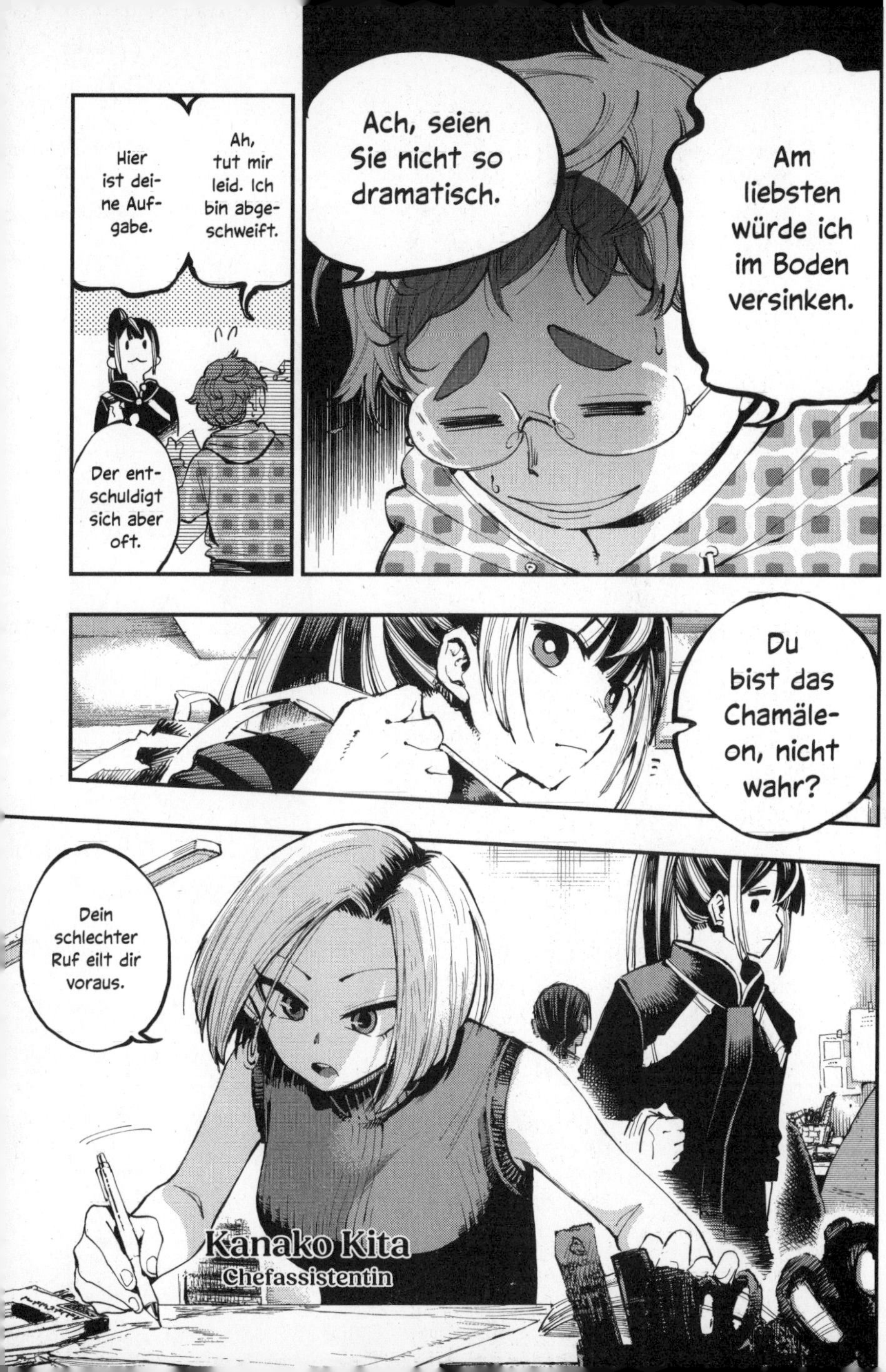

Am liebsten würde ich im Boden versinken.

Ach, seien Sie nicht so dramatisch.

Ah, tut mir leid. Ich bin abgeschweift.

Hier ist deine Aufgabe.

Der entschuldigt sich aber oft.

Du bist das Chamäleon, nicht wahr?

Dein schlechter Ruf eilt dir voraus.

Kanako Kita
Chefassistentin

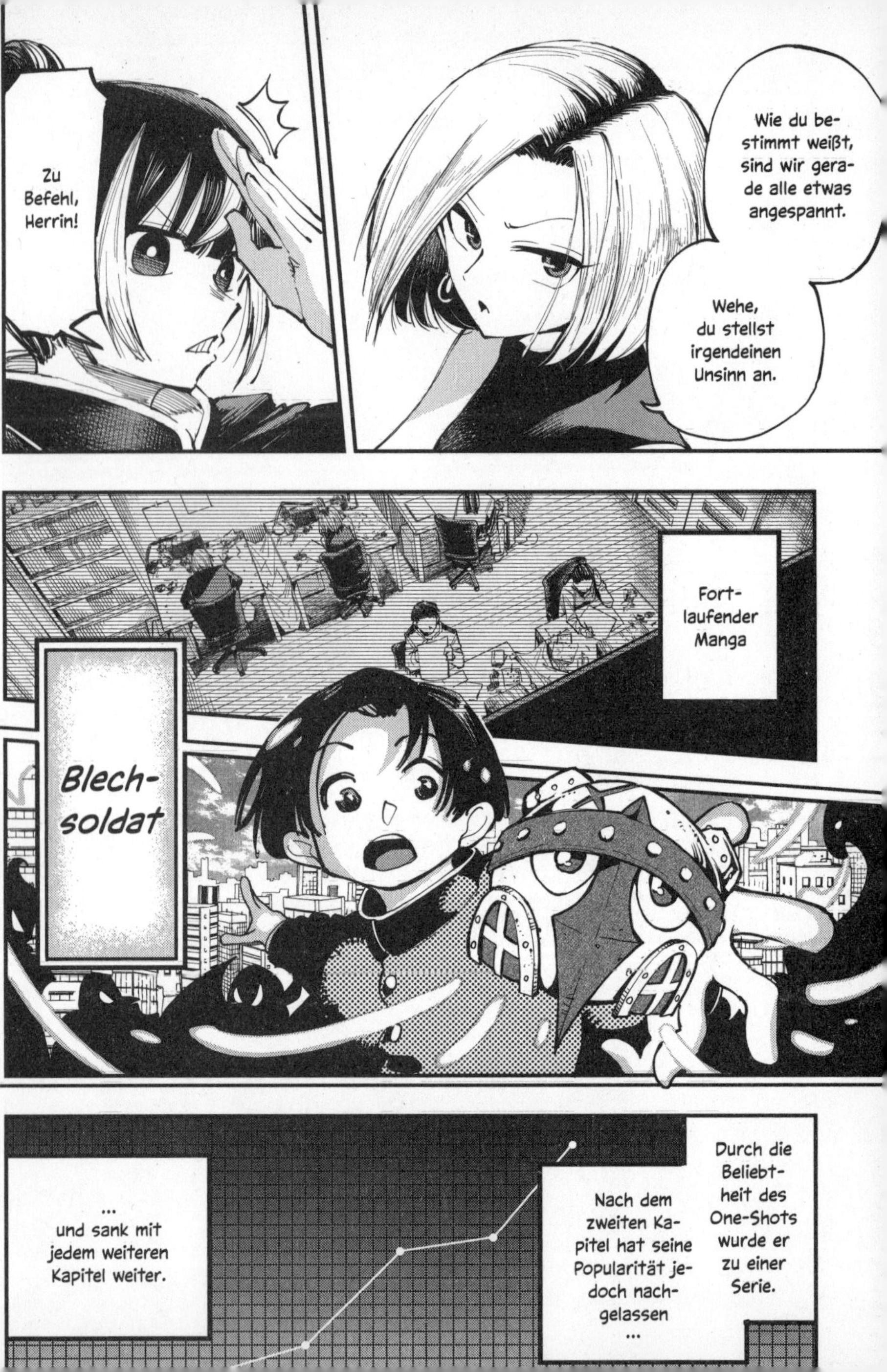

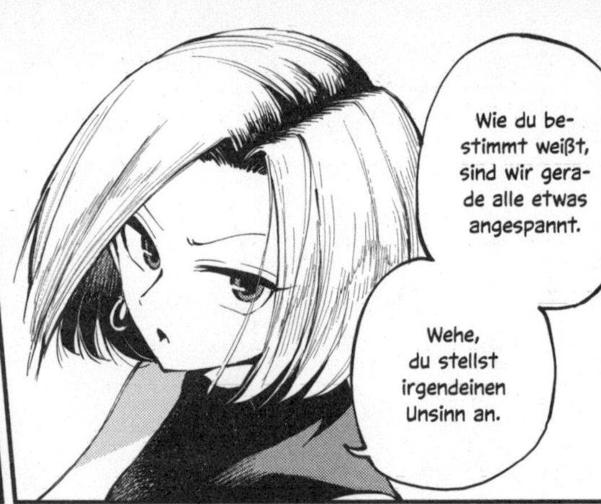

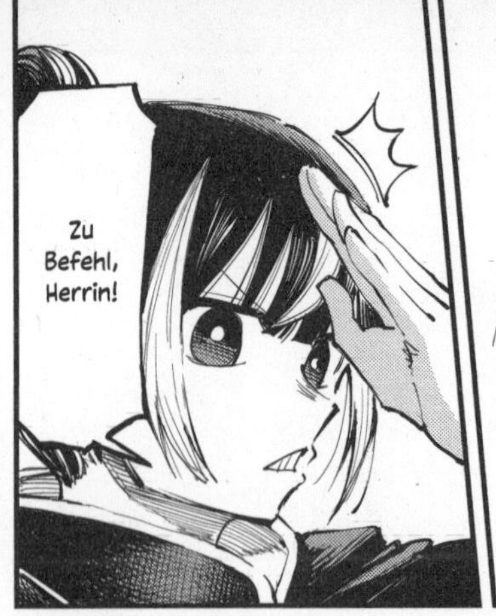

Fortlaufender Manga

Blechsoldat

Durch die Beliebtheit des One-Shots wurde er zu einer Serie.

Nach dem zweiten Kapitel hat seine Popularität jedoch nachgelassen …

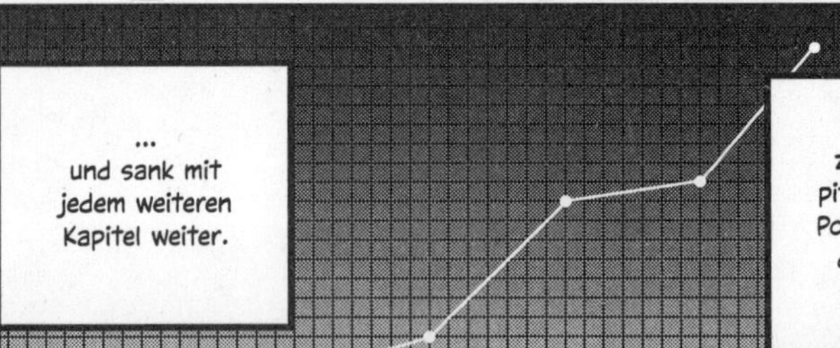

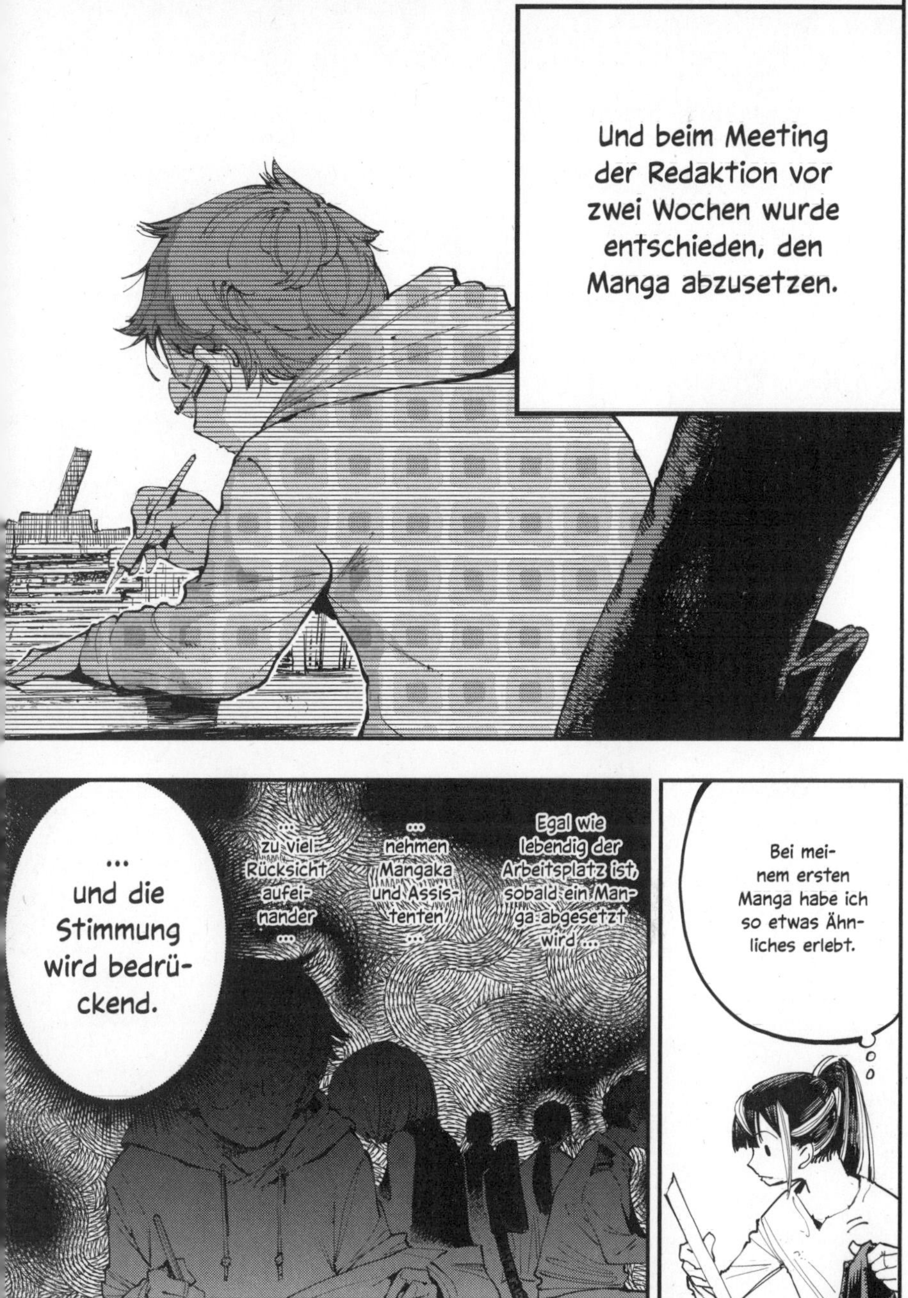

Und beim Meeting der Redaktion vor zwei Wochen wurde entschieden, den Manga abzusetzen.

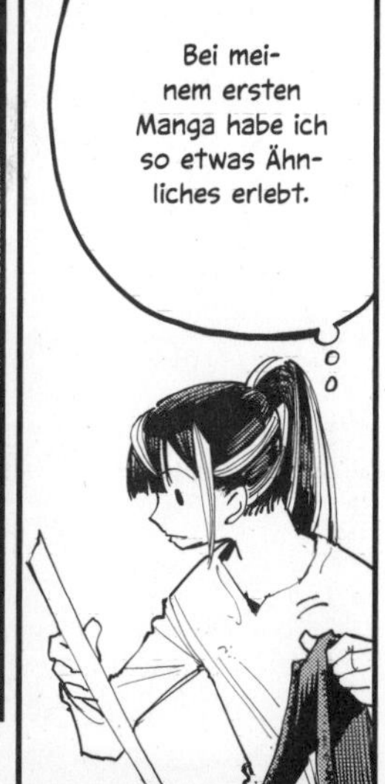

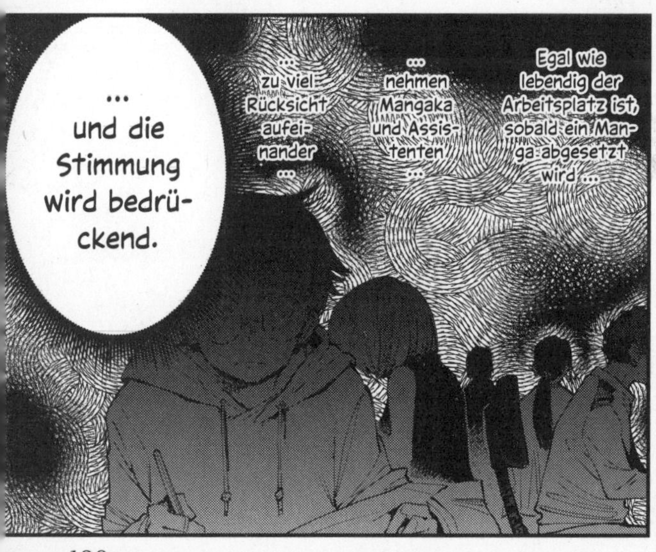

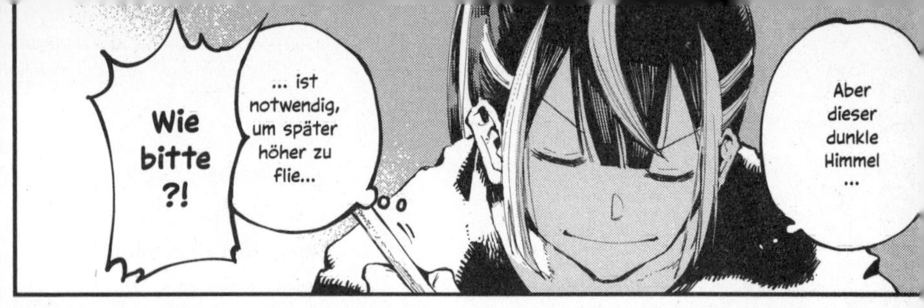
Aber dieser dunkle Himmel ...
... ist notwendig, um später höher zu flie...
Wie bitte ?!

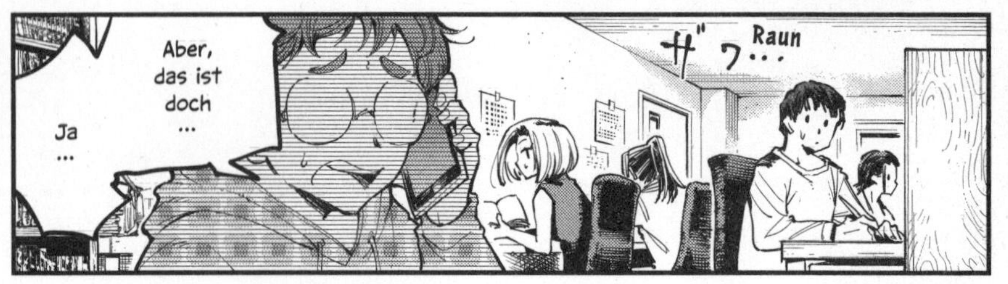
Raun
Aber, das ist doch ...
Ja ...

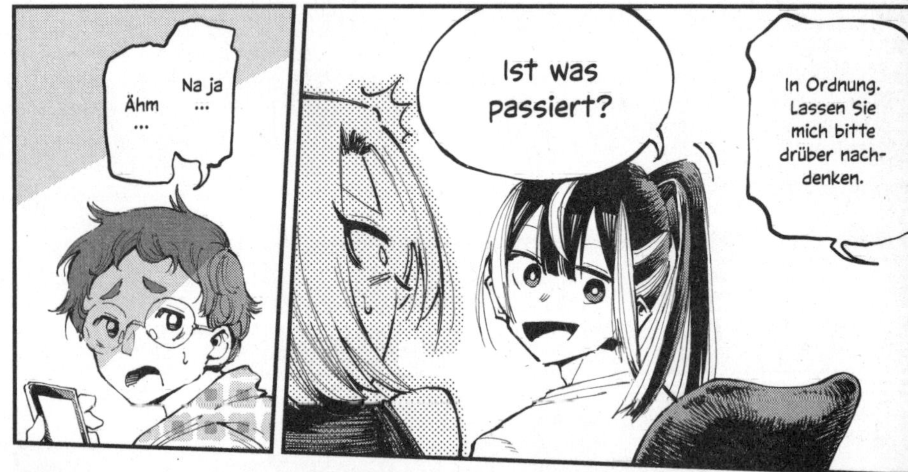
In Ordnung. Lassen Sie mich bitte drüber nach-denken.
Ist was passiert?
Na ja ...
Ähm ...

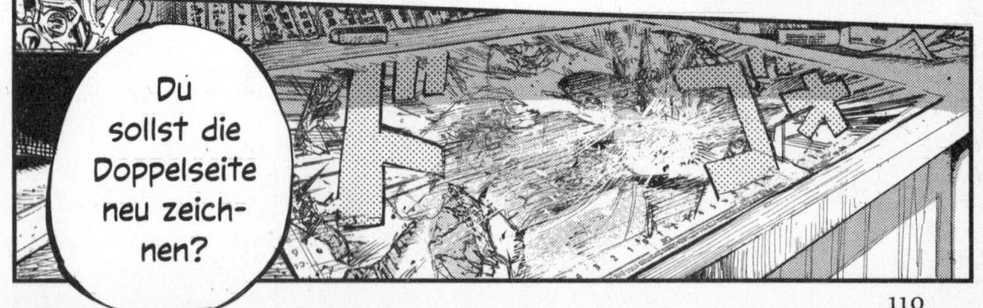
Du sollst die Doppelseite neu zeich-nen?

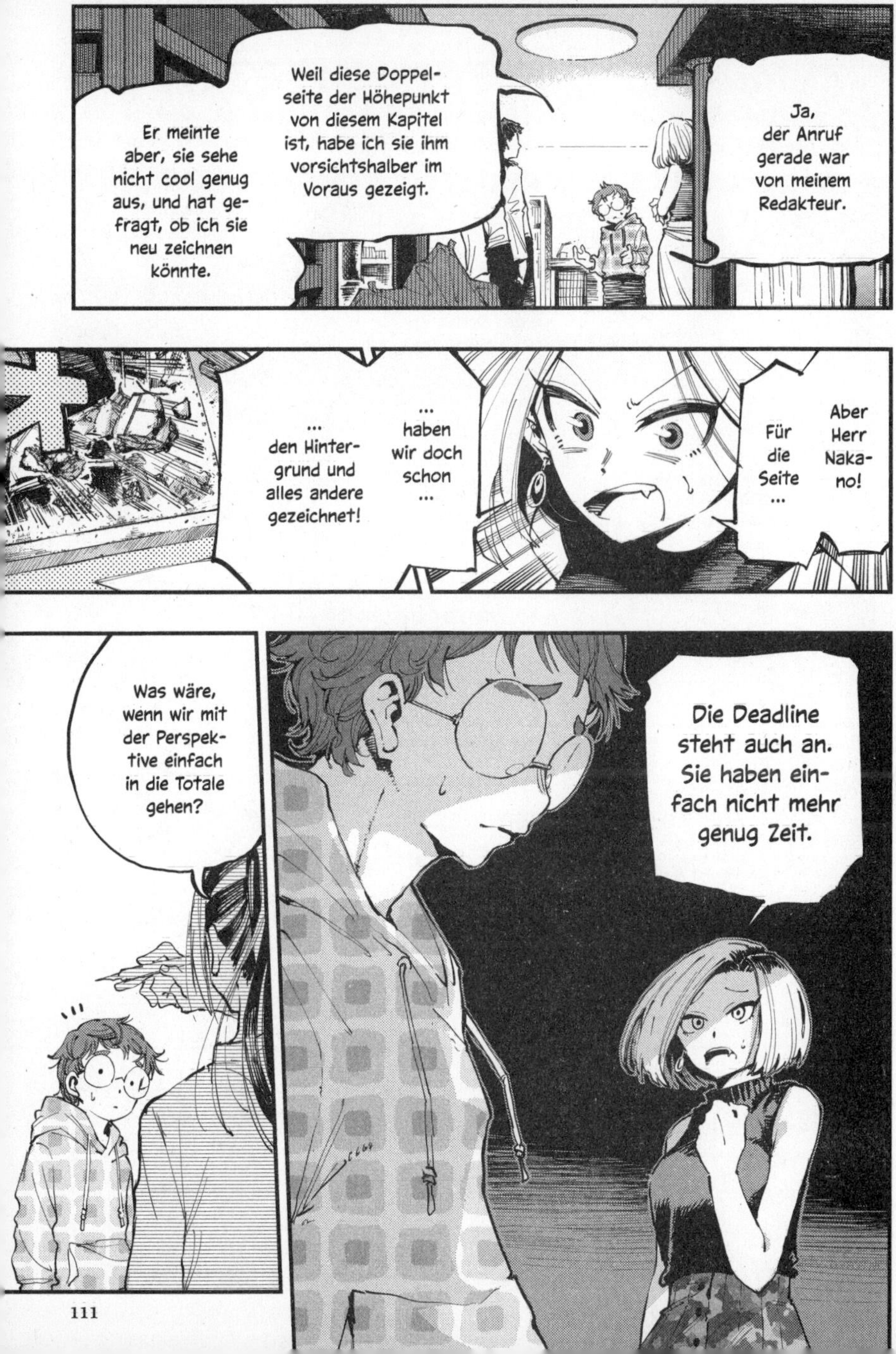

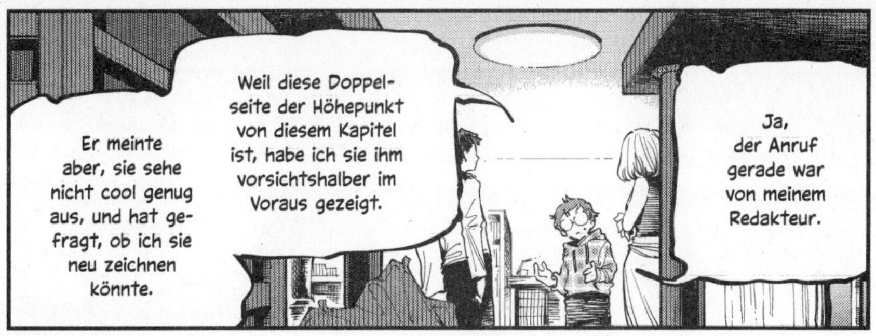

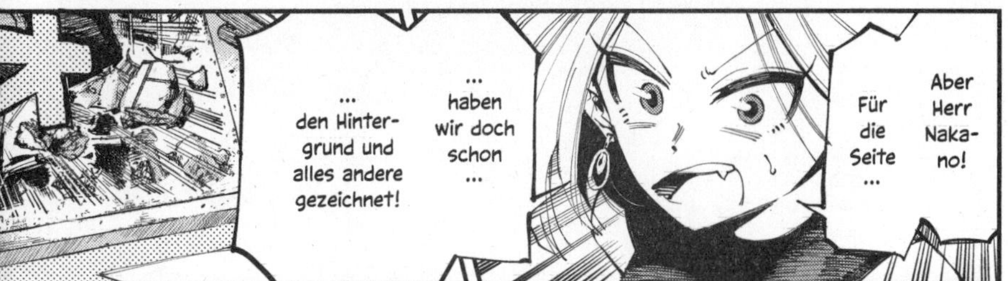

Die Deadline steht auch an. Sie haben einfach nicht mehr genug Zeit.

Was wäre, wenn wir mit der Perspektive einfach in die Totale gehen?

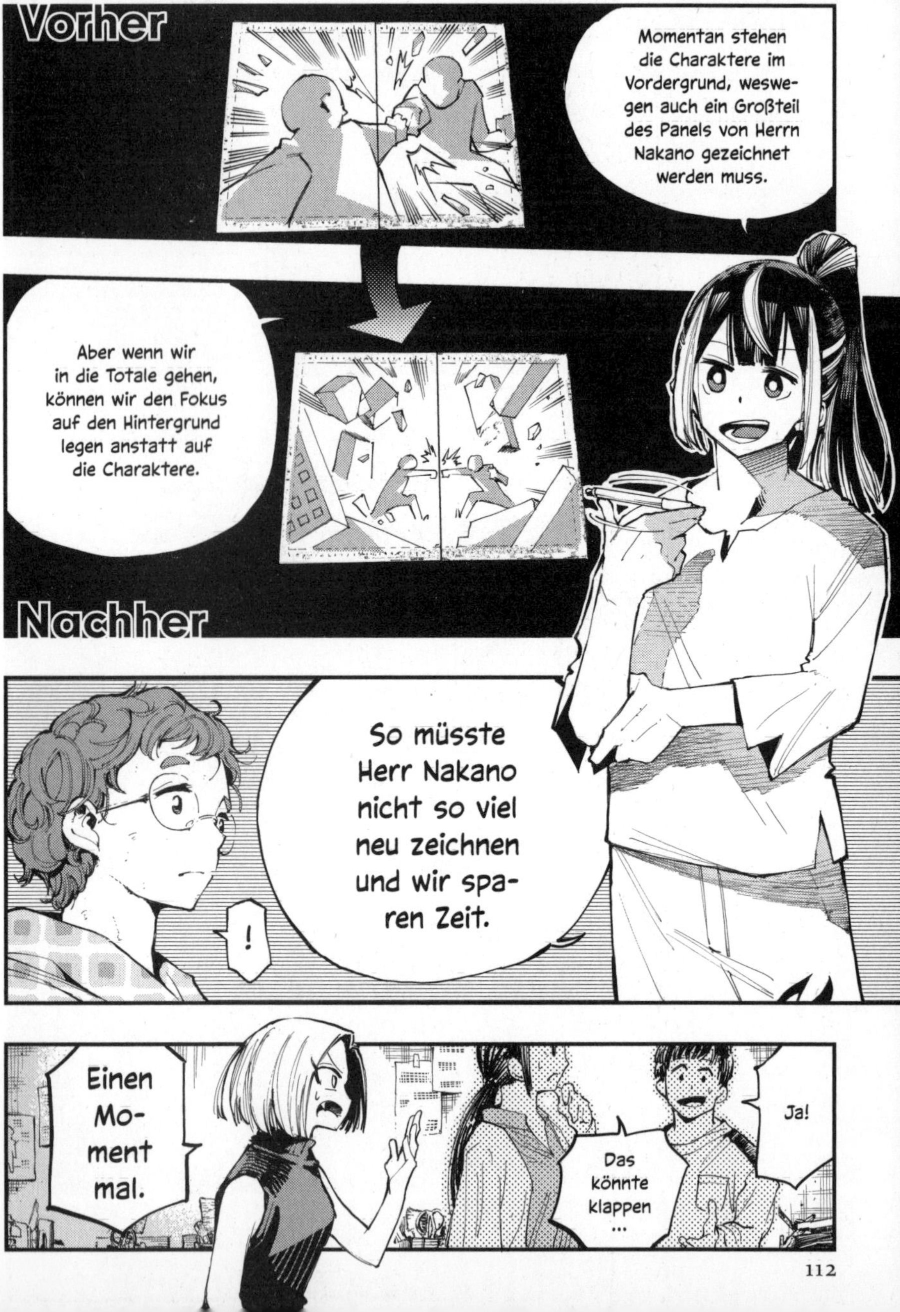

Vorher

Momentan stehen die Charaktere im Vordergrund, weswegen auch ein Großteil des Panels von Herrn Nakano gezeichnet werden muss.

Aber wenn wir in die Totale gehen, können wir den Fokus auf den Hintergrund legen anstatt auf die Charaktere.

Nachher

So müsste Herr Nakano nicht so viel neu zeichnen und wir sparen Zeit.

!

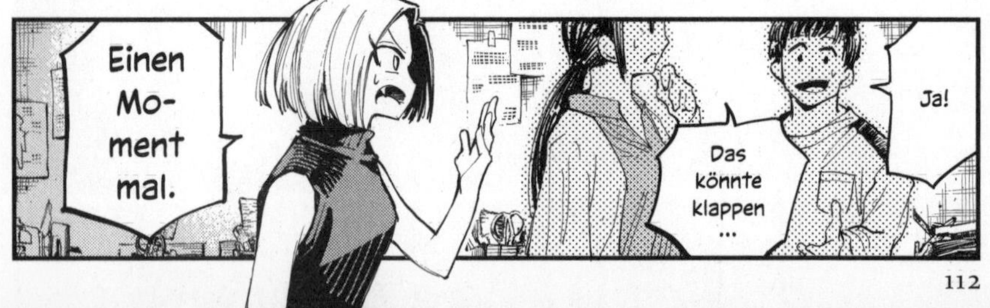

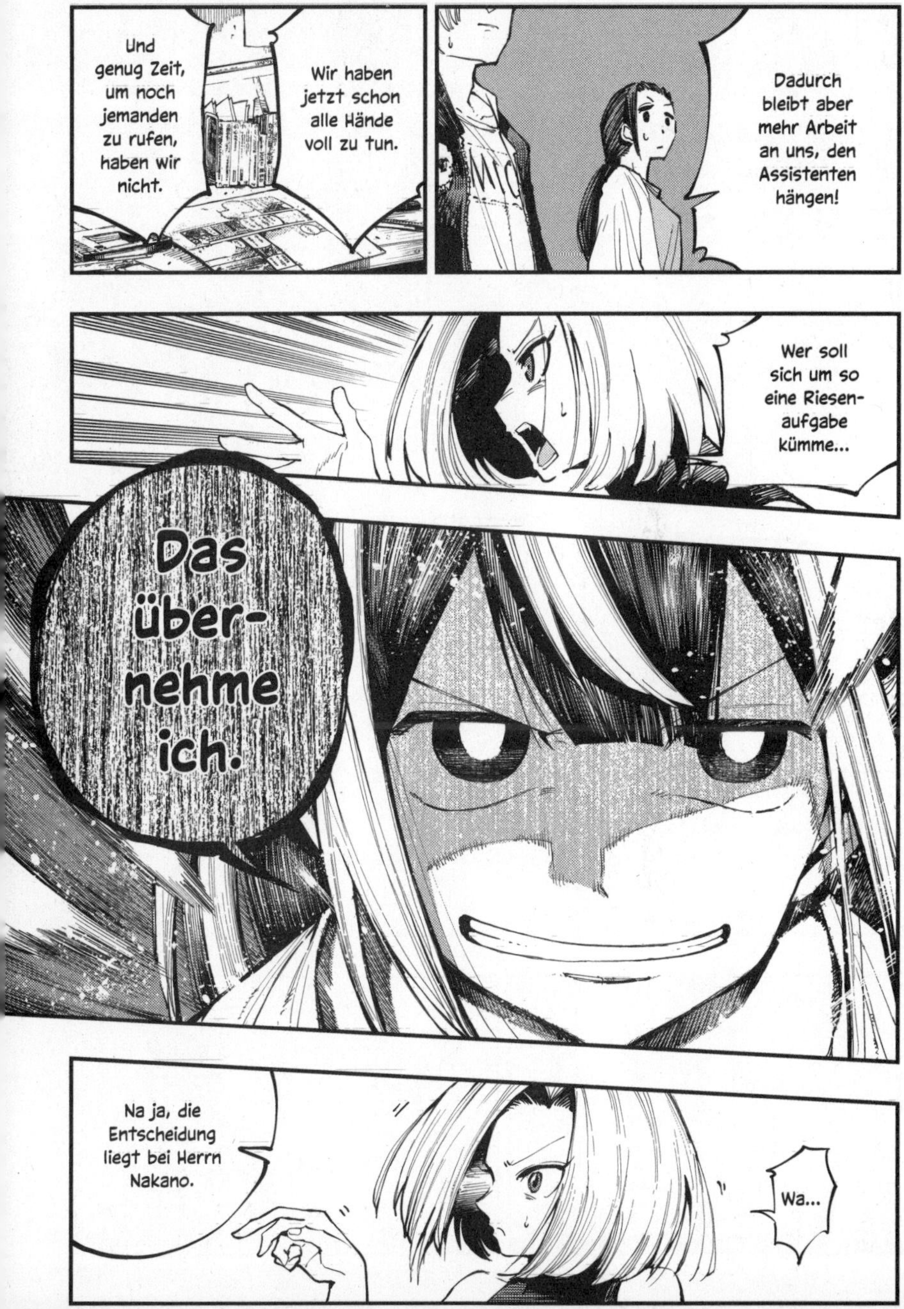

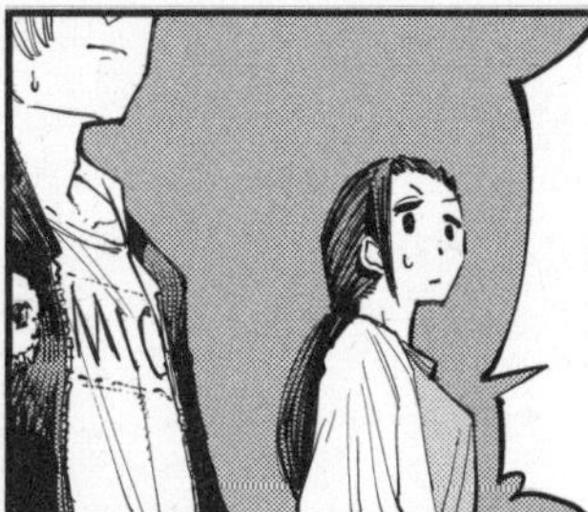

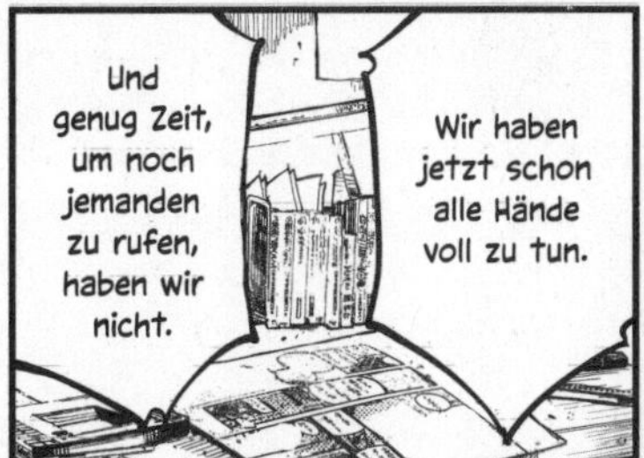

Wer soll sich um so eine Riesenaufgabe kümme...

Das übernehme ich.

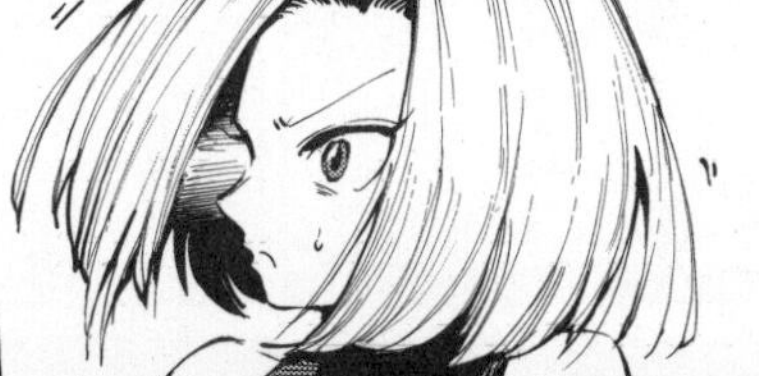

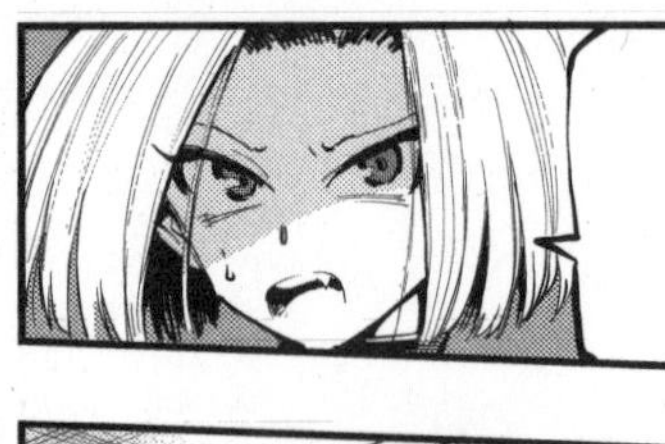
Wenn das schiefgeht und Herr Nakano ...

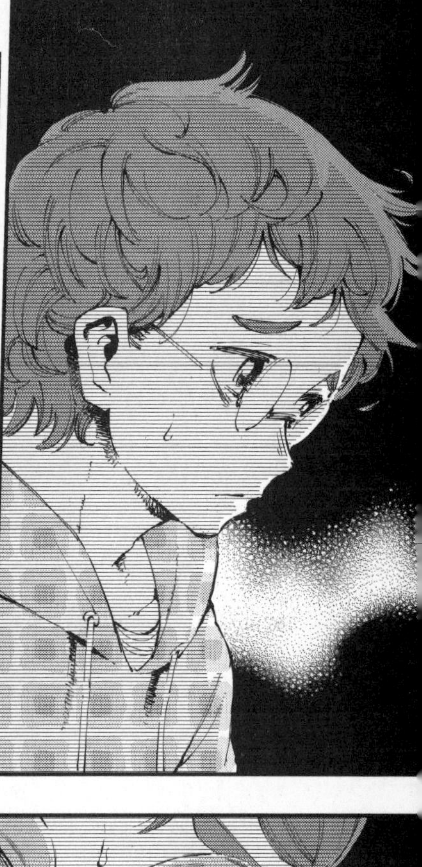

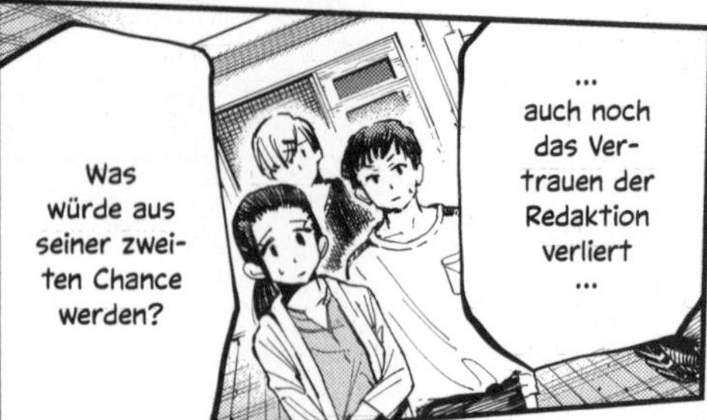
... auch noch das Vertrauen der Redaktion verliert ...
Was würde aus seiner zweiten Chance werden?

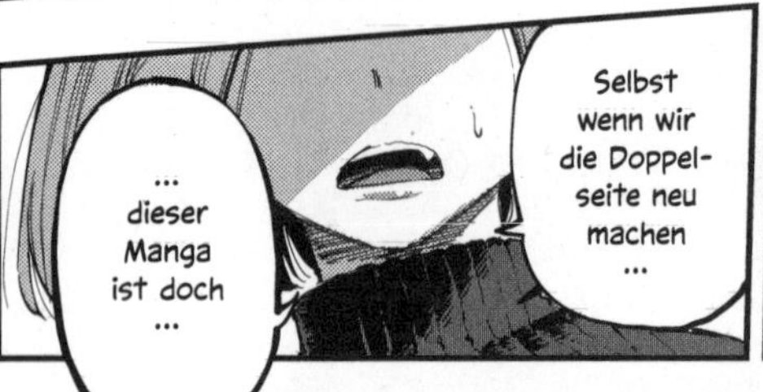
Selbst wenn wir die Doppelseite neu machen ...
... dieser Manga ist doch ...
... eh schon ...

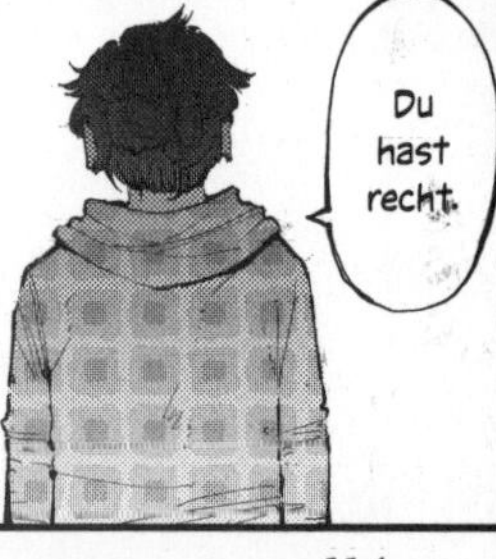
Du hast recht.
Ich glaube kaum, dass wir jetzt noch das Ruder für den Manga rumreißen können.

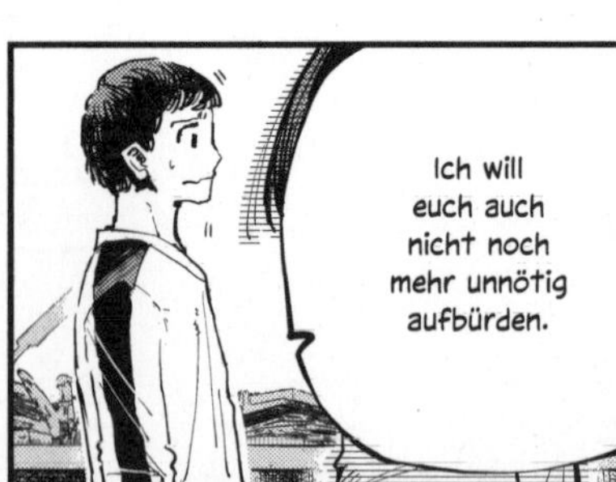
Ich will euch auch nicht noch mehr unnötig aufbürden.

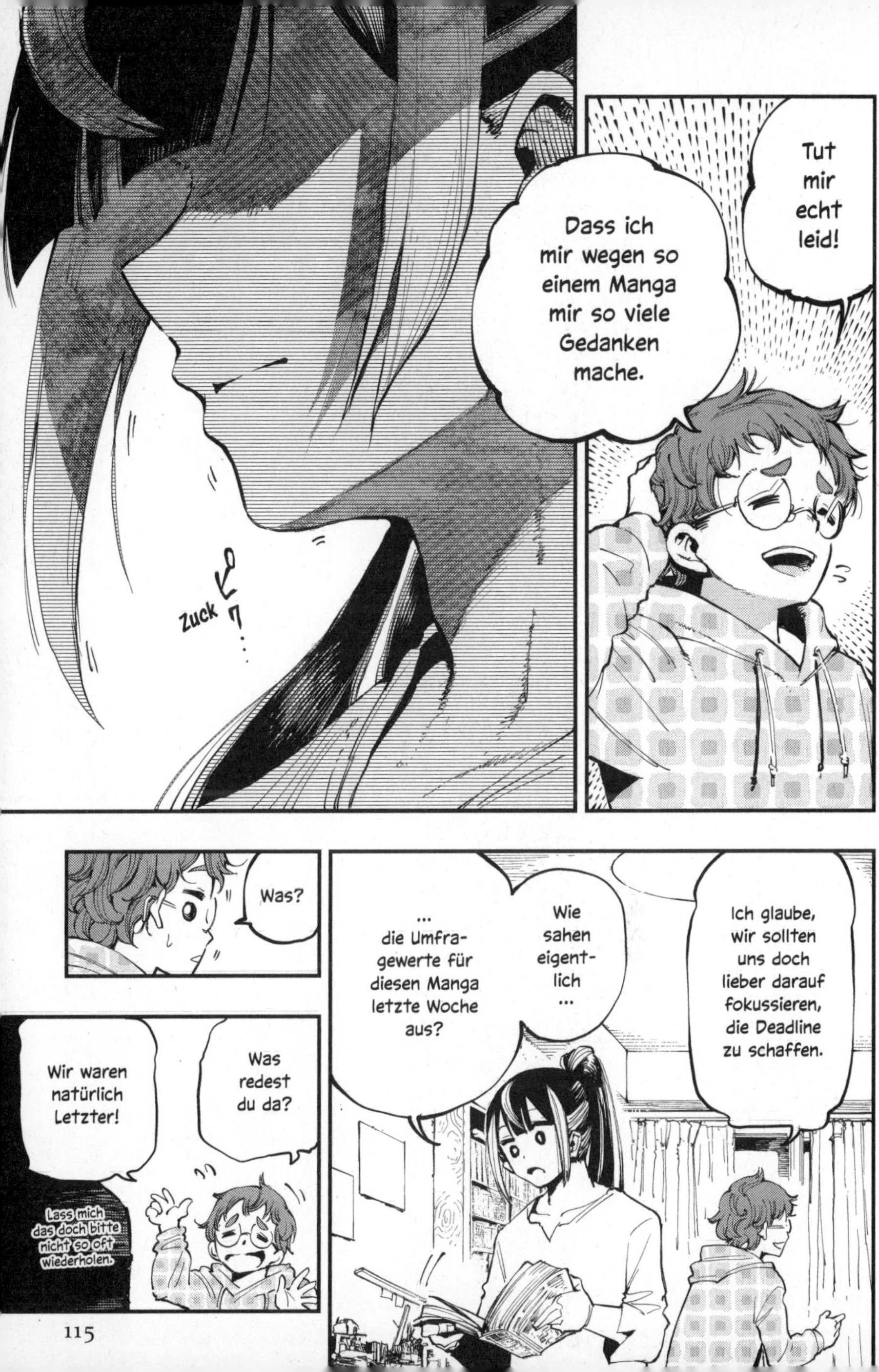

Tut mir echt leid!

Dass ich mir wegen so einem Manga mir so viele Gedanken mache.

Zuck

Ich glaube, wir sollten uns doch lieber darauf fokussieren, die Deadline zu schaffen.

Wie sahen eigentlich ...

... die Umfragewerte für diesen Manga letzte Woche aus?

Was?

Was redest du da?

Wir waren natürlich Letzter!

Lass mich das doch bitte nicht so oft wiederholen.

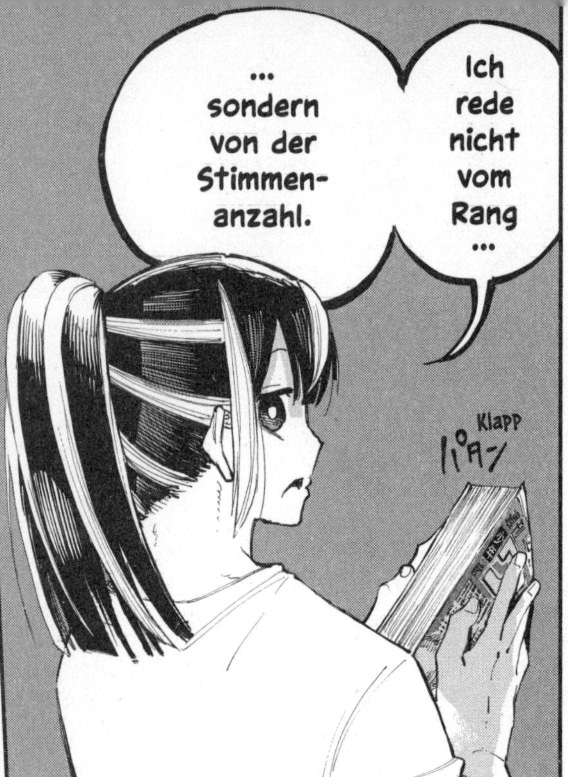
Ich rede nicht vom Rang ...
... sondern von der Stimmenanzahl.
Klapp
パタン

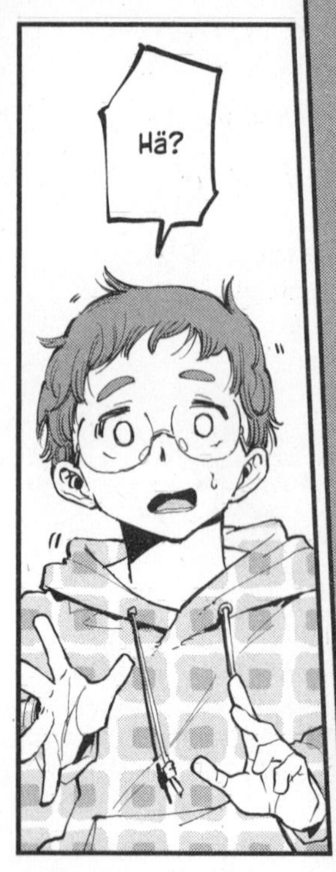
Hä?

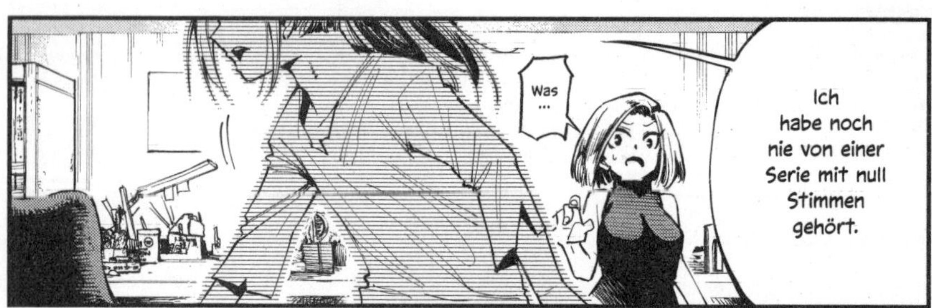
Ich habe noch nie von einer Serie mit null Stimmen gehört.
Was ...

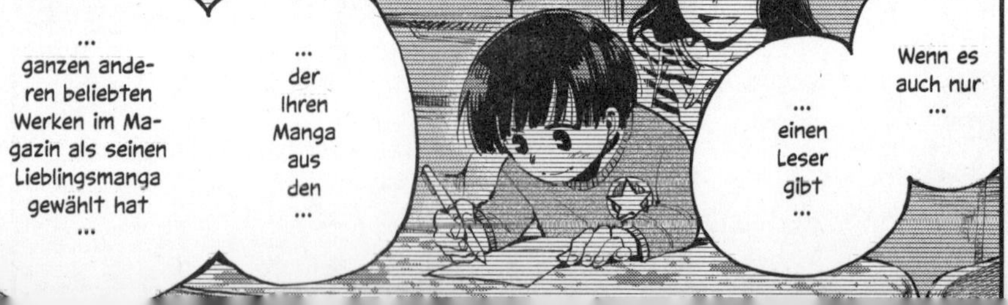
Wenn es auch nur ...
... einen Leser gibt ...
... der Ihren Manga aus den ...
... ganzen anderen beliebten Werken im Magazin als seinen Lieblingsmanga gewählt hat ...

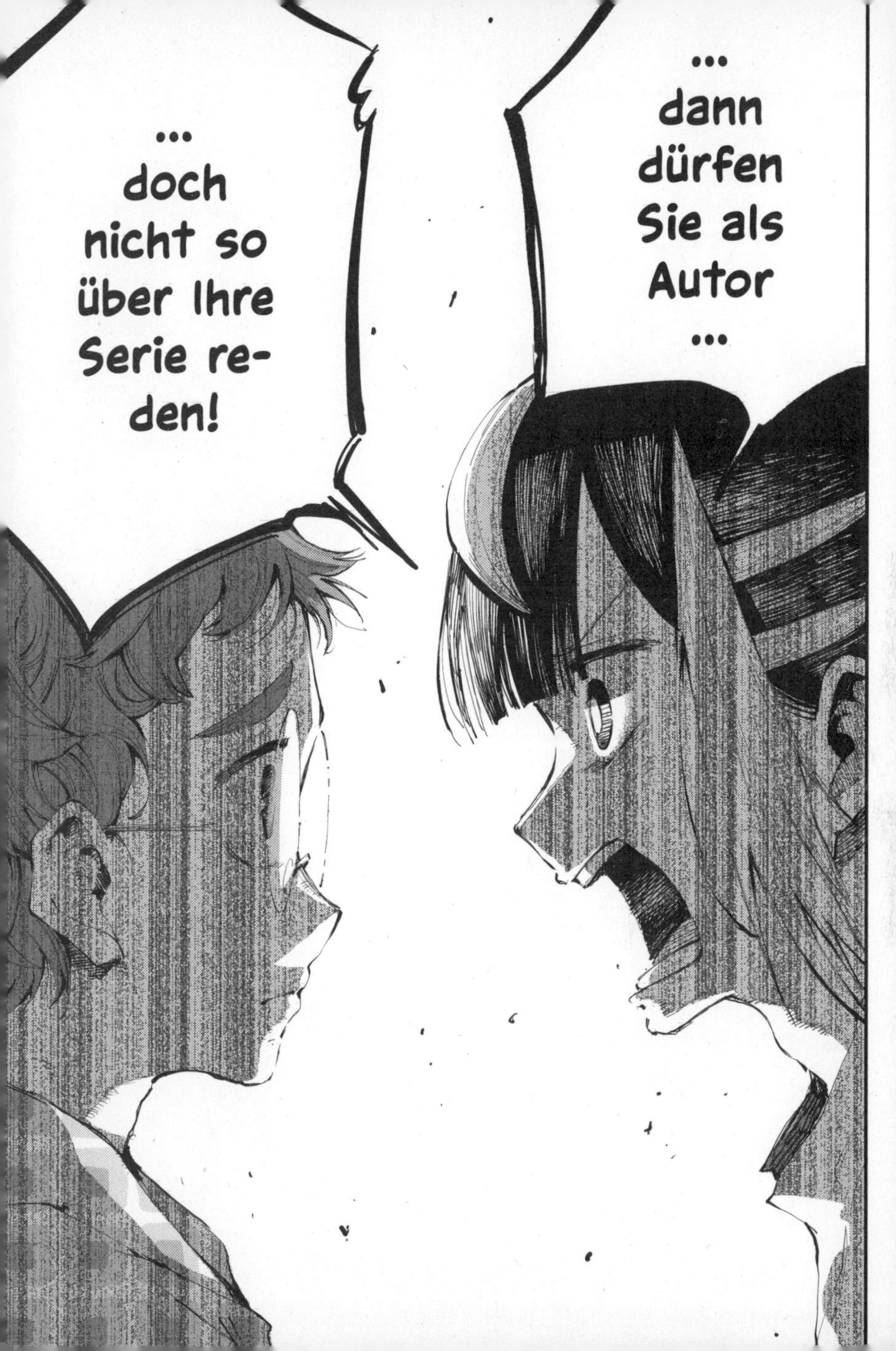
... dann dürfen Sie als Autor ...
... doch nicht so über Ihre Serie re-den!

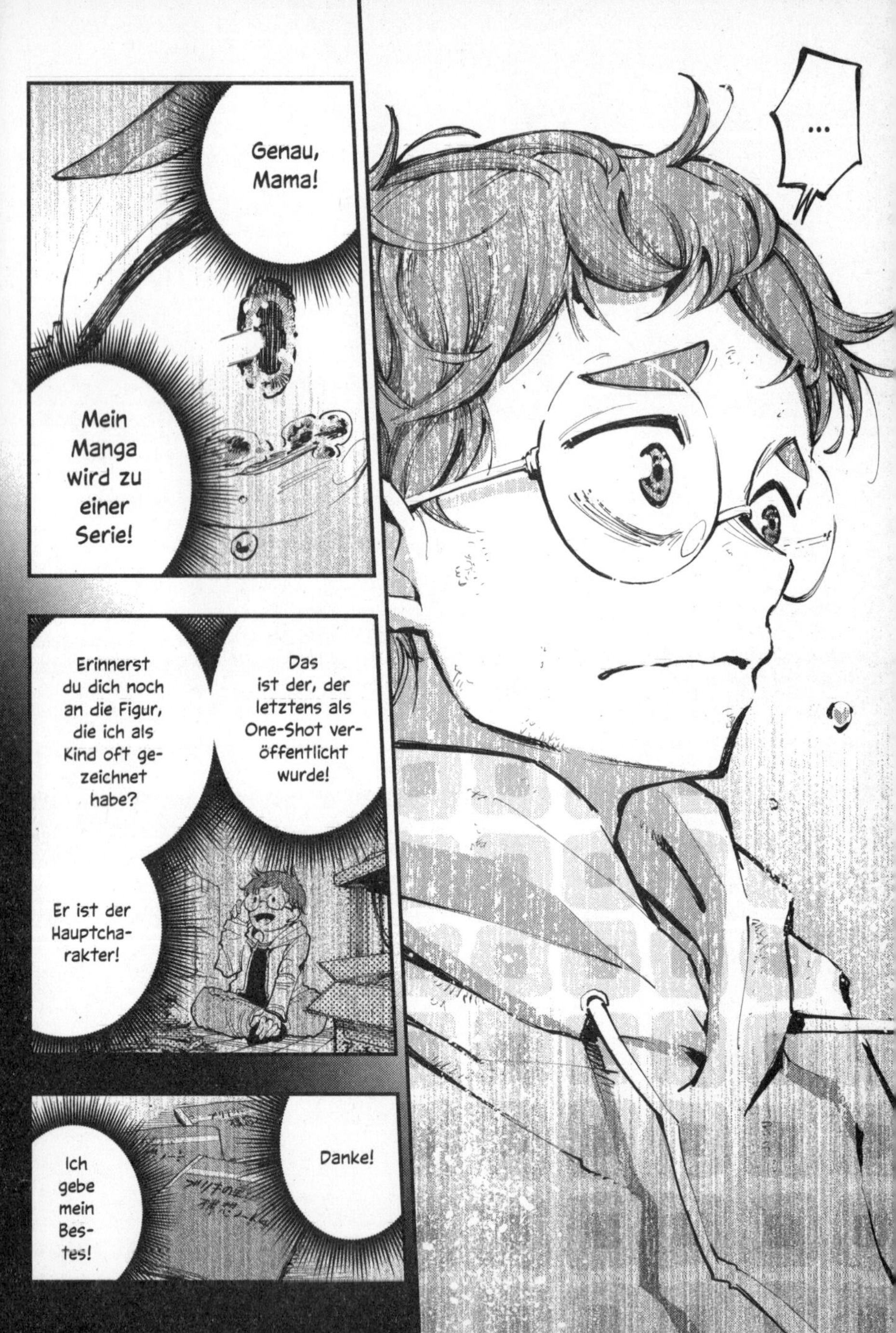
...
Genau, Mama!
Mein Manga wird zu einer Serie!
Das ist der, der letztens als One-Shot veröffentlicht wurde!
Erinnerst du dich noch an die Figur, die ich als Kind oft gezeichnet habe?
Er ist der Hauptcharakter!
Danke!
Ich gebe mein Bestes!

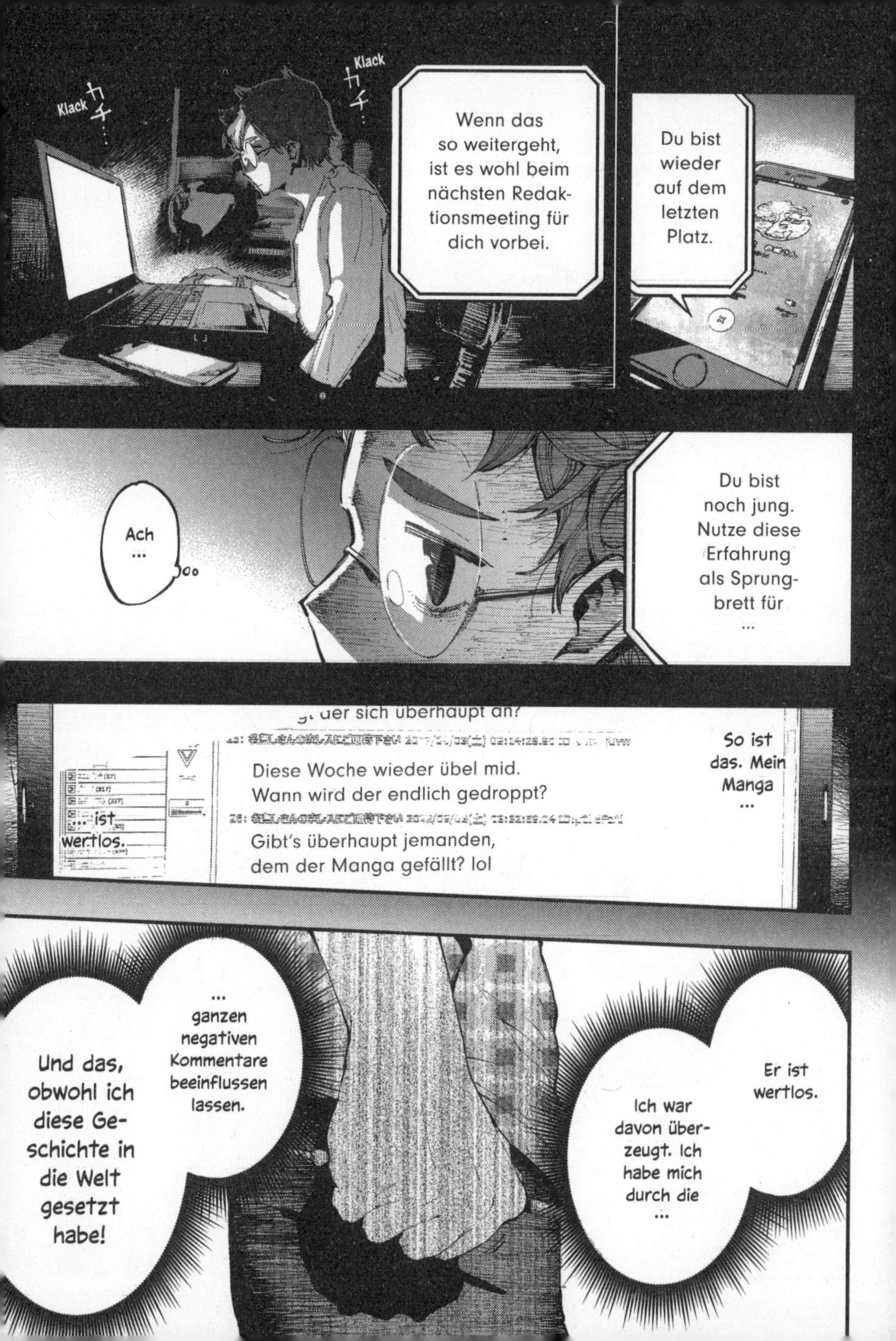

Du bist wieder auf dem letzten Platz.

Wenn das so weitergeht, ist es wohl beim nächsten Redaktionsmeeting für dich vorbei.

Klack

Klack

Du bist noch jung. Nutze diese Erfahrung als Sprungbrett für ...

Ach ...

So ist das. Mein Manga ...

der sich überhaupt an?

Diese Woche wieder übel mid.
Wann wird der endlich gedroppt?

Gibt's überhaupt jemanden,
dem der Manga gefällt? lol

... ist wertlos.

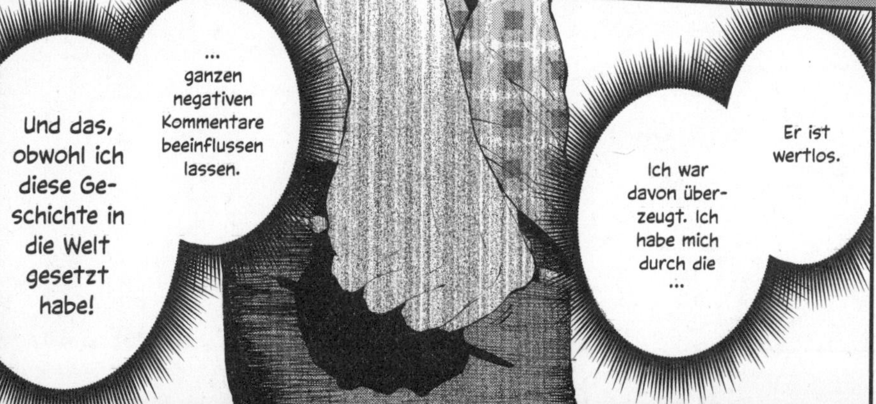

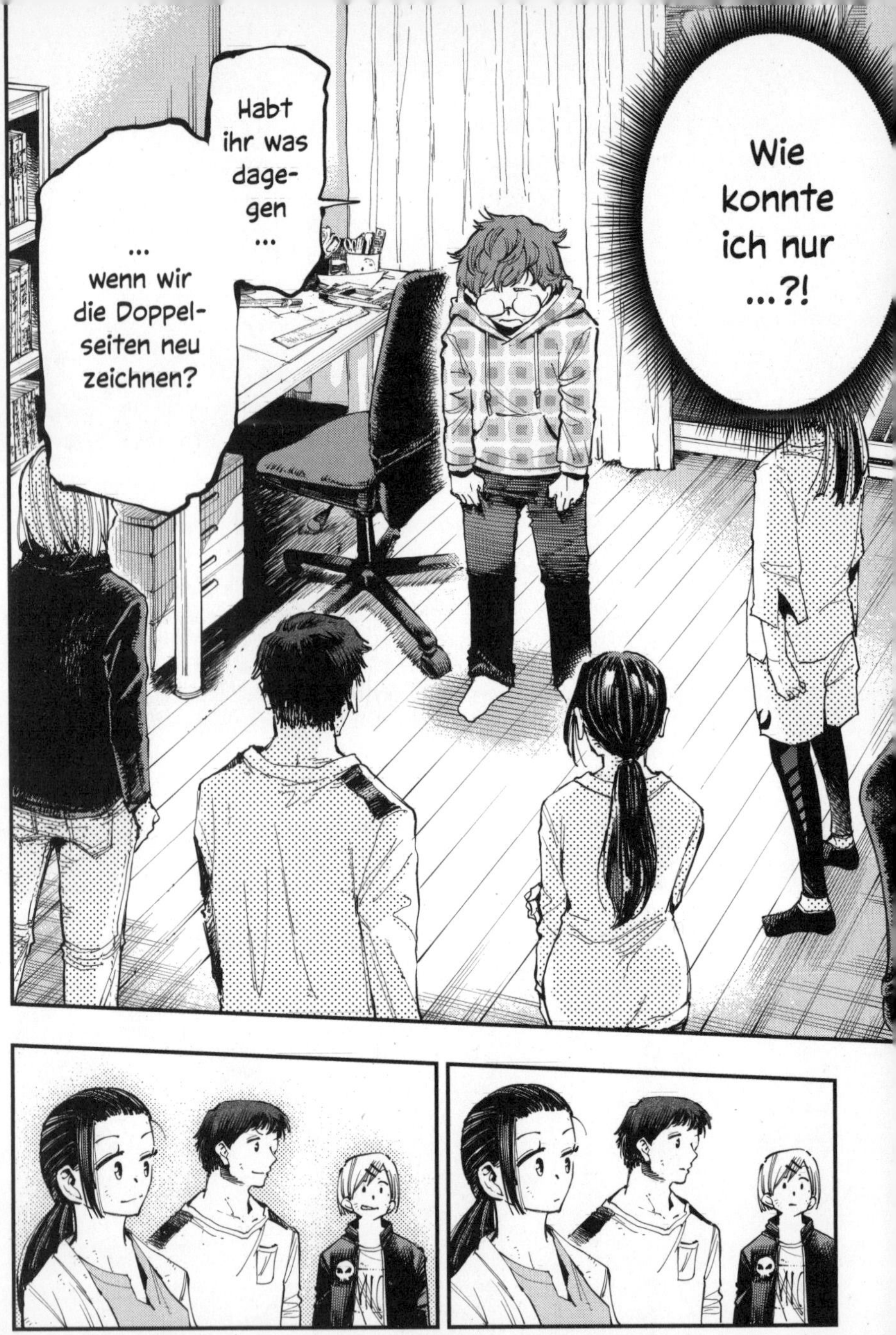

Wie konnte ich nur ...?!

Habt ihr was dagegen ...

... wenn wir die Doppelseiten neu zeichnen?

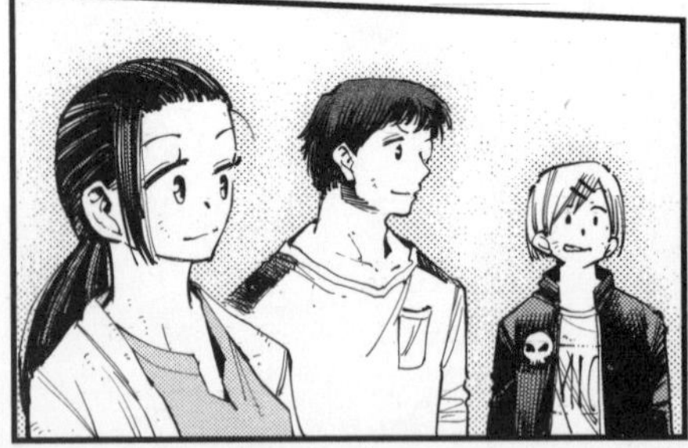

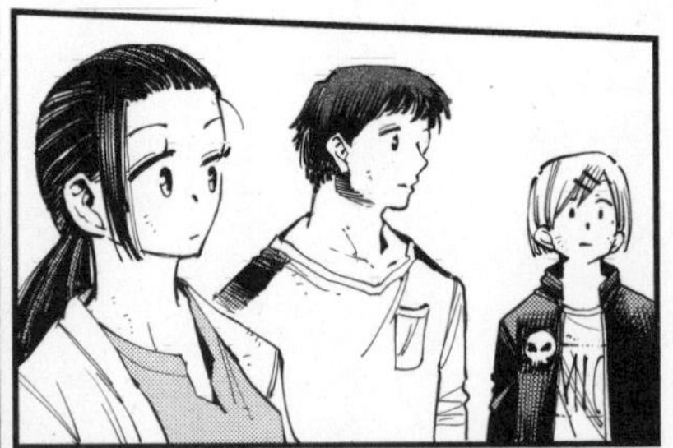

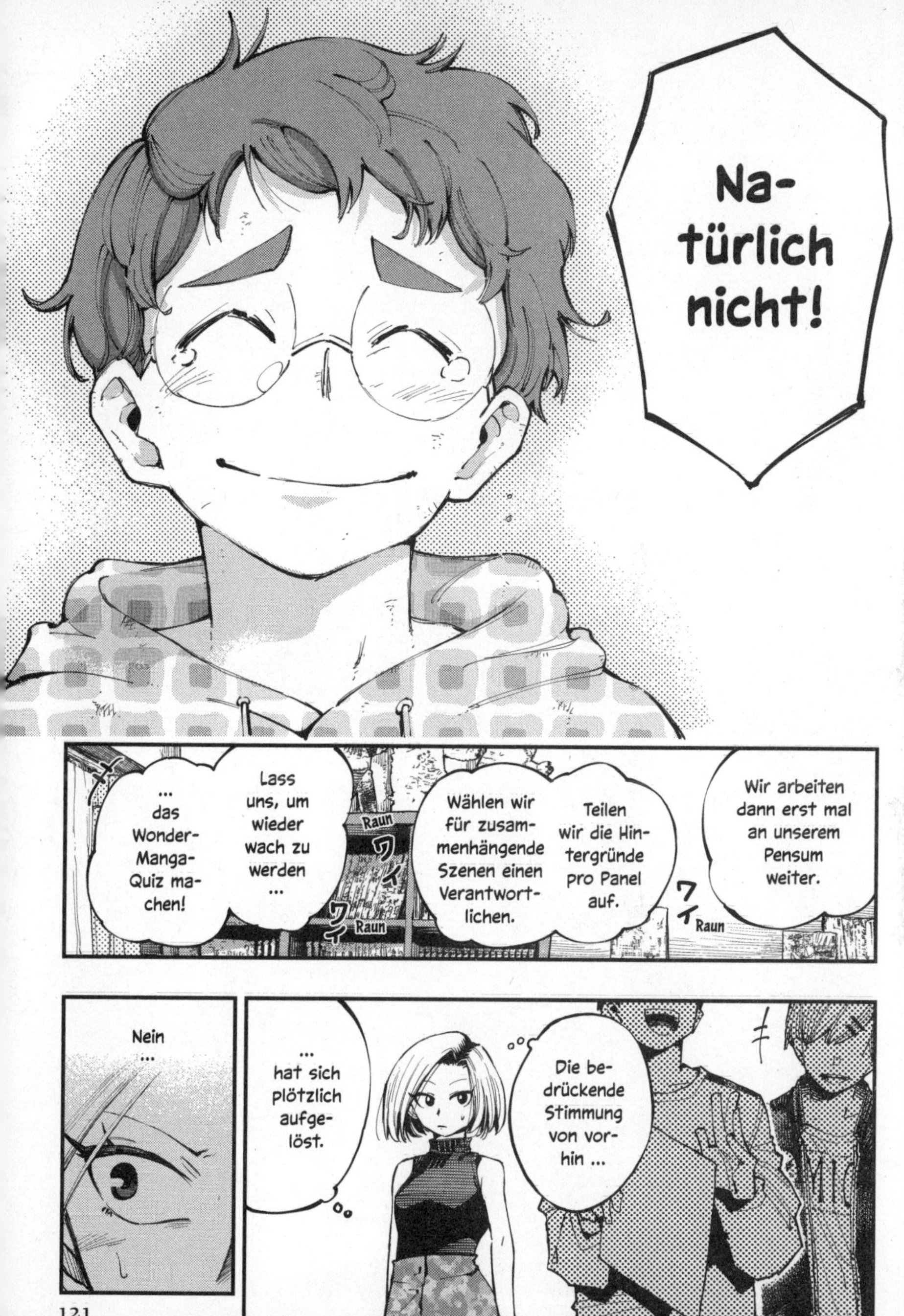
Natürlich nicht!
Wir arbeiten dann erst mal an unserem Pensum weiter.
Raun
Teilen wir die Hintergründe pro Panel auf.
Wählen wir für zusammenhängende Szenen einen Verantwortlichen.
Raun
Raun
Lass uns, um wieder wach zu werden ...
... das Wonder-Manga-Quiz machen!
Die bedrückende Stimmung von vorhin ...
... hat sich plötzlich aufgelöst.
Nein ...

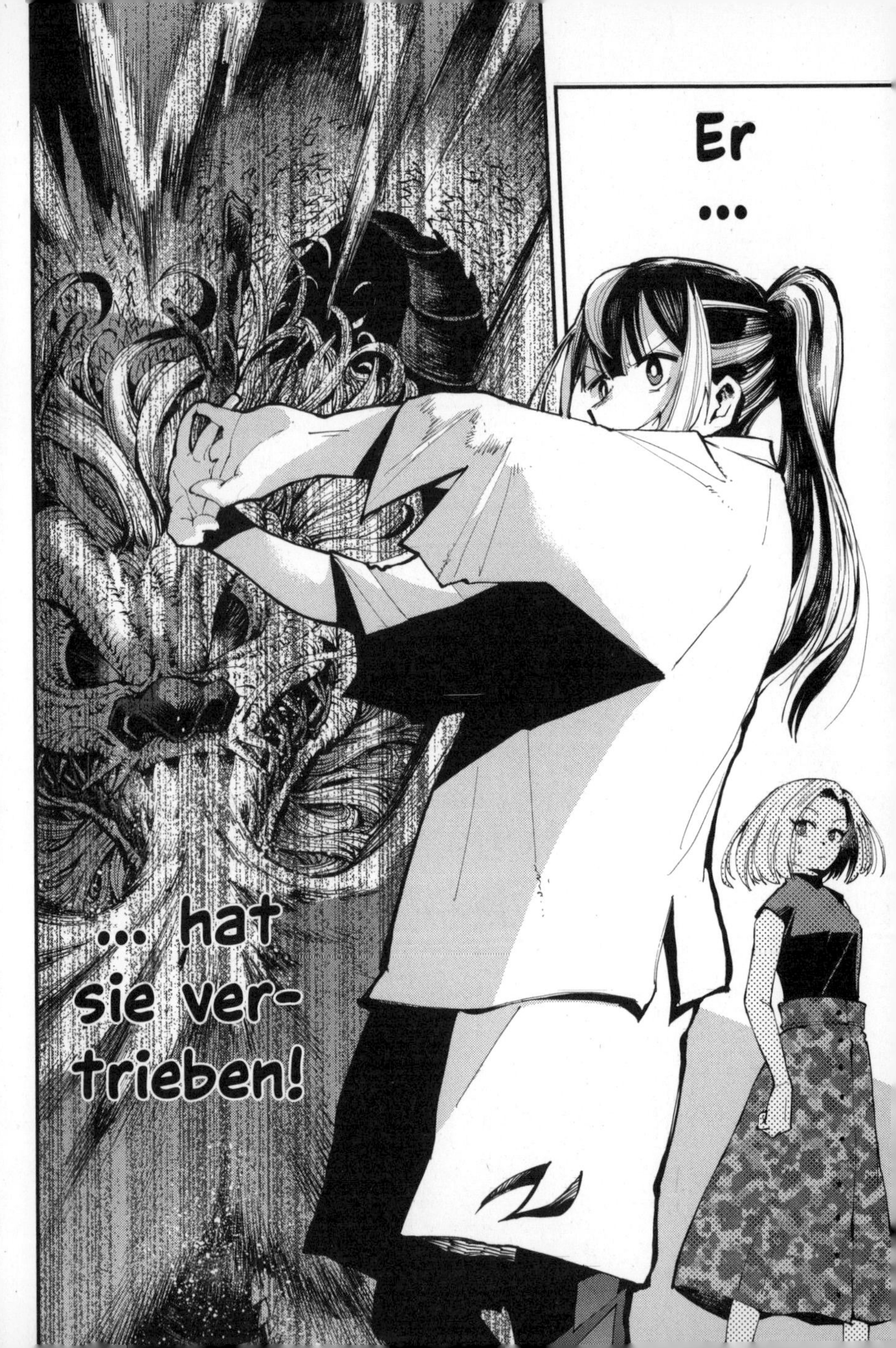
Er ...
... hat sie ver-trieben!

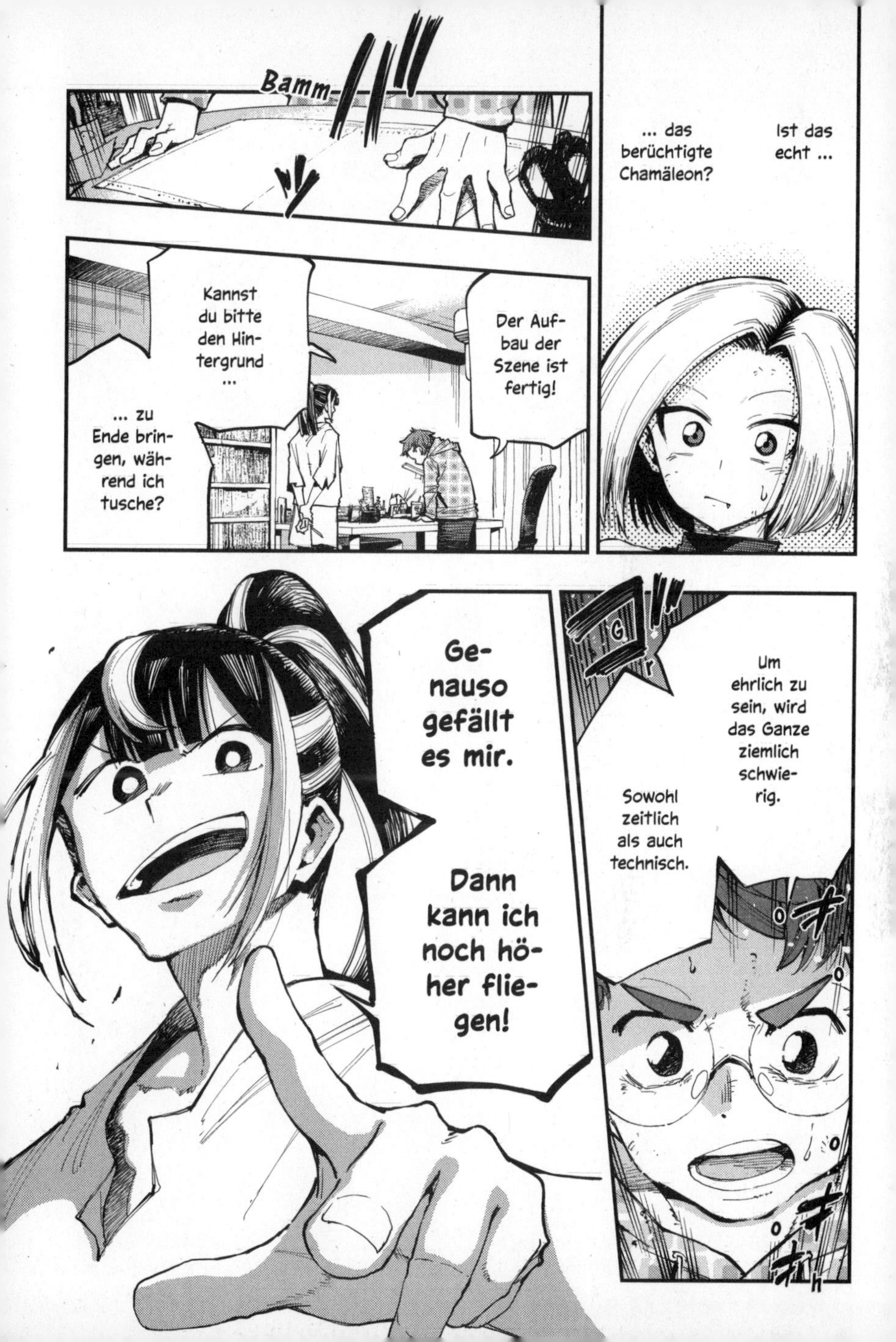

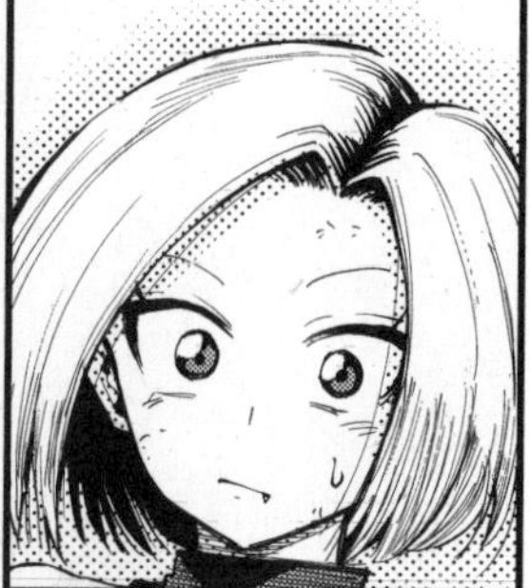

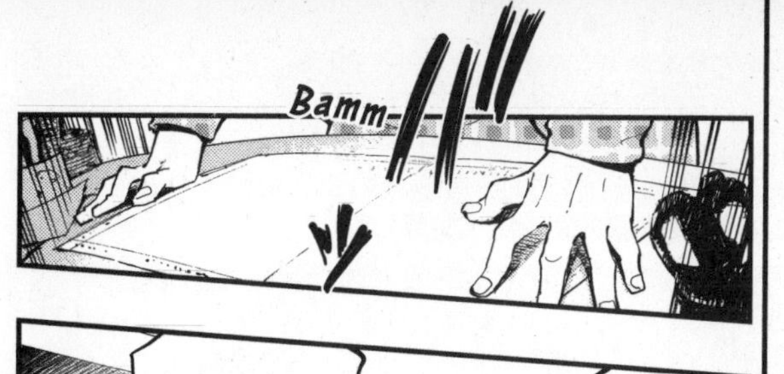

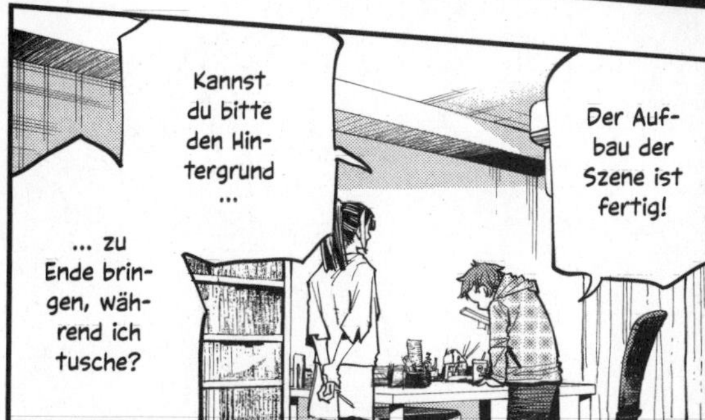

Gr

Um ehrlich zu sein, wird das Ganze ziemlich schwierig.

Sowohl zeitlich als auch technisch.

Genauso gefällt es mir.

Dann kann ich noch höher fliegen!

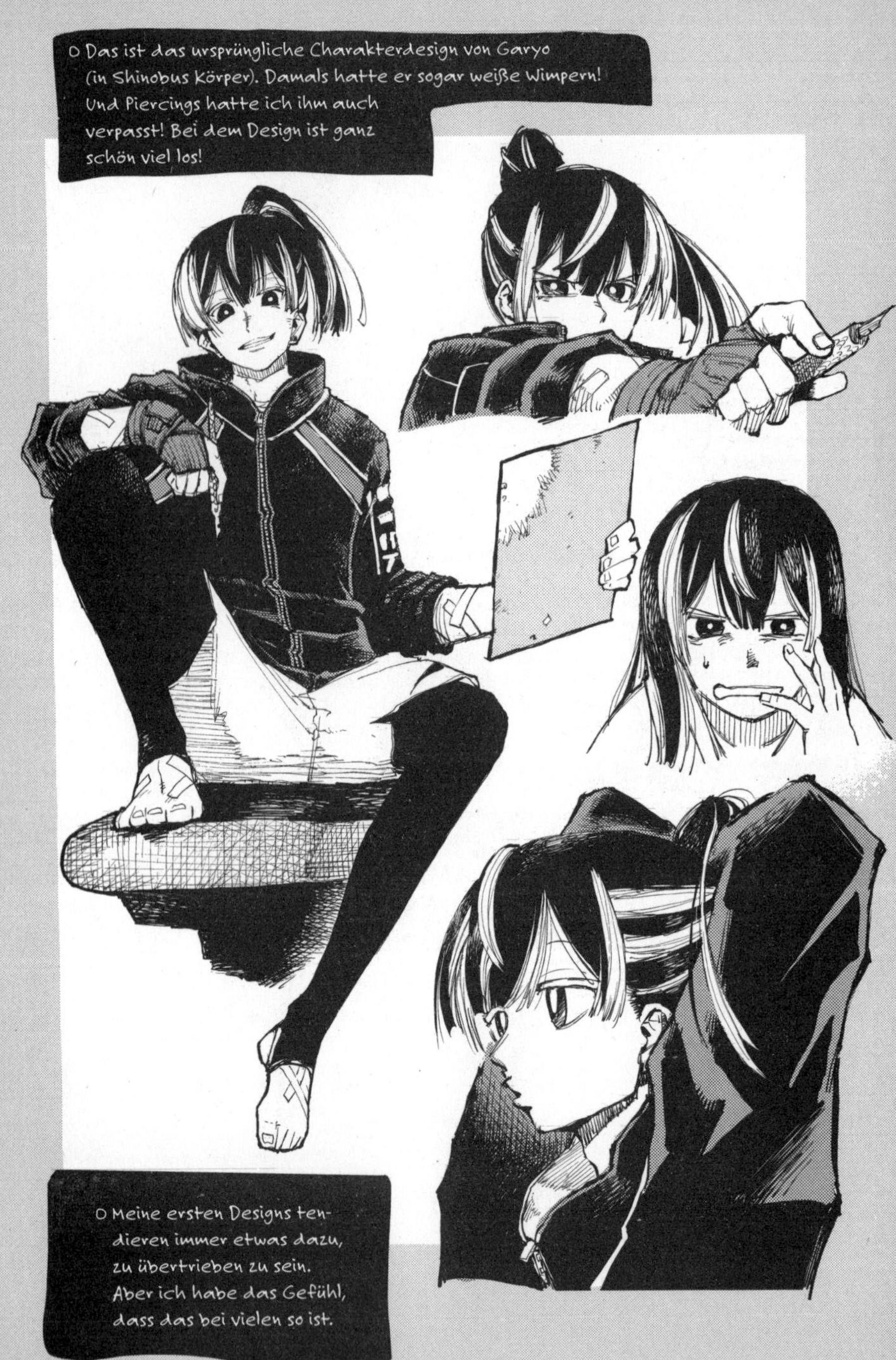
○ Das ist das ursprüngliche Charakterdesign von Garyo (in Shinobus Körper). Damals hatte er sogar weiße Wimpern! Und Piercings hatte ich ihm auch verpasst! Bei dem Design ist ganz schön viel los!
○ Meine ersten Designs tendieren immer etwas dazu, zu übertrieben zu sein. Aber ich habe das Gefühl, dass das bei vielen so ist.

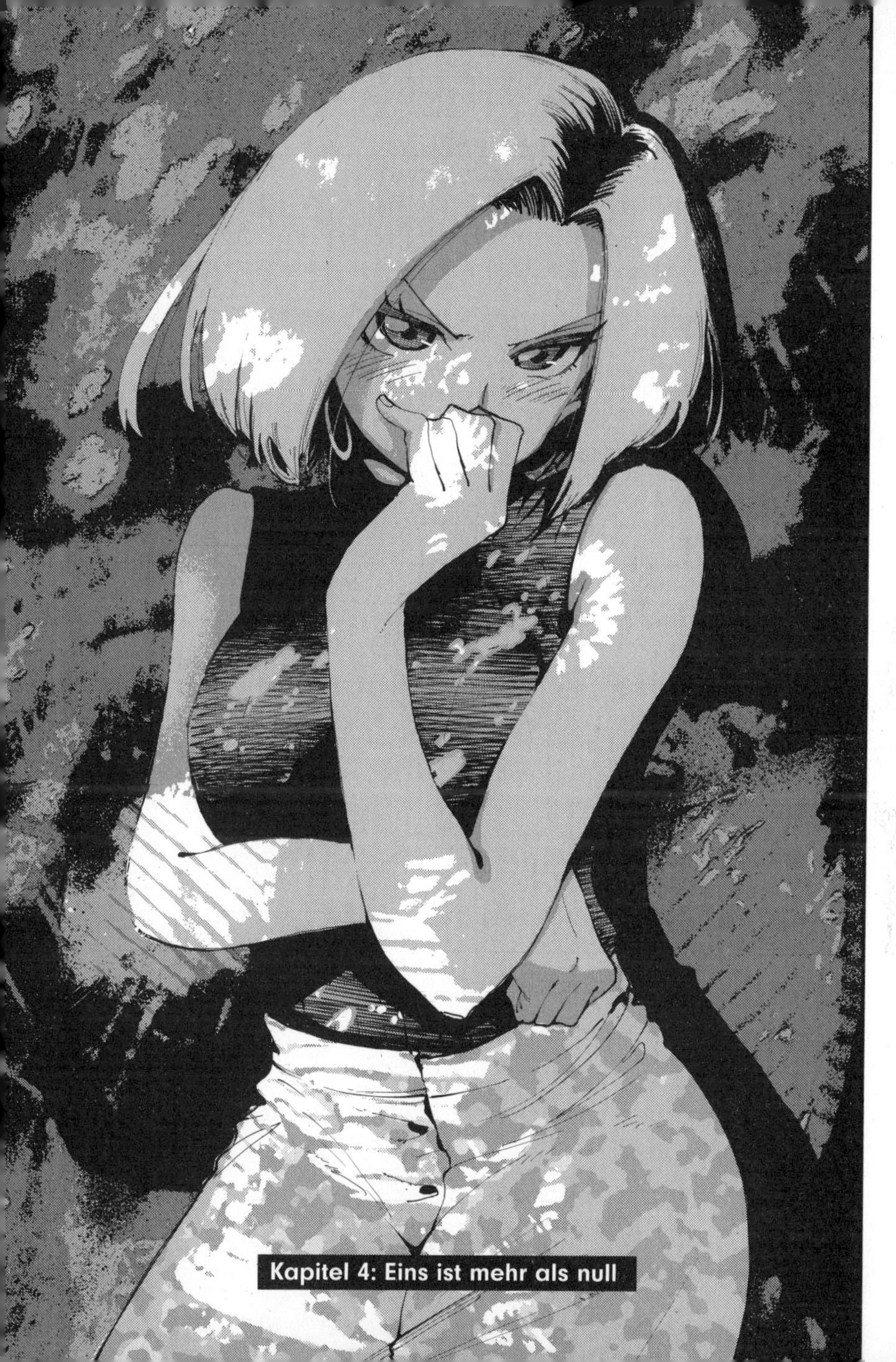
Kapitel 4: Eins ist mehr als null

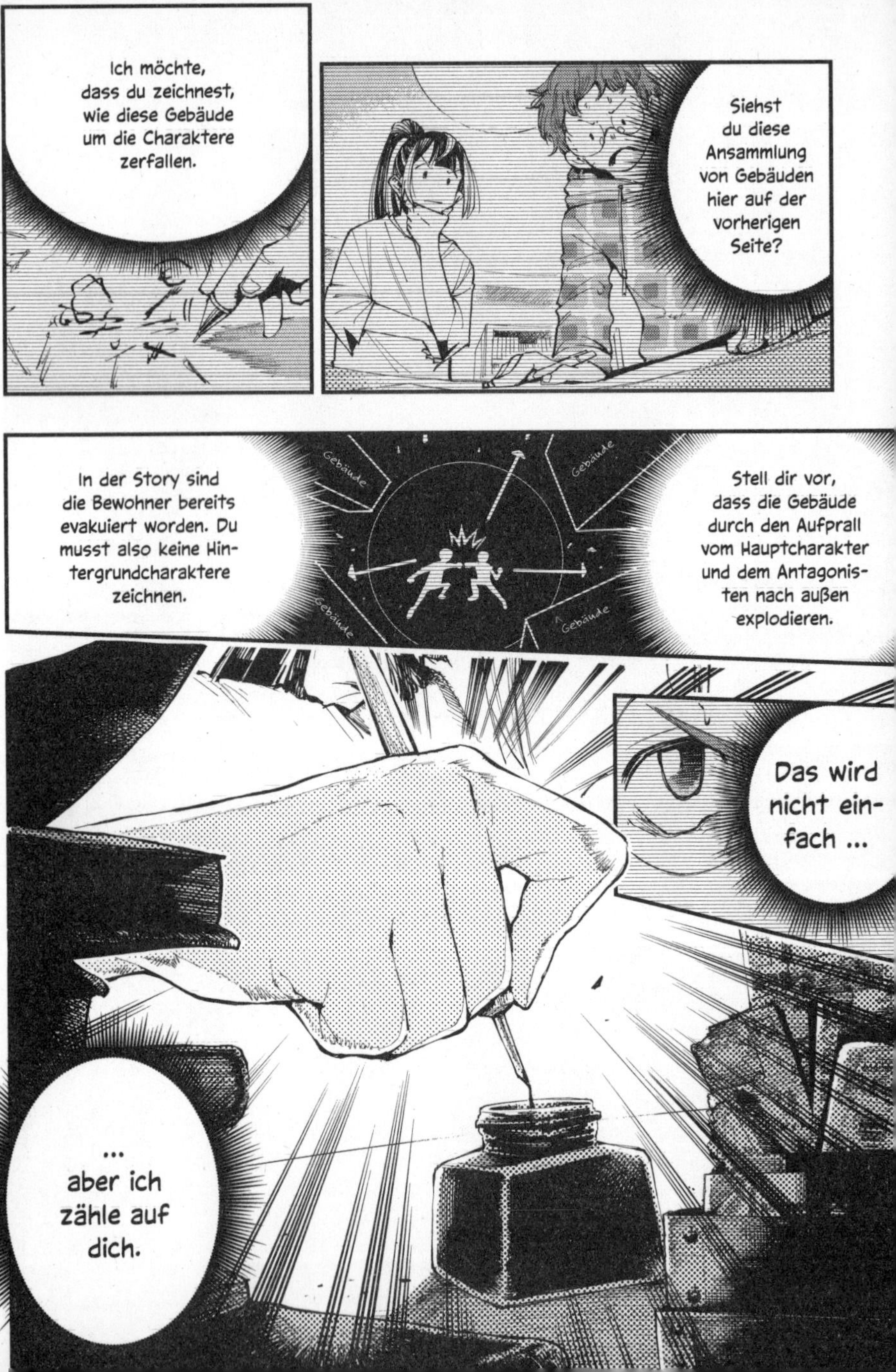

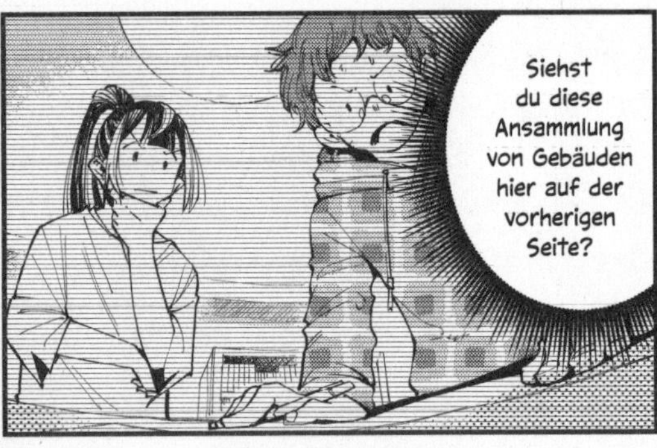

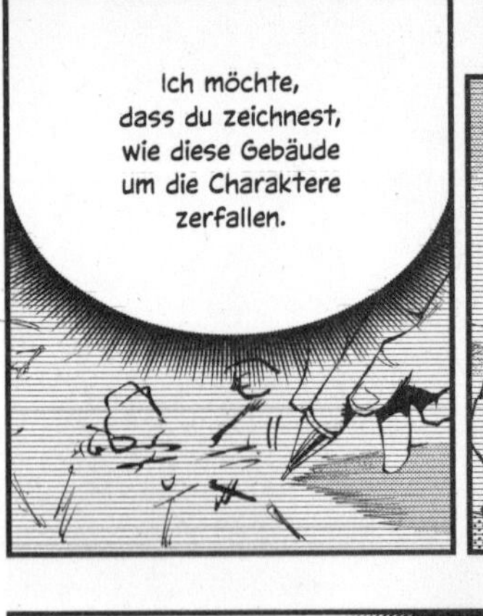

Stell dir vor, dass die Gebäude durch den Aufprall vom Hauptcharakter und dem Antagonisten nach außen explodieren.

Gebäude

Gebäude

Gebäude

Gebäude

In der Story sind die Bewohner bereits evakuiert worden. Du musst also keine Hintergrundcharaktere zeichnen.

Das wird nicht einfach ...

... aber ich zähle auf dich.

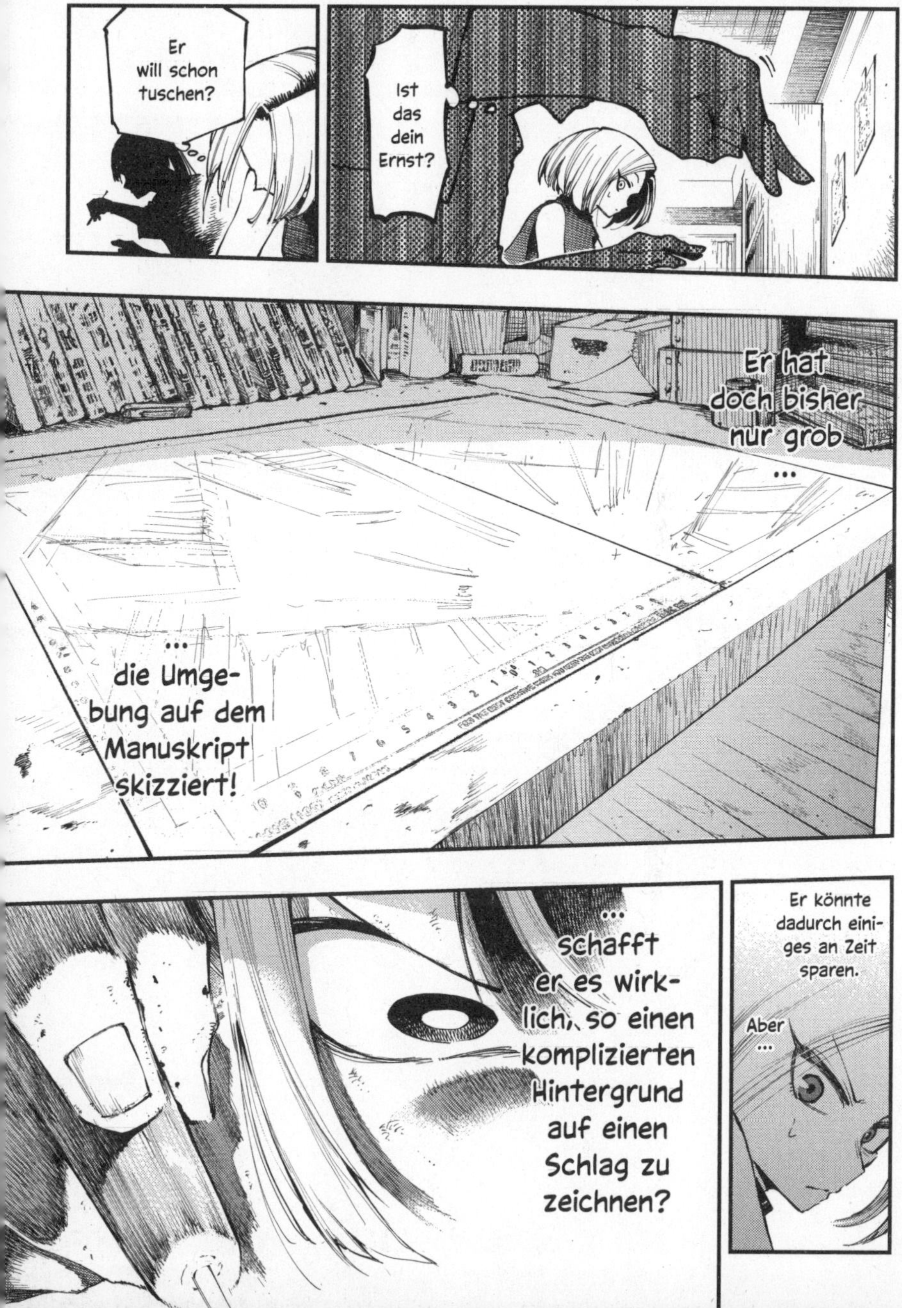

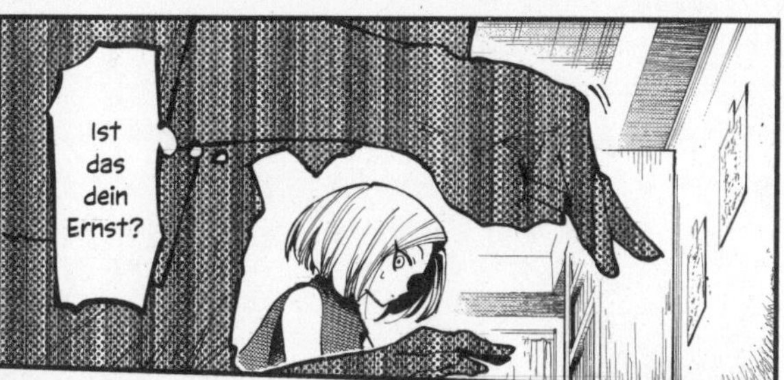

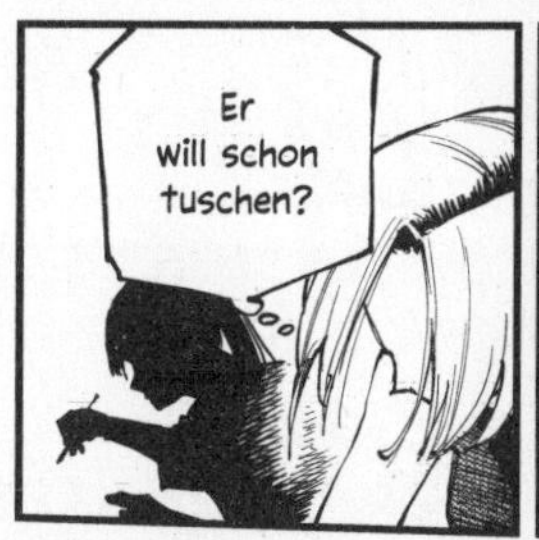

Er hat doch bisher nur grob …

… die Umgebung auf dem Manuskript skizziert!

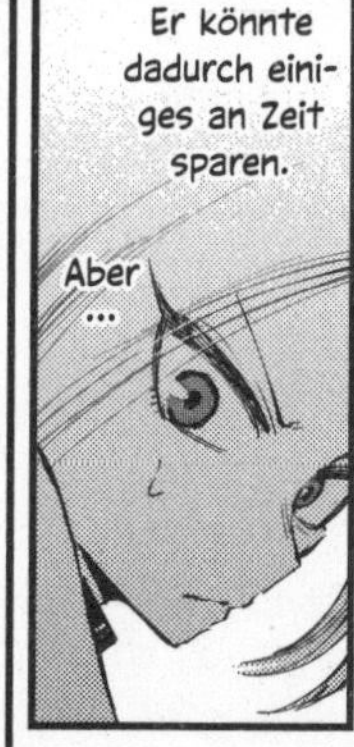

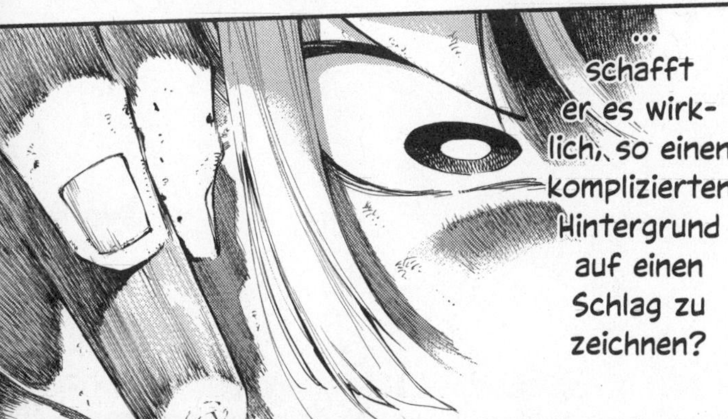

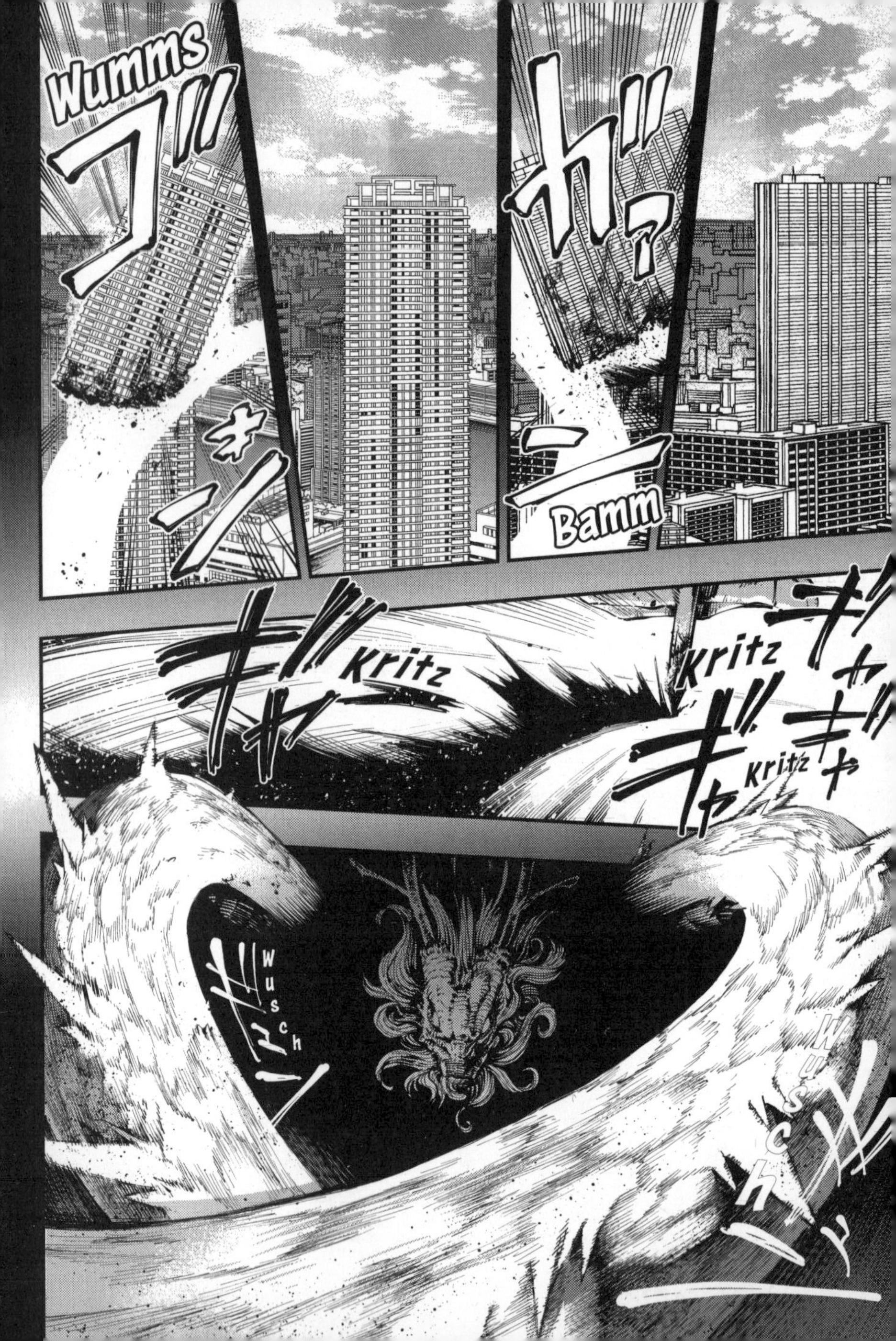

Wumms
Bamm
Kritz
Kritz
Kritz
Wusch
Wusch

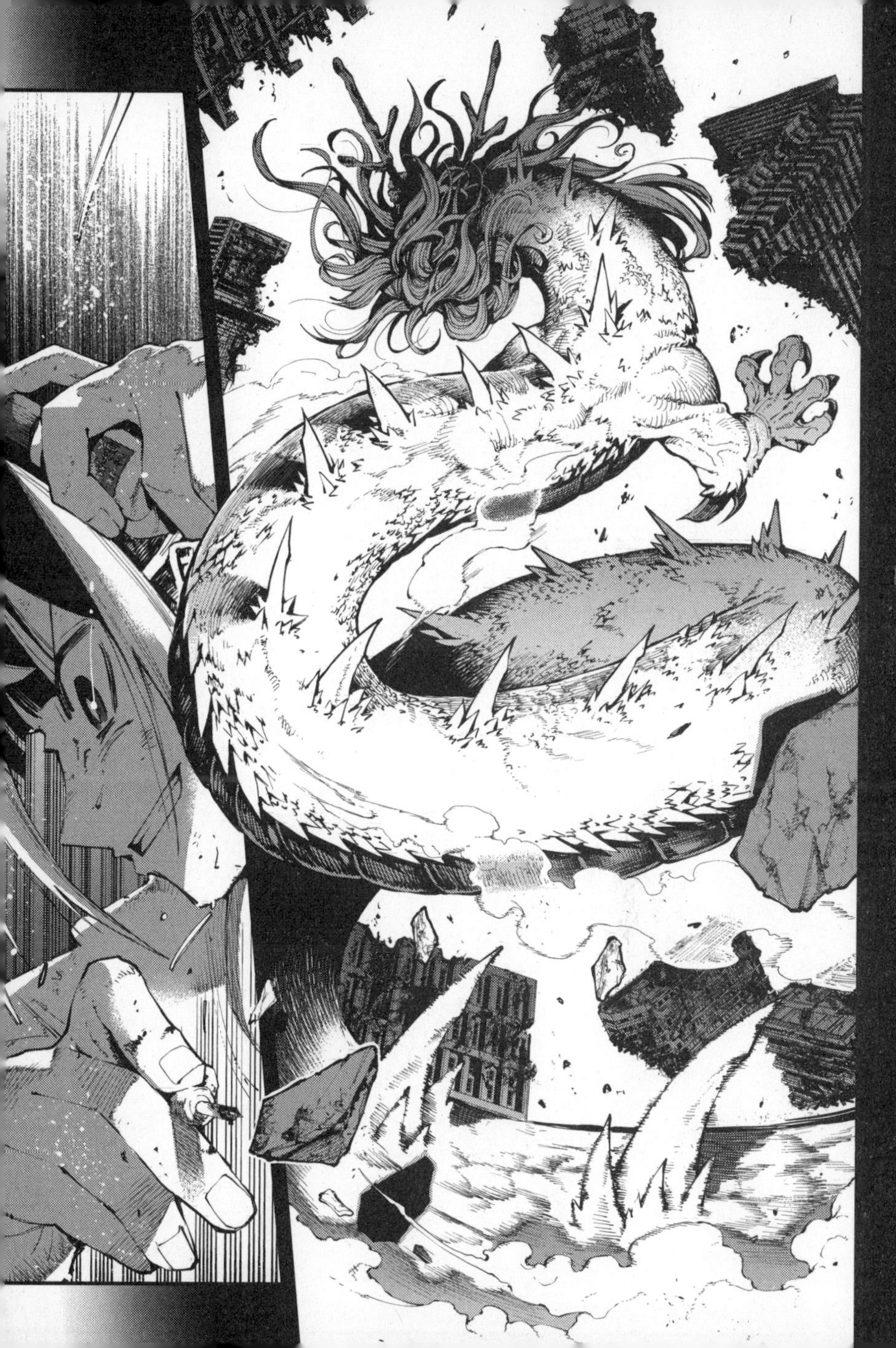

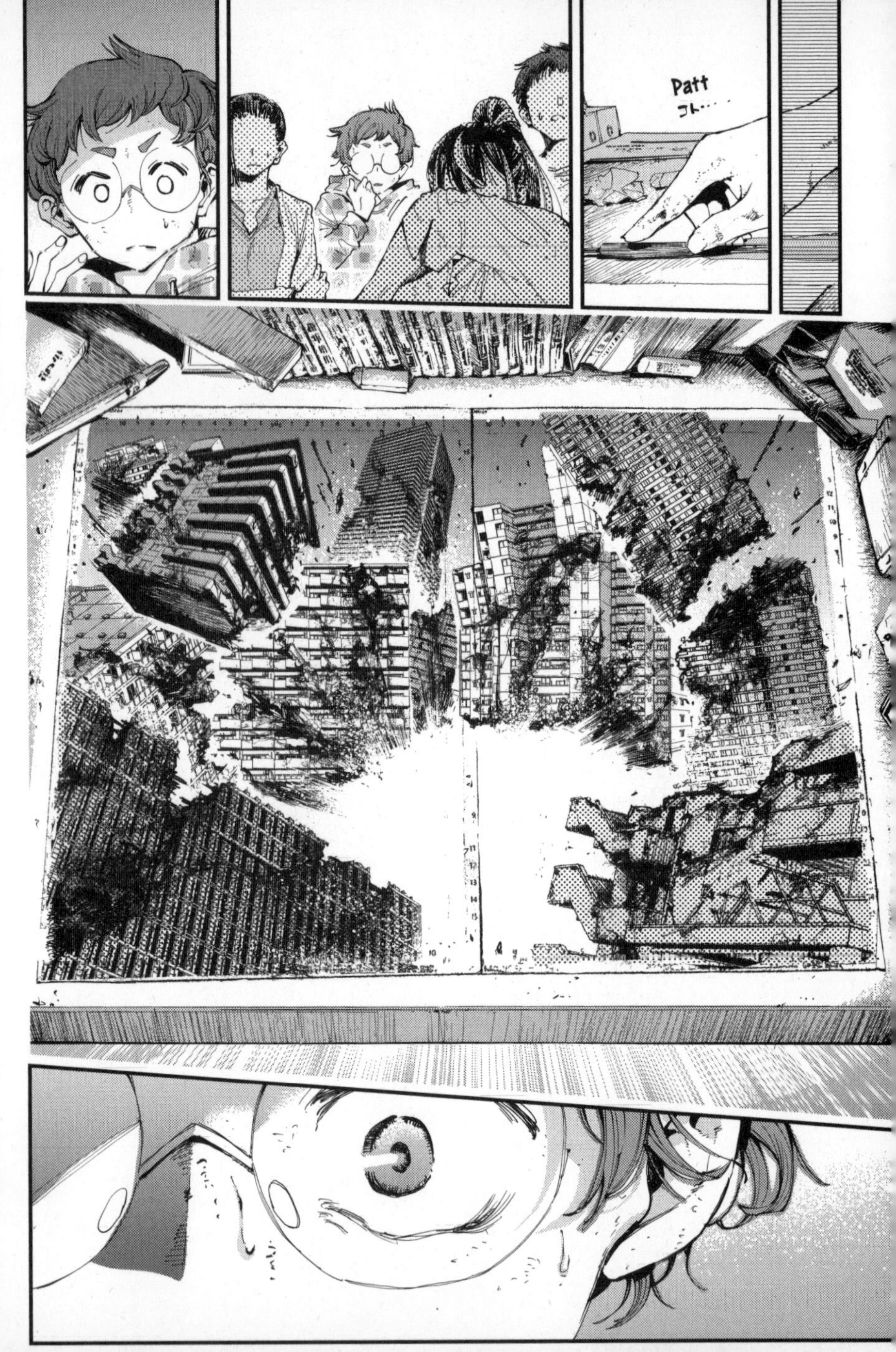
Patt
コト・・・

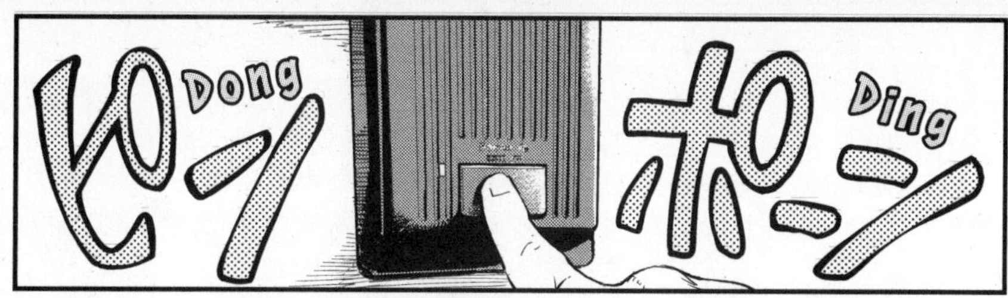

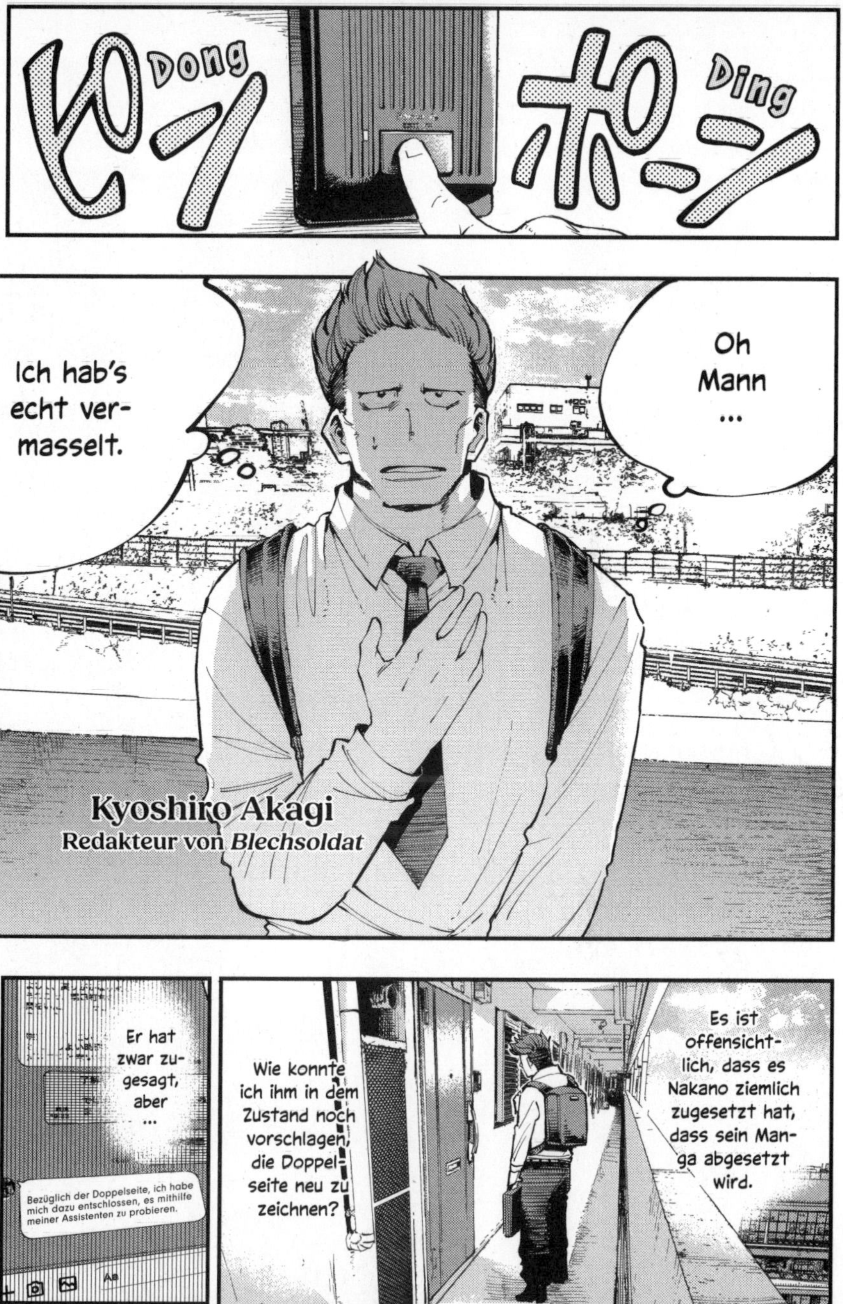

Kyoshiro Akagi
Redakteur von *Blechsoldat*

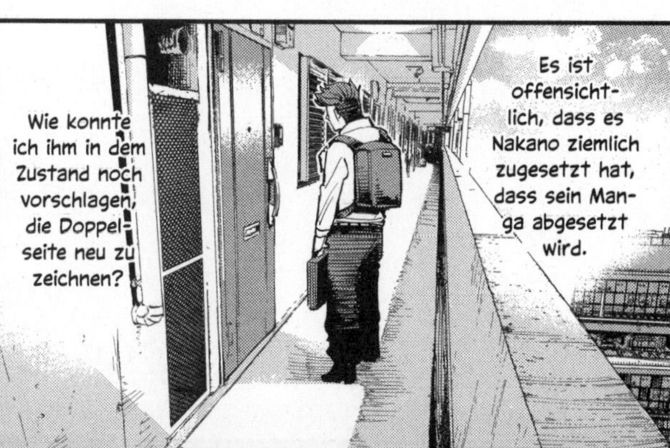

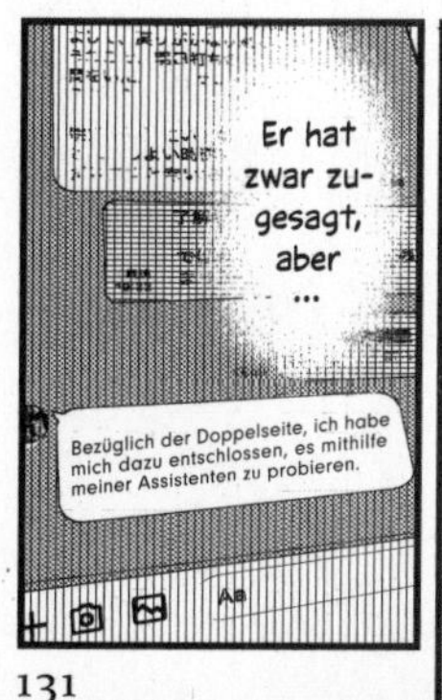

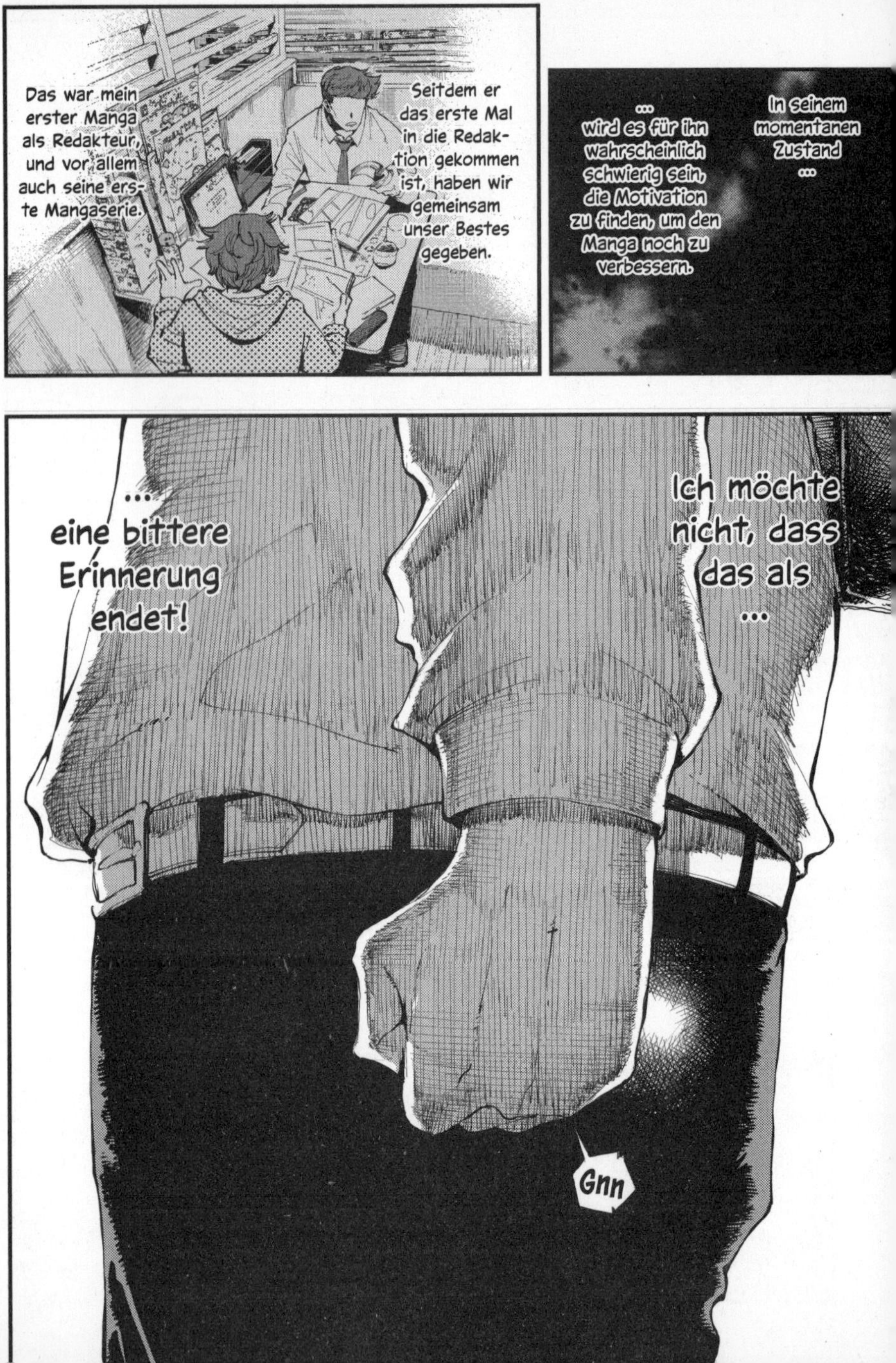

In seinem momentanen Zustand ...
... wird es für ihn wahrscheinlich schwierig sein, die Motivation zu finden, um den Manga noch zu verbessern.

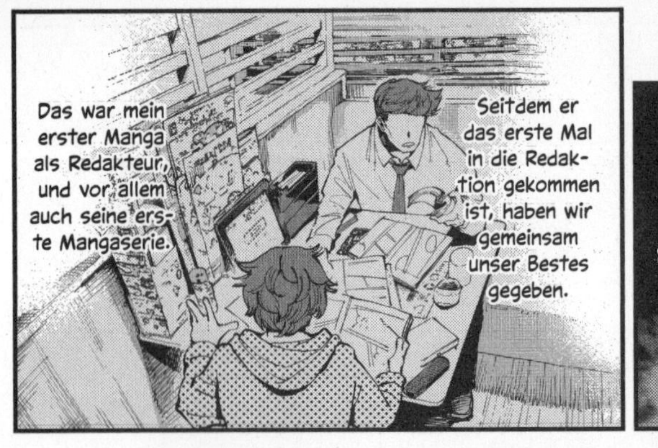

Ich möchte nicht, dass das als ...
... eine bittere Erinnerung endet!
Gnn

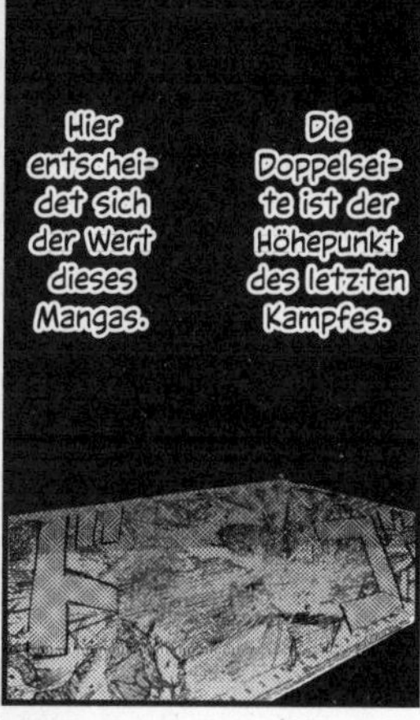
Die Doppelseite ist der Höhepunkt des letzten Kampfes.
Hier entscheidet sich der Wert dieses Mangas.

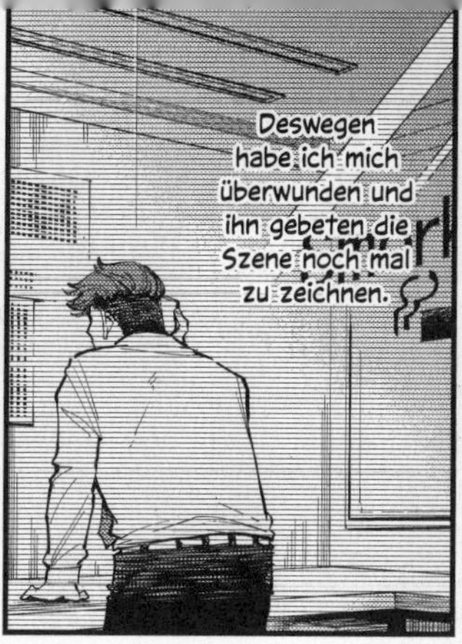
Deswegen habe ich mich überwunden und ihn gebeten die Szene noch mal zu zeichnen.

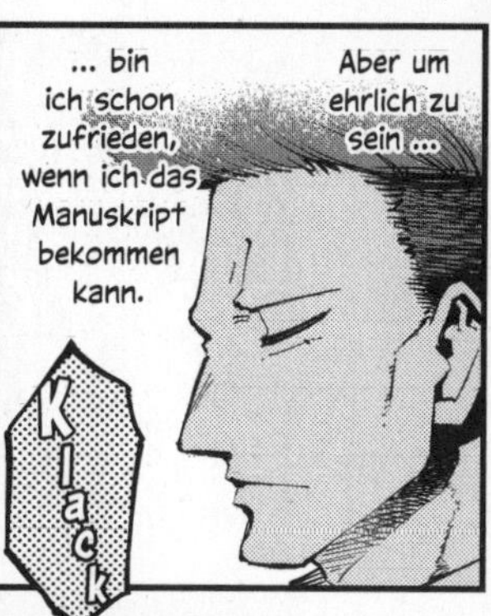
Aber um ehrlich zu sein ...
... bin ich schon zufrieden, wenn ich das Manuskript bekommen kann.
Klack

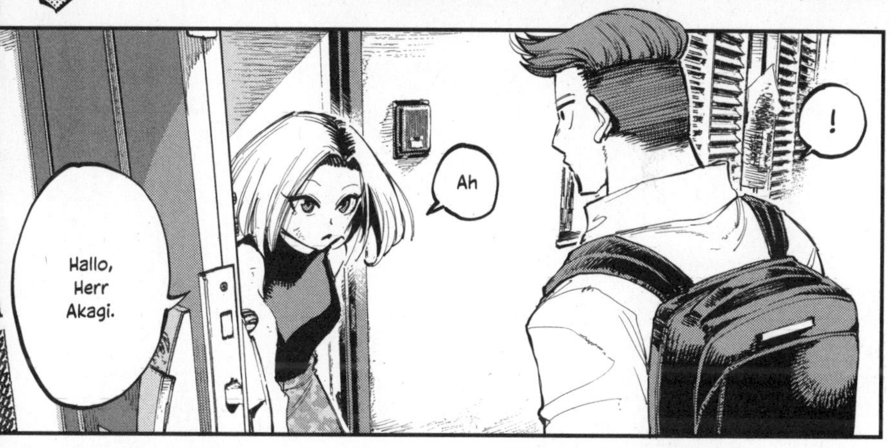
!
Ah
Hallo, Herr Akagi.

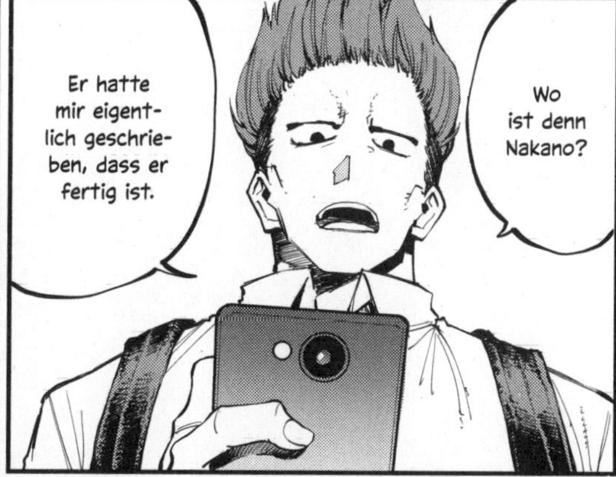
Wo ist denn Nakano?
Er hatte mir eigentlich geschrieben, dass er fertig ist.

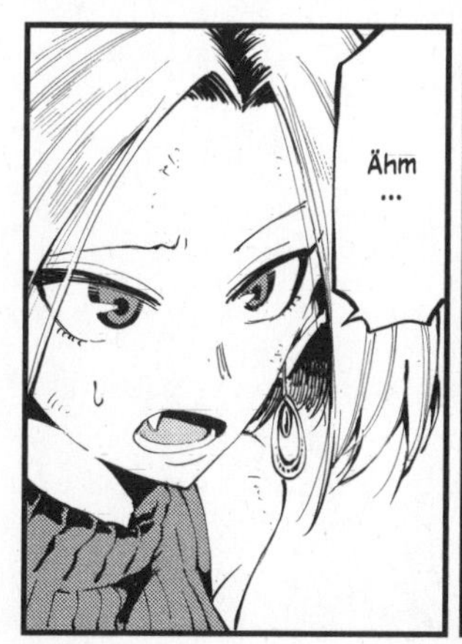
Ähm ...

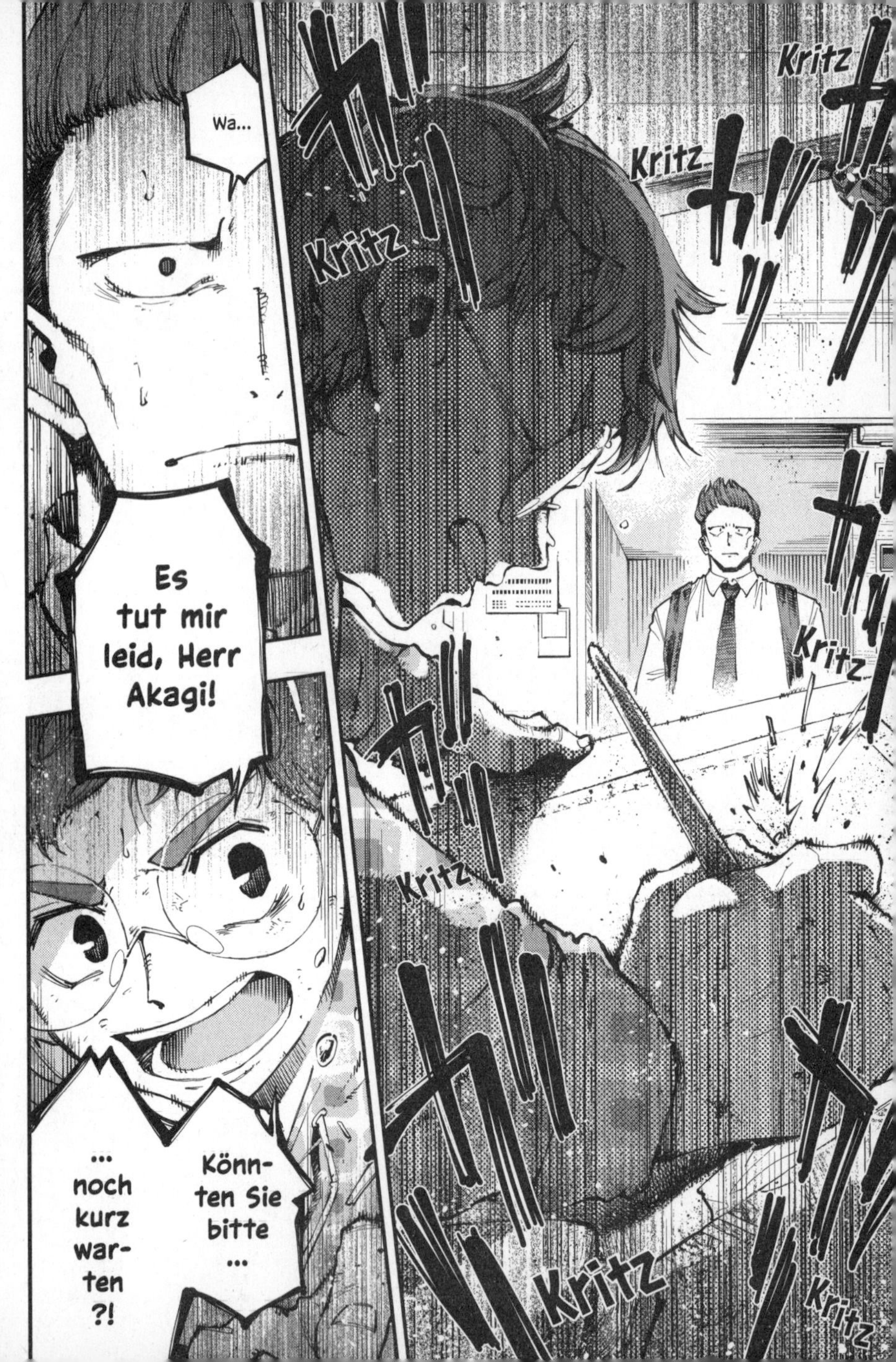
Kritz
Kritz
Kritz
Kritz
Kritz
Kritz
Kritz
Wa...
Es tut mir leid, Herr Akagi!
Könn-ten Sie bitte ...
... noch kurz war-ten ?!

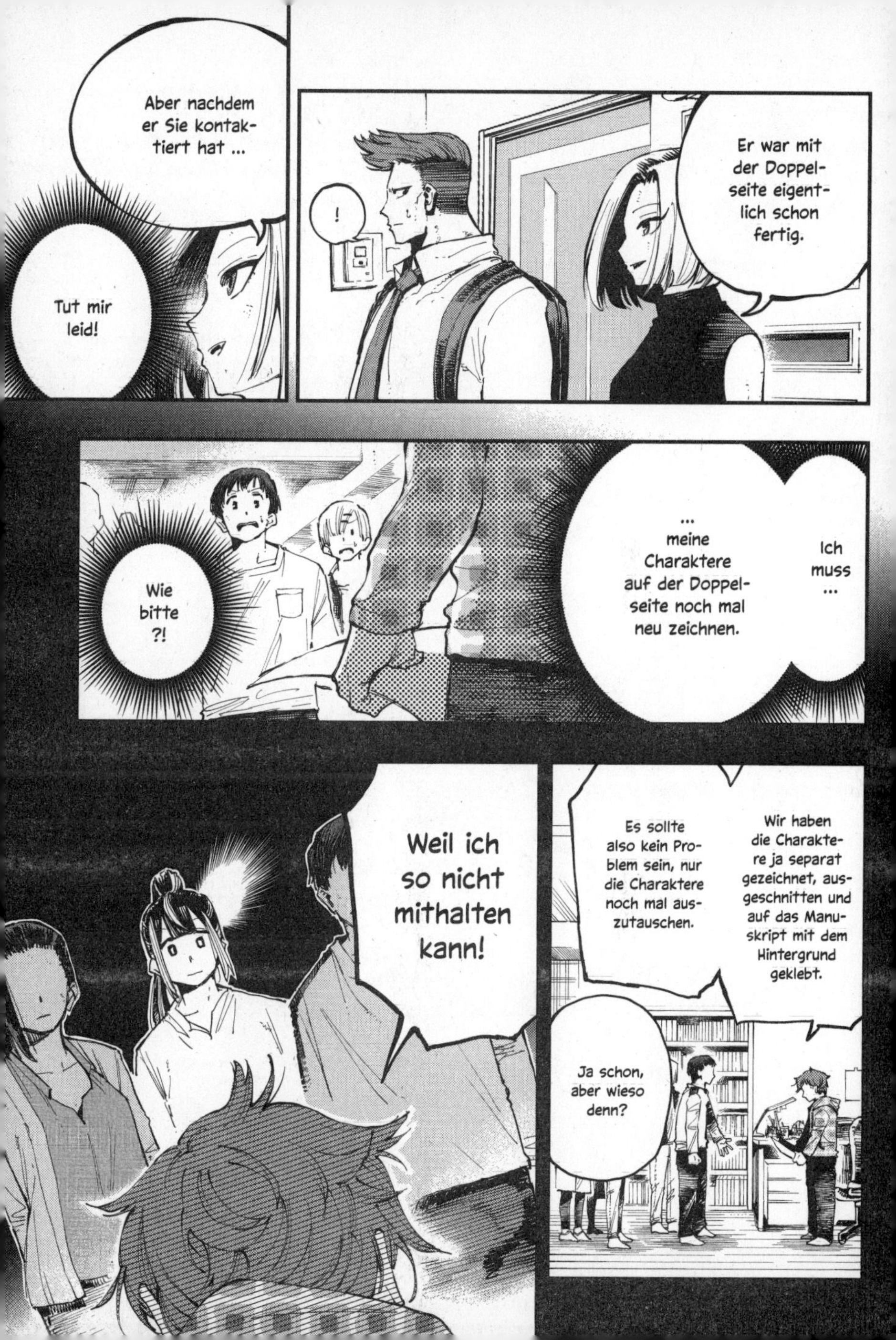

Er war mit der Doppelseite eigentlich schon fertig.

!

Aber nachdem er Sie kontaktiert hat ...

Tut mir leid!

Ich muss ...

... meine Charaktere auf der Doppelseite noch mal neu zeichnen.

Wie bitte ?!

Wir haben die Charaktere ja separat gezeichnet, ausgeschnitten und auf das Manuskript mit dem Hintergrund geklebt.

Es sollte also kein Problem sein, nur die Charaktere noch mal auszutauschen.

Ja schon, aber wieso denn?

Weil ich so nicht mithalten kann!

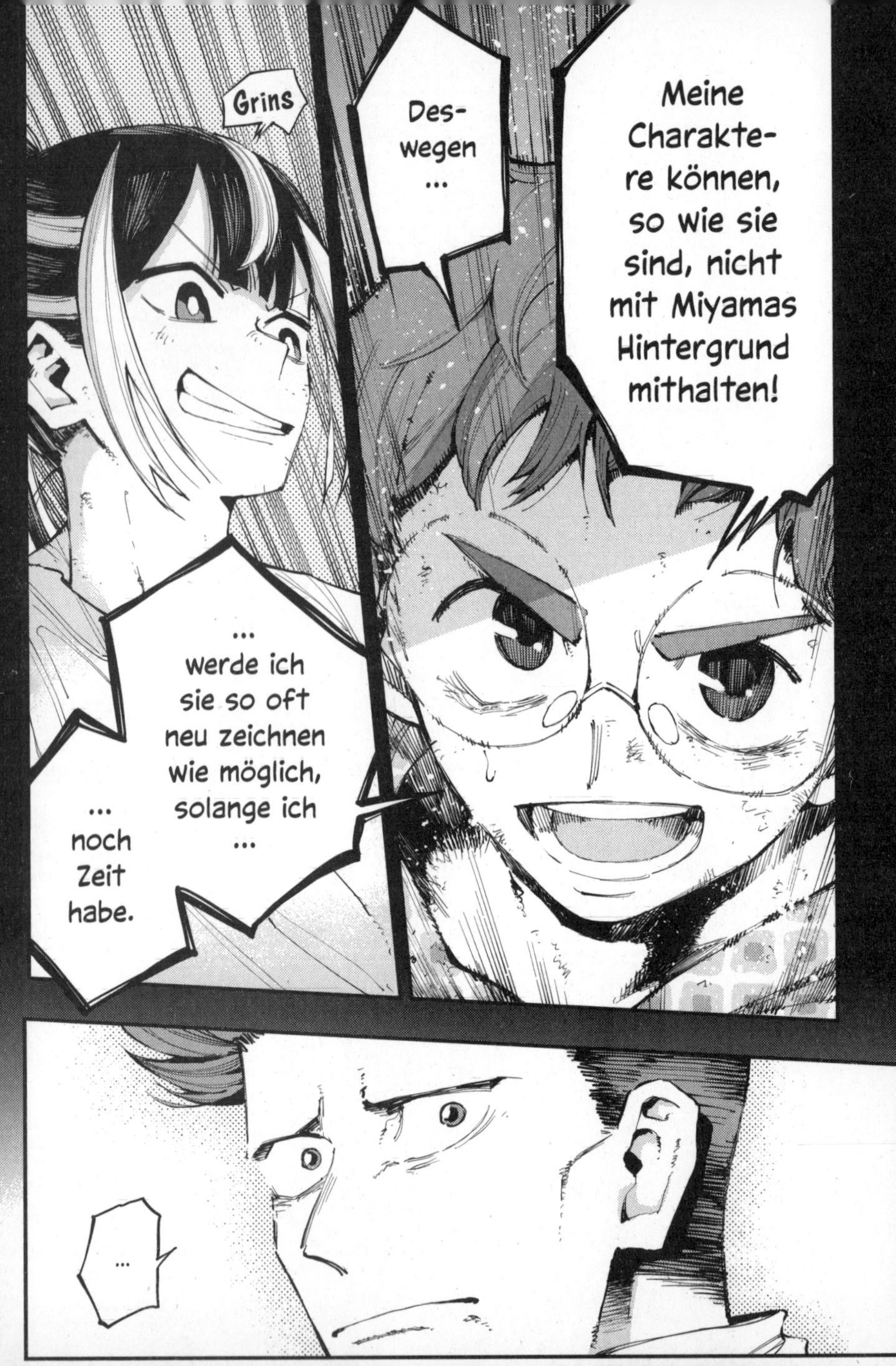
Meine Charaktere können, so wie sie sind, nicht mit Miyamas Hintergrund mithalten!
Deswegen ...
Grins
... werde ich sie so oft neu zeichnen wie möglich, solange ich ...
... noch Zeit habe.
...

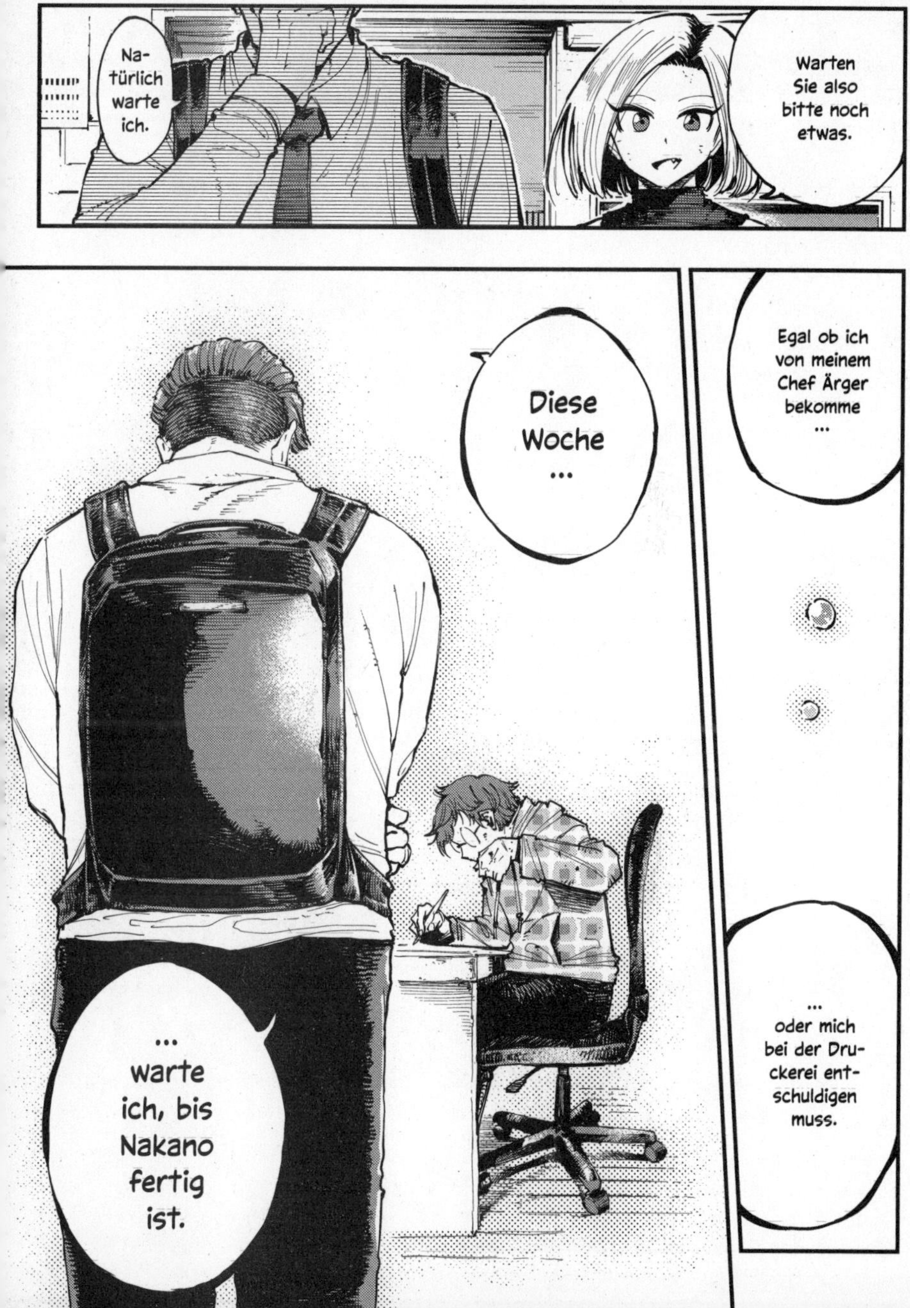

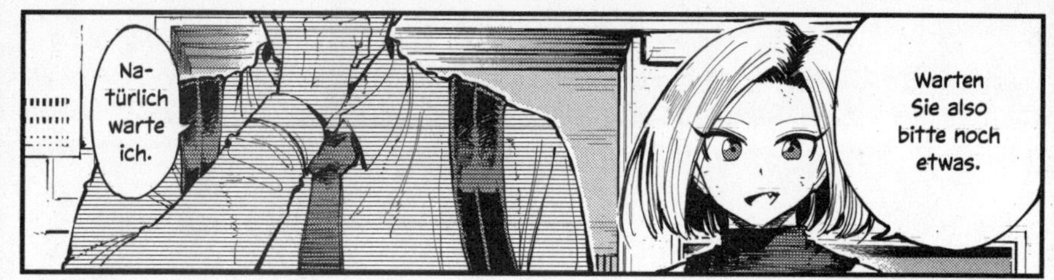

Egal ob ich von meinem Chef Ärger bekomme ...

... oder mich bei der Dru-ckerei ent-schuldigen muss.

Diese Woche ...

... warte ich, bis Nakano fertig ist.

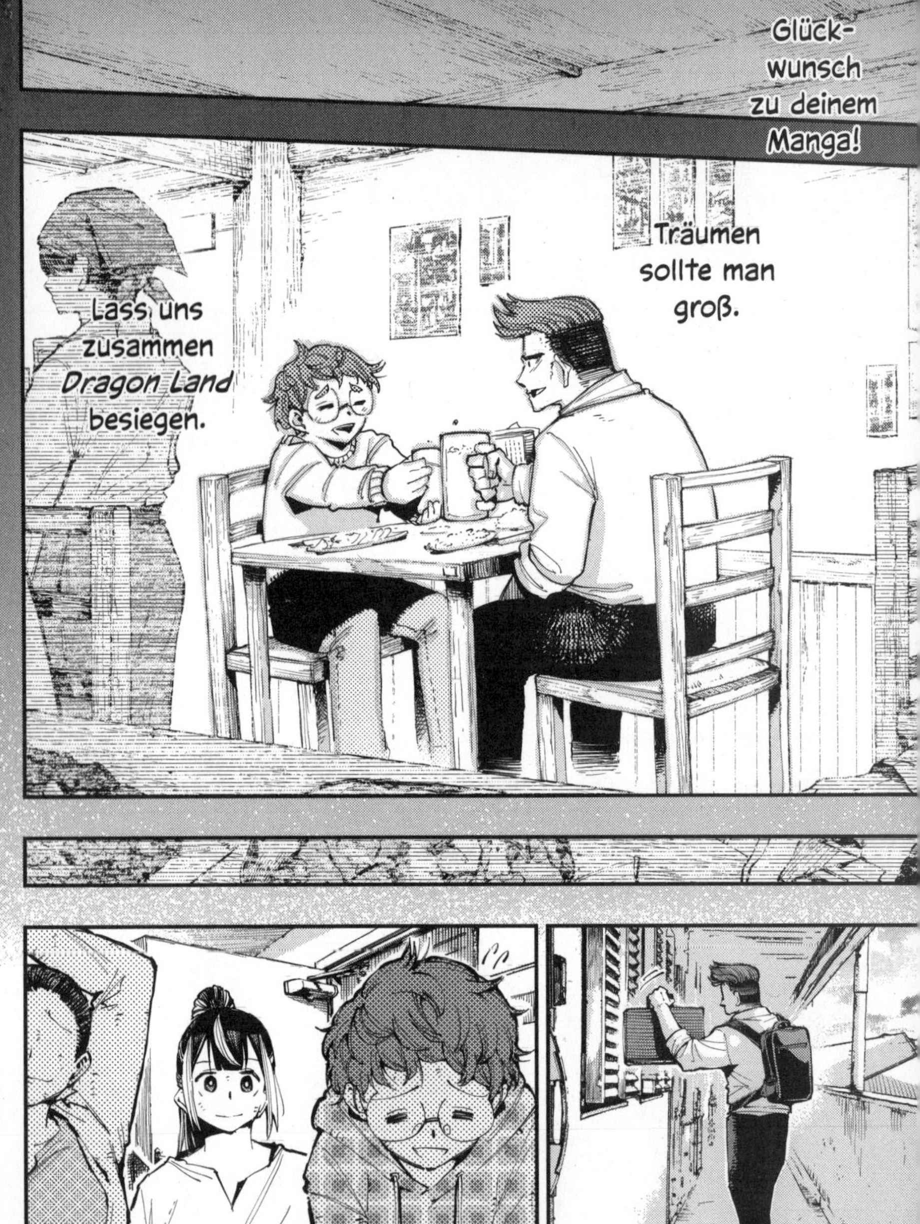
Glückwunsch zu deinem Manga!
Träumen sollte man groß.
Lass uns zusammen *Dragon Land* besiegen.

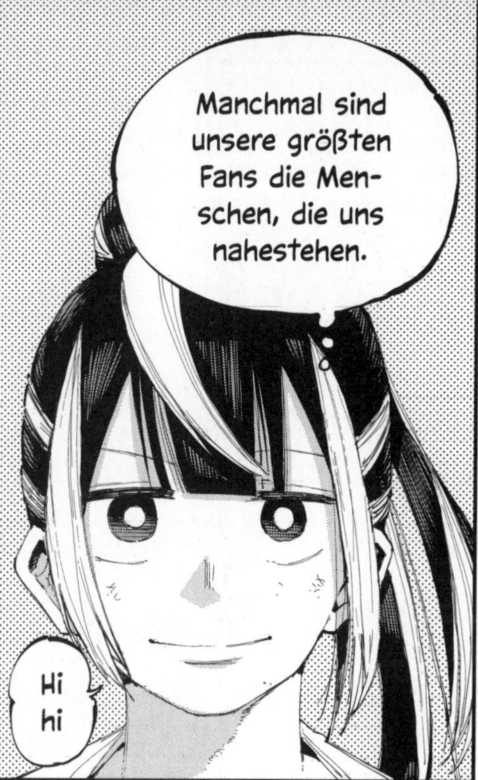
Manchmal sind unsere größten Fans die Menschen, die uns nahestehen.
Hi hi

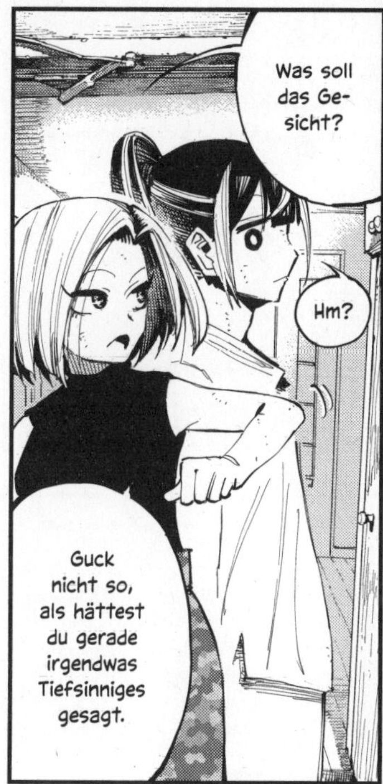
Was soll das Gesicht?
Hm?
Guck nicht so, als hättest du gerade irgendwas Tiefsinniges gesagt.

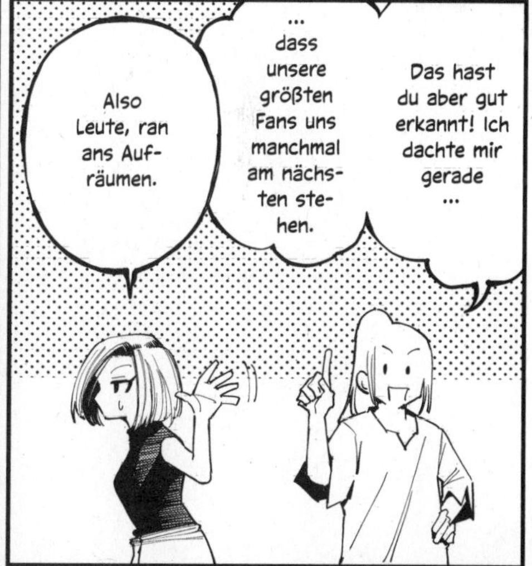
Das hast du aber gut erkannt! Ich dachte mir gerade ...
... dass unsere größten Fans uns manchmal am nächsten stehen.
Also Leute, ran ans Aufräumen.

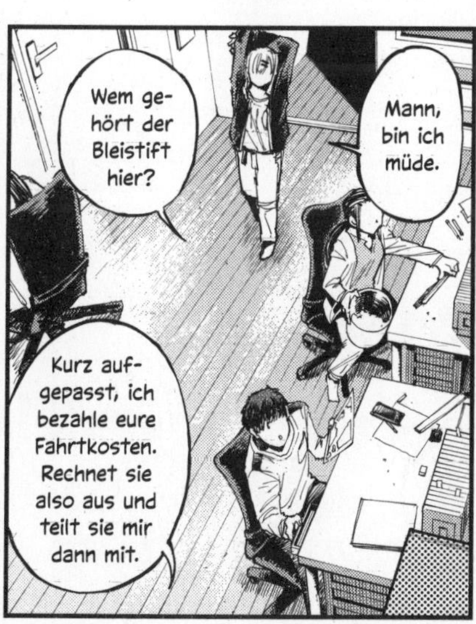
Mann, bin ich müde.
Wem gehört der Bleistift hier?
Kurz aufgepasst, ich bezahle eure Fahrtkosten. Rechnet sie also aus und teilt sie mir dann mit.

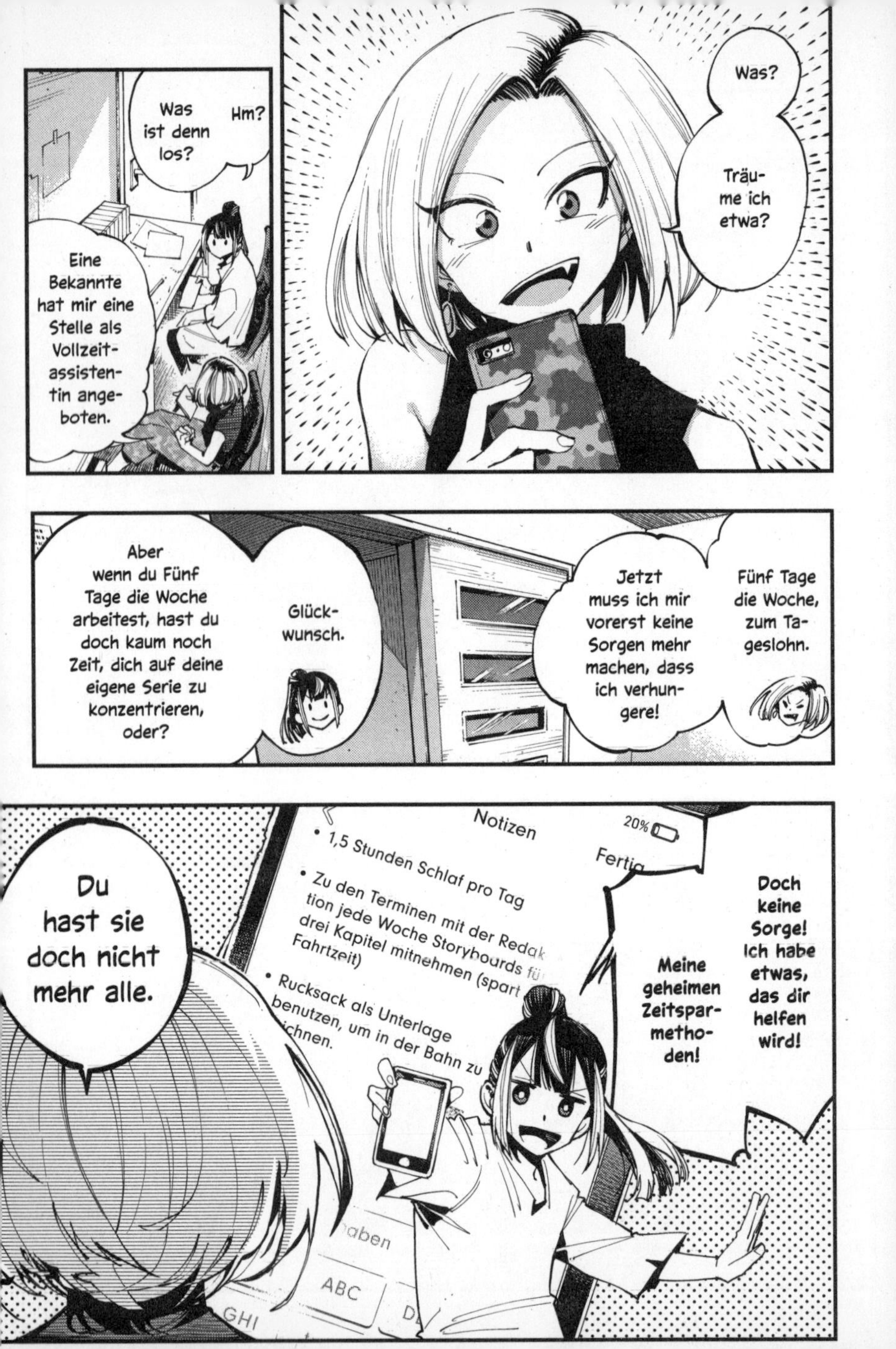

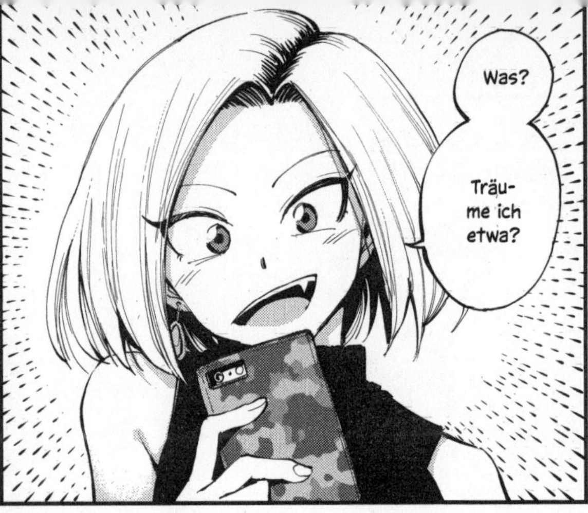
Was?
Träume ich etwa?

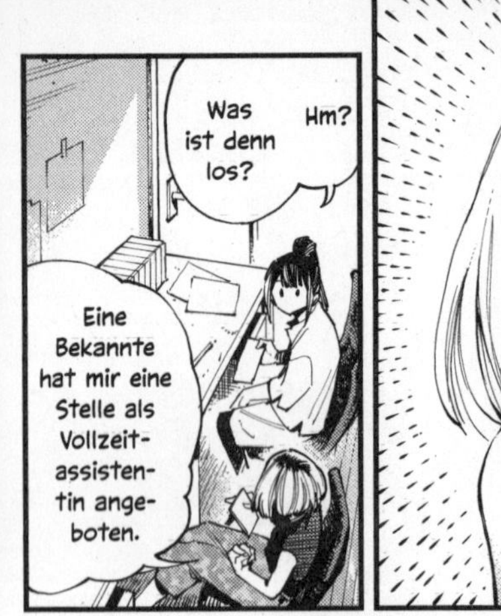
Hm?
Was ist denn los?
Eine Bekannte hat mir eine Stelle als Vollzeitassistentin angeboten.

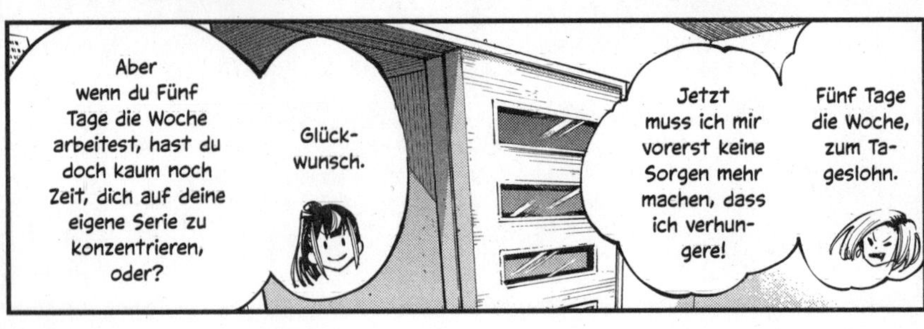
Fünf Tage die Woche, zum Tageslohn.
Jetzt muss ich mir vorerst keine Sorgen mehr machen, dass ich verhungere!
Glückwunsch.
Aber wenn du Fünf Tage die Woche arbeitest, hast du doch kaum noch Zeit, dich auf deine eigene Serie zu konzentrieren, oder?

Doch keine Sorge! Ich habe etwas, das dir helfen wird!
Meine geheimen Zeitsparmethoden!
Notizen
20%
• 1,5 Stunden Schlaf pro Tag
• Zu den Terminen mit der Redak
tion jede Woche Storybourds fü
drei Kapitel mitnehmen (spart
Fahrtzeit)
• Rucksack als Unterlage
benutzen, um in der Bahn zu
ichnen.
ABC
GHI
Du hast sie doch nicht mehr alle.

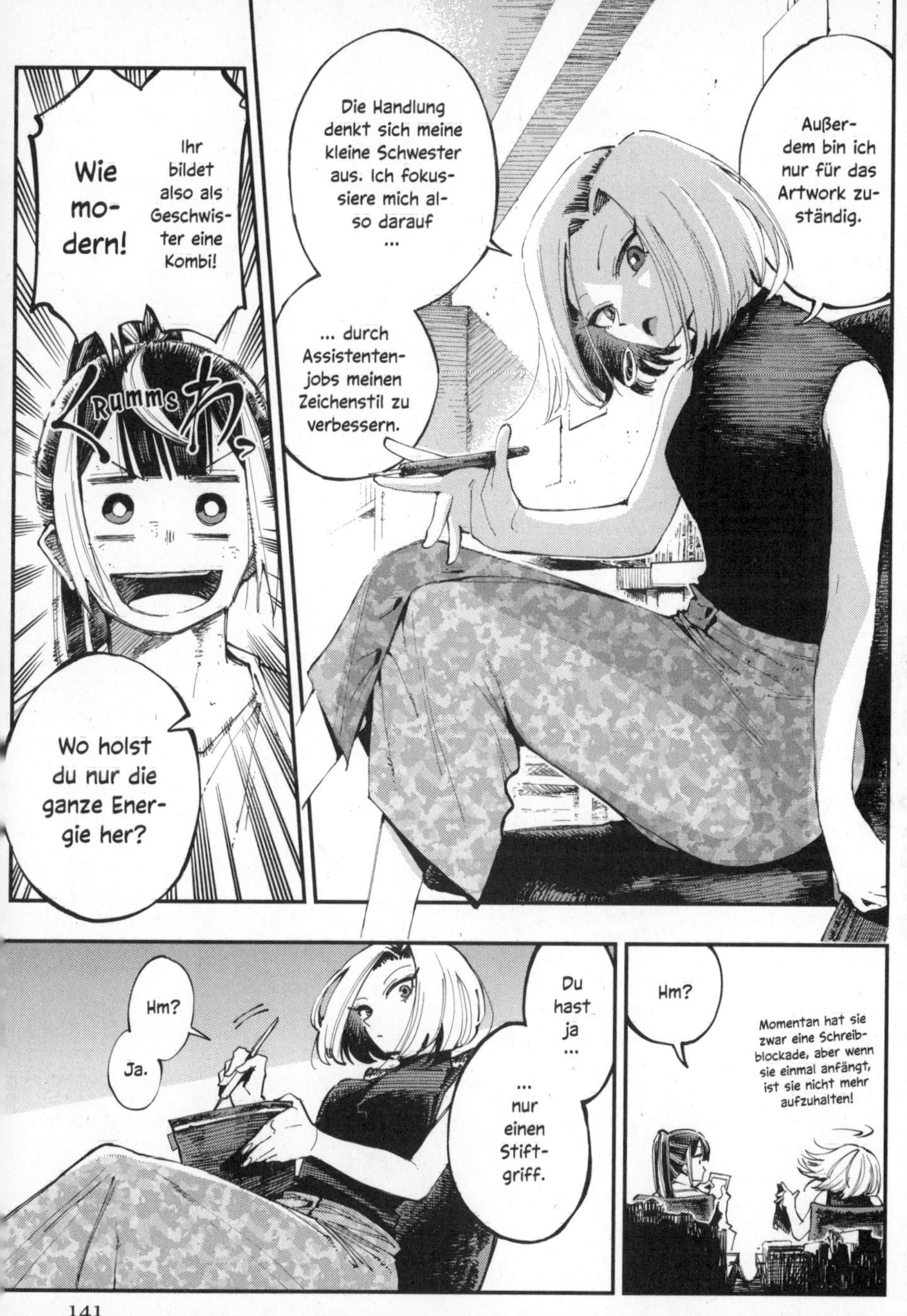
Außer-dem bin ich nur für das Artwork zu-ständig.
Die Handlung denkt sich meine kleine Schwester aus. Ich fokus-siere mich al-so darauf ...
... durch Assistenten-jobs meinen Zeichenstil zu verbessern.
Ihr bildet also als Geschwis-ter eine Kombi!
Wie mo-dern!
Rumms
Wo holst du nur die ganze Ener-gie her?
Hm?
Momentan hat sie zwar eine Schreib-blockade, aber wenn sie einmal anfängt, ist sie nicht mehr aufzuhalten!
Du hast ja ...
... nur einen Stift-griff.
Hm?
Ja.

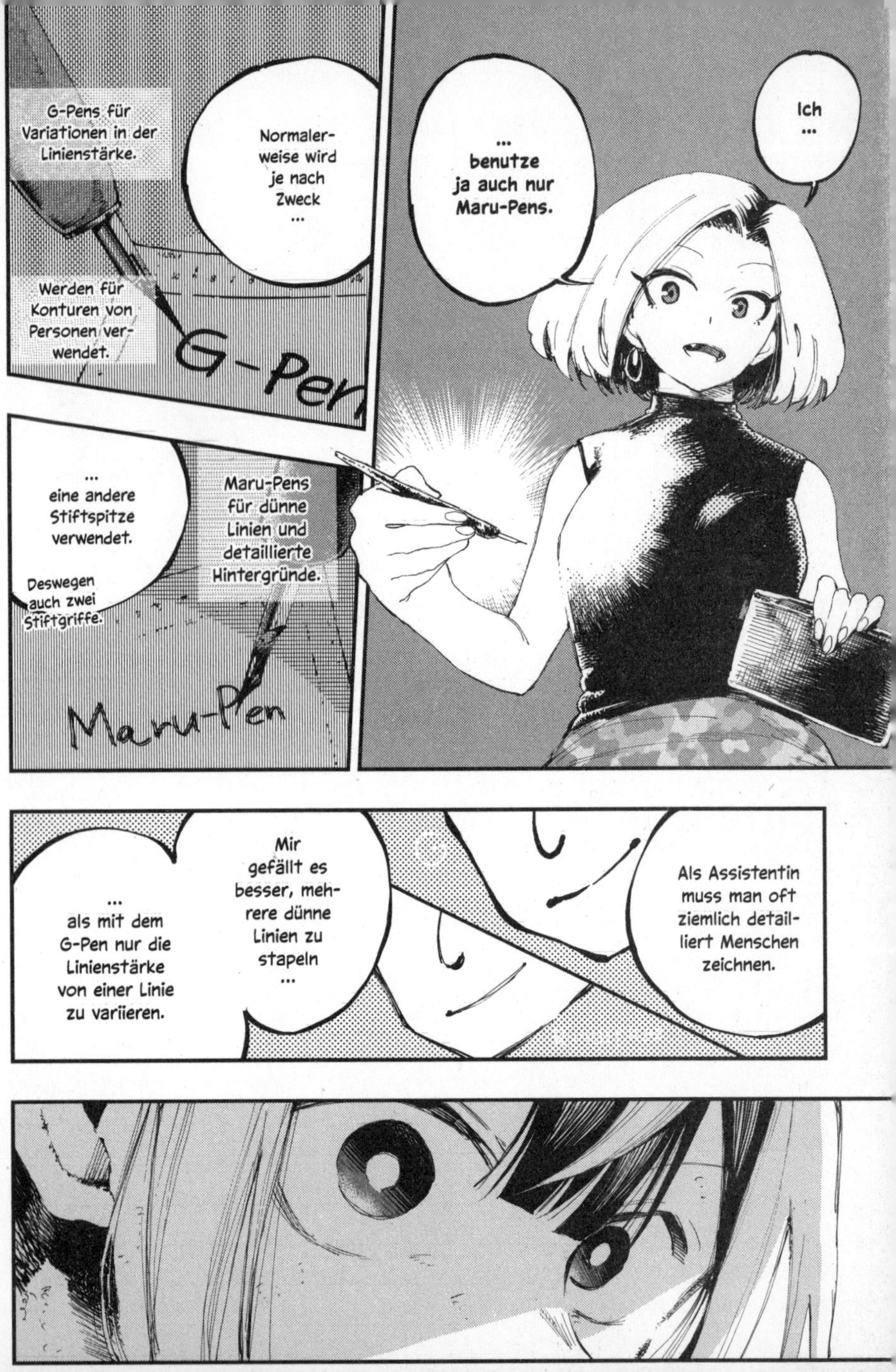

Ich ...
... benutze ja auch nur Maru-Pens.
Normalerweise wird je nach Zweck ...
G-Pens für Variationen in der Linienstärke.
Werden für Konturen von Personen verwendet.
G-Pen
... eine andere Stiftspitze verwendet.
Maru-Pens für dünne Linien und detaillierte Hintergründe.
Deswegen auch zwei Stiftgriffe.
Maru-Pen
Als Assistentin muss man oft ziemlich detailliert Menschen zeichnen.
Mir gefällt es besser, mehrere dünne Linien zu stapeln ...
... als mit dem G-Pen nur die Linienstärke von einer Linie zu variieren.

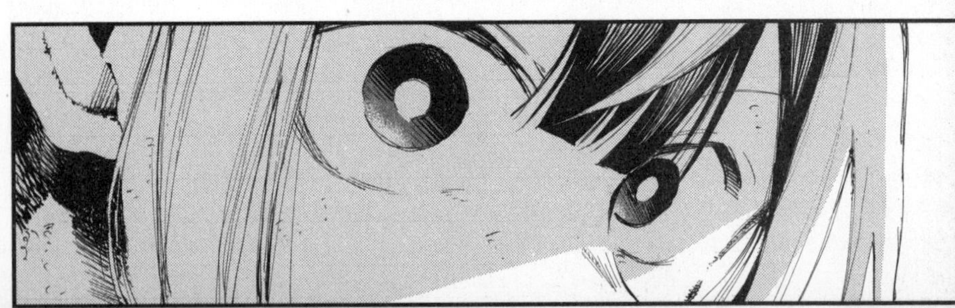

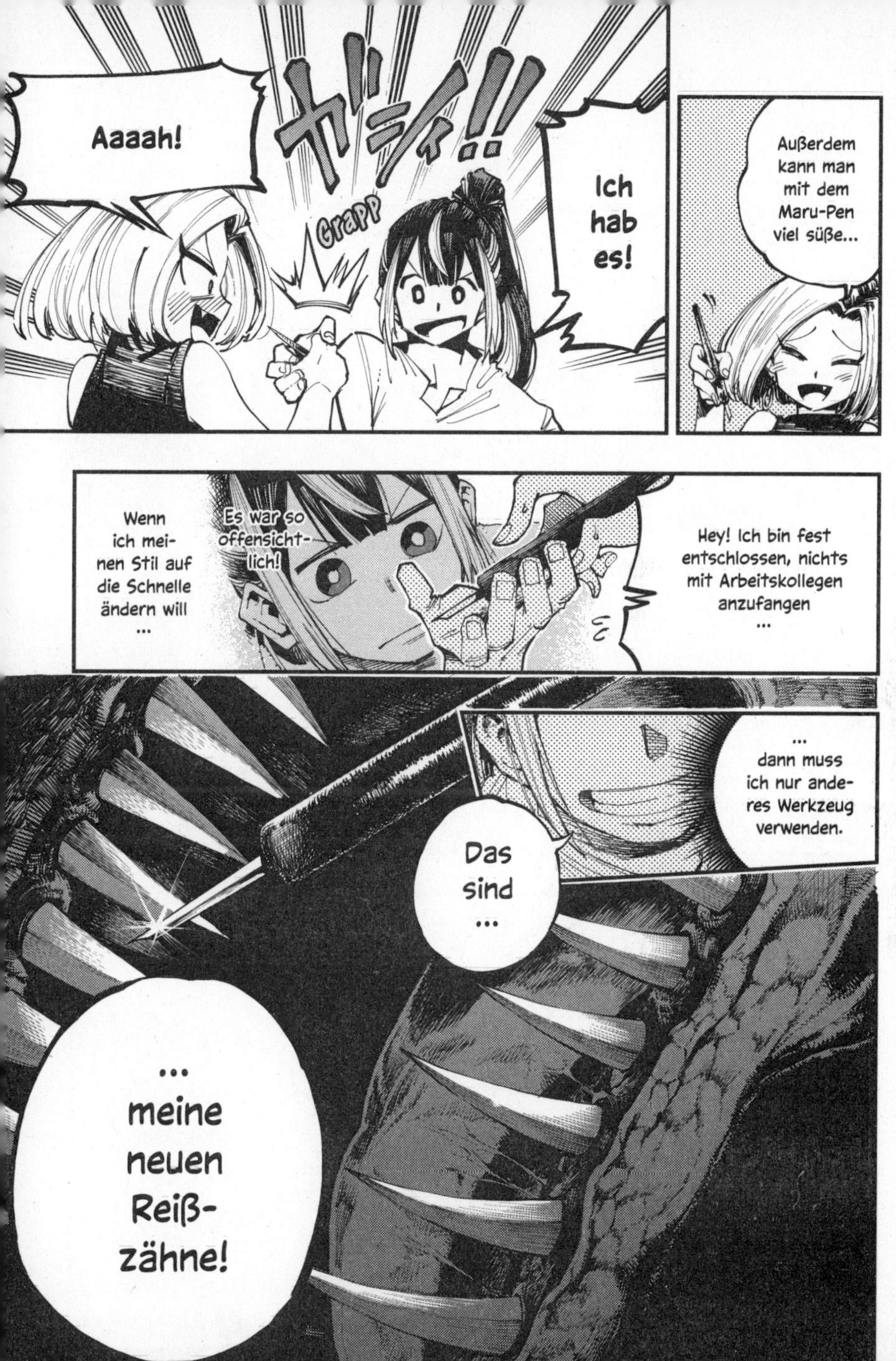
Außerdem kann man mit dem Maru-Pen viel süße...
Ich hab es!
Grapp
Aaaah!
Hey! Ich bin fest entschlossen, nichts mit Arbeitskollegen anzufangen ...
Es war so offensicht-lich!
Wenn ich mei-nen Stil auf die Schnelle ändern will ...
... dann muss ich nur ande-res Werkzeug verwenden.
Das sind ...
... meine neuen Reiß-zähne!

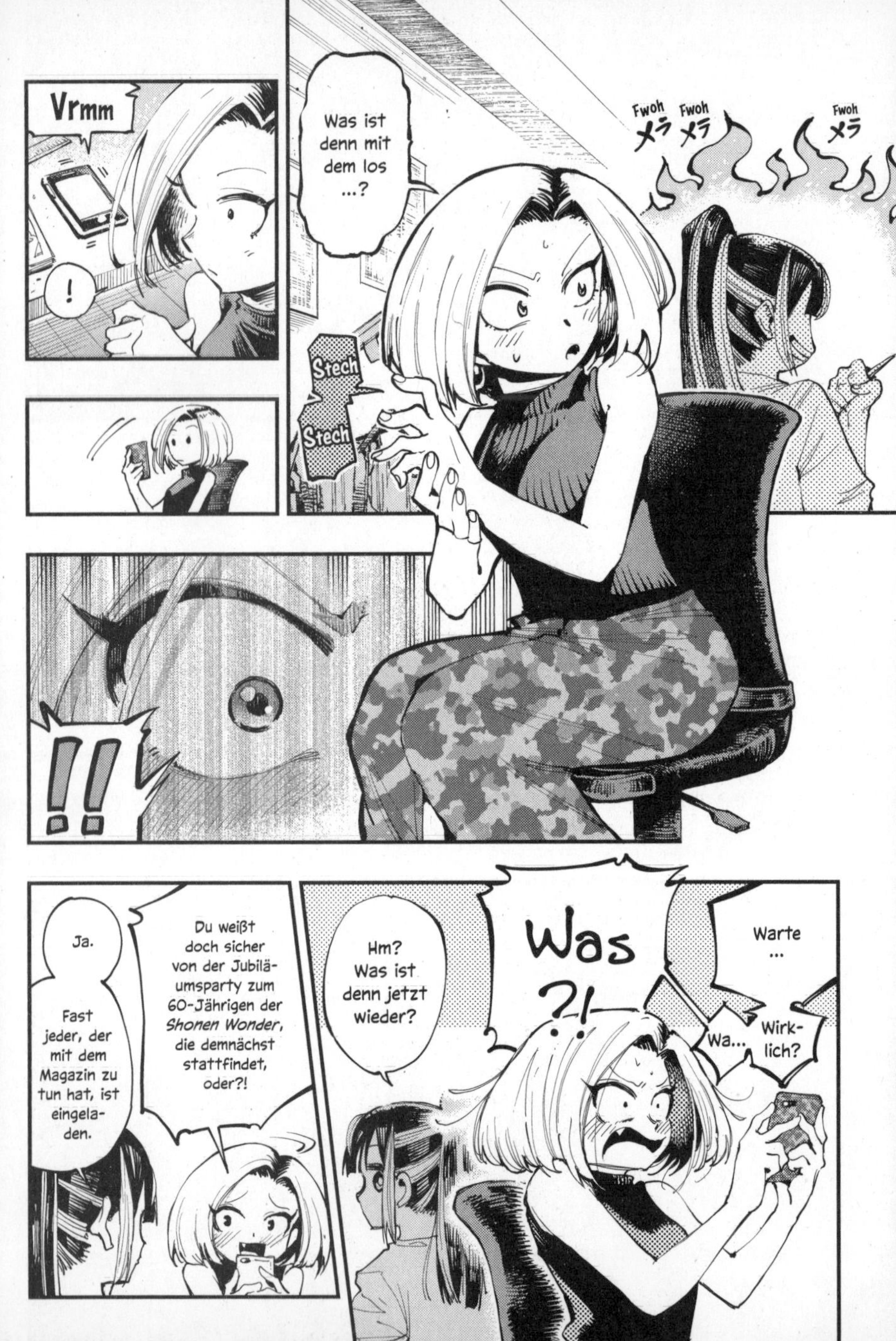
Fwoh メラ
Fwoh メラ
Fwoh メラ
Was ist denn mit dem los ...?
Stech
Stech
Vrmm
!
!!
Warte ...
Wirk- lich?
Wa...
Was ?!
Hm? Was ist denn jetzt wieder?
Du weißt doch sicher von der Jubiläumsparty zum 60-Jährigen der *Shonen Wonder*, die demnächst stattfindet, oder?!
Ja.
Fast jeder, der mit dem Magazin zu tun hat, ist eingeladen.

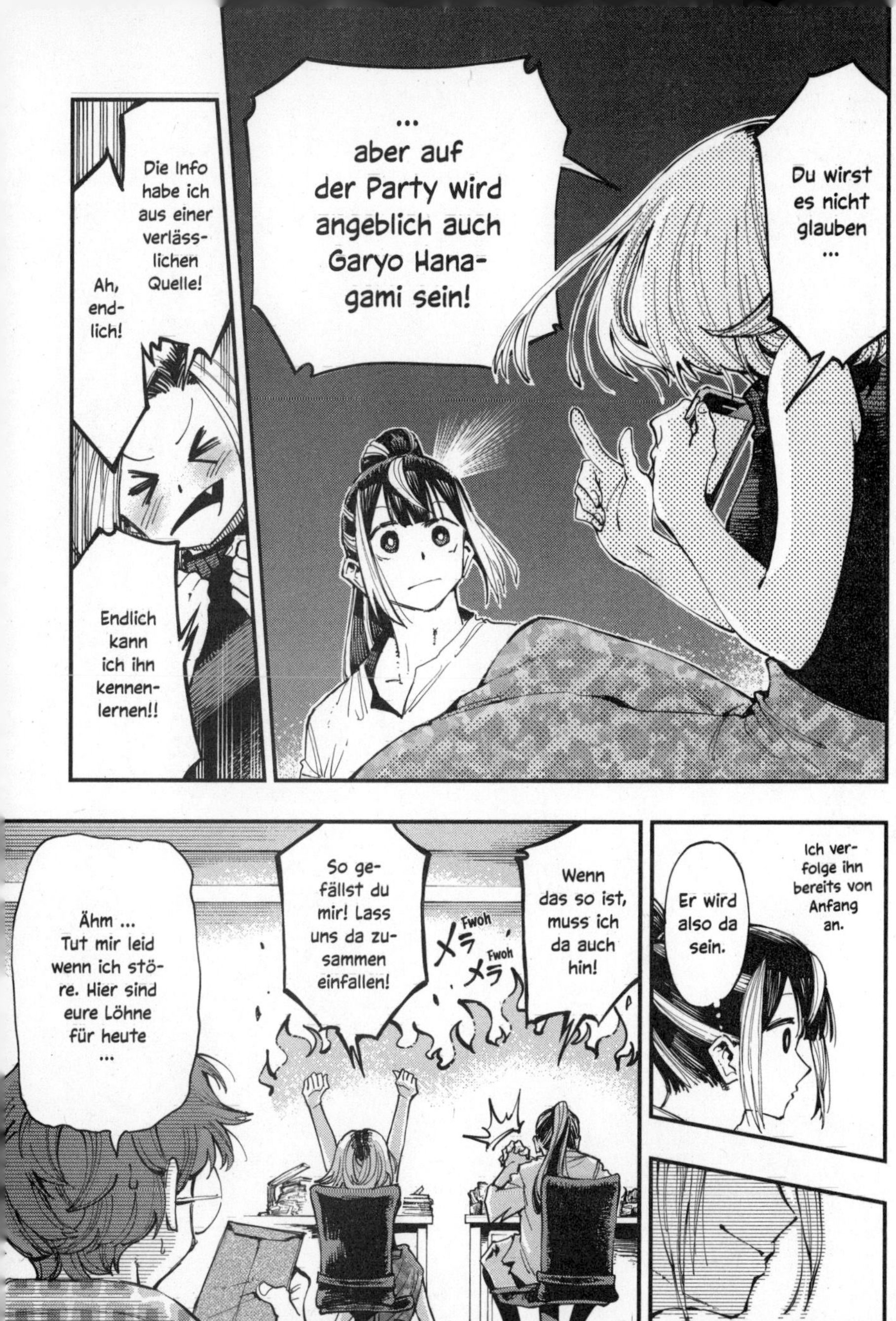

Du wirst es nicht glauben ...

... aber auf der Party wird angeblich auch Garyo Hanagami sein!

Die Info habe ich aus einer verlässlichen Quelle!

Ah, endlich!

Endlich kann ich ihn kennenlernen!!

Ich verfolge ihn bereits von Anfang an.

Er wird also da sein.

Wenn das so ist, muss ich da auch hin!

Fwoh メラ Fwoh メラ

So gefällst du mir! Lass uns da zusammen einfallen!

Ähm ... Tut mir leid wenn ich störe. Hier sind eure Löhne für heute ...

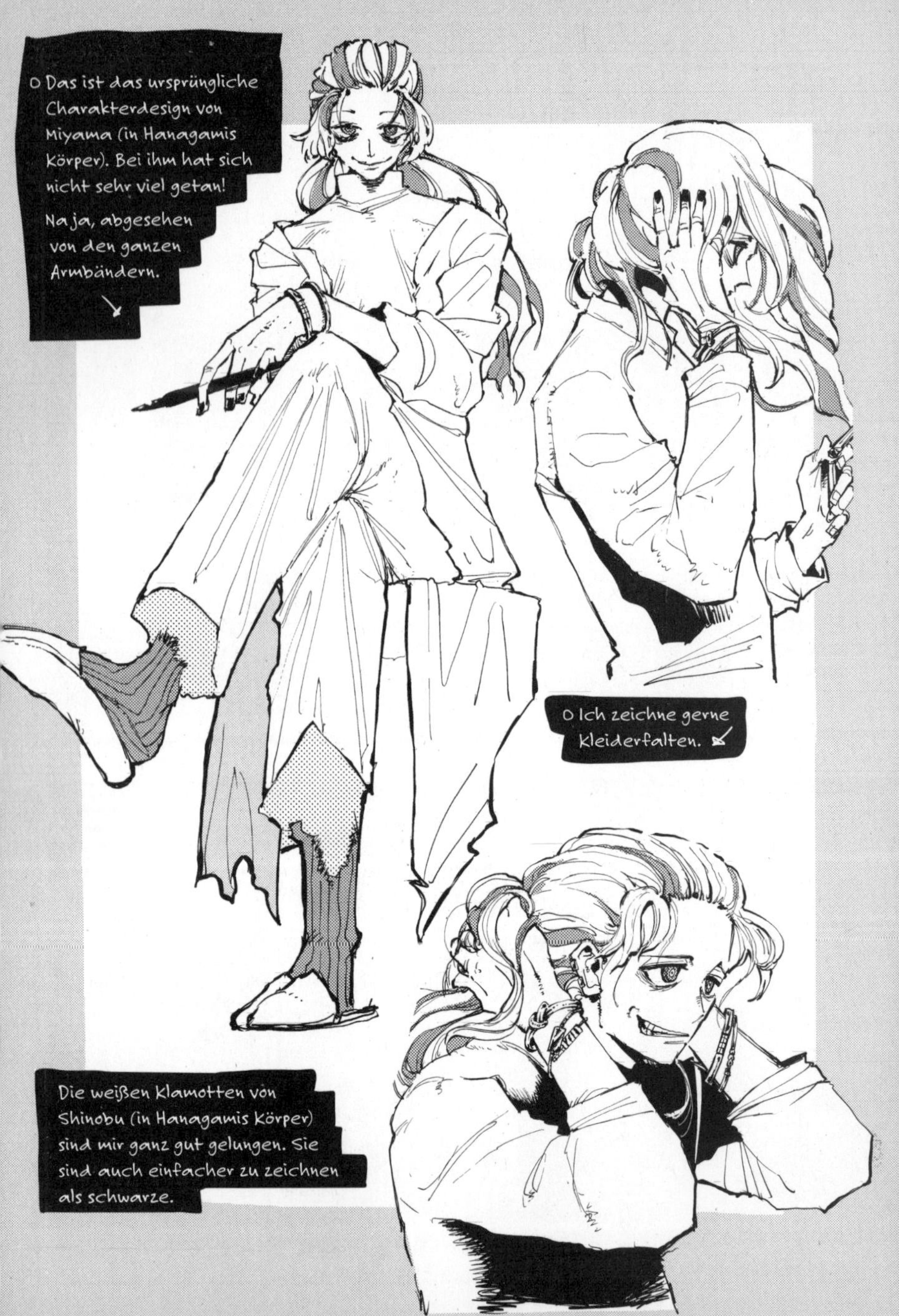
o Das ist das ursprüngliche Charakterdesign von Miyama (in Hanagamis Körper). Bei ihm hat sich nicht sehr viel getan!
Na ja, abgesehen von den ganzen Armbändern.
o Ich zeichne gerne Kleiderfalten.
Die weißen Klamotten von Shinobu (in Hanagamis Körper) sind mir ganz gut gelungen. Sie sind auch einfacher zu zeichnen als schwarze.

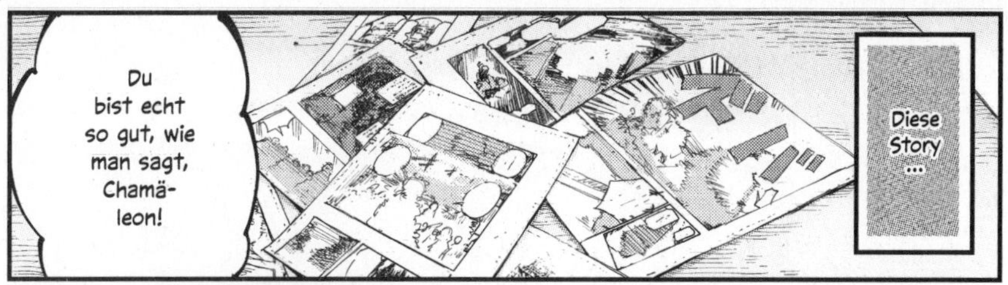

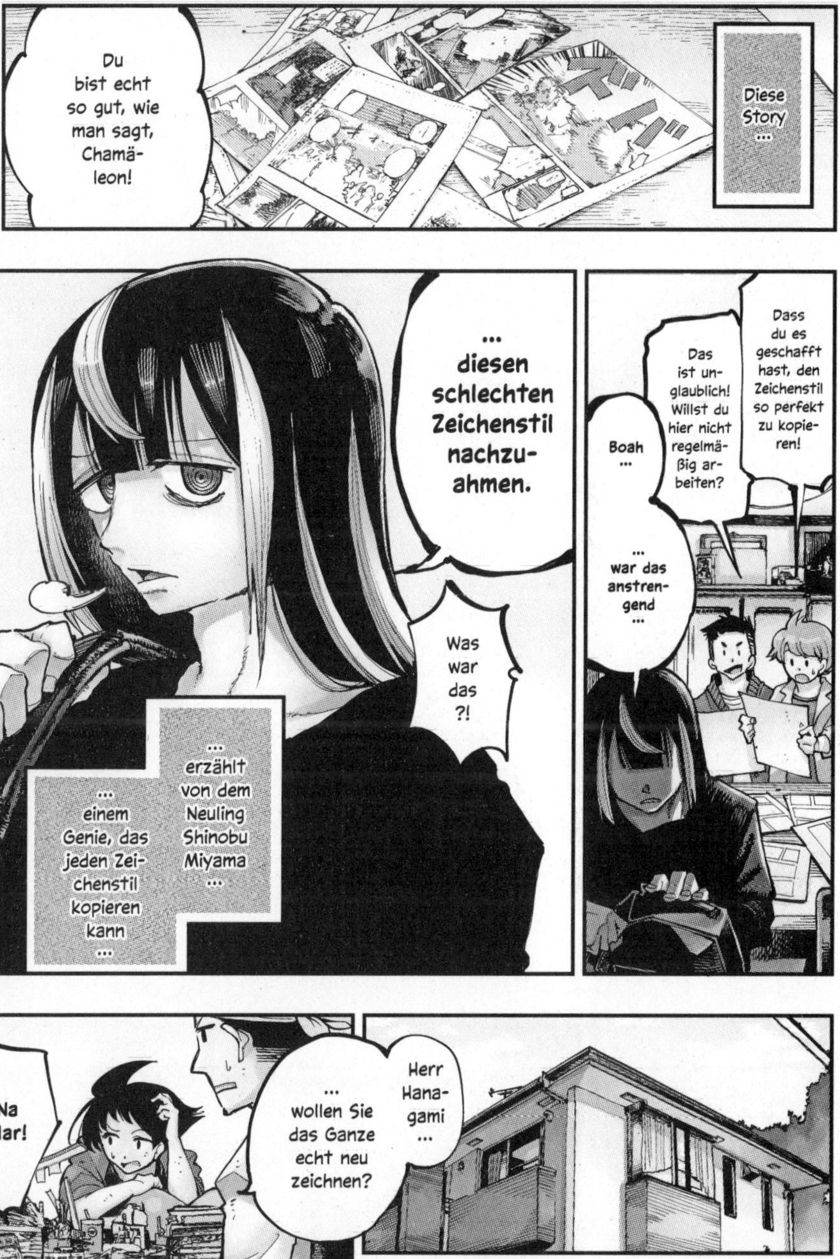

Dass du es geschafft hast, den Zeichenstil so perfekt zu kopieren!
Das ist unglaublich! Willst du hier nicht regelmäßig arbeiten?
Boah ...
... war das anstrengend ...
... diesen schlechten Zeichenstil nachzuahmen.
Was war das ?!
... erzählt von dem Neuling Shinobu Miyama ...
... einem Genie, das jeden Zeichenstil kopieren kann ...

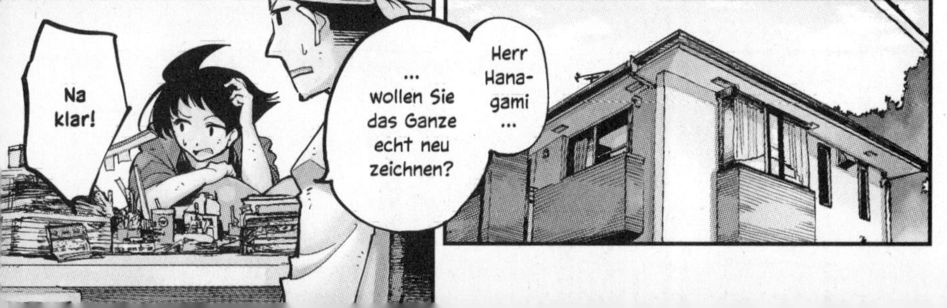

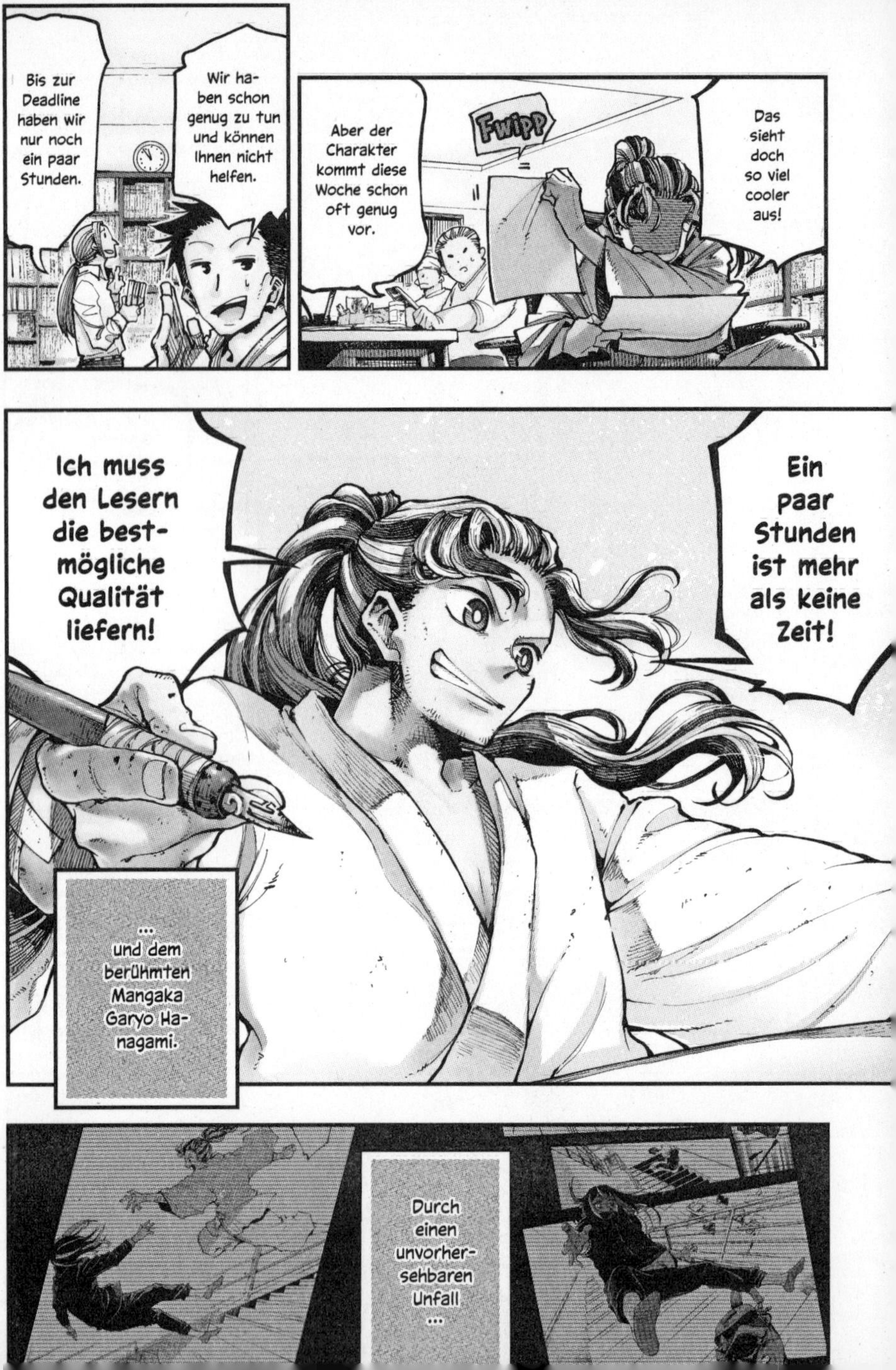

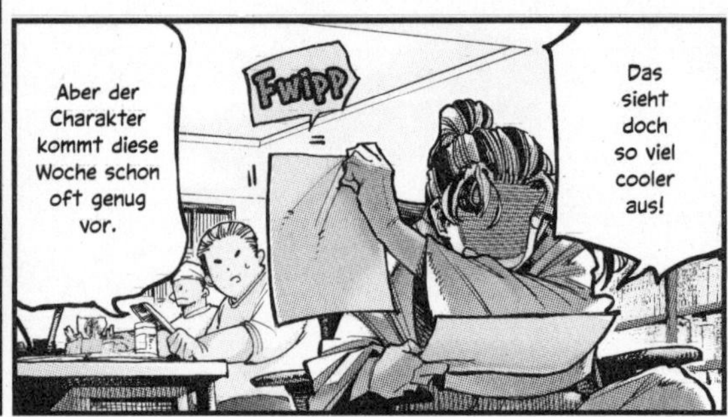

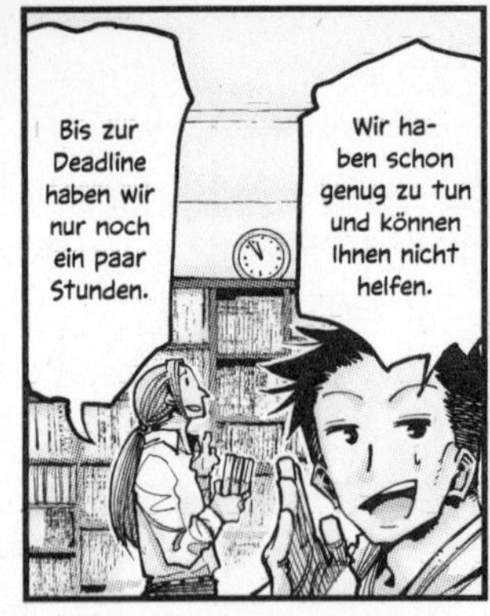

Ein paar Stunden ist mehr als keine Zeit!

Ich muss den Lesern die bestmögliche Qualität liefern!

... und dem berühmten Mangaka Garyo Hanagami.

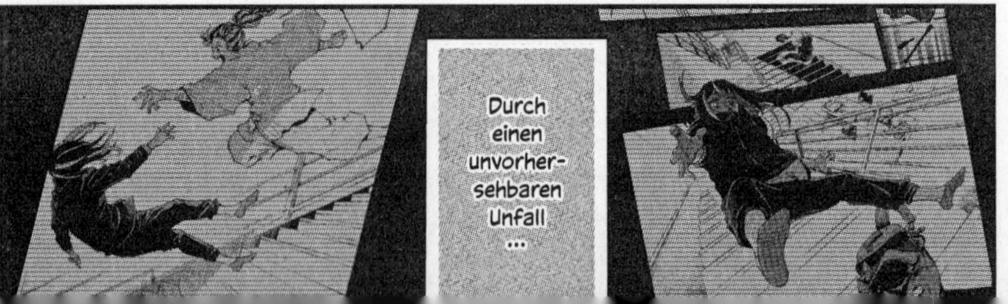

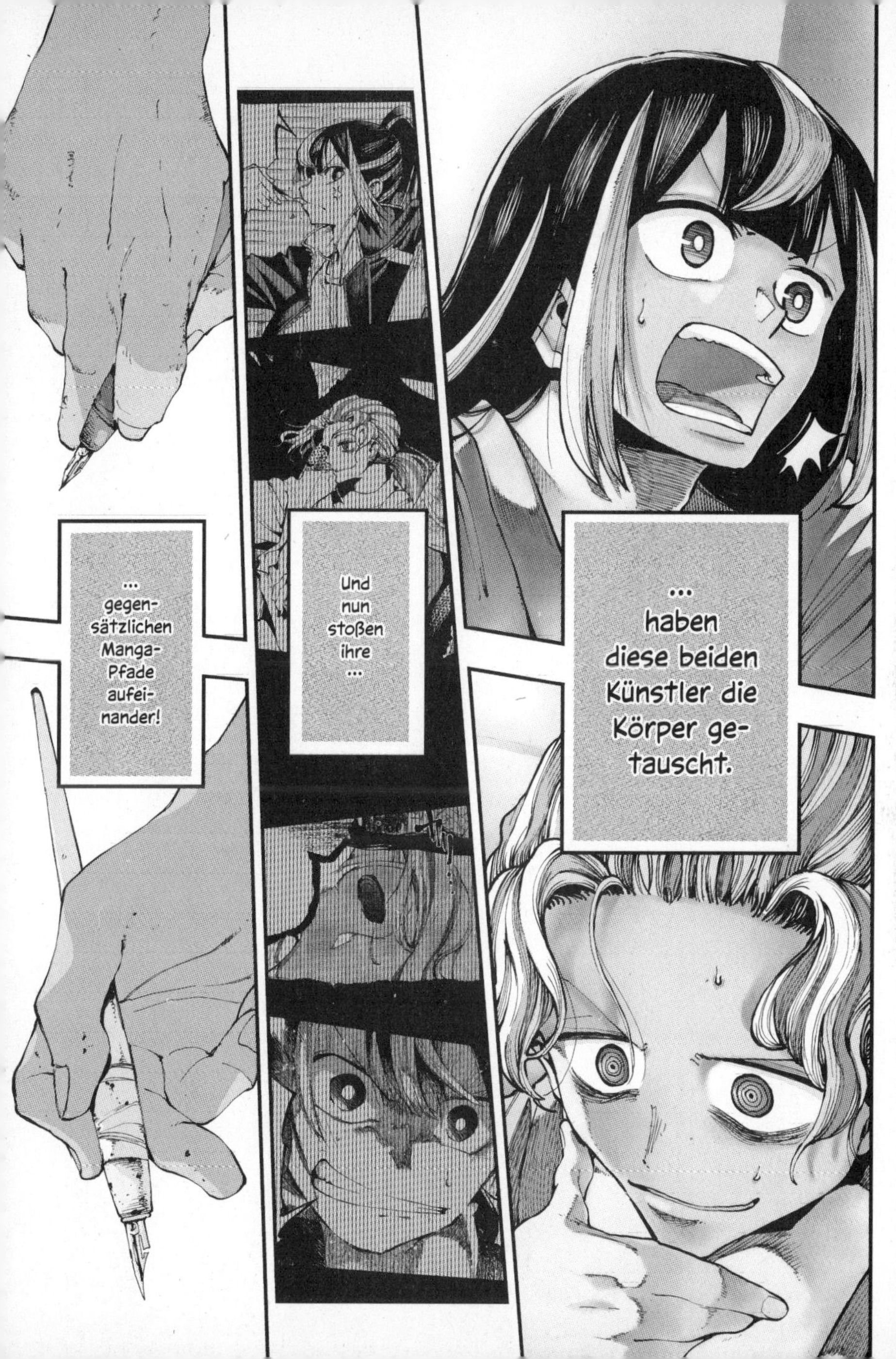
... haben diese beiden Künstler die Körper getauscht.
Und nun stoßen ihre ...
... gegensätzlichen Manga-Pfade aufeinander!

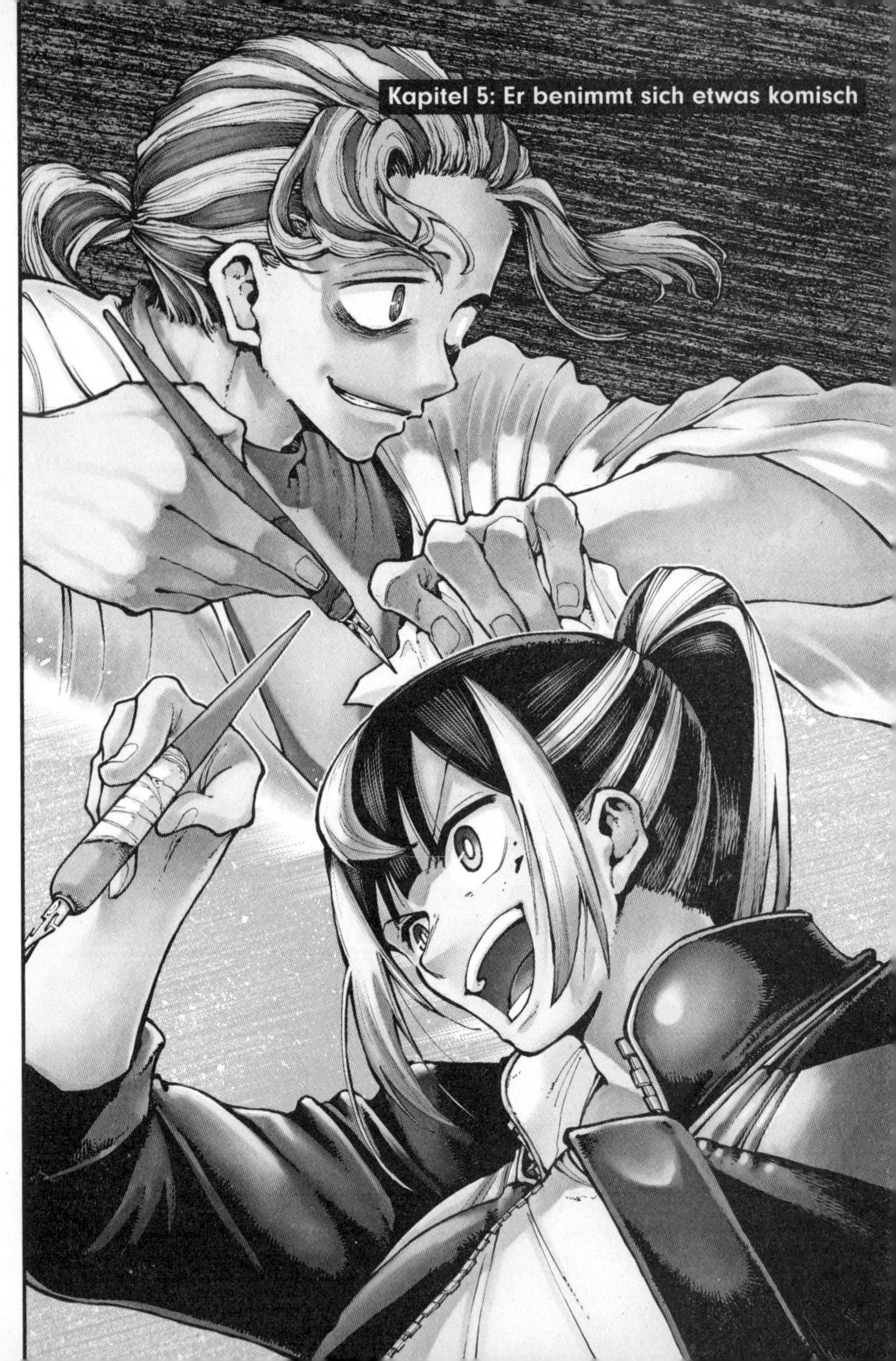
Kapitel 5: Er benimmt sich etwas komisch

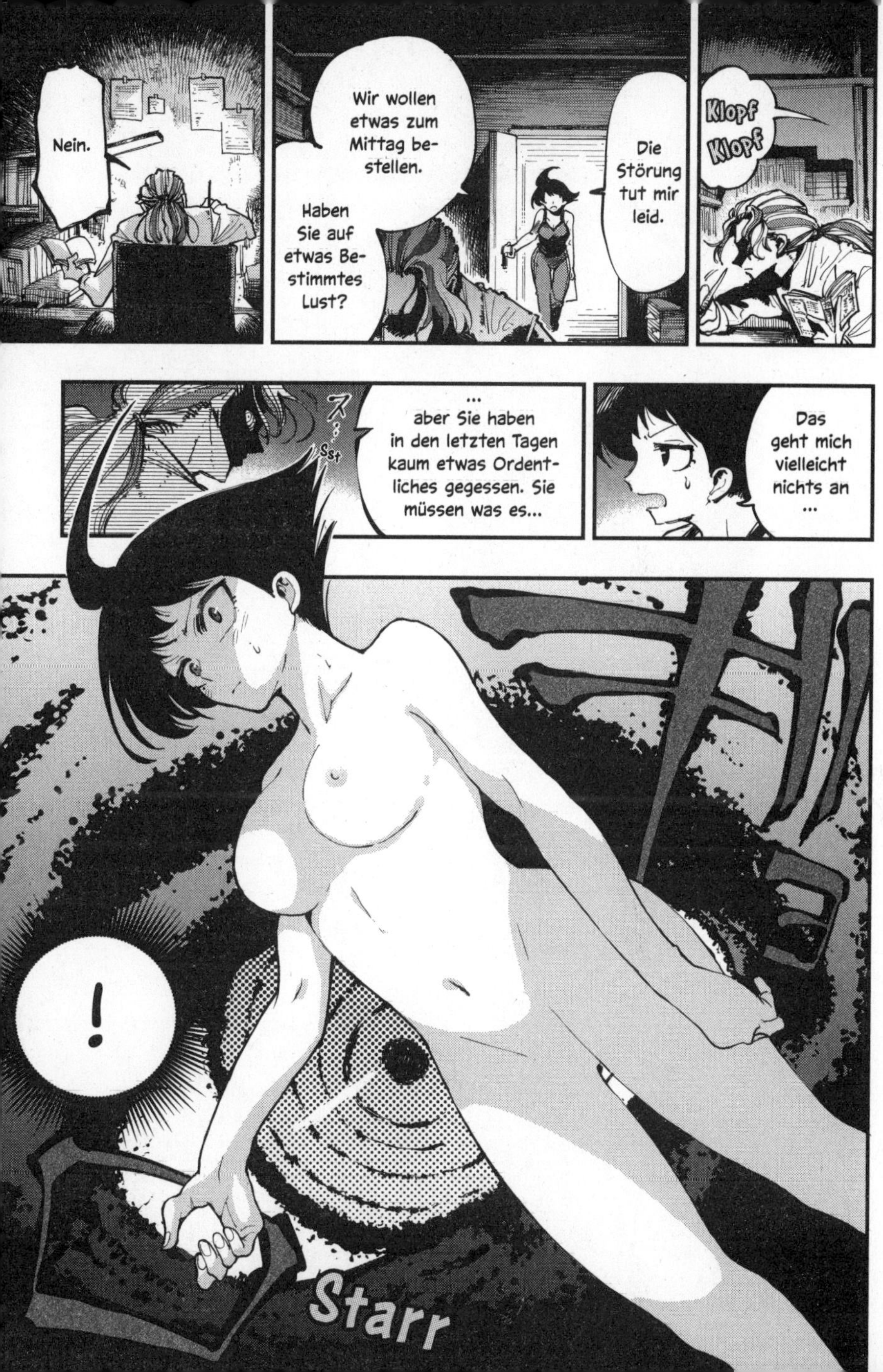

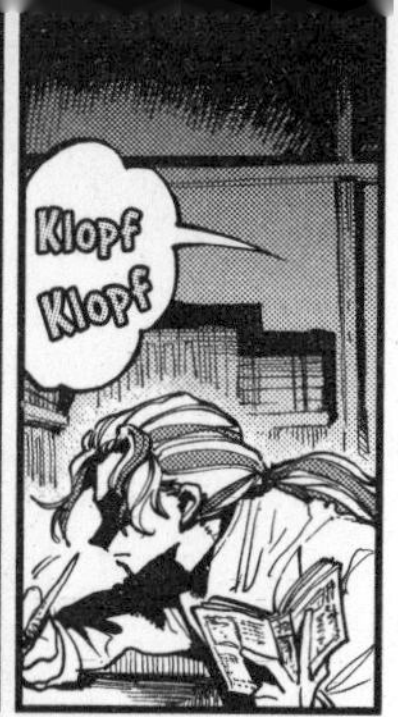
Klopf
Klopf

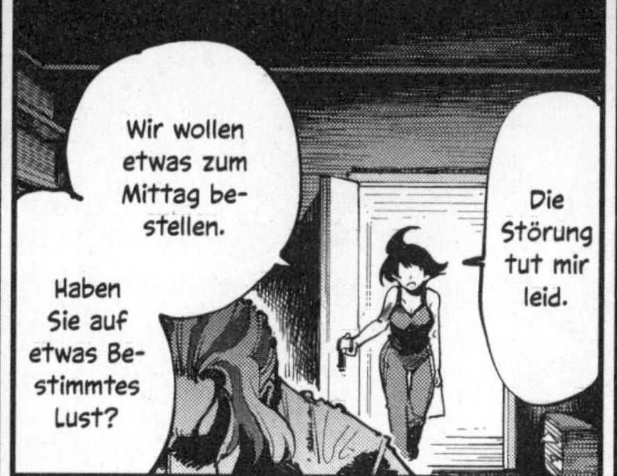
Die Störung tut mir leid.
Wir wollen etwas zum Mittag be-stellen.
Haben Sie auf etwas Be-stimmtes Lust?

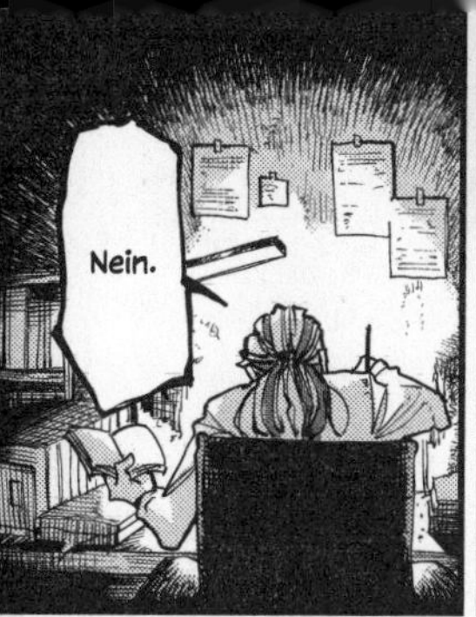
Nein.

Das geht mich vielleicht nichts an ...
... aber Sie haben in den letzten Tagen kaum etwas Ordent-liches gegessen. Sie müssen was es...
Sst
!
Starr

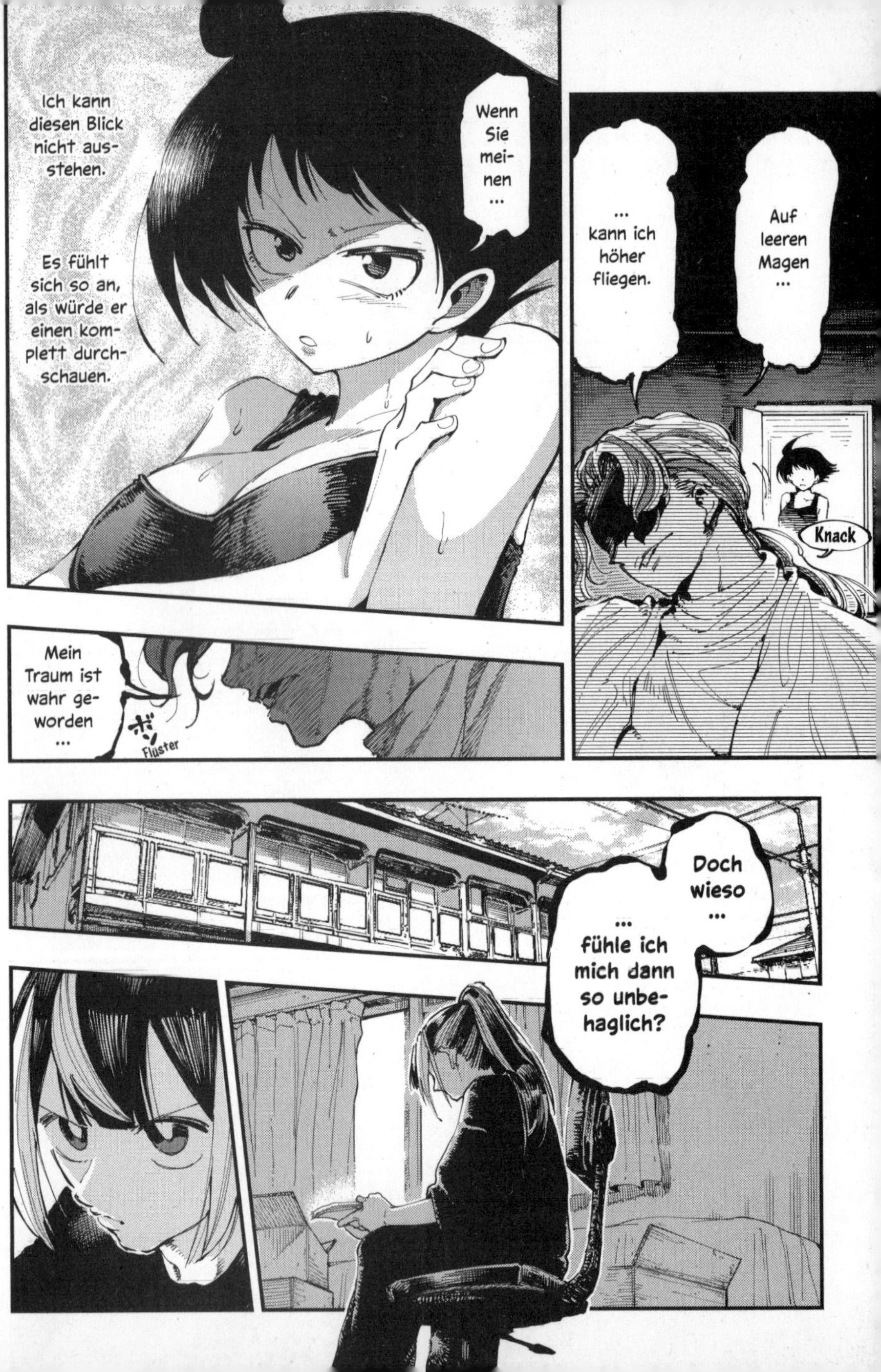

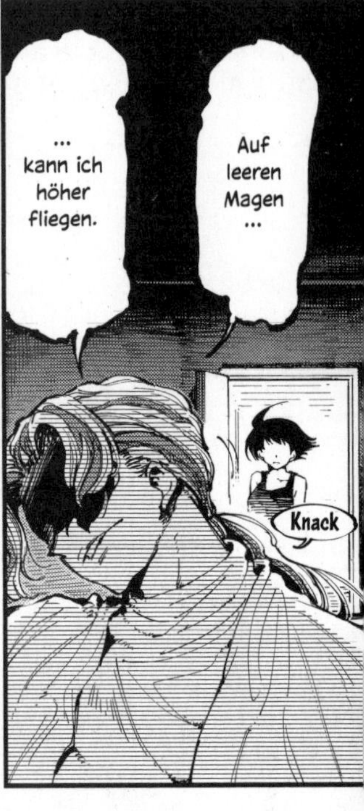

Wenn Sie meinen ...

Ich kann diesen Blick nicht ausstehen.

Es fühlt sich so an, als würde er einen komplett durchschauen.

Mein Traum ist wahr geworden ...

Flüster

Doch wieso ...

... fühle ich mich dann so unbehaglich?

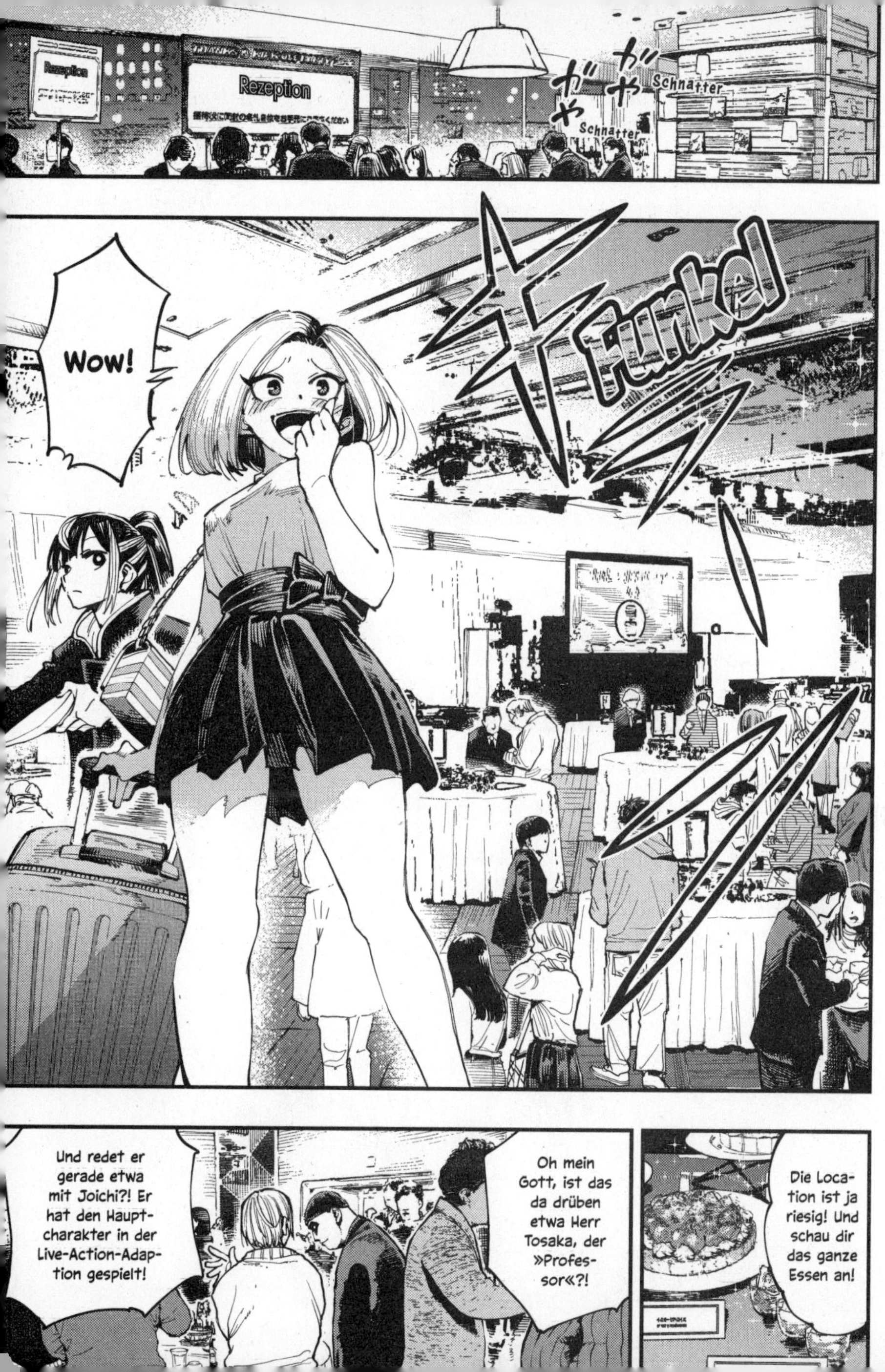

Rezeption
Rezeption
ガヤ ガヤ
Schnatter
Schnatter
Funkel
Wow!

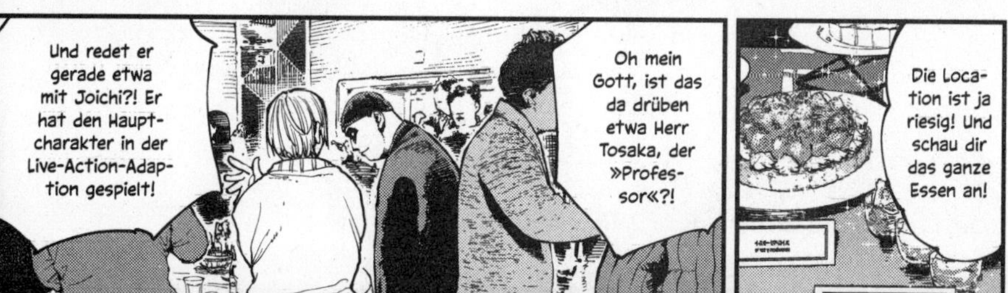

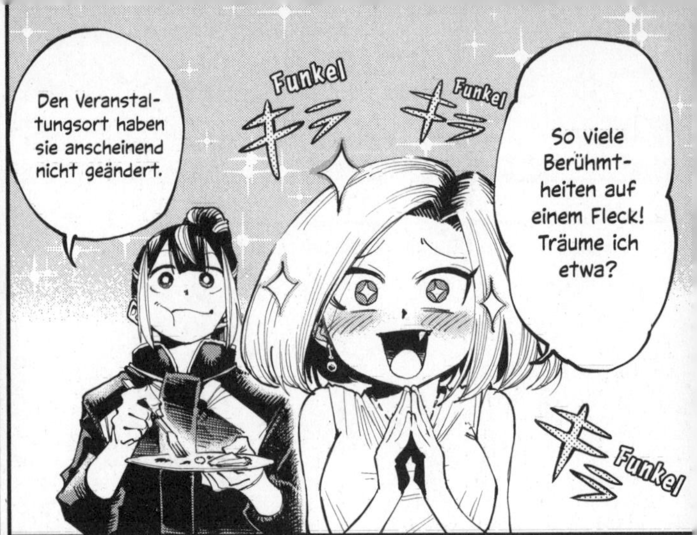
So viele Berühmtheiten auf einem Fleck! Träume ich etwa?
Funkel
Funkel
Funkel
Den Veranstaltungsort haben sie anscheinend nicht geändert.

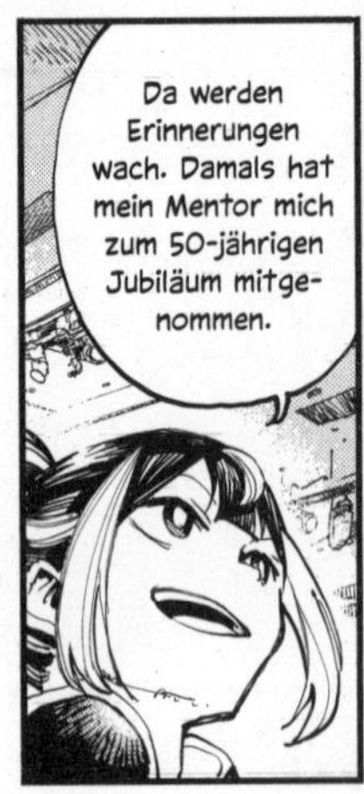
Da werden Erinnerungen wach. Damals hat mein Mentor mich zum 50-jährigen Jubiläum mitgenommen.

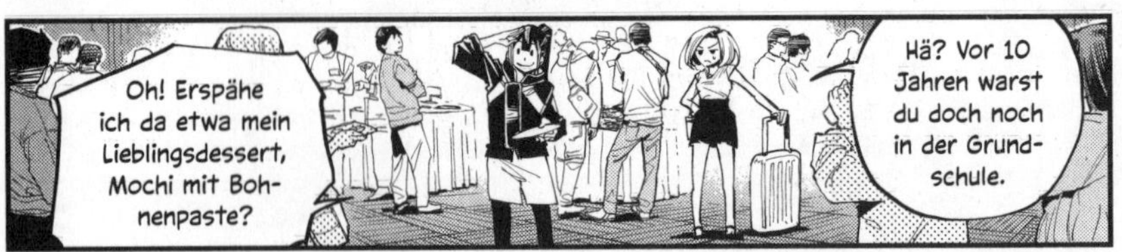
Hä? Vor 10 Jahren warst du doch noch in der Grundschule.
Oh! Erspähe ich da etwa mein Lieblingsdessert, Mochi mit Bohnenpaste?

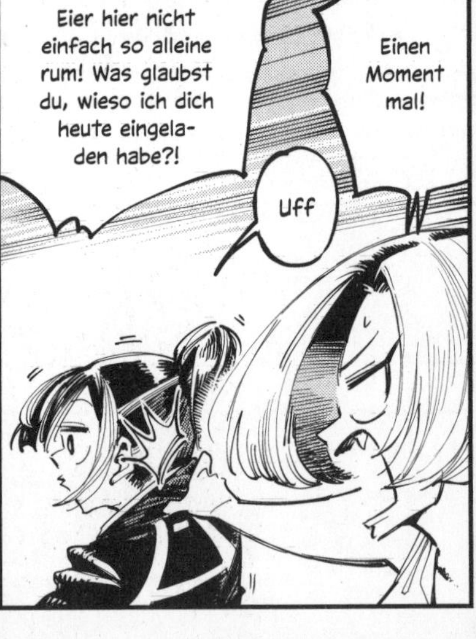
Einen Moment mal!
Eier hier nicht einfach so alleine rum! Was glaubst du, wieso ich dich heute eingeladen habe?!
Uff

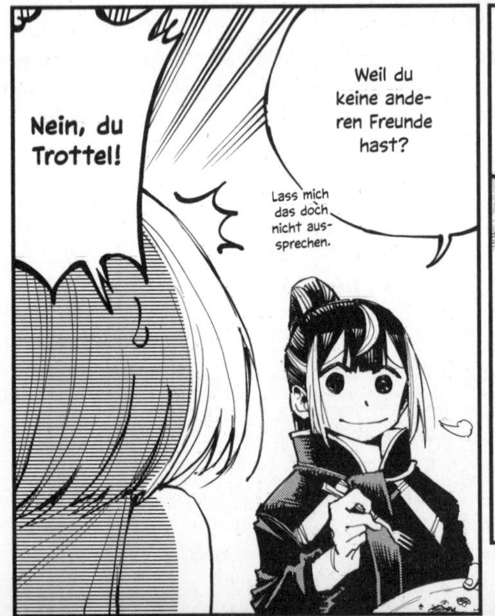
Weil du keine anderen Freunde hast?
Lass mich das doch nicht aussprechen.
Nein, du Trottel!

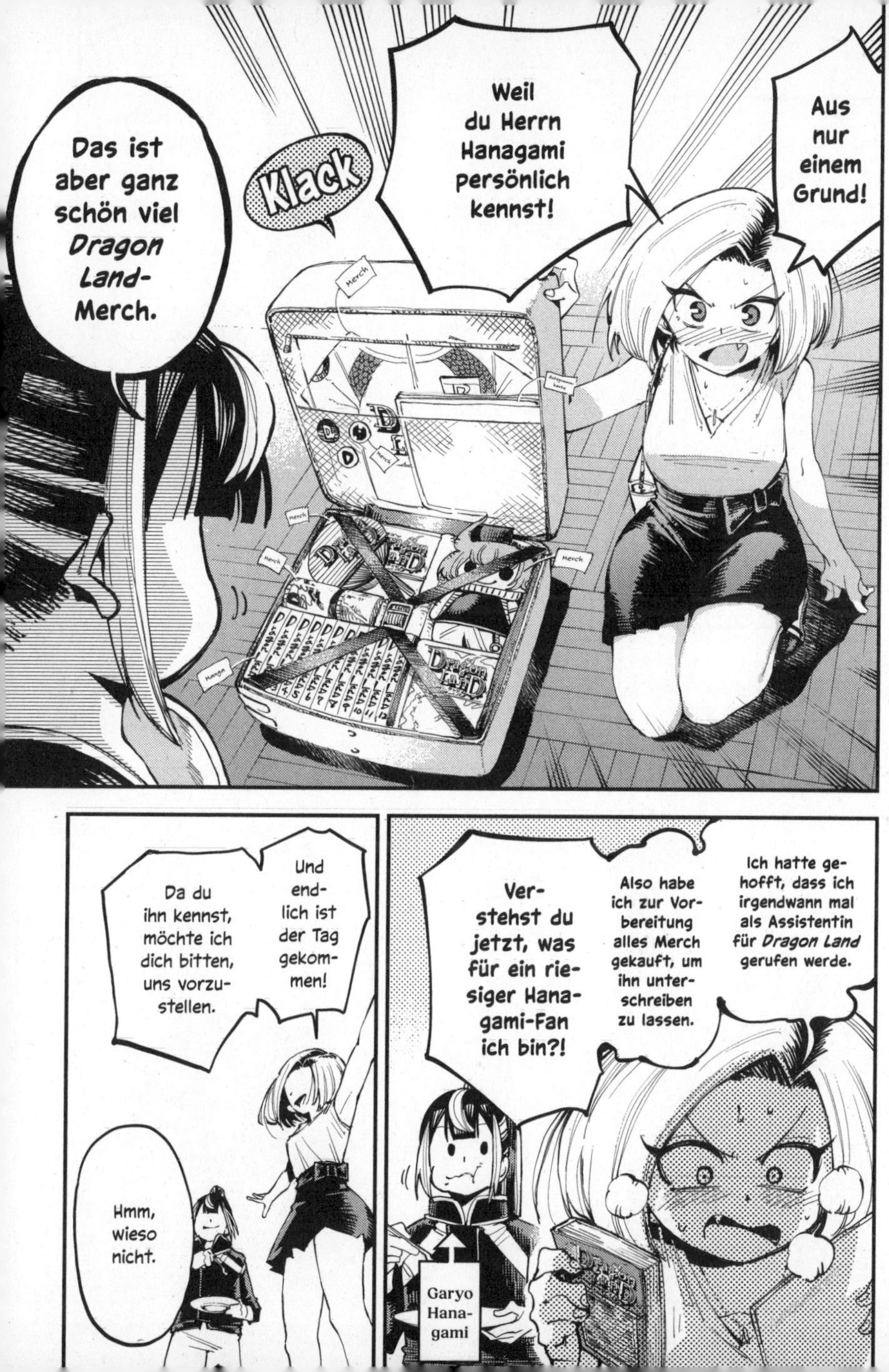

Aus nur einem Grund!

Weil du Herrn Hanagami persönlich kennst!

Klack

Das ist aber ganz schön viel *Dragon Land*-Merch.

Merch

Merch

Merch

Merch

Merch

Manga

Ich hatte gehofft, dass ich irgendwann mal als Assistentin für *Dragon Land* gerufen werde.

Also habe ich zur Vorbereitung alles Merch gekauft, um ihn unterschreiben zu lassen.

Verstehst du jetzt, was für ein riesiger Hanagami-Fan ich bin?!

Garyo Hanagami

Und endlich ist der Tag gekommen!

Da du ihn kennst, möchte ich dich bitten, uns vorzustellen.

Hmm, wieso nicht.

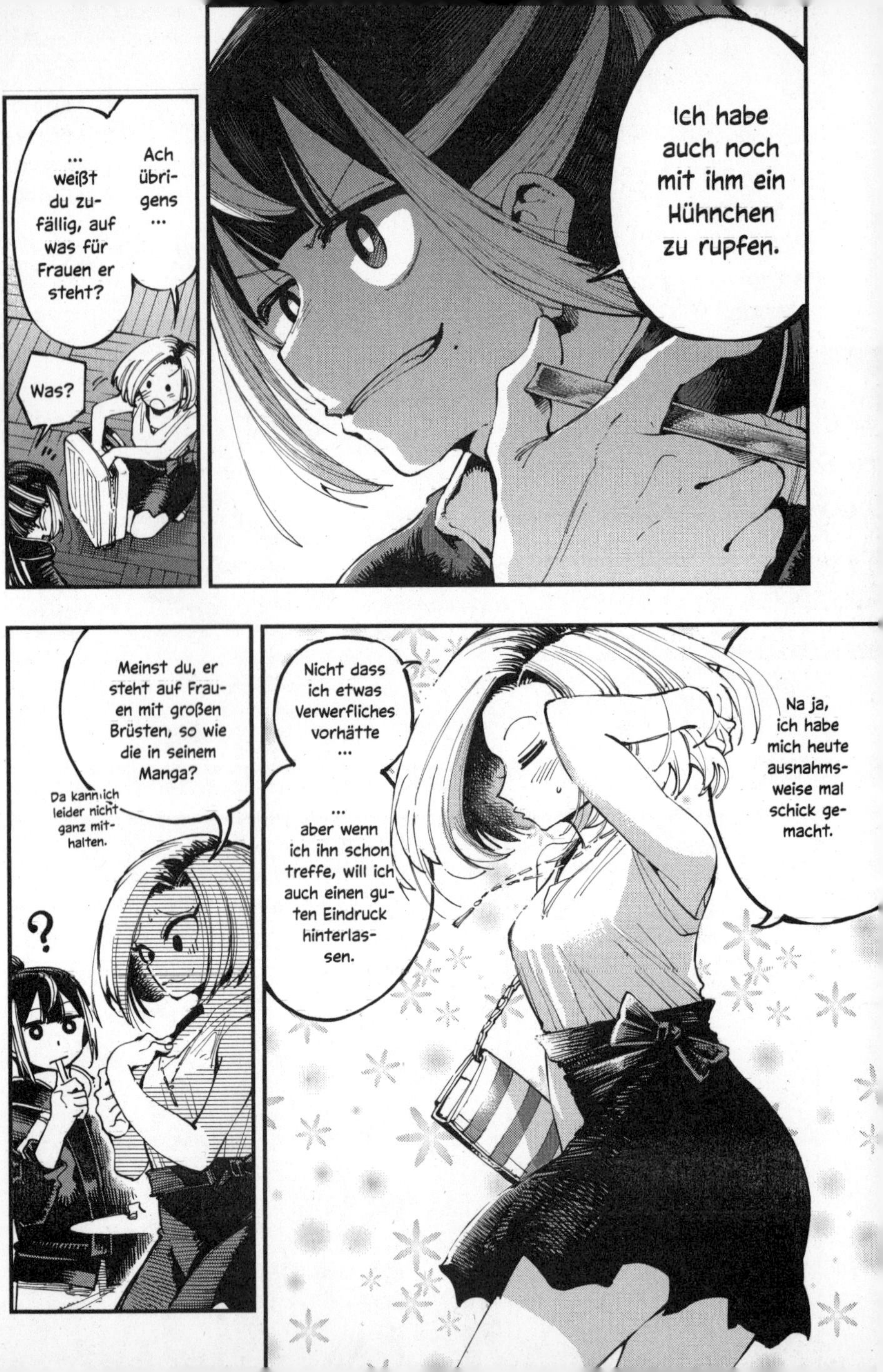

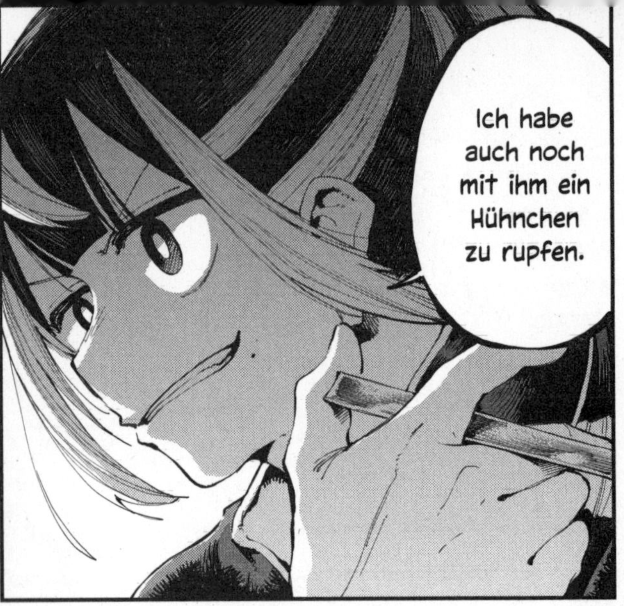

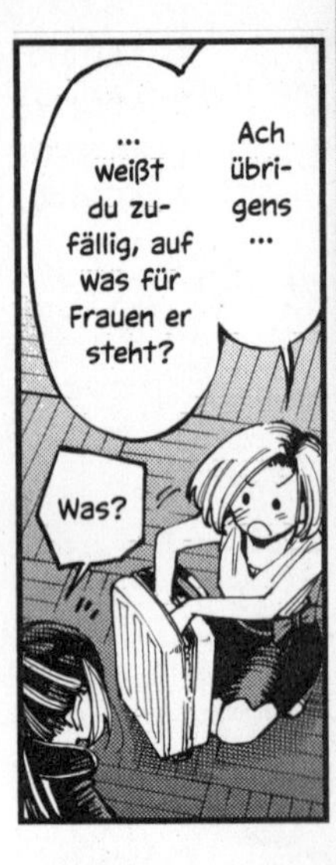

Na ja, ich habe mich heute ausnahmsweise mal schick gemacht.

Nicht dass ich etwas Verwerfliches vorhätte ...

... aber wenn ich ihn schon treffe, will ich auch einen guten Eindruck hinterlassen.

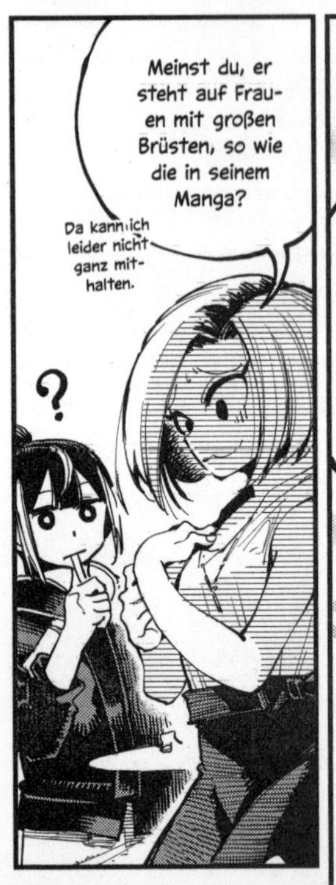

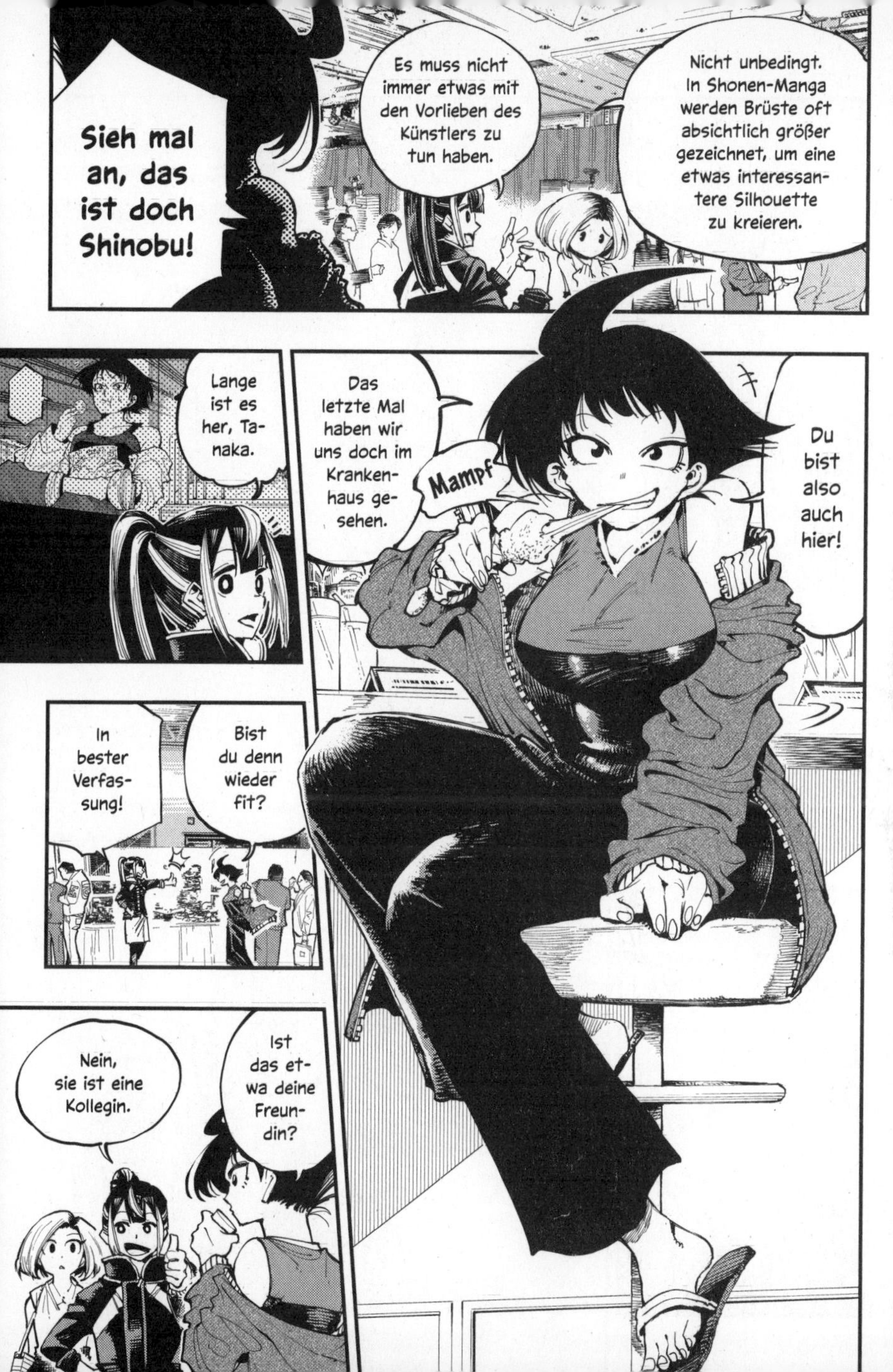
Nicht unbedingt. In Shonen-Manga werden Brüste oft absichtlich größer gezeichnet, um eine etwas interessantere Silhouette zu kreieren.
Es muss nicht immer etwas mit den Vorlieben des Künstlers zu tun haben.
Sieh mal an, das ist doch Shinobu!
Du bist also auch hier!
Mampf
Das letzte Mal haben wir uns doch im Krankenhaus gesehen.
Lange ist es her, Tanaka.
Bist du denn wieder fit?
In bester Verfassung!
Ist das etwa deine Freundin?
Nein, sie ist eine Kollegin.

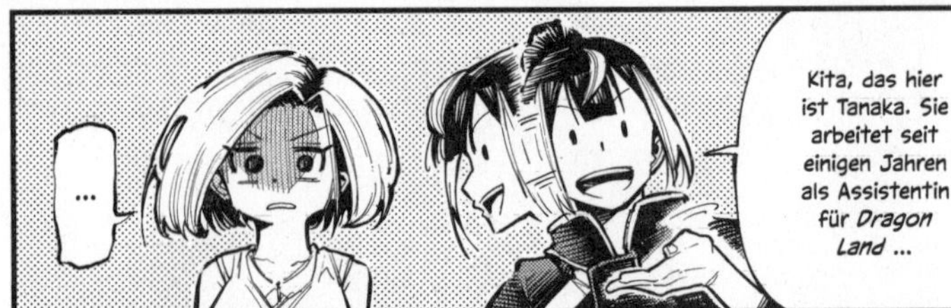

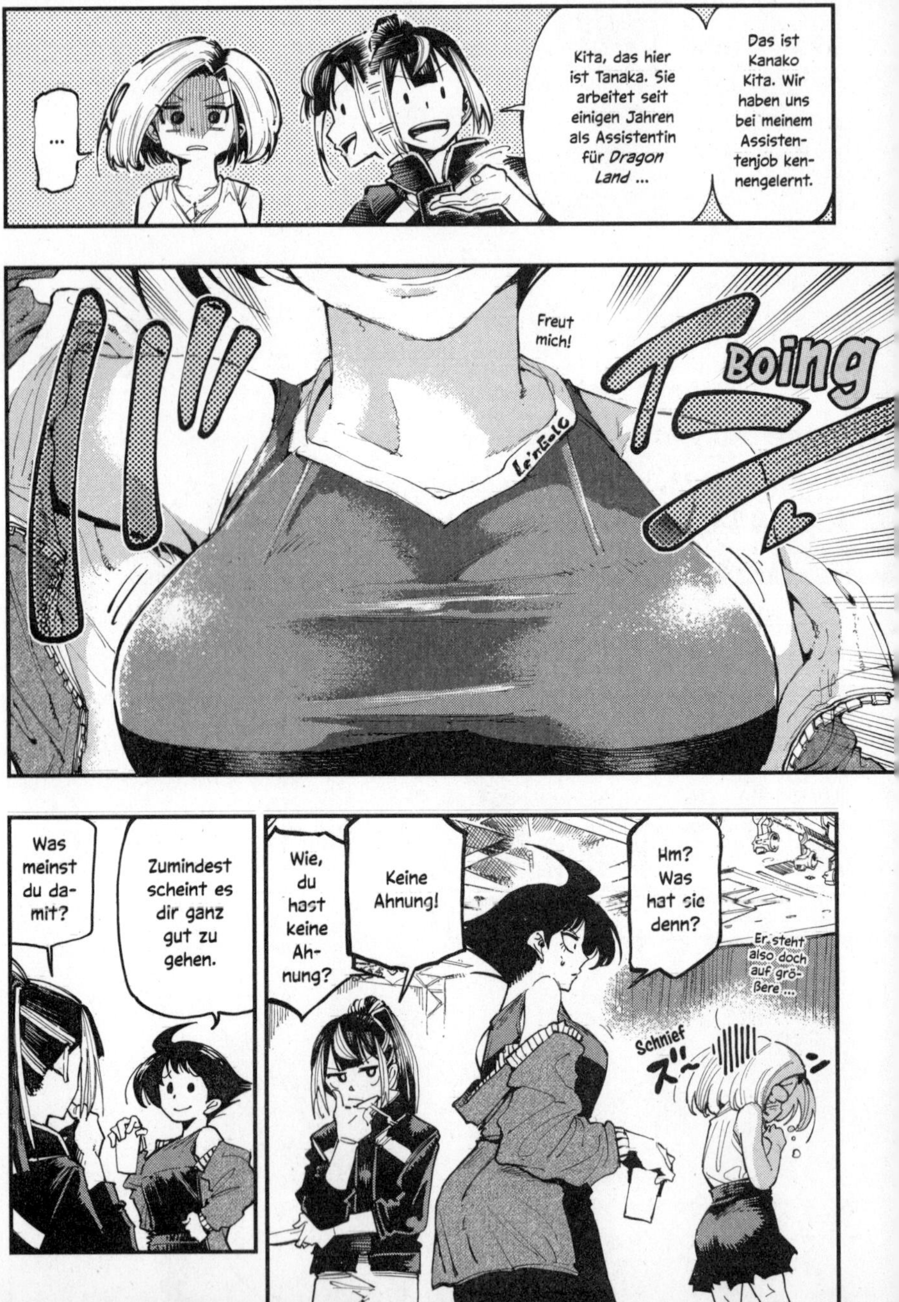

Boing
Freut mich!

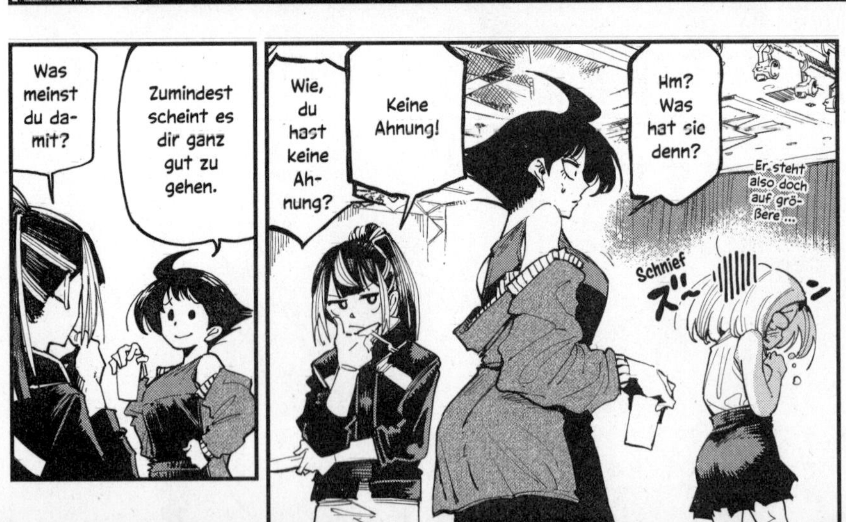

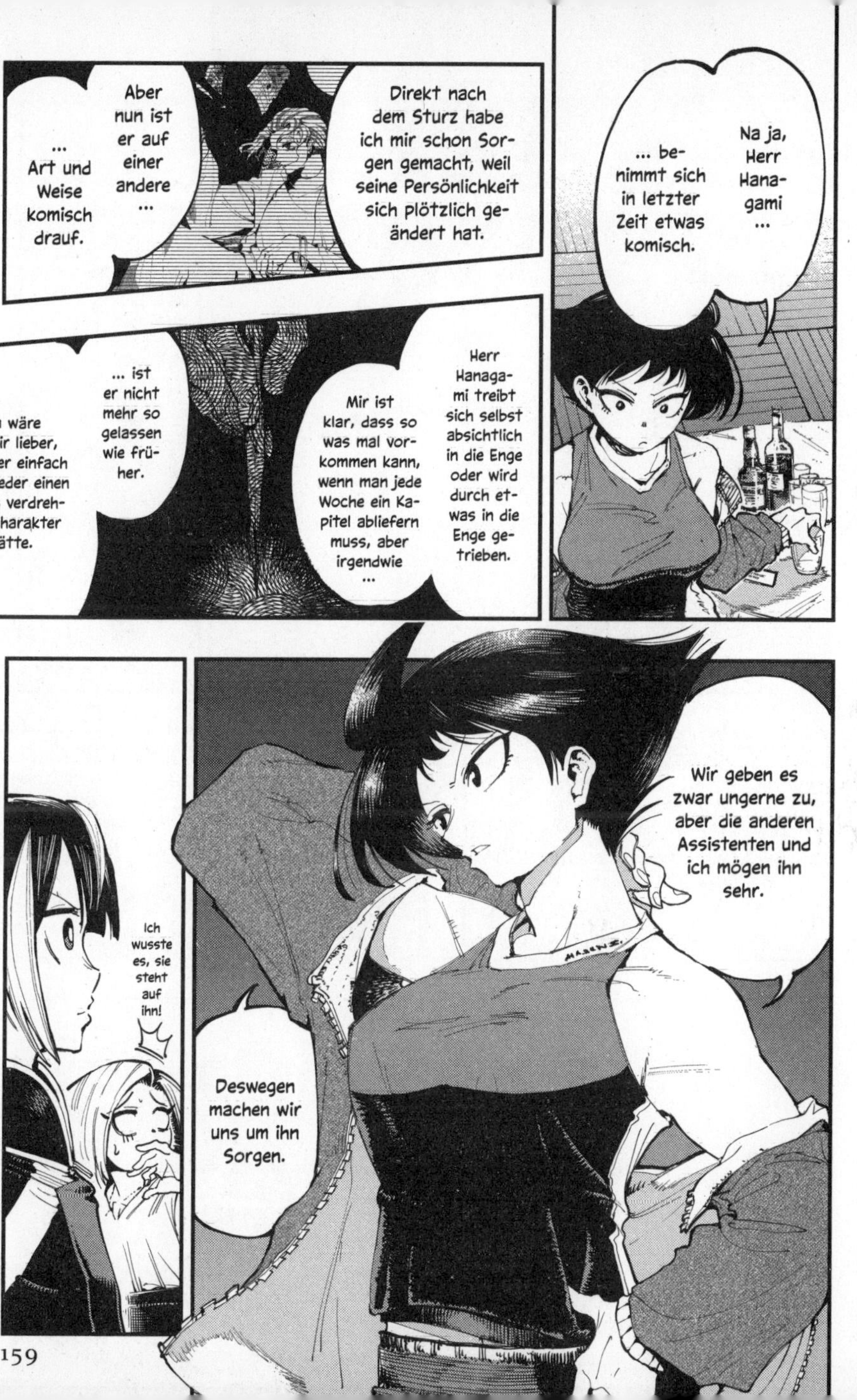

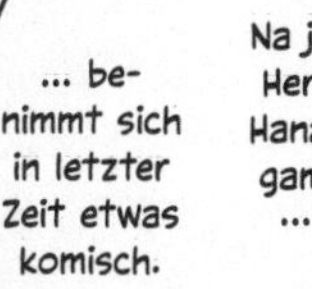
Na ja, Herr Hanagami ...
... benimmt sich in letzter Zeit etwas komisch.

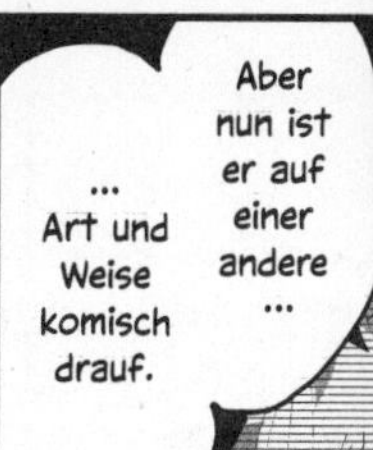
Direkt nach dem Sturz habe ich mir schon Sorgen gemacht, weil seine Persönlichkeit sich plötzlich geändert hat.
Aber nun ist er auf einer andere ...
... Art und Weise komisch drauf.

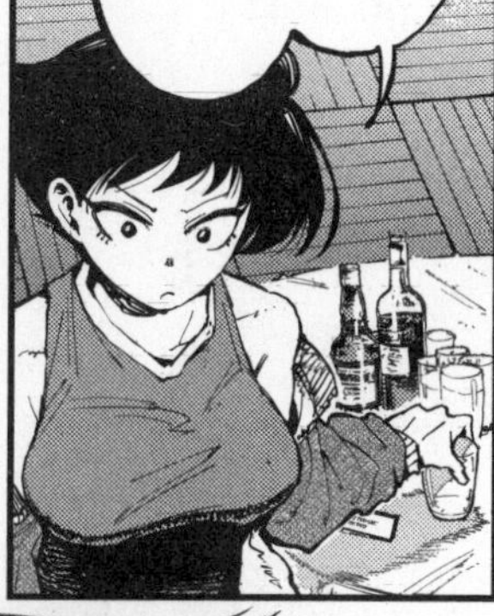
Herr Hanagami treibt sich selbst absichtlich in die Enge oder wird durch etwas in die Enge getrieben.

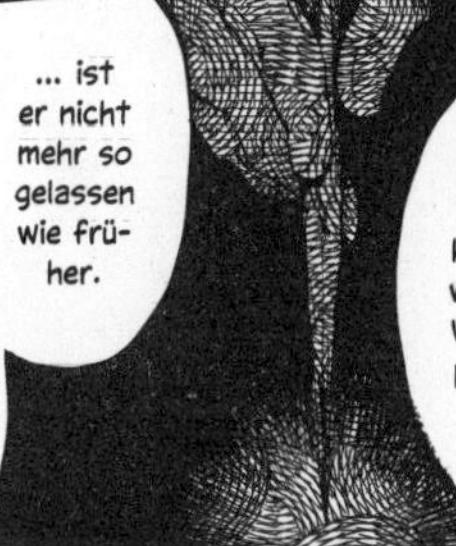
Mir ist klar, dass so was mal vorkommen kann, wenn man jede Woche ein Kapitel abliefern muss, aber irgendwie ...
... ist er nicht mehr so gelassen wie früher.
Da wäre es mir lieber, wenn er einfach nur wieder einen etwas verdrehten Charakter hätte.

Wir geben es zwar ungerne zu, aber die anderen Assistenten und ich mögen ihn sehr.
Deswegen machen wir uns um ihn Sorgen.
Ich wusste es, sie steht auf ihn!

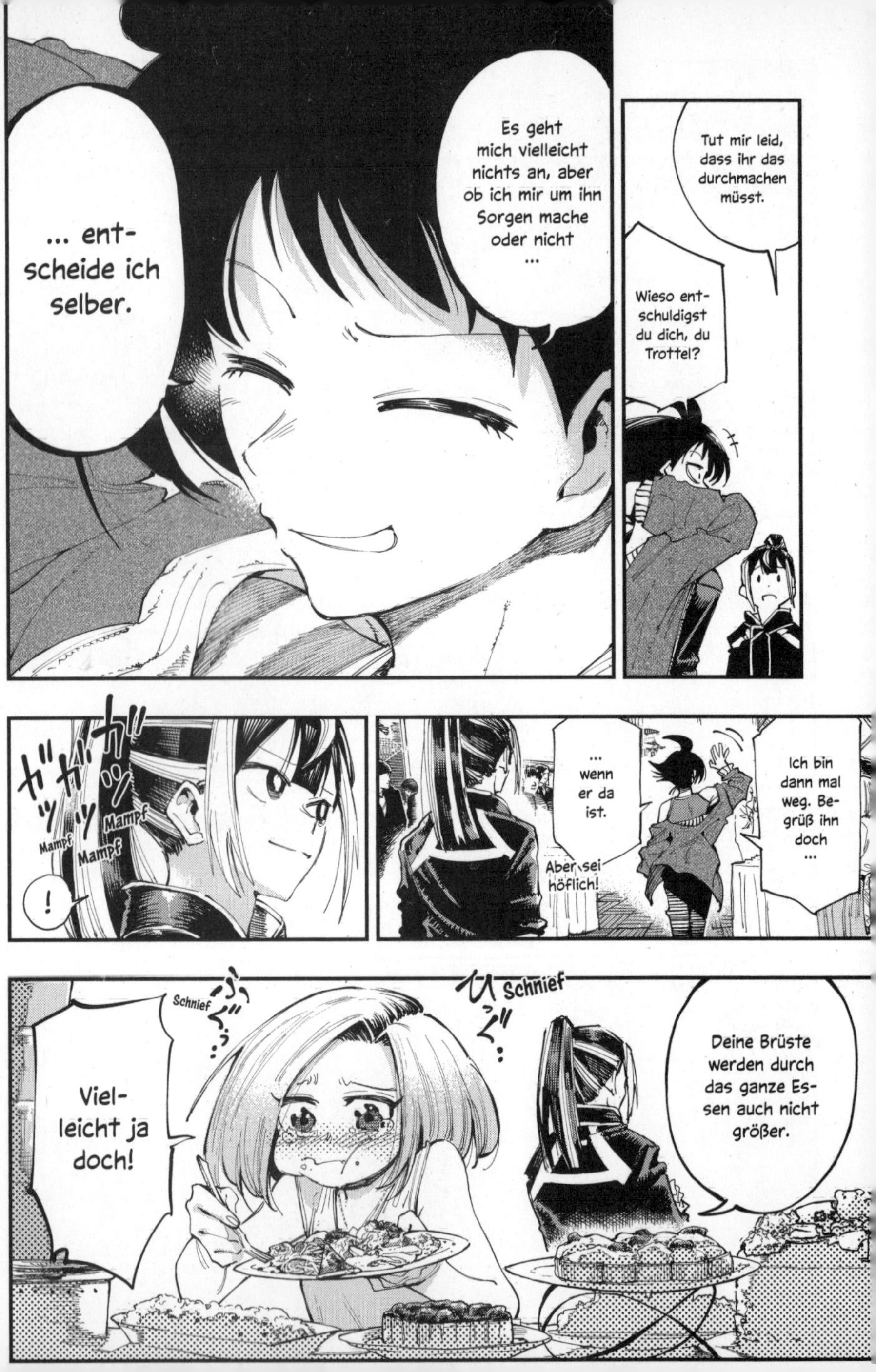

Tut mir leid, dass ihr das durchmachen müsst.
Wieso entschuldigst du dich, du Trottel?
Es geht mich vielleicht nichts an, aber ob ich mir um ihn Sorgen mache oder nicht ...
... entscheide ich selber.

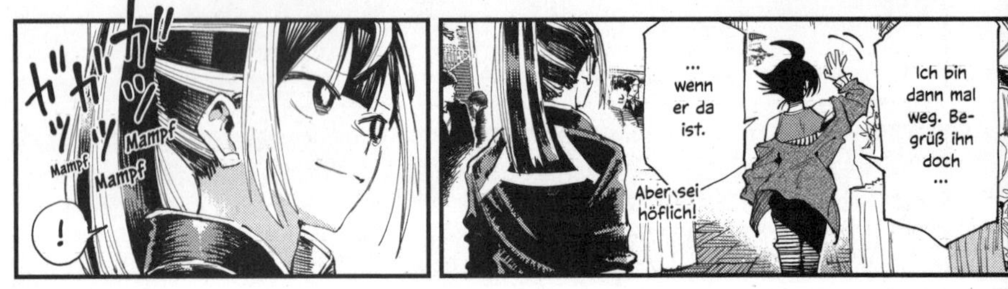

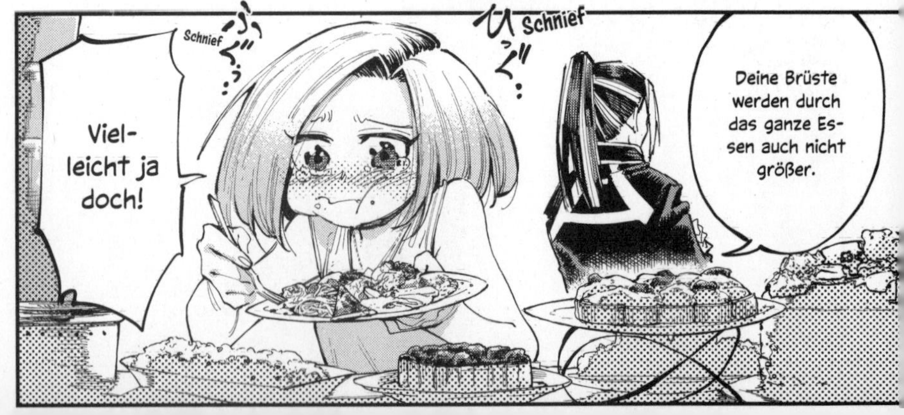

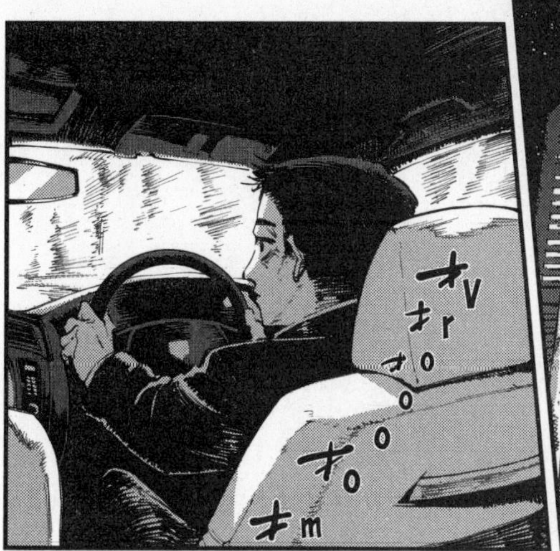
Vroom!!
Vroooom

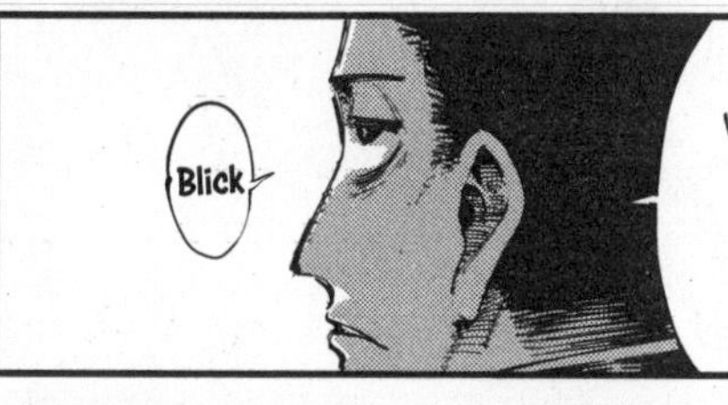
Wenn die Straßen so leer bleiben …
Blick

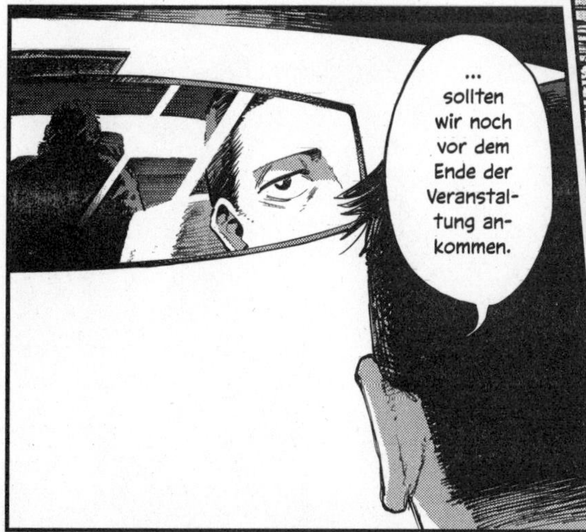
… sollten wir noch vor dem Ende der Veranstaltung ankommen.

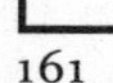

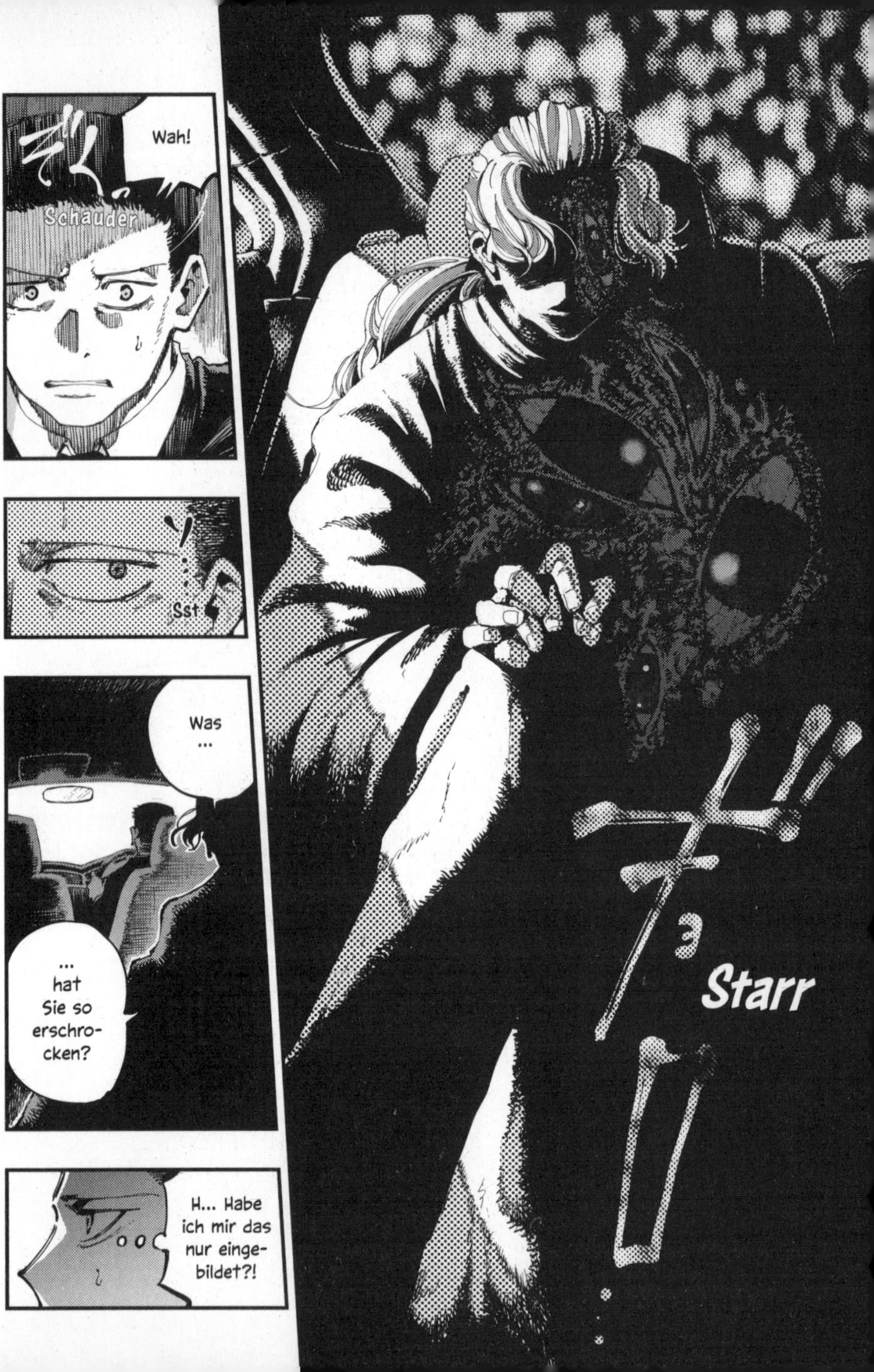

Starr

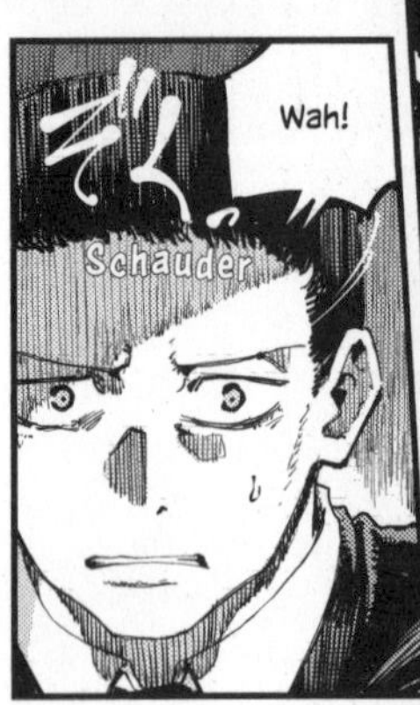
Wah!
Schauder

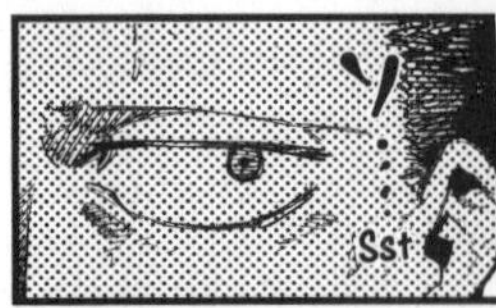
Sst

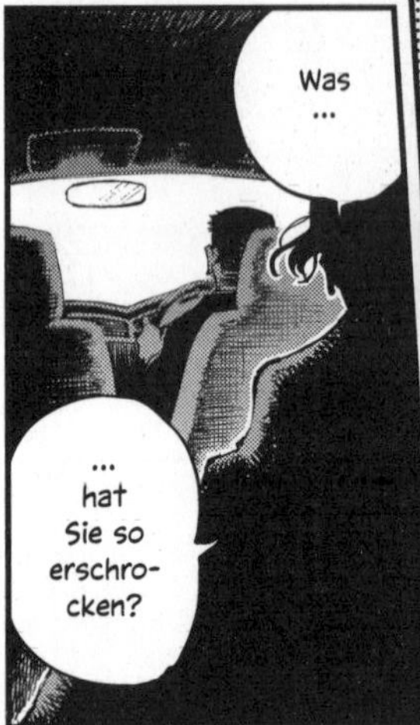
Was ...
... hat Sie so erschro-cken?

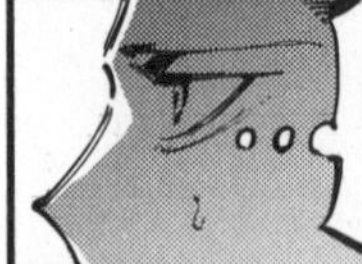
H... Habe ich mir das nur einge-bildet?!

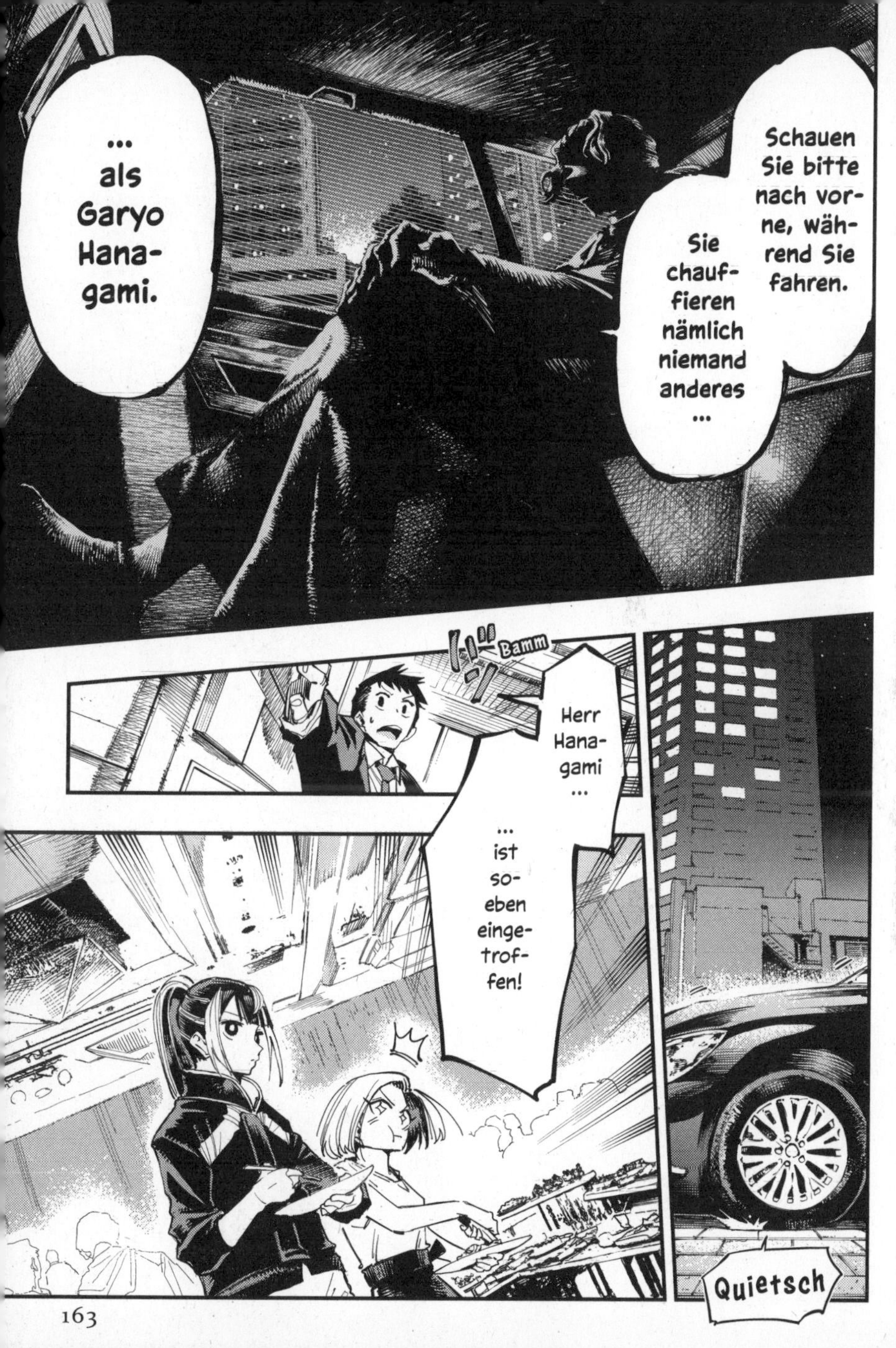
Schauen Sie bitte nach vorne, während Sie fahren.
Sie chauffieren nämlich niemand anderes ...
... als Garyo Hanagami.
Bamm
Herr Hanagami ...
... ist soeben eingetroffen!
Quietsch

Der Weg zu einer Mangaserie

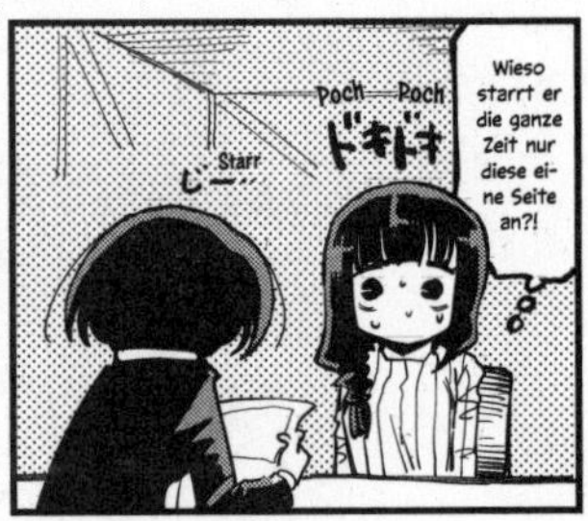

Manga-Einreichung

Zuerst bringt man ein fertiges Manuskript zu einem Verlag. Falls es als gut genug eingestuft wird, bekommt man einen Redakteur zugeteilt.

Einen Manga-Preis gewinnen

Viele fangen auch schon hiermit an. Man bewirbt sich mit einem fertigen Manuskript bei einem Manga-Wettbewerb. Dieser Schritt ist vor allem für Leute empfehlenswert, die auf dem Land wohnen und nicht einfach zu einem Verlag gehen können. Aber aufgepasst! Wenn man gewinnt, bekommt man einen Anruf vom Verlag. Ich habe schon von vielen gehört, dass sie zuerst dachten, es würde sich bei dem Anruf um Betrug handeln!

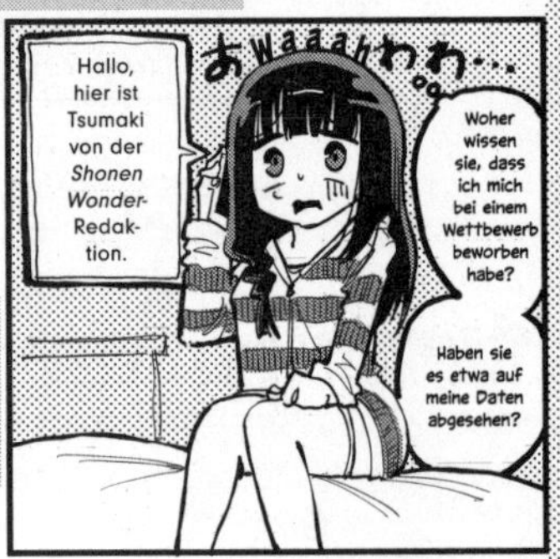

Magazin-Debüt

Als Nächstes muss man ein Storyboard (wird später erklärt) für einen One-Shot für ein Redaktionsmeeting abgeben. Wenn das Meeting bestanden ist, wird der Manga endlich von vielen Leuten im ganzen Land gelesen! Vielleicht bekommt man auch schon den ersten Fanbrief und vergießt vor Freude ein Tränchen!

Laufende Mangaserie

Wenn das Storyboard dann noch das nächste Redaktionsmeeting übersteht, ist es endlich geschafft! Eine laufende Mangaserie! Glückwunsch! Ab jetzt wird es erst richtig anstrengend!

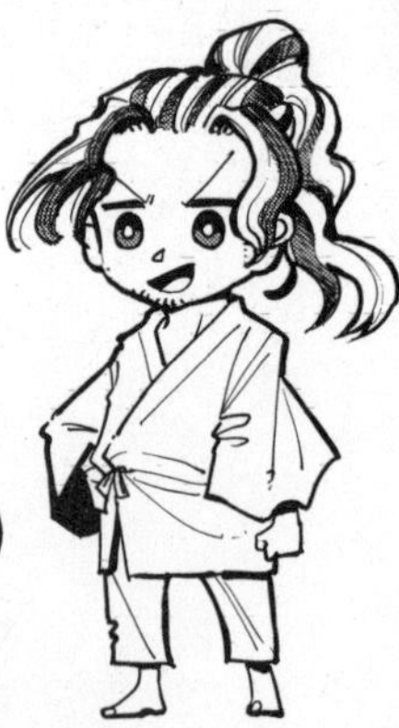

Heutzutage gibt es verschiedene Wege, wie man einen Manga veröffentlichen kann! Dank Social Media können alle möglichen Manga nun leichter verbreitet werden!

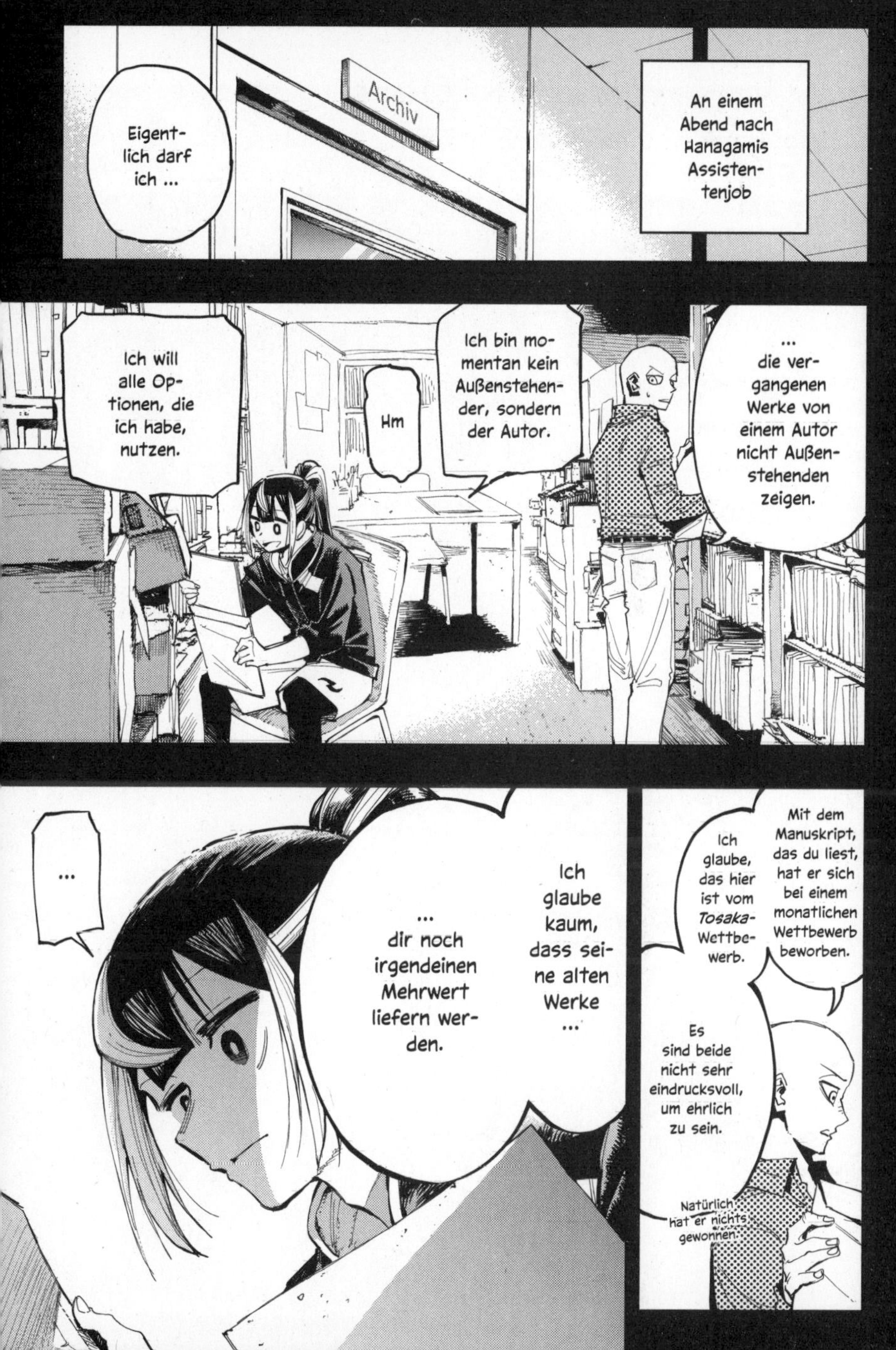
An einem Abend nach Hanagamis Assistentenjob
Archiv
Eigentlich darf ich ...
... die vergangenen Werke von einem Autor nicht Außenstehenden zeigen.
Ich bin momentan kein Außenstehender, sondern der Autor.
Hm
Ich will alle Optionen, die ich habe, nutzen.
Mit dem Manuskript, das du liest, hat er sich bei einem monatlichen Wettbewerb beworben.
Ich glaube, das hier ist vom *Tosaka*-Wettbewerb.
Es sind beide nicht sehr eindrucksvoll, um ehrlich zu sein.
Natürlich hat er nichts gewonnen.
Ich glaube kaum, dass seine alten Werke ...
... dir noch irgendeinen Mehrwert liefern werden.
...

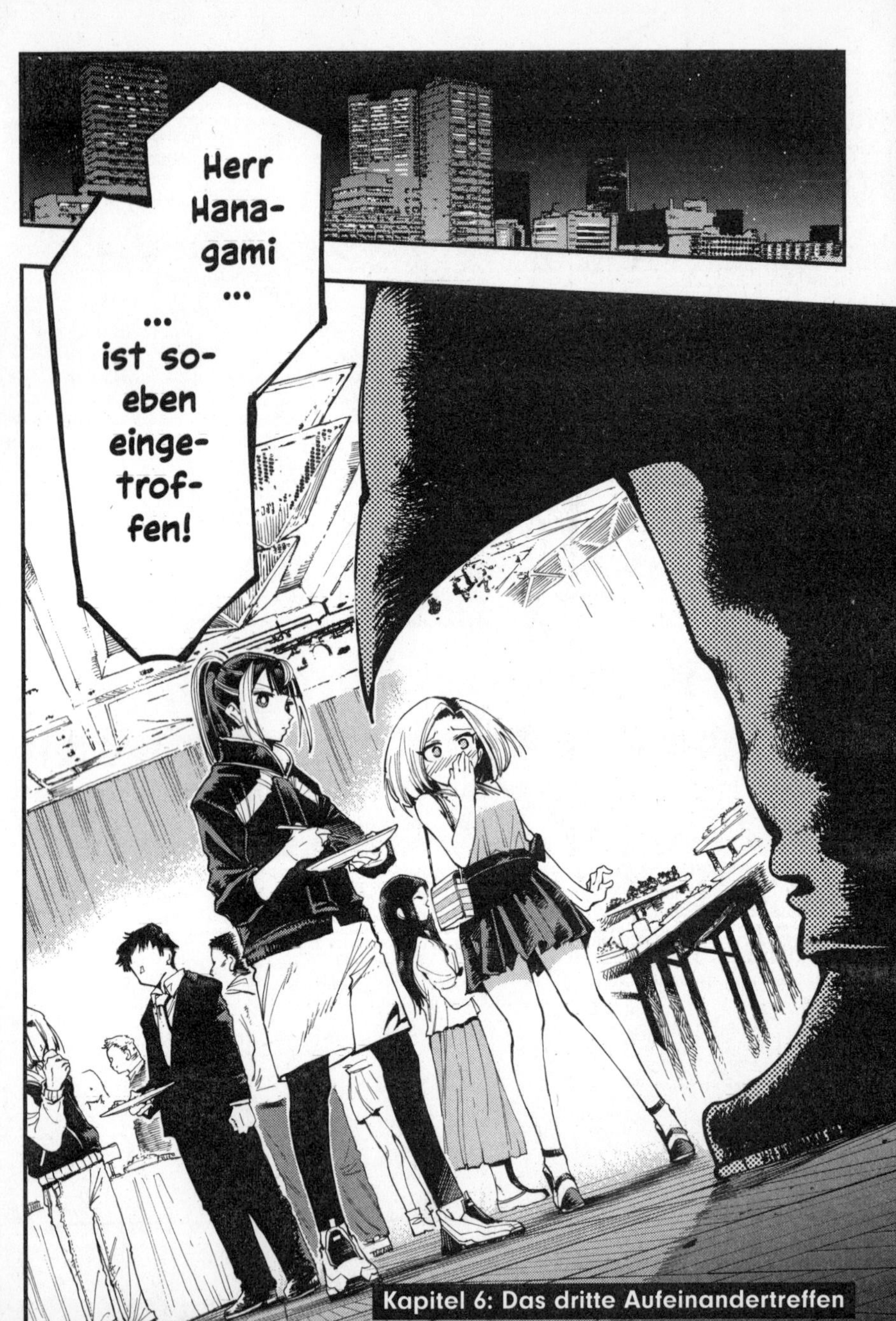
Herr Hanagami ...
... ist soeben eingetroffen!
Kapitel 6: Das dritte Aufeinandertreffen

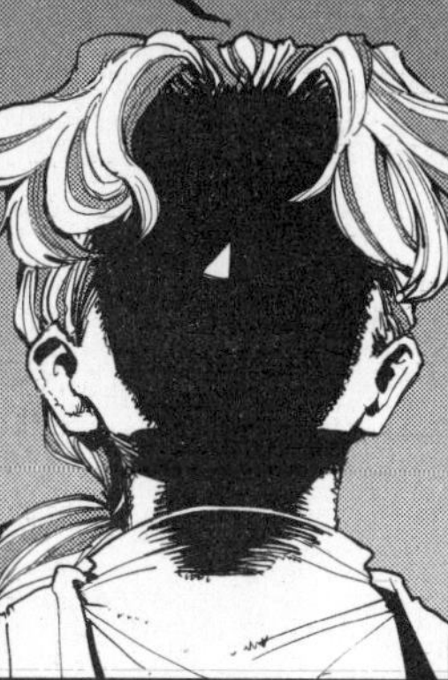
Ach, du bist heute auch gekommen, Shinobu.

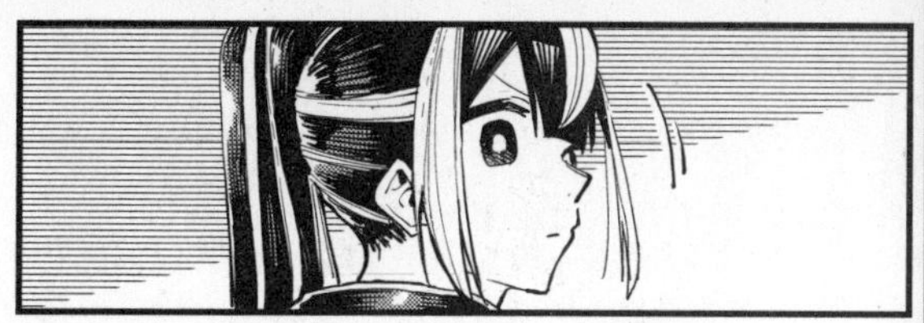

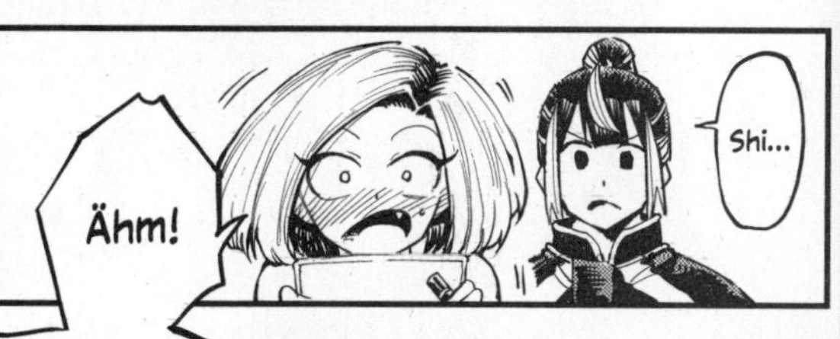
Shi...
Ähm!

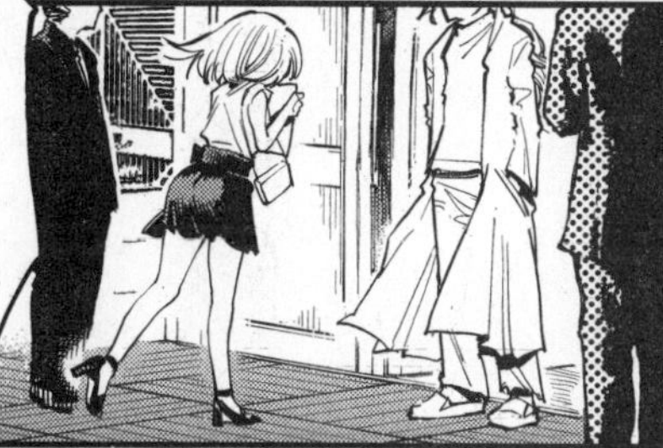
Ich bin eine Arbeits-kollegin von Miyama ...

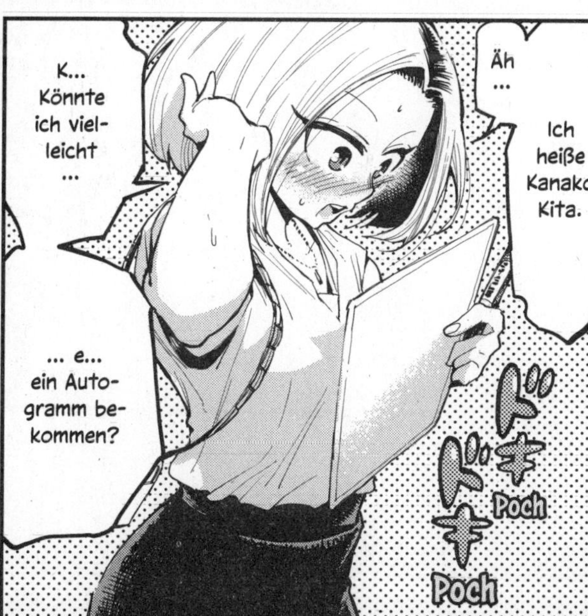
Äh ...
Ich heiße Kanako Kita.
K... Könnte ich viel-leicht ...
... e... ein Auto-gramm be-kommen?
Poch
Poch

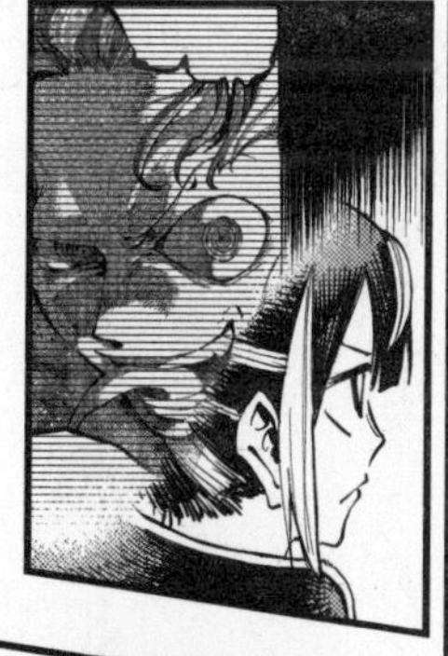

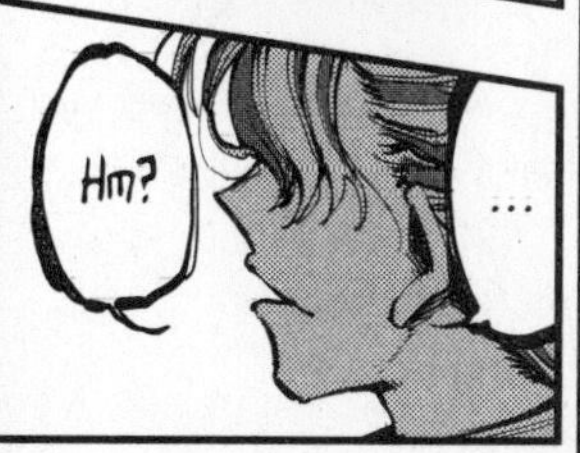
Hm?
...

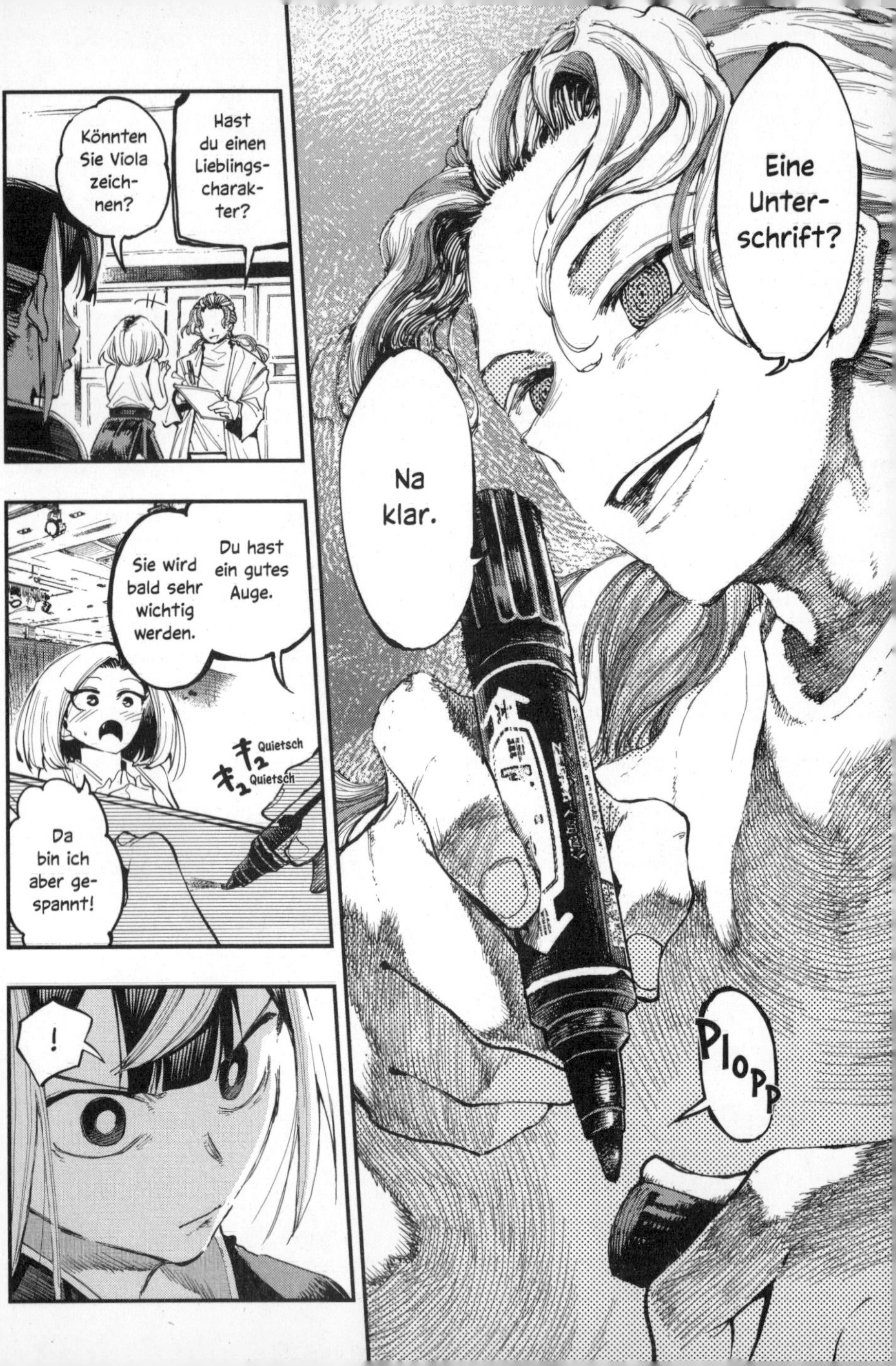

Eine Unter-schrift?

Na klar.

Plopp

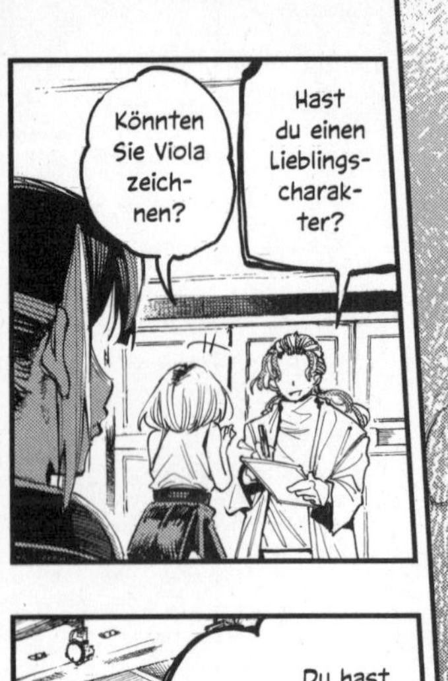

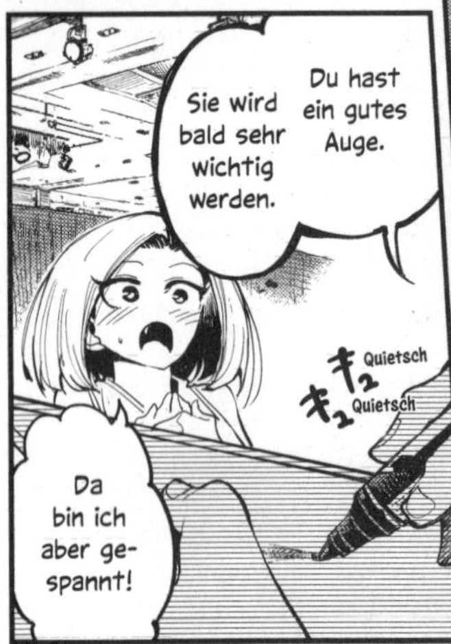

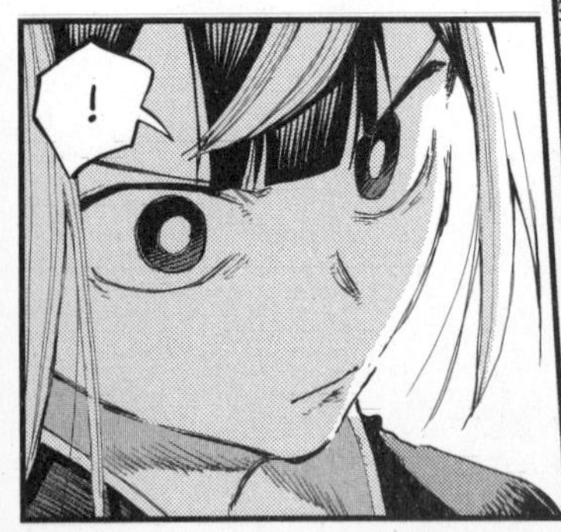

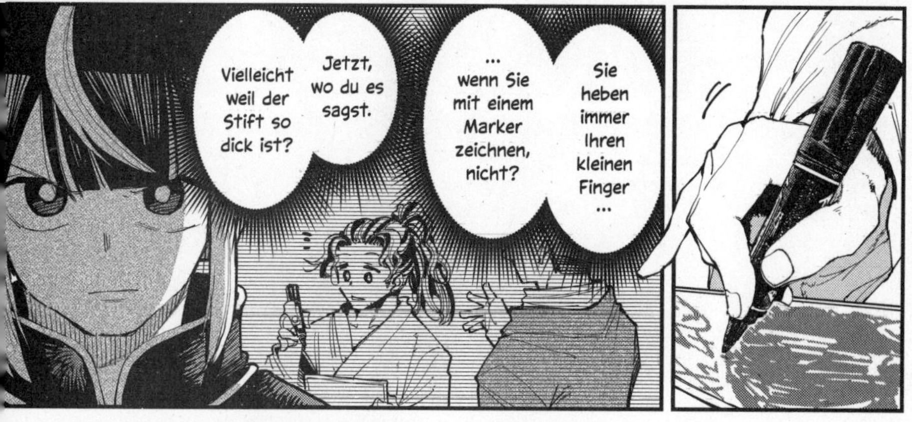
Sie heben immer Ihren kleinen Finger ...
... wenn Sie mit einem Marker zeichnen, nicht?
Jetzt, wo du es sagst.
Vielleicht weil der Stift so dick ist?

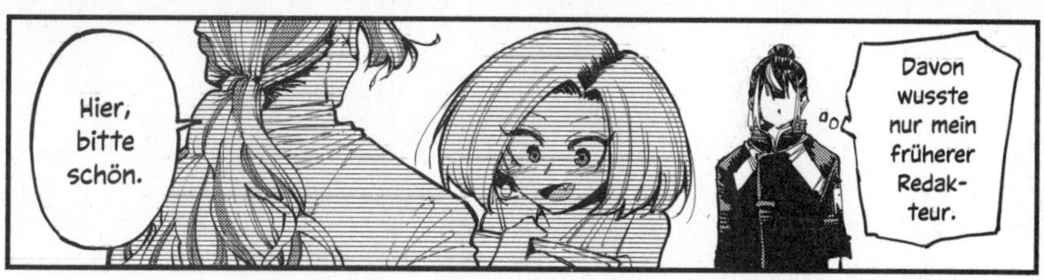
Davon wusste nur mein früherer Redakteur.
Hier, bitte schön.

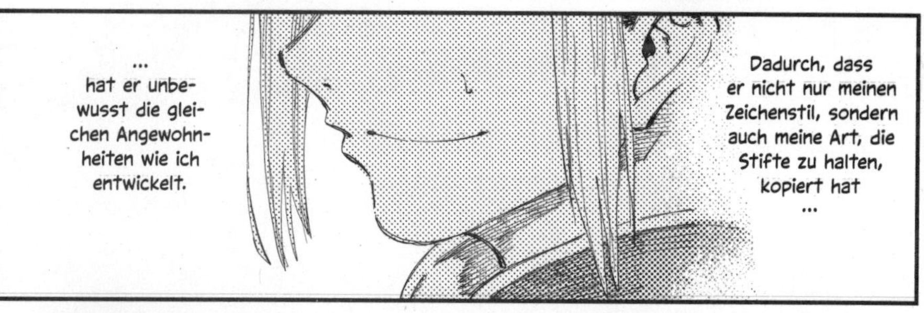
Dadurch, dass er nicht nur meinen Zeichenstil, sondern auch meine Art, die Stifte zu halten, kopiert hat ...
... hat er unbewusst die gleichen Angewohnheiten wie ich entwickelt.

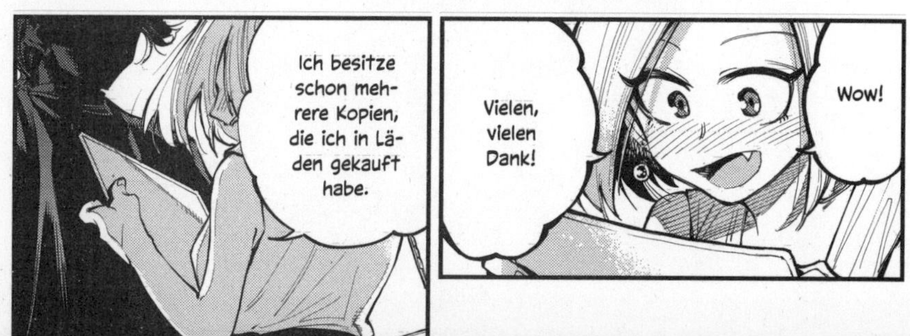
Wow!
Vielen, vielen Dank!
Ich besitze schon mehrere Kopien, die ich in Läden gekauft habe.

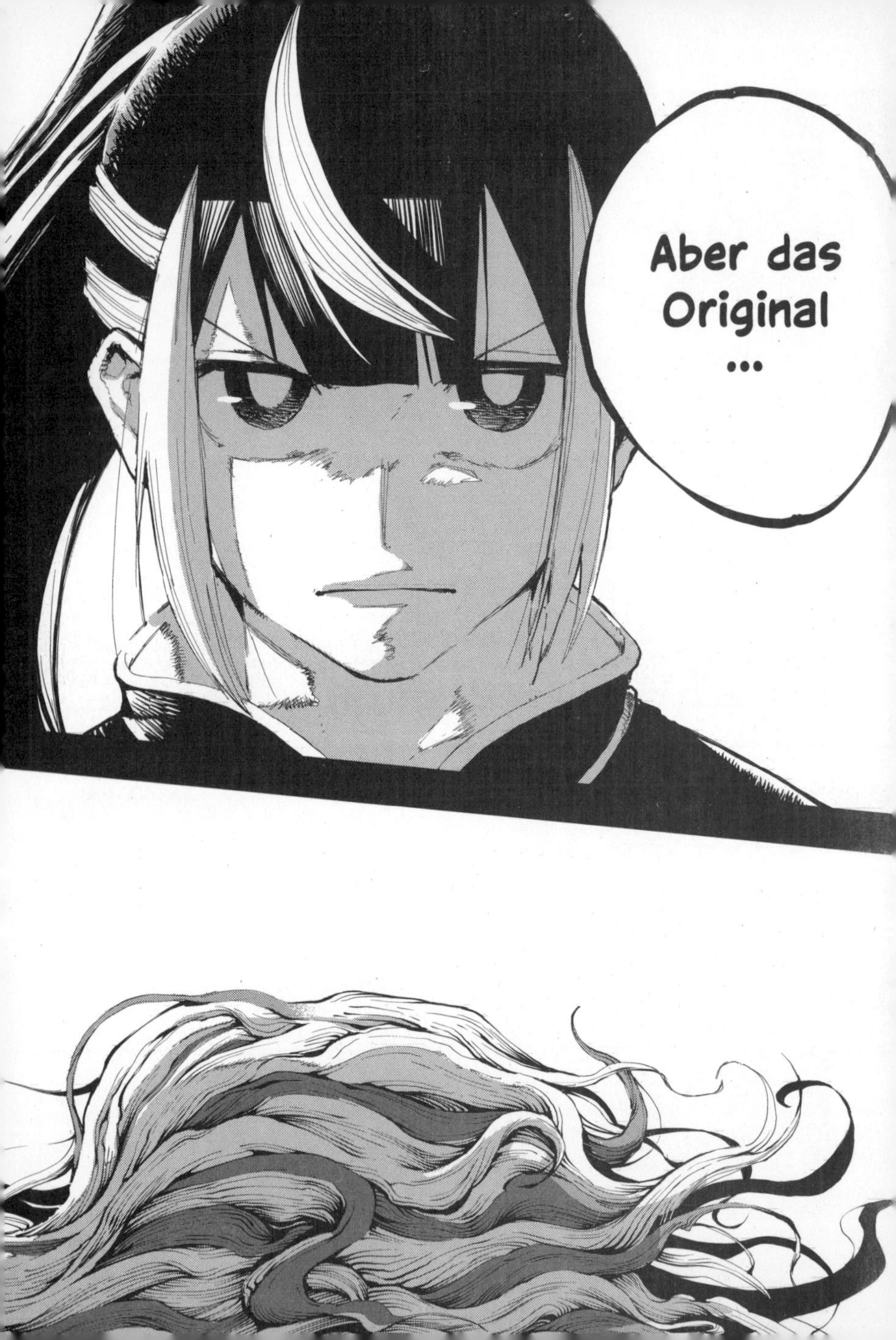
Aber das
Original
...

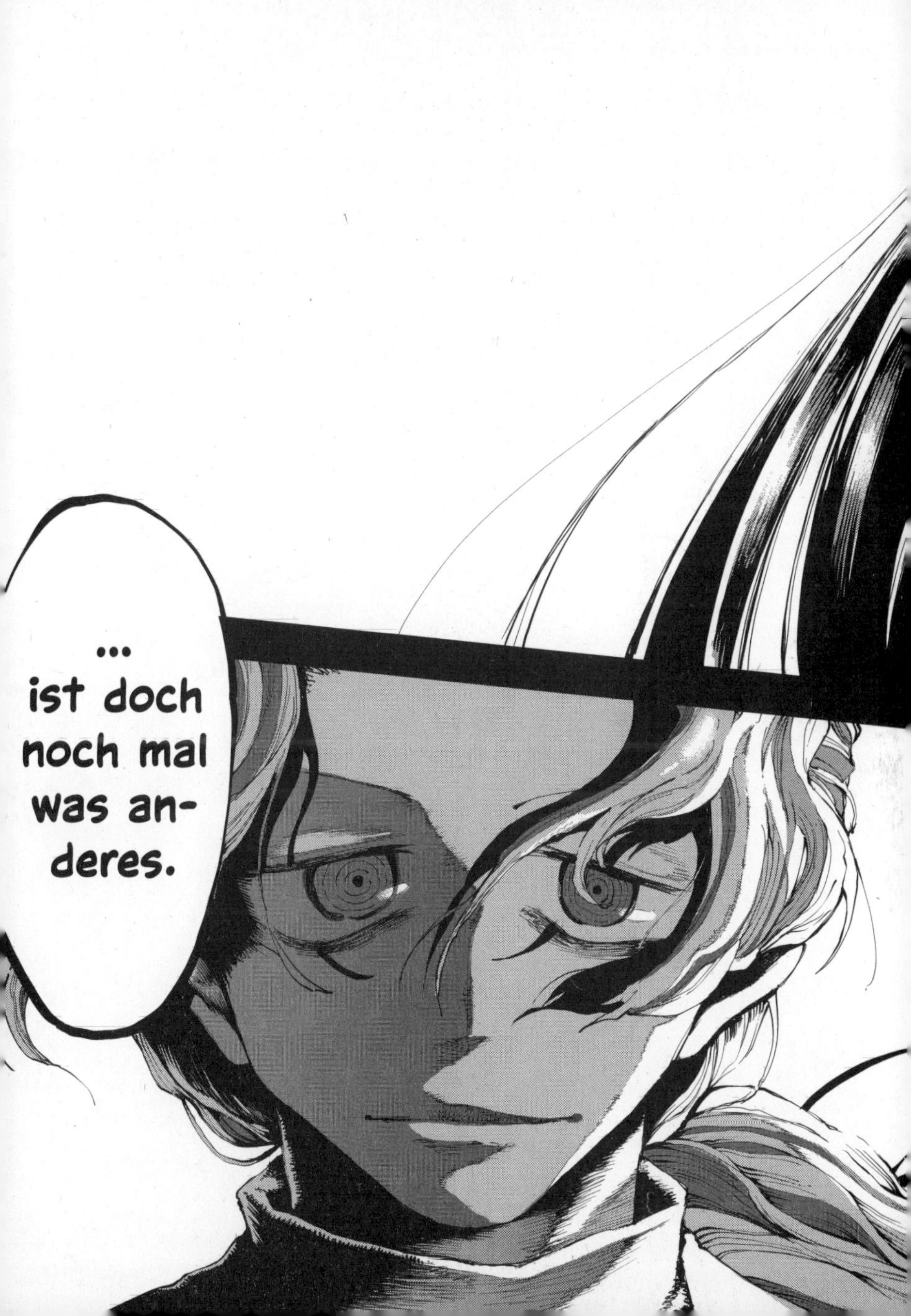
... ist doch noch mal was anderes.

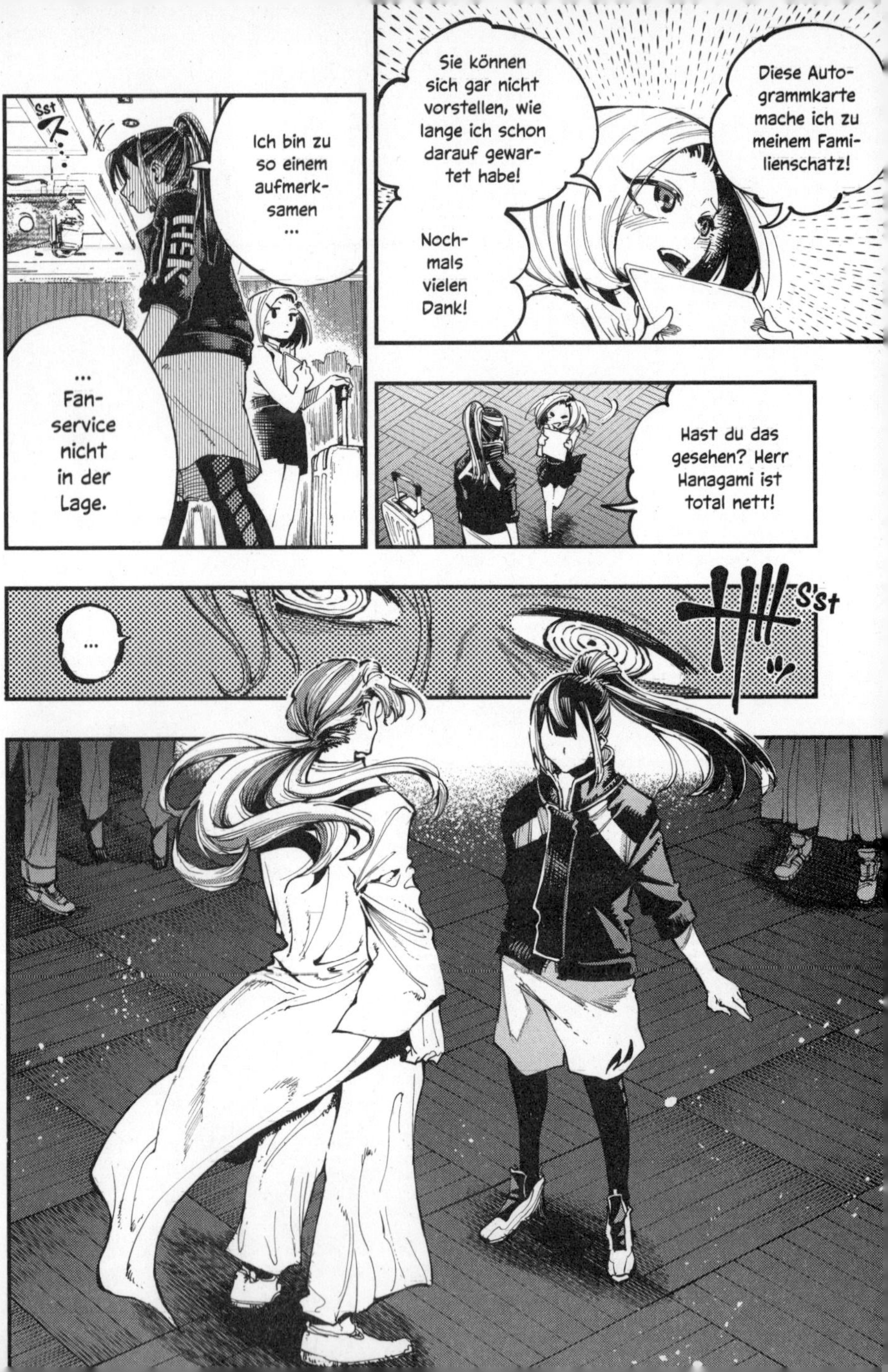

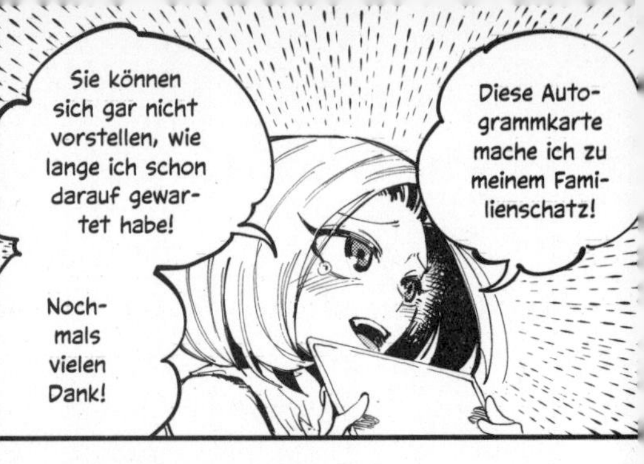
Diese Autogrammkarte mache ich zu meinem Familienschatz!
Sie können sich gar nicht vorstellen, wie lange ich schon darauf gewartet habe!
Nochmals vielen Dank!

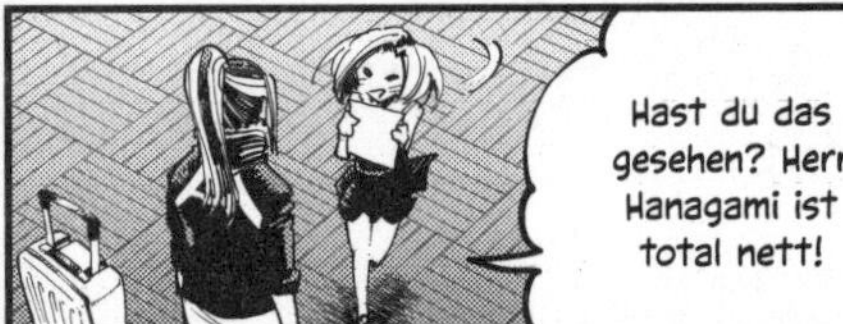
Hast du das gesehen? Herr Hanagami ist total nett!

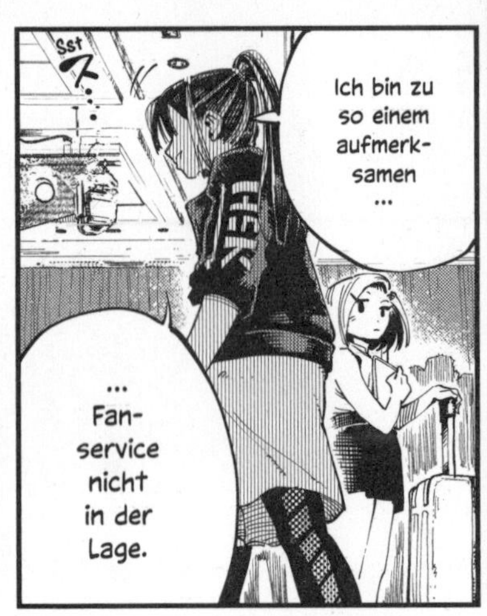
Sst
Ich bin zu so einem aufmerksamen ...
... Fanservice nicht in der Lage.

S'st

...

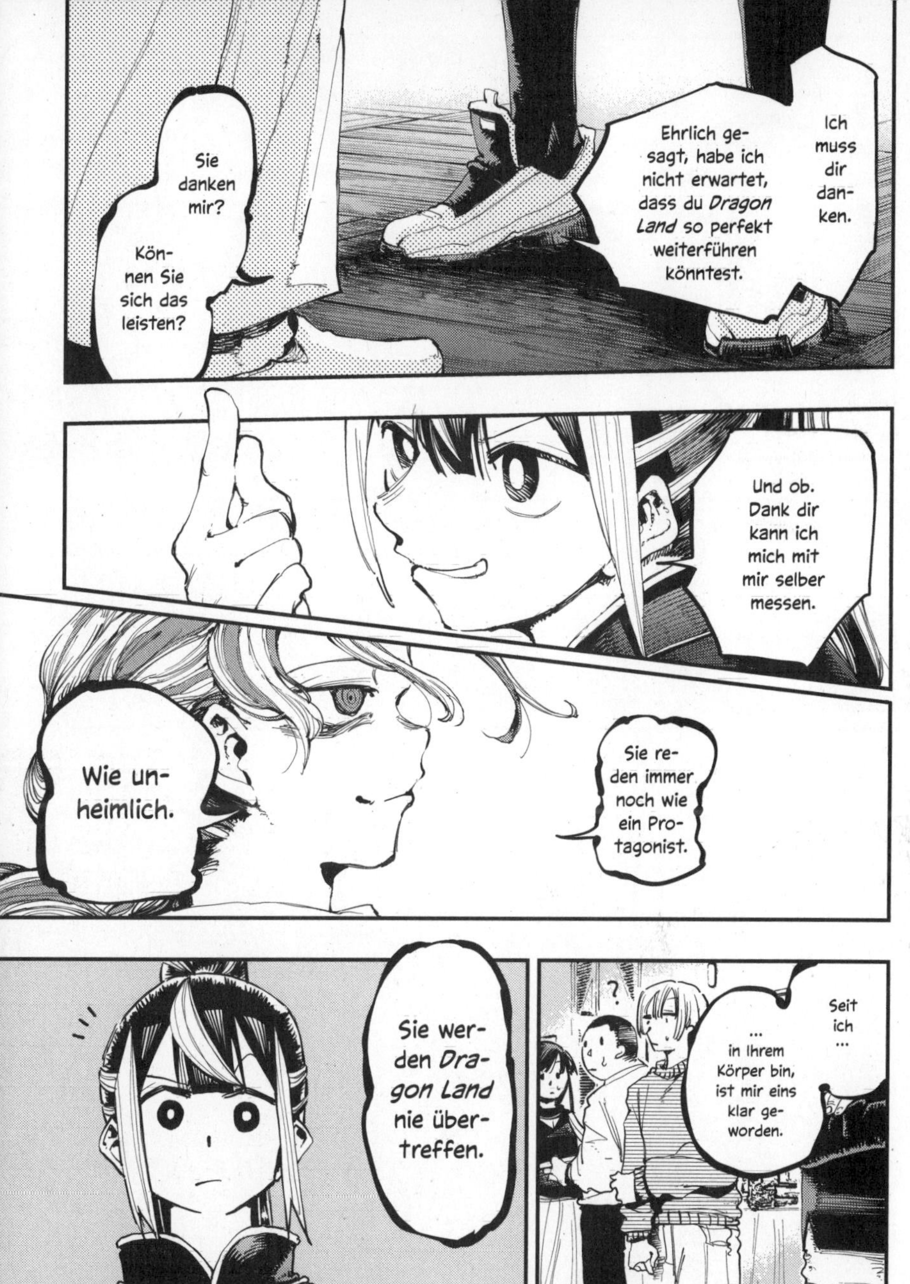
Ich muss dir danken.
Ehrlich gesagt, habe ich nicht erwartet, dass du *Dragon Land* so perfekt weiterführen könntest.
Sie danken mir?
Können Sie sich das leisten?
Und ob. Dank dir kann ich mich mit mir selber messen.
Sie reden immer noch wie ein Protagonist.
Wie unheimlich.
Seit ich ...
... in Ihrem Körper bin, ist mir eins klar geworden.
?
Sie werden *Dragon Land* nie übertreffen.

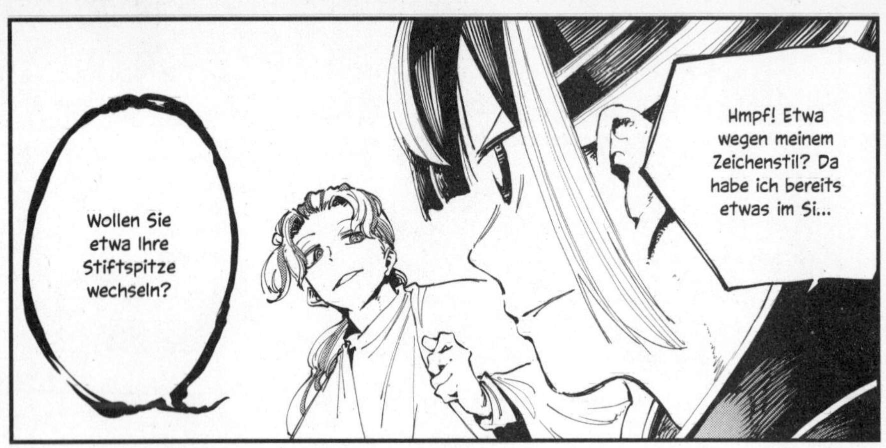

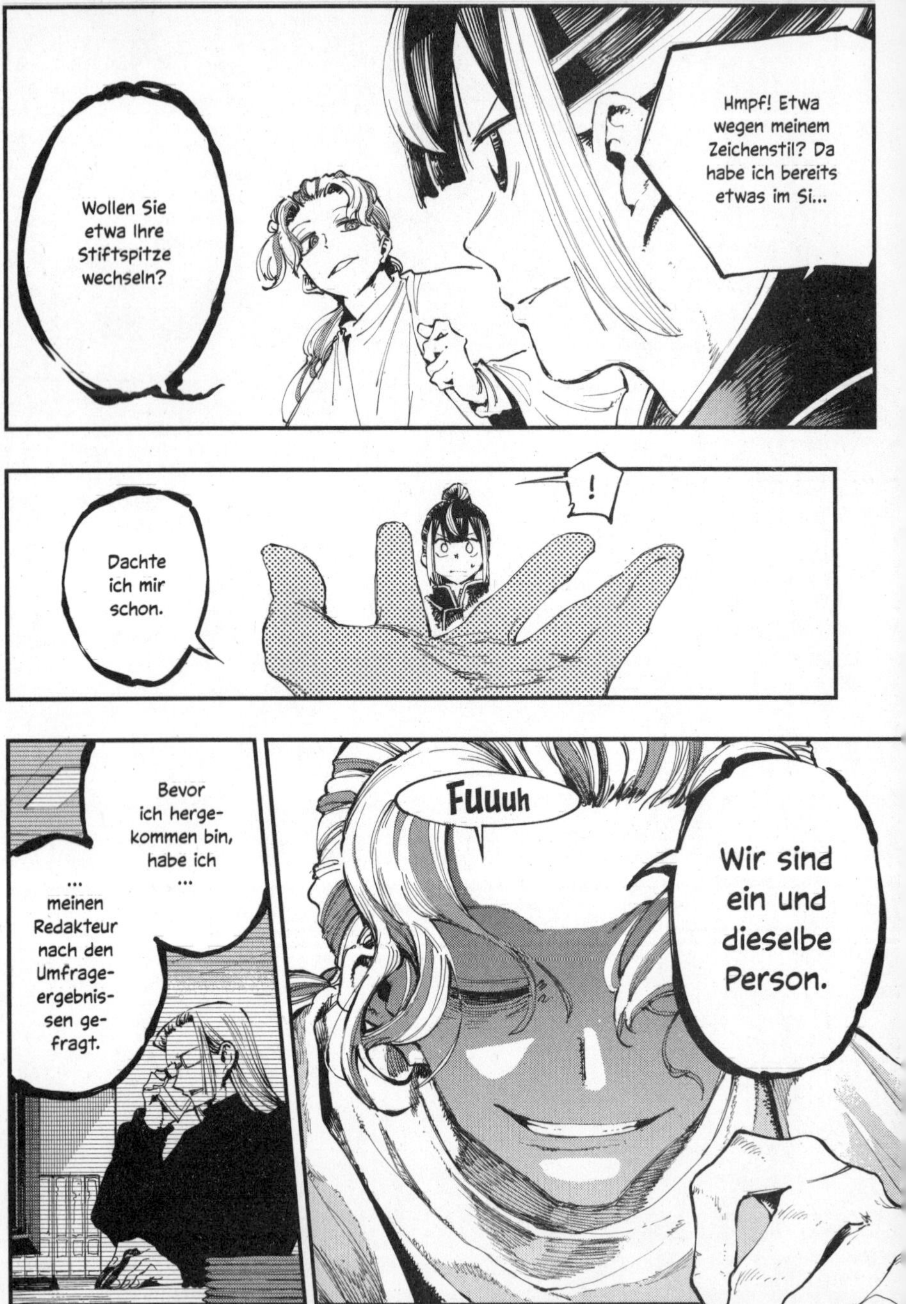

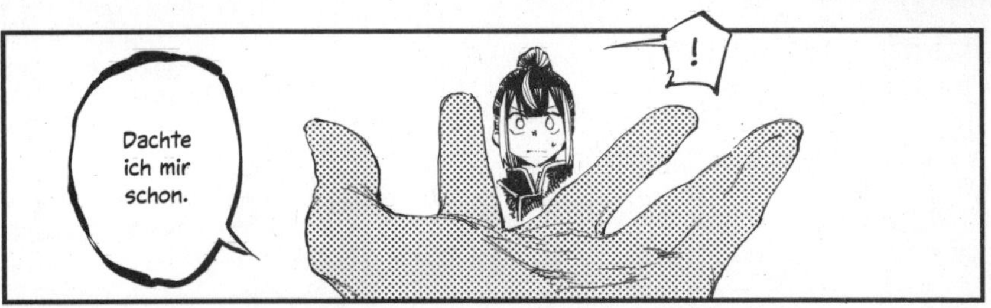

Fuuuh

Wir sind ein und dieselbe Person.

Bevor ich hergekommen bin, habe ich ...

... meinen Redakteur nach den Umfrageergebnissen gefragt.

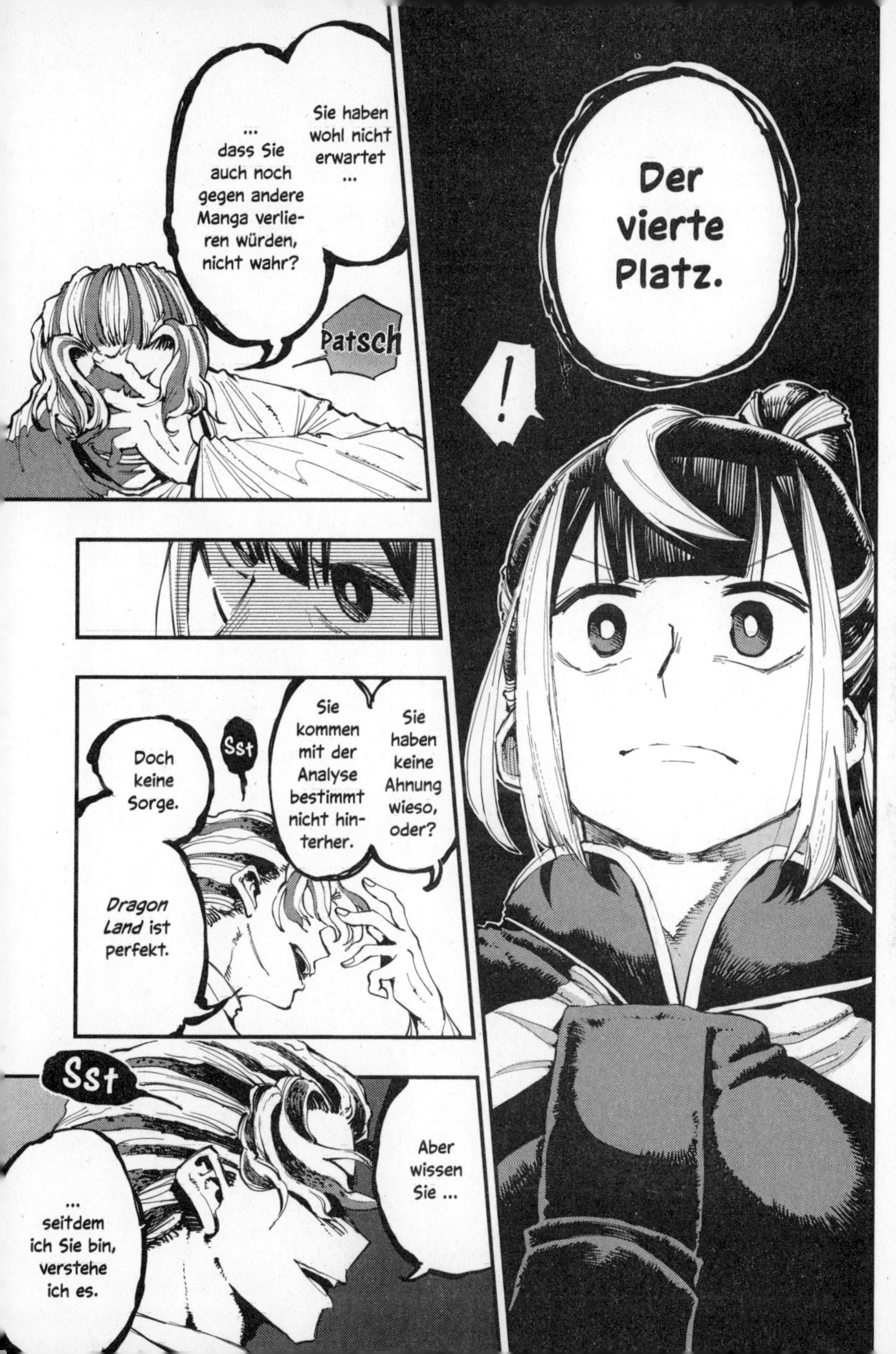
Der vierte Platz.
!
Sie haben wohl nicht erwartet ...
... dass Sie auch noch gegen andere Manga verlieren würden, nicht wahr?
Patsch
Sie haben keine Ahnung wieso, oder?
Sie kommen mit der Analyse bestimmt nicht hinterher.
Sst
Doch keine Sorge.
Dragon Land ist perfekt.
Sst
Aber wissen Sie ...
... seitdem ich Sie bin, verstehe ich es.

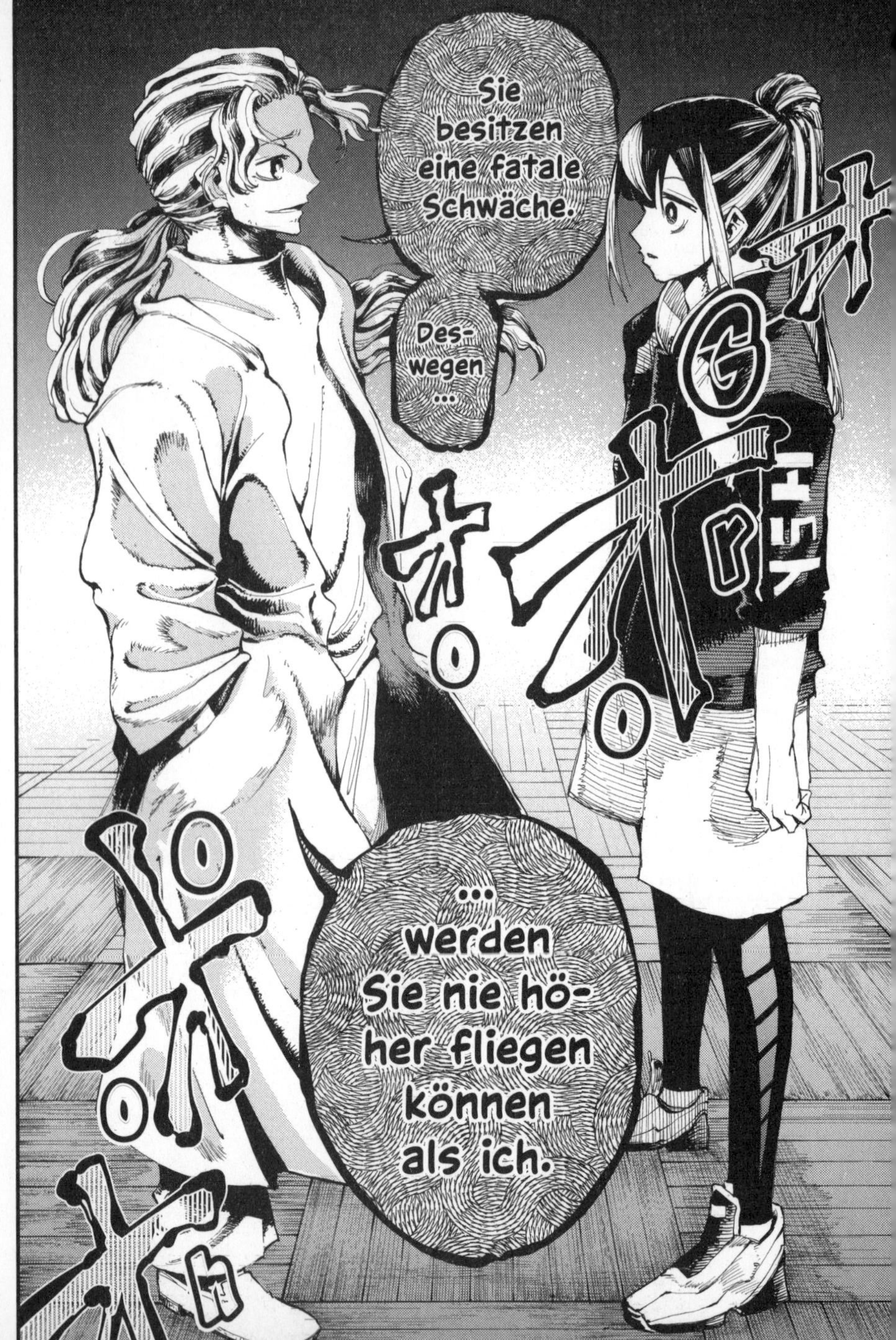

Sie besitzen eine fatale Schwäche.
Des-wegen ...
... werden Sie nie hö-her fliegen können als ich.

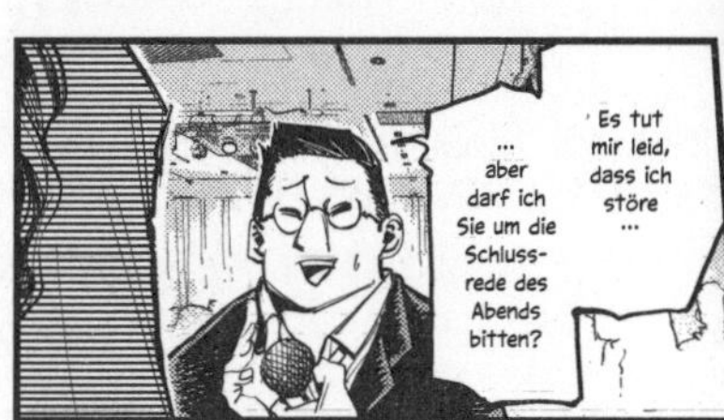
Es tut mir leid, dass ich störe ...
... aber darf ich Sie um die Schlussrede des Abends bitten?

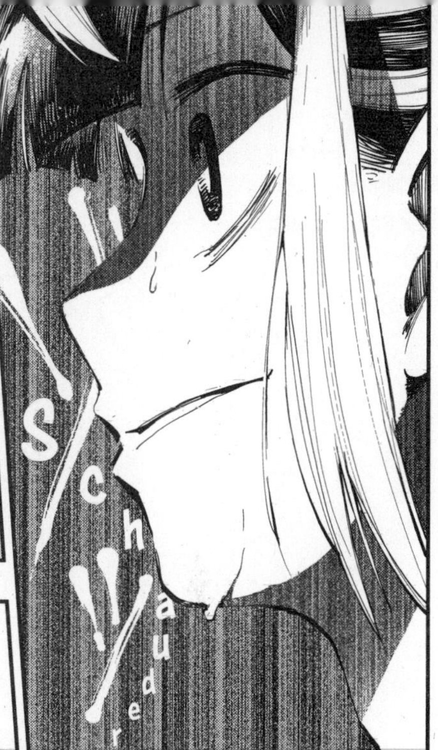
Schaudert

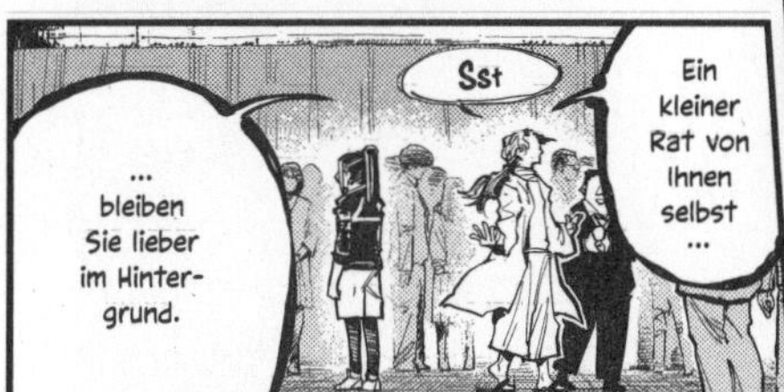
Ein kleiner Rat von Ihnen selbst ...
Sst
... bleiben Sie lieber im Hintergrund.

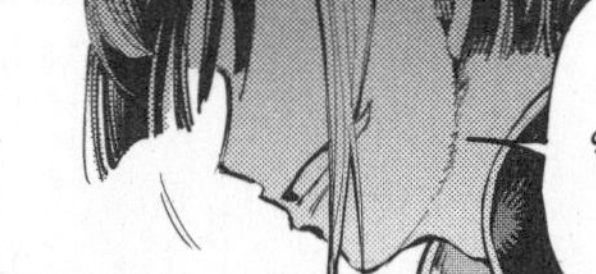
Du bist aber ganz schön selbstbewusst.

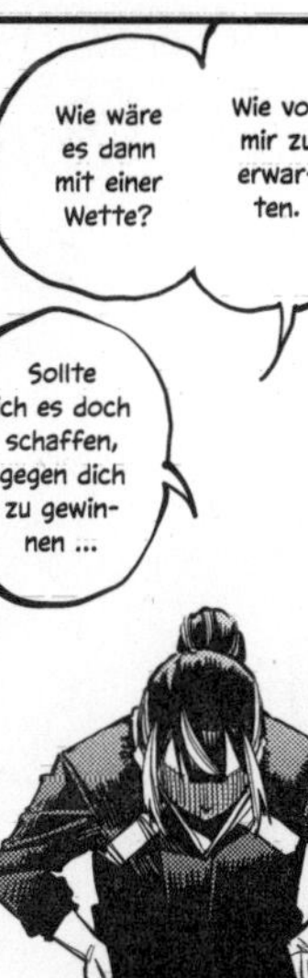
Wie von mir zu erwarten.
Wie wäre es dann mit einer Wette?
Sollte ich es doch schaffen, gegen dich zu gewinnen ...

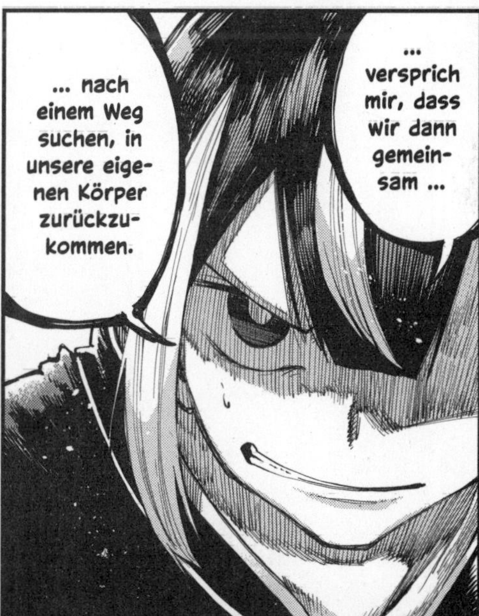
... versprich mir, dass wir dann gemeinsam ...
... nach einem Weg suchen, in unsere eigenen Körper zurückzukommen.

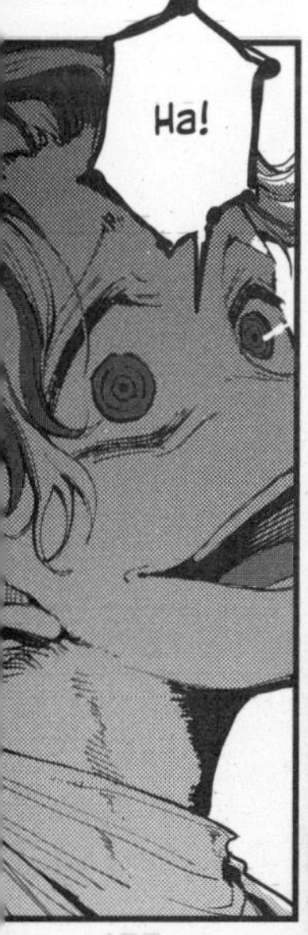
Ha!

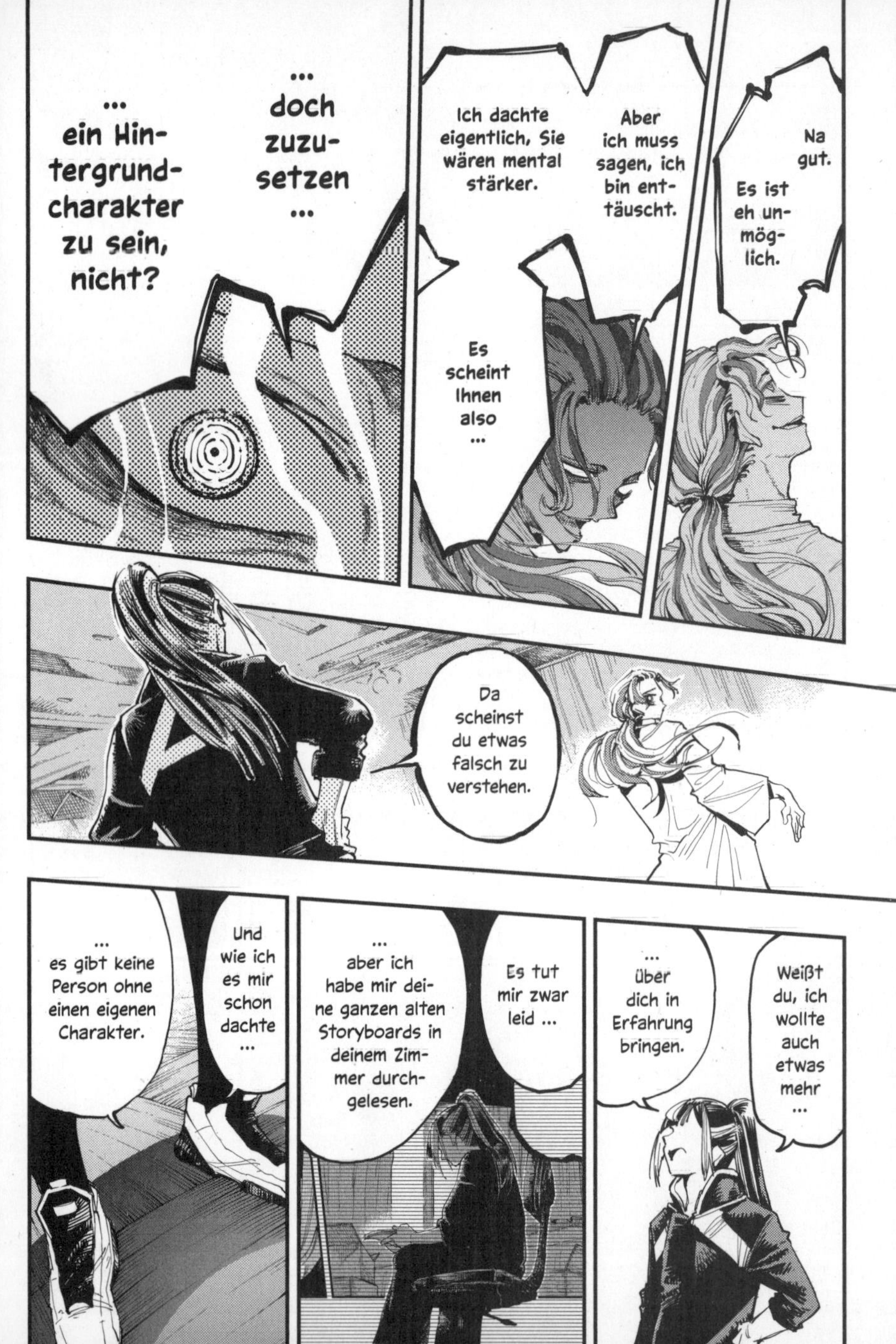
Na gut.
Es ist eh unmöglich.
Aber ich muss sagen, ich bin enttäuscht.
Ich dachte eigentlich, Sie wären mental stärker.
Es scheint Ihnen also ...
... doch zuzusetzen ...
... ein Hintergrundcharakter zu sein, nicht?
Da scheinst du etwas falsch zu verstehen.
Weißt du, ich wollte auch etwas mehr ...
... über dich in Erfahrung bringen.
Es tut mir zwar leid ...
... aber ich habe mir deine ganzen alten Storyboards in deinem Zimmer durchgelesen.
Und wie ich es mir schon dachte ...
... es gibt keine Person ohne einen eigenen Charakter.

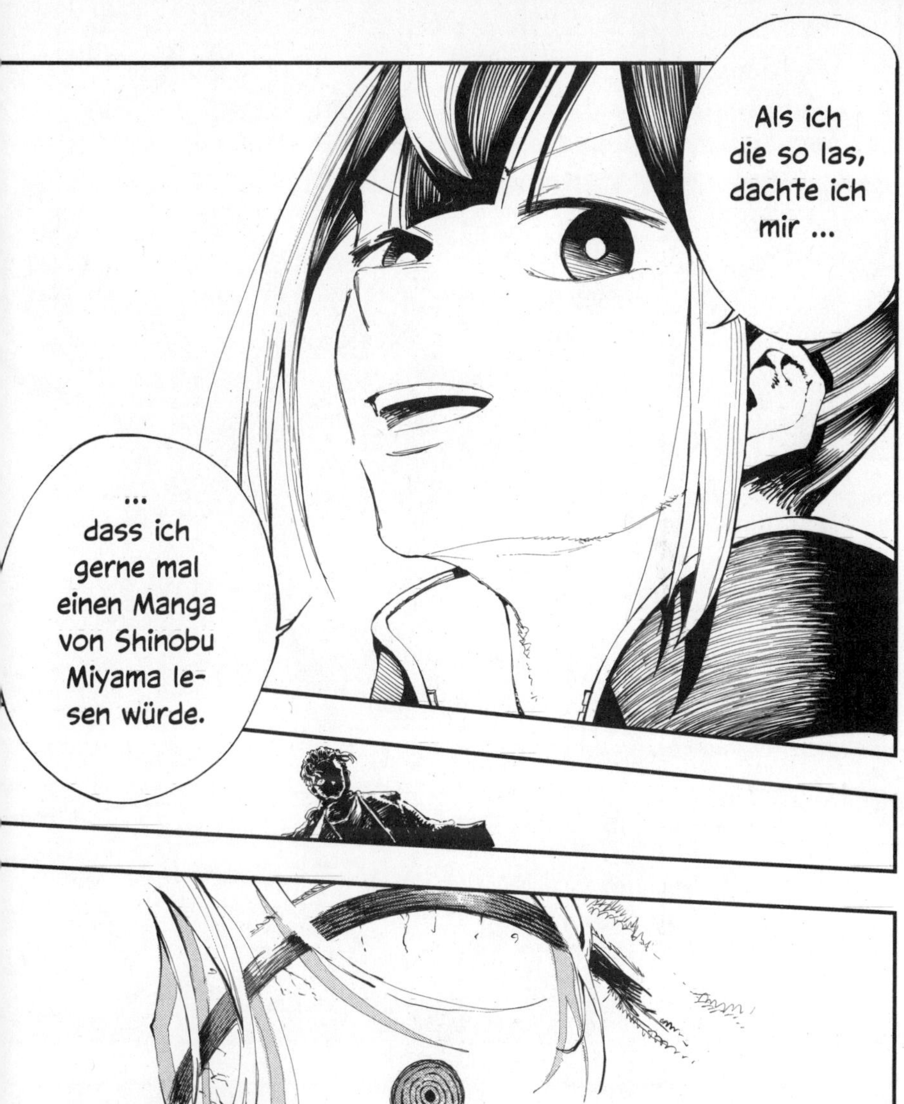
Als ich die so las, dachte ich mir ...
... dass ich gerne mal einen Manga von Shinobu Miyama lesen würde.

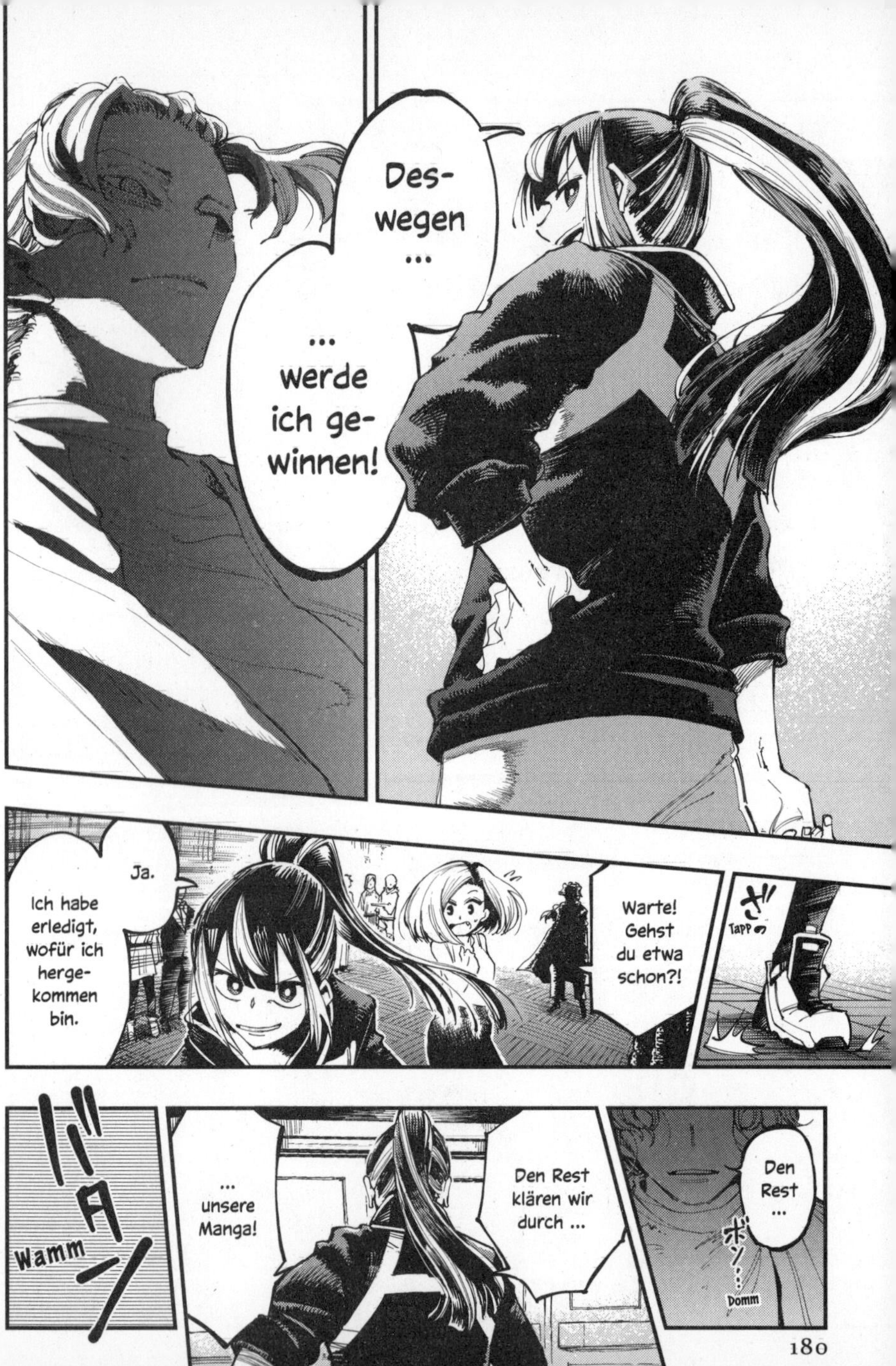

Deswegen ...

... werde ich gewinnen!

Tapp

Warte! Gehst du etwa schon?!

Ja.

Ich habe erledigt, wofür ich hergekommen bin.

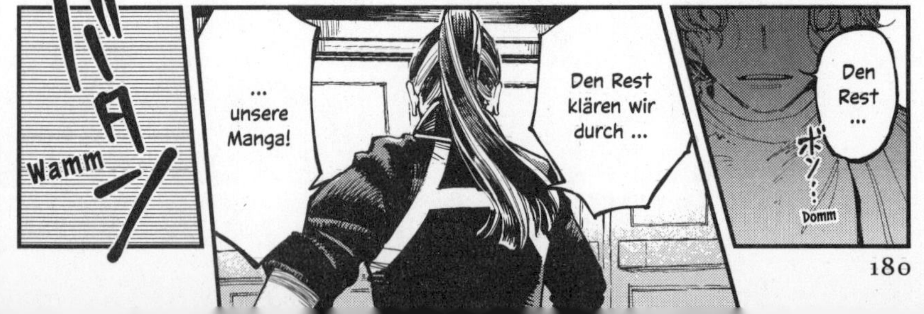

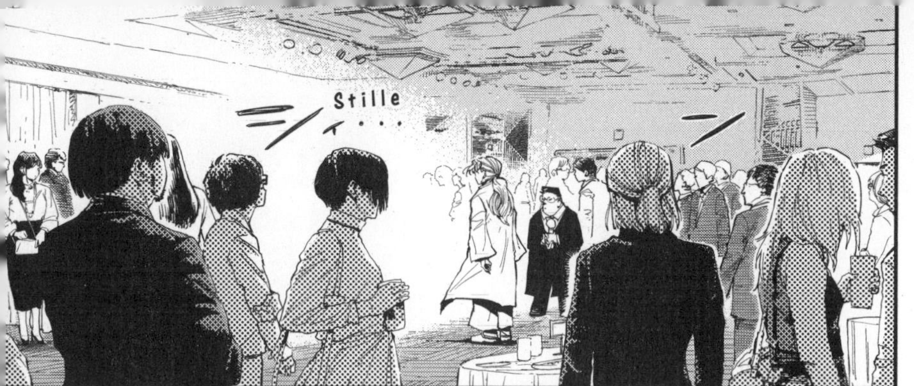
Stille

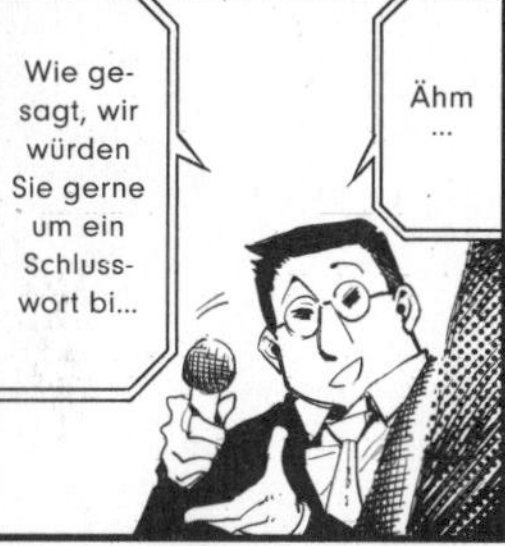
Ähm ...
Wie gesagt, wir würden Sie gerne um ein Schlusswort bi...

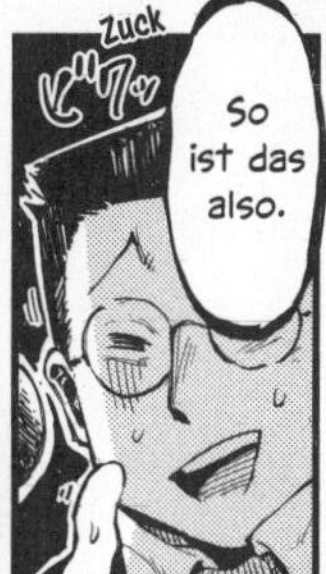
Zuck
So ist das also.

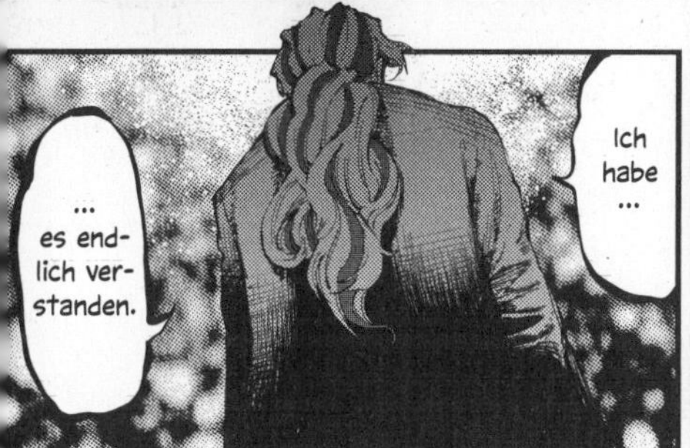
Ich habe ...
... es endlich verstanden.

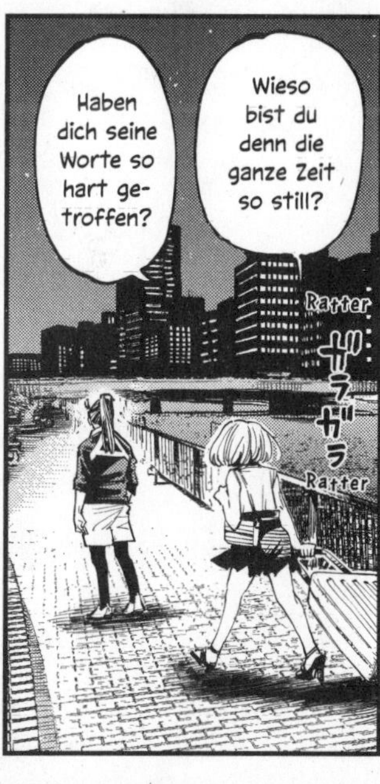
Wieso bist du denn die ganze Zeit so still?
Haben dich seine Worte so hart getroffen?
Ratter
Ratter

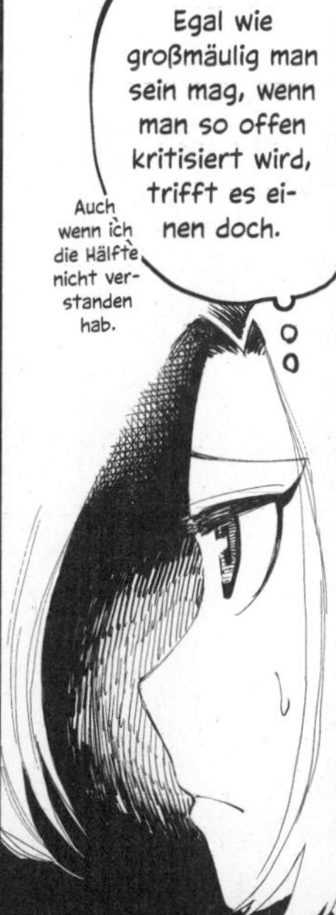
Egal wie großmäulig man sein mag, wenn man so offen kritisiert wird, trifft es einen doch.
Auch wenn ich die Hälfte nicht verstanden hab.

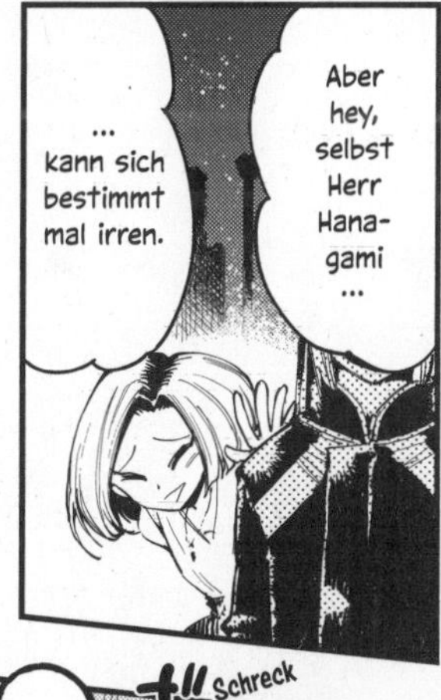
Aber hey, selbst Herr Hanagami ...
... kann sich bestimmt mal irren.

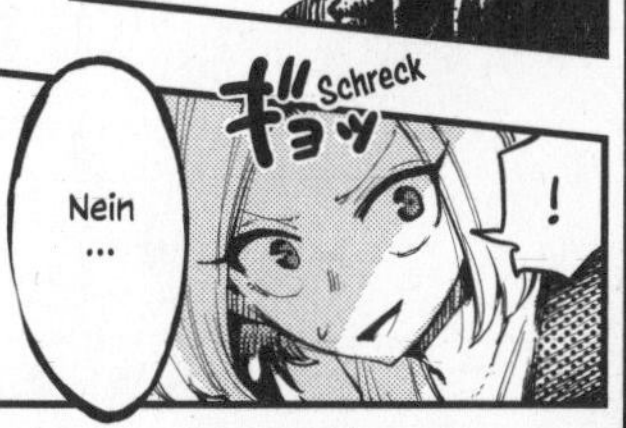
Schreck
Nein ...
!

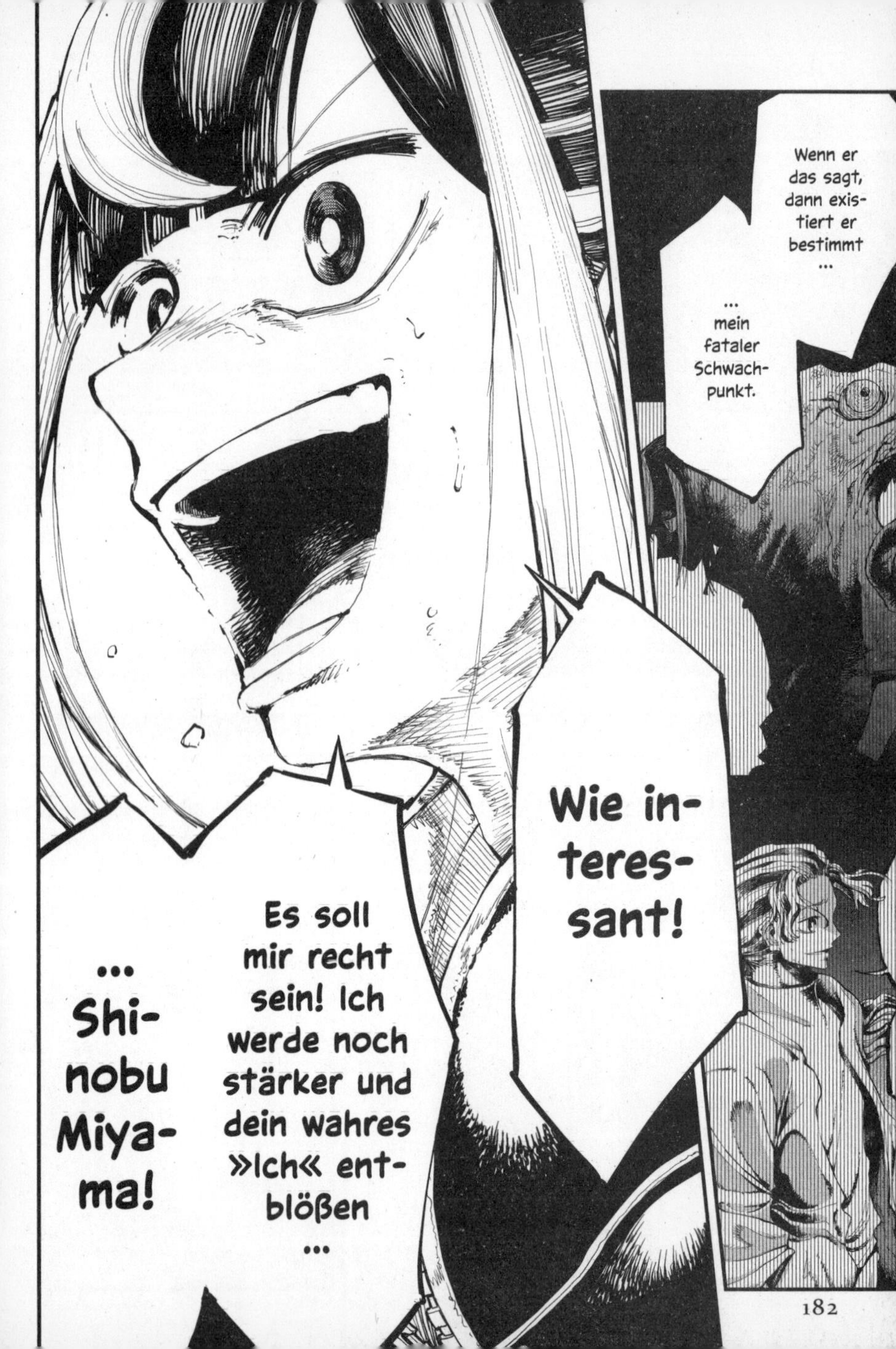
Wenn er das sagt, dann existiert er bestimmt …
… mein fataler Schwachpunkt.
Wie interessant!
Es soll mir recht sein! Ich werde noch stärker und dein wahres »Ich« entblößen …
… Shinobu Miyama!

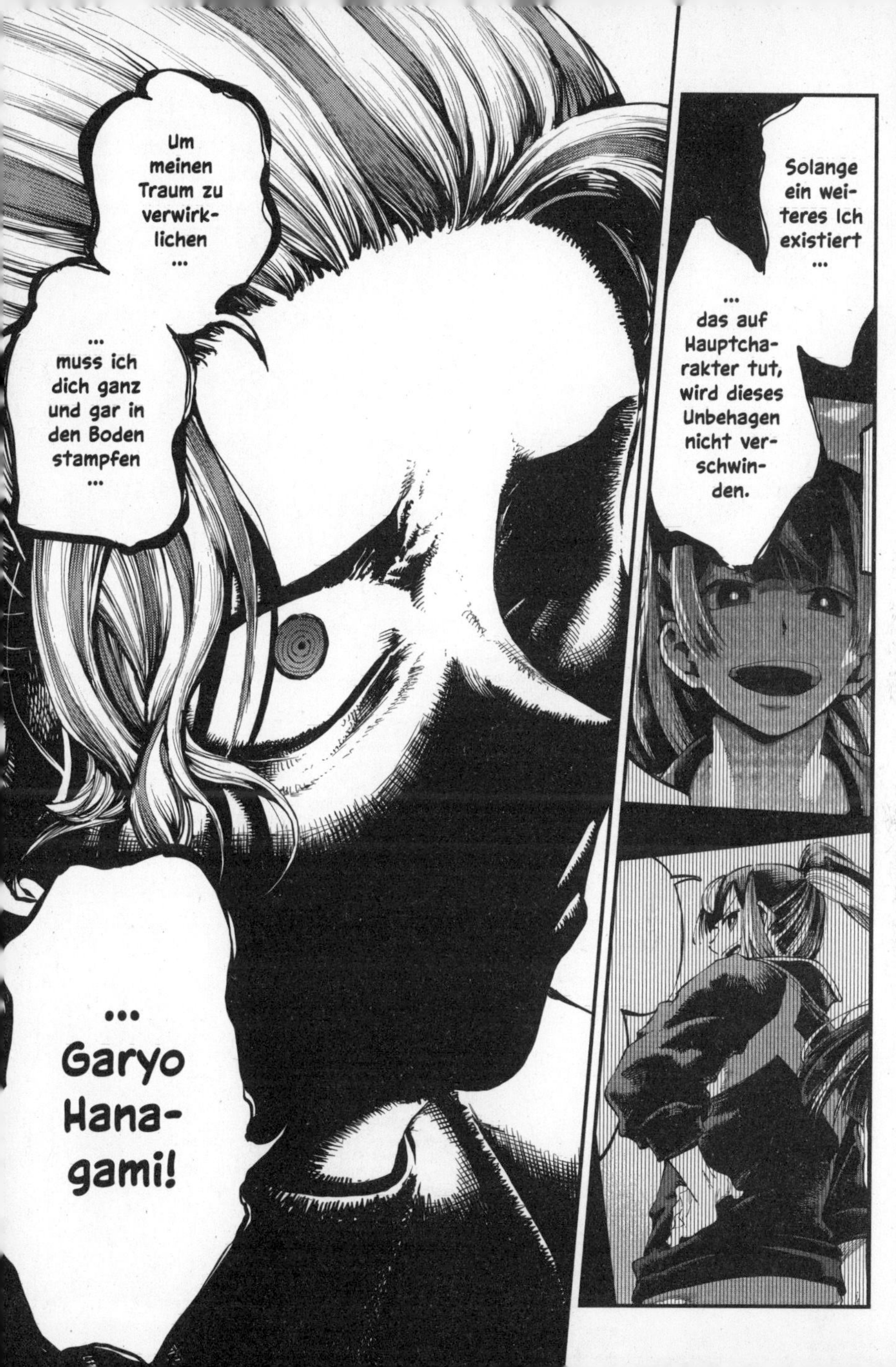
Solange ein weiteres Ich existiert …
… das auf Hauptcharakter tut, wird dieses Unbehagen nicht verschwinden.
Um meinen Traum zu verwirklichen …
… muss ich dich ganz und gar in den Boden stampfen …
… Garyo Hanagami!

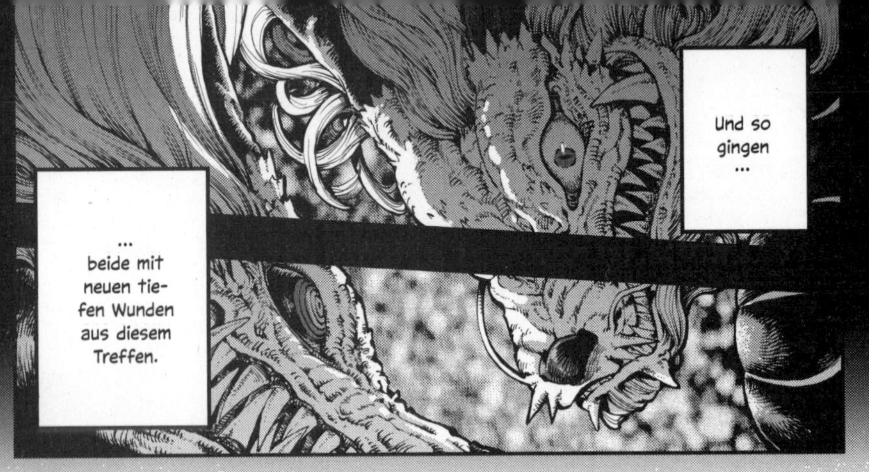

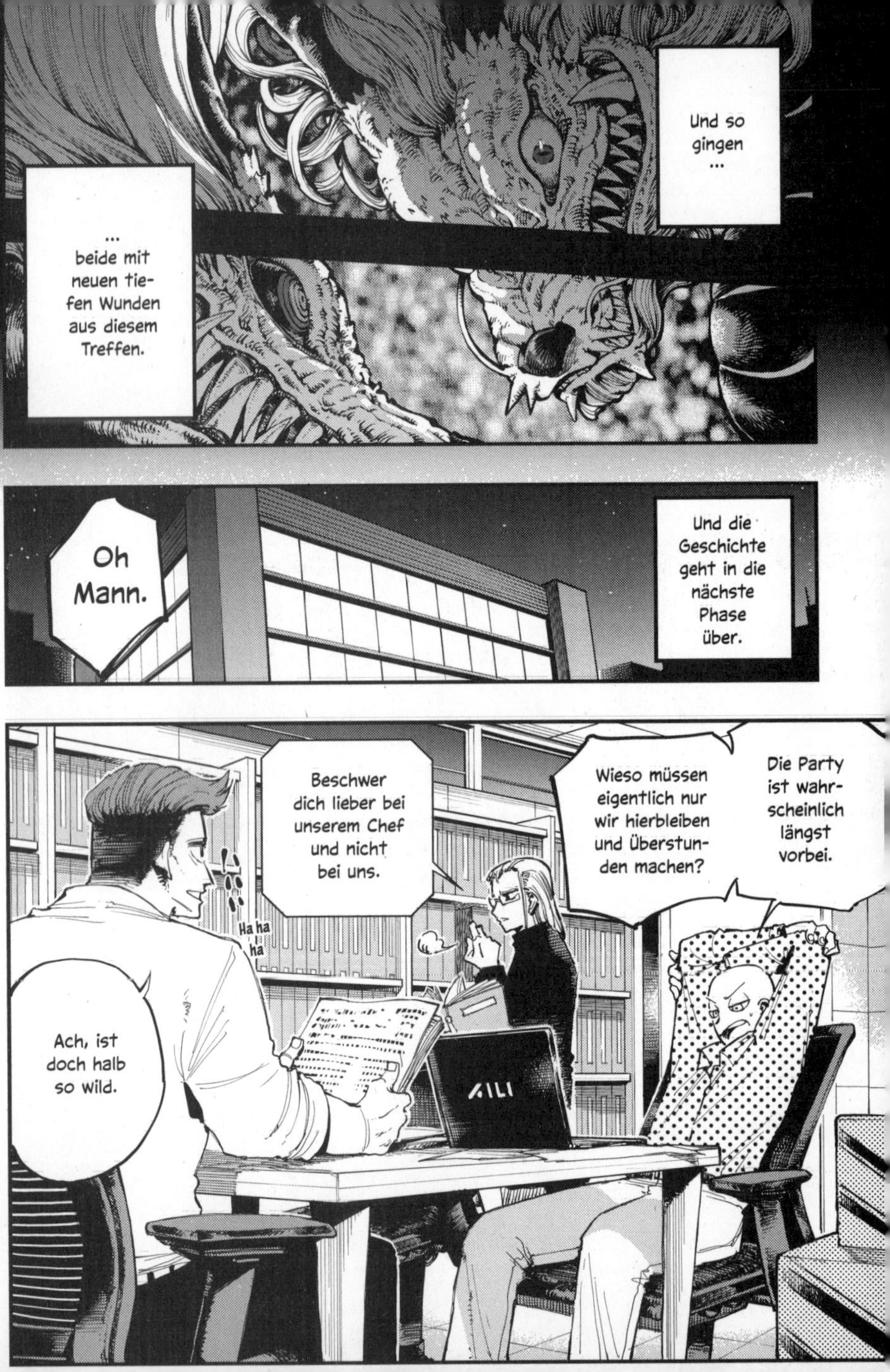

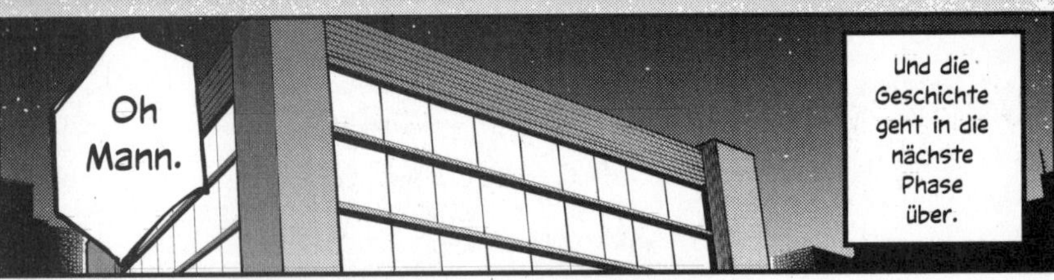

Die Party ist wahr-scheinlich längst vorbei.

Wieso müssen eigentlich nur wir hierbleiben und Überstun-den machen?

Beschwer dich lieber bei unserem Chef und nicht bei uns.

Ha ha ha

Ach, ist doch halb so wild.

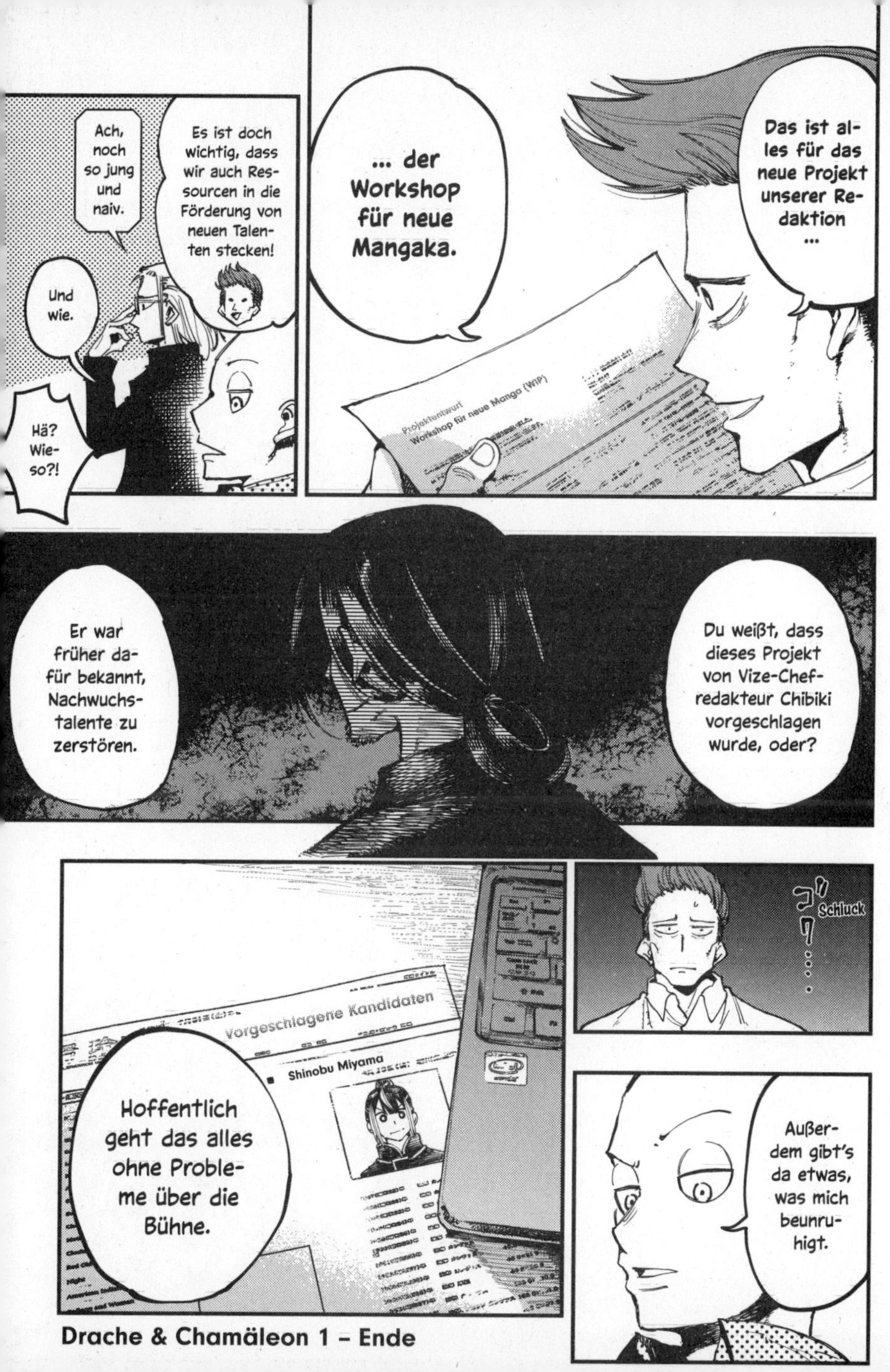

Das ist alles für das neue Projekt unserer Redaktion ...

... der Workshop für neue Mangaka.

Es ist doch wichtig, dass wir auch Ressourcen in die Förderung von neuen Talenten stecken!

Ach, noch so jung und naiv.

Und wie.

Hä? Wieso?!

Du weißt, dass dieses Projekt von Vize-Chefredakteur Chibiki vorgeschlagen wurde, oder?

Er war früher dafür bekannt, Nachwuchstalente zu zerstören.

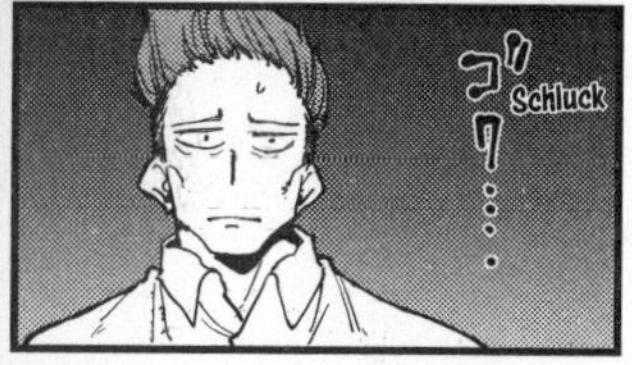

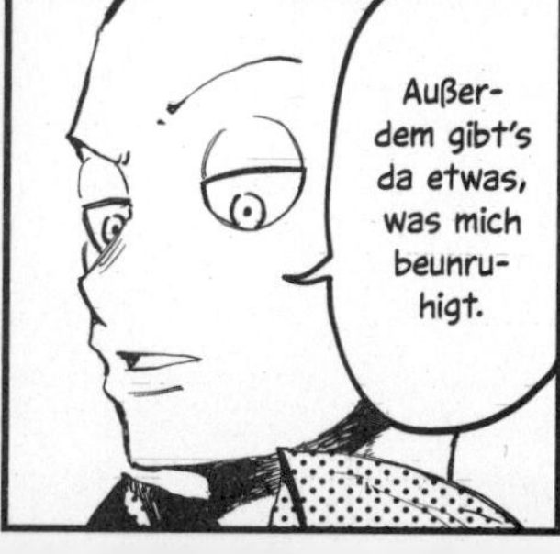

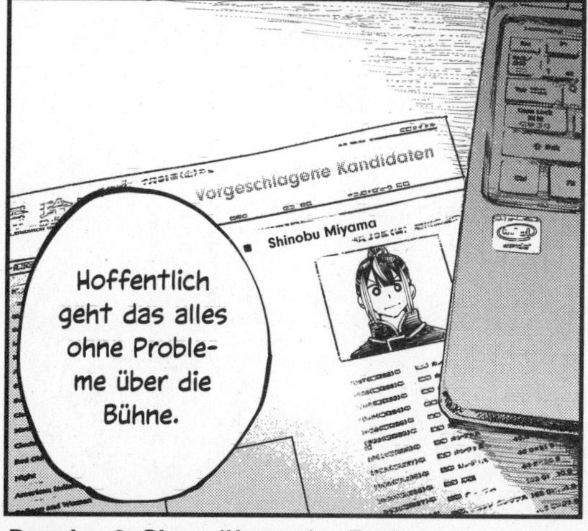

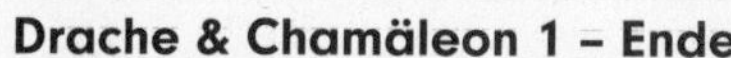
Drache & Chamäleon 1 – Ende

DRACHE & CHAMÄLEON

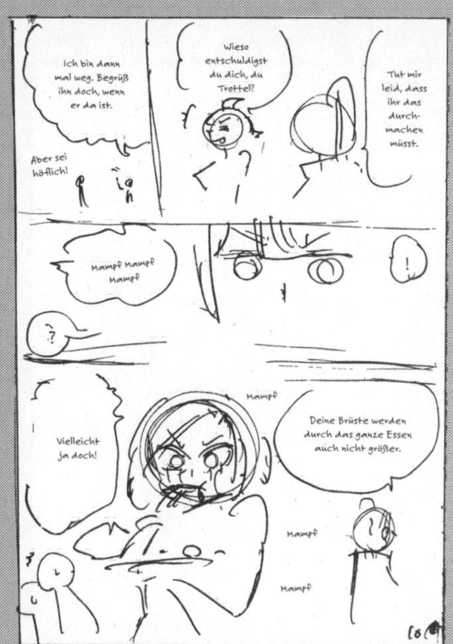

Begriffserklärung
Was ist ein Storyboard?

Die linke Seite zeigt ein Beispiel eines Storyboards. Unten könnt ihr das fertige Manuskript sehen, das auf Basis des Storyboards gezeichnet wurde.

Das Storyboard ist die Vorstufe des Manuskripts. Hier wird alles nur grob skizziert, und die Panelaufteilung sowie die Texte werden festgelegt.

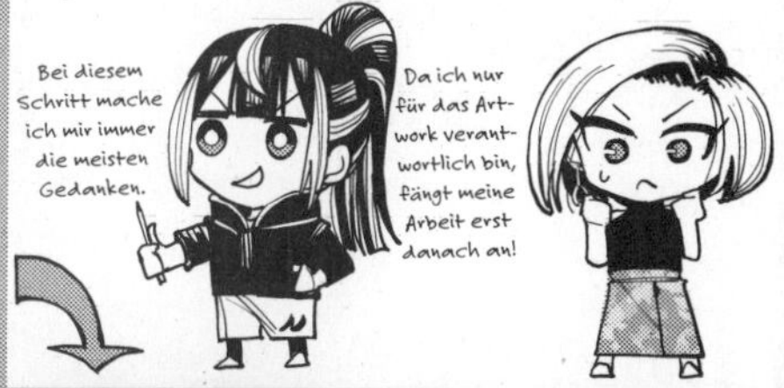

Es kommt auch mal vor, dass man kleine Änderungen am Storyboard vornimmt, wenn man das Manuskript zeichnet. Hier zum Beispiel ist mir die Idee gekommen, im zweiten Panel eine Nahaufnahme von Tanaka zu machen.

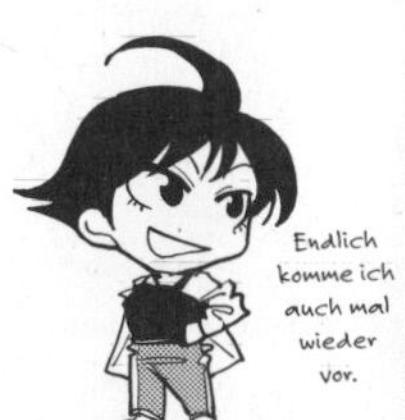

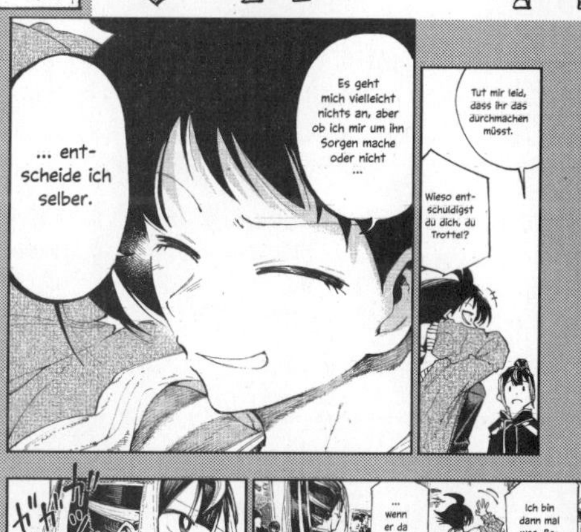

Wenn man sich bei Anfängerwettbewerben bewirbt, ist es üblich, ein fertiges Manuskript abzugeben. Aber zur Besprechung mit seinem zuständigen Redakteur sowie zu den Redaktionsmeetings, wo entschieden wird, ob ein Manga veröffentlicht wird oder nicht, gibt man nur ein Storyboard ab. (Für die Redaktionsmeetings werden die Storyboards aber natürlich aufgehübscht.)

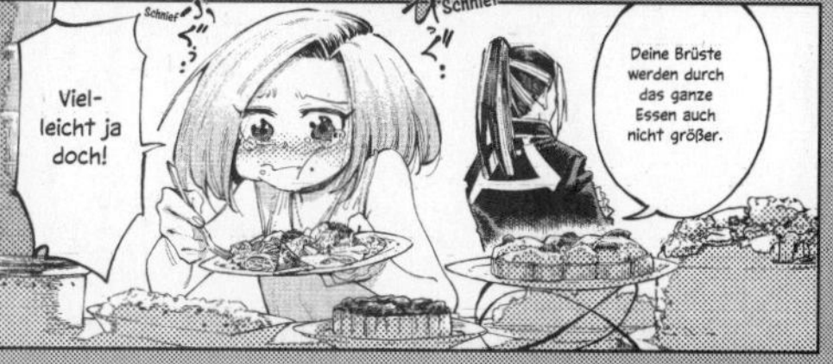

Eine analoge Welt

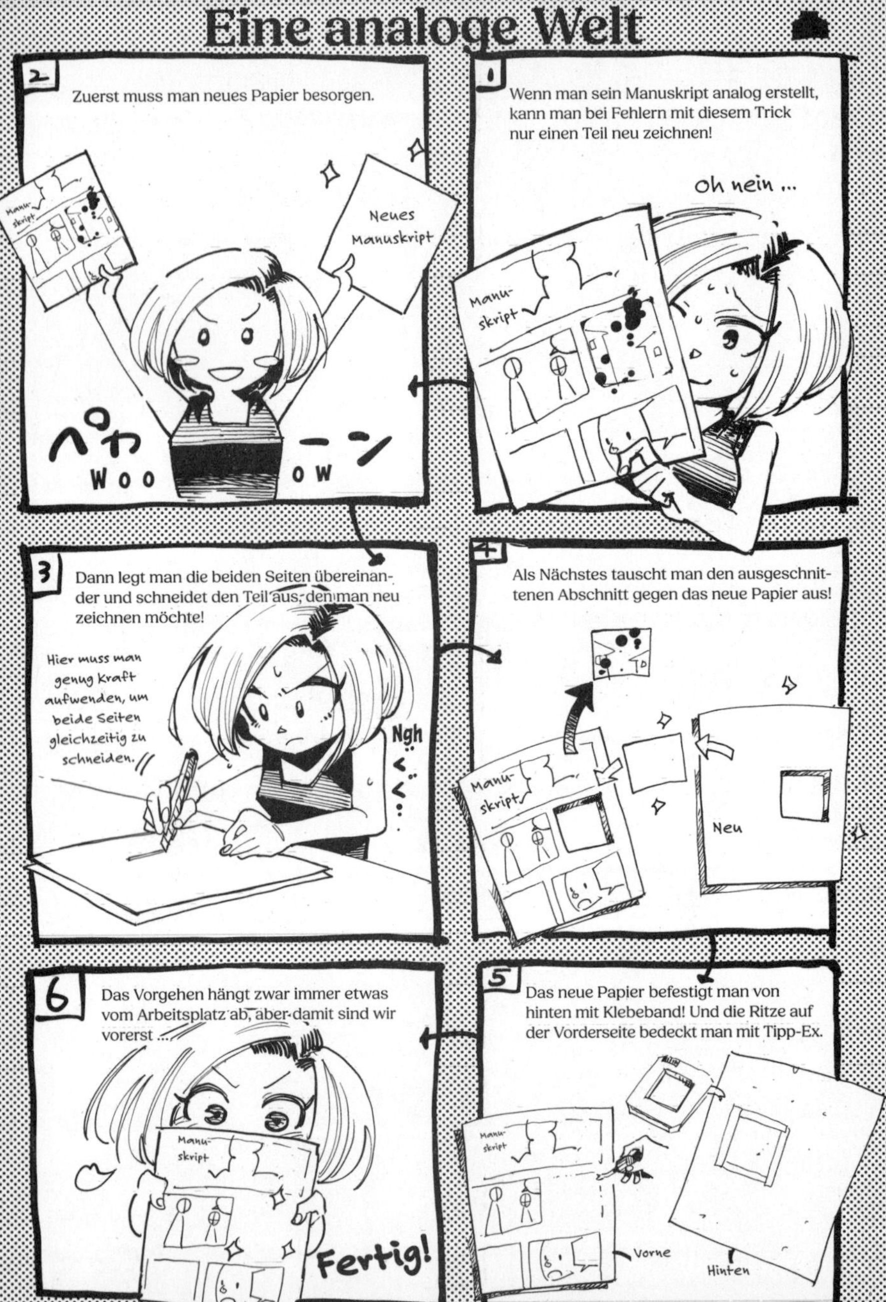

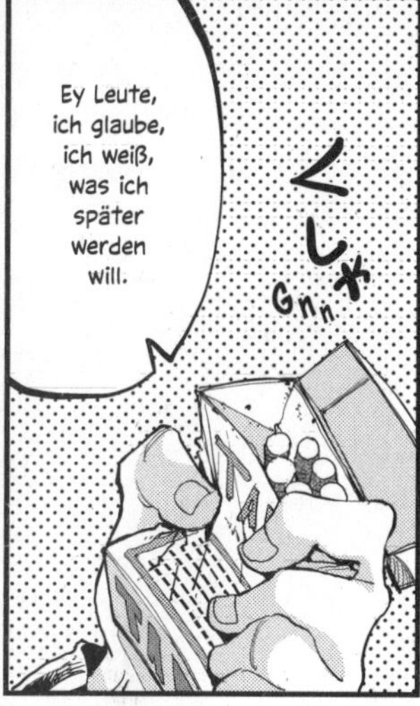

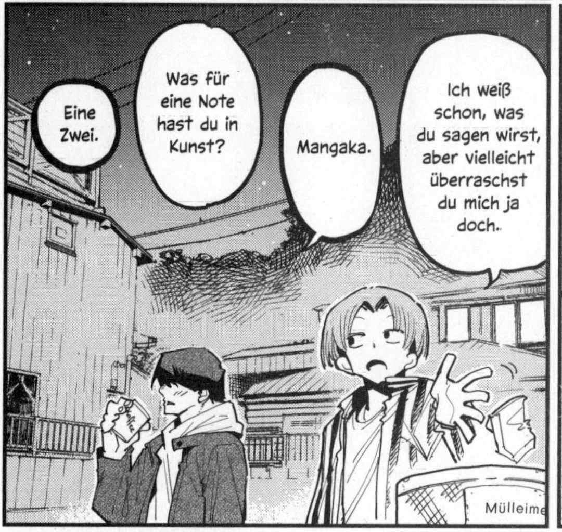

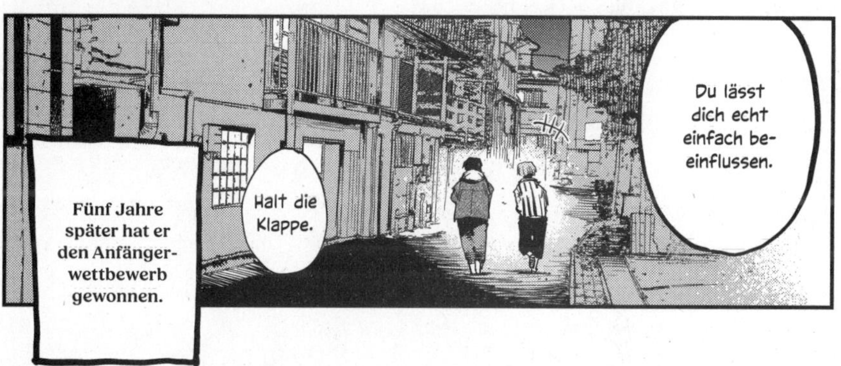

Nachwort

Vielen Dank, dass ihr den ersten Band von *Drache & Chamäleon* gekauft habt. In diesem Manga müssen die Mangaka zwar jede Woche ein neues Kapitel zeichnen, aber ich bringe nur eins pro Monat raus. In diesem Manga wird auch die Zusammenarbeit mit Assistenten dargestellt, aber in Wirklichkeit zeichne ich alleine. Aber da ihr meinen Manga lest ...

... bin ich nicht einsam! Lest bitte auch Band 2!

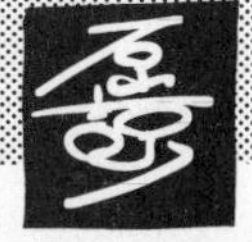

1

Drache
&
Chamäleon

DRACHE

&

CHAMÄLEON

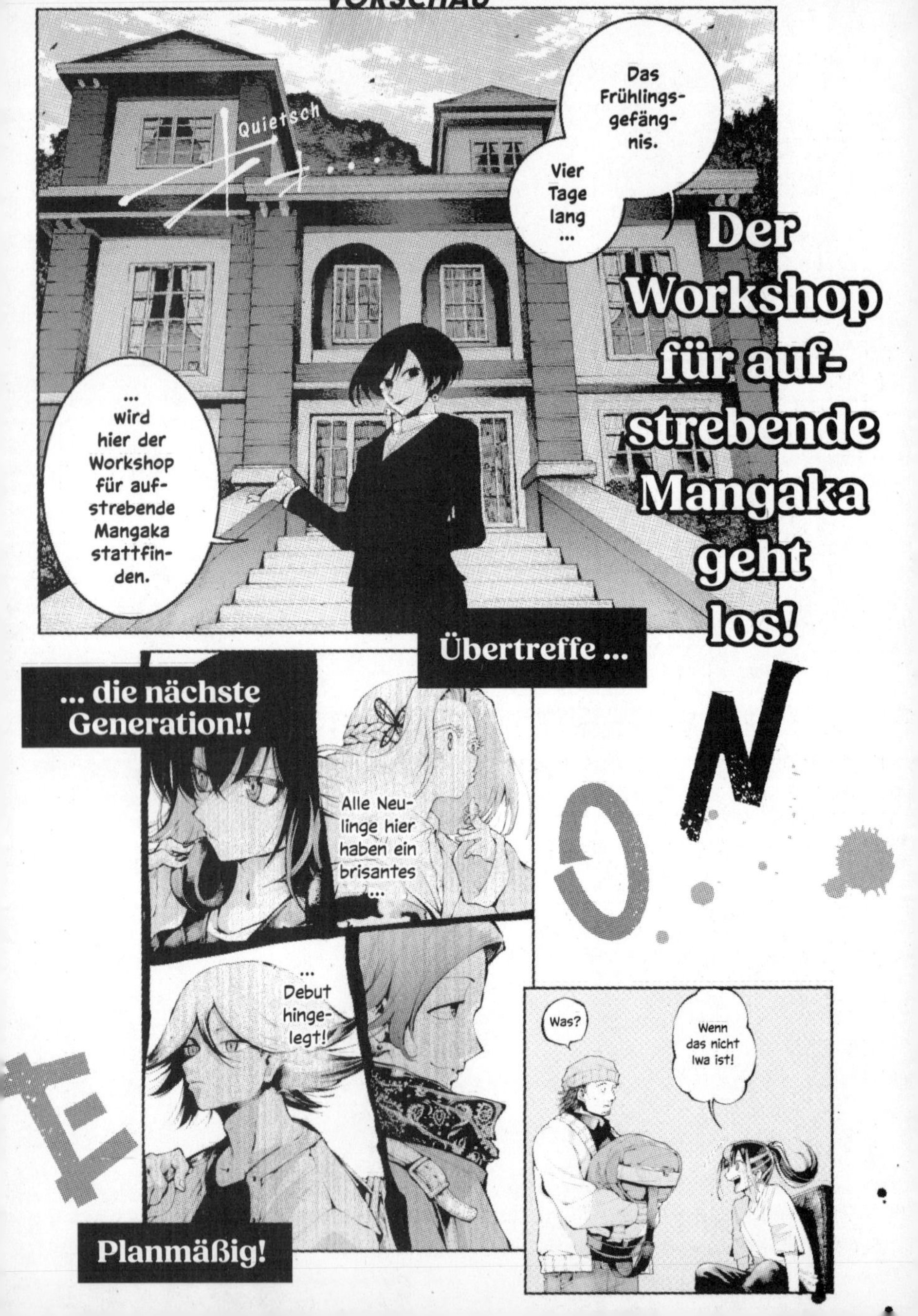

Quietsch

Das Frühlingsgefängnis.

Vier Tage lang …

… wird hier der Workshop für aufstrebende Mangaka stattfinden.

Der Workshop für aufstrebende Mangaka geht los!

Übertreffe …

… die nächste Generation!!

Alle Neulinge hier haben ein brisantes …

… Debut hingelegt!

Planmäßig!

Wenn das nicht Iwa ist!

Was?

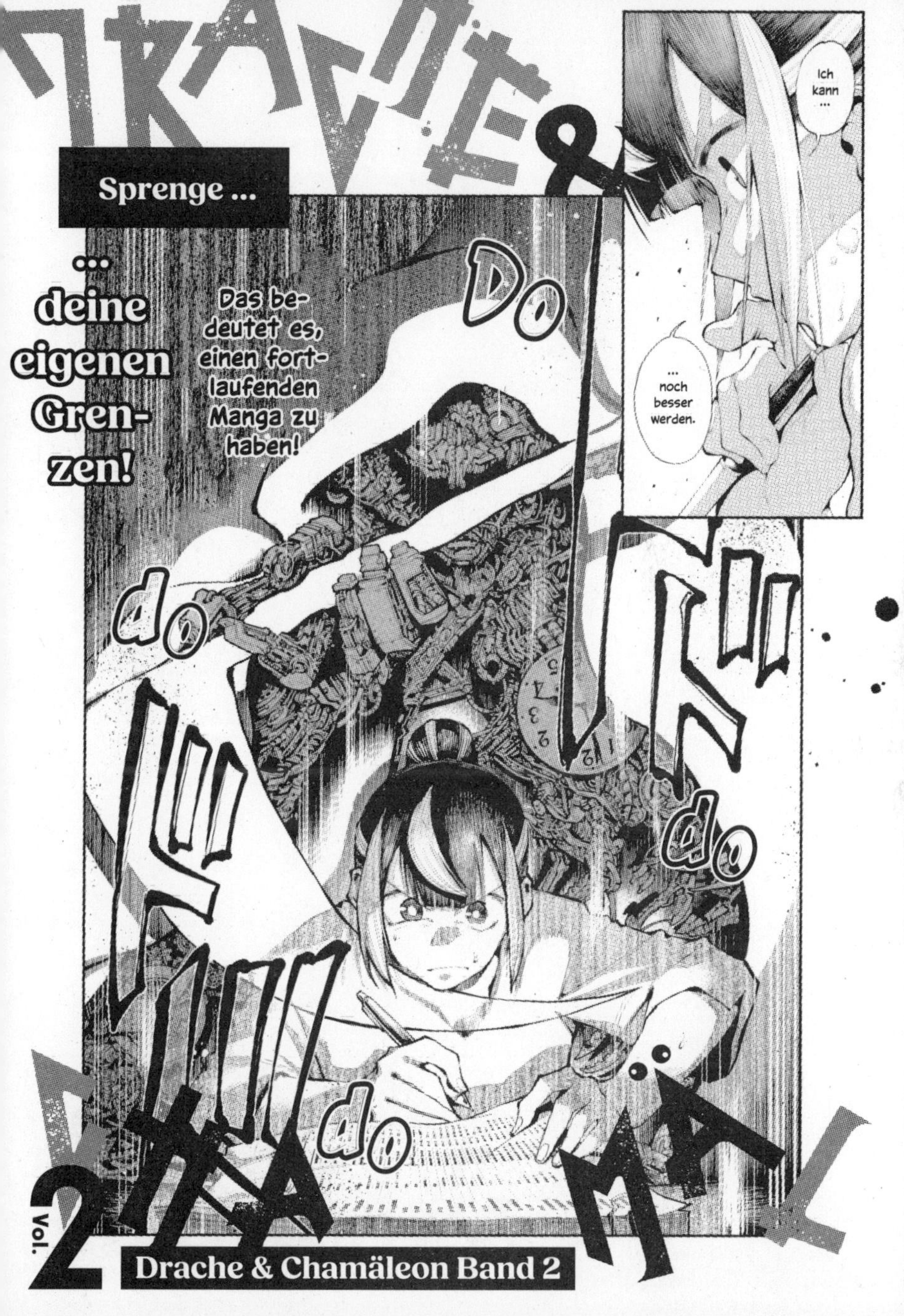
Sprenge ...
... deine eigenen Grenzen!
Ich kann ...
... noch besser werden.
Das bedeutet es, einen fortlaufenden Manga zu haben!
DO
do
do
do
Vol. 2
Drache & Chamäleon Band 2

Drache & Chamäleon

DRACHE & CHAMÄLEON

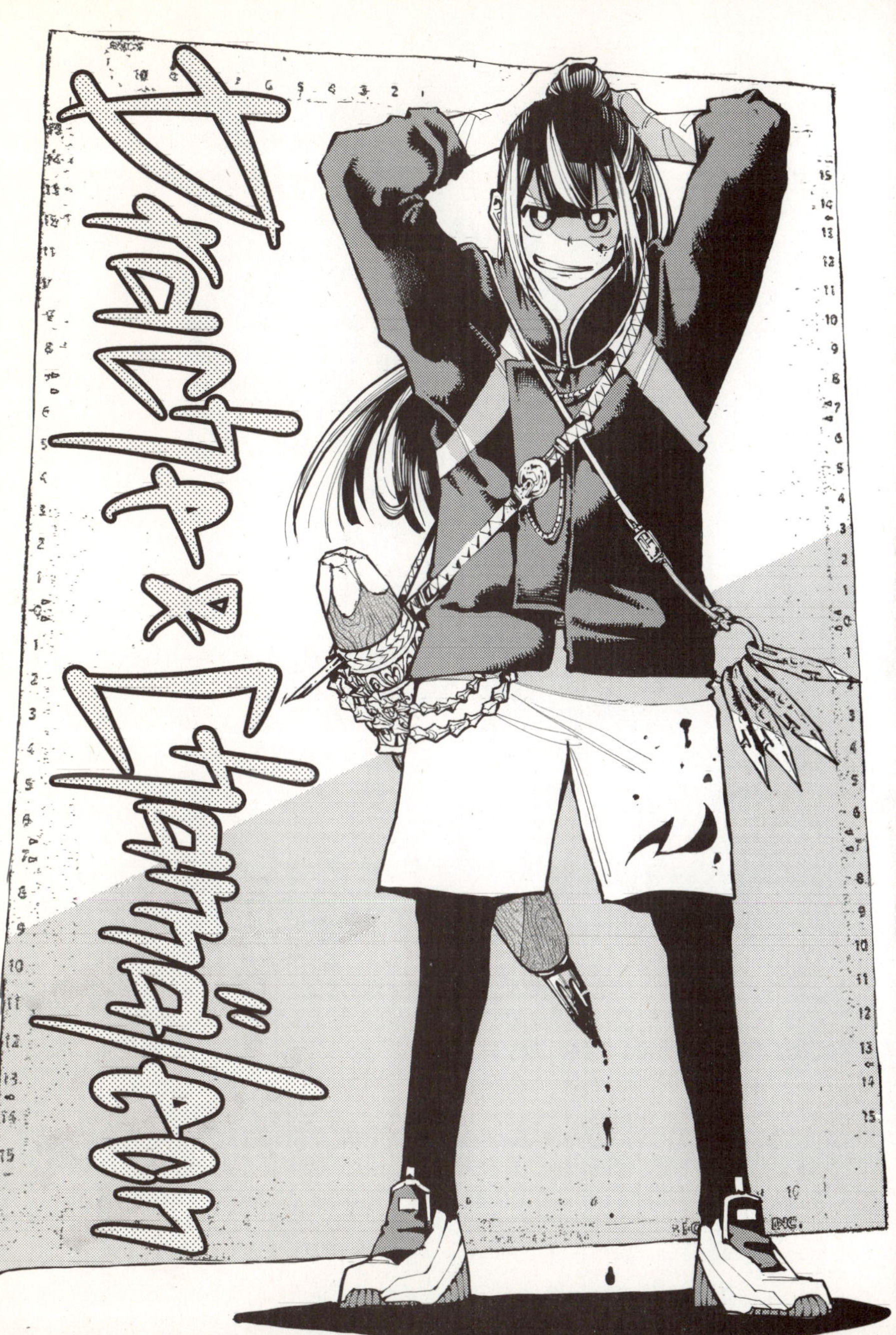
Drache & Chamäleon

Sci-Fi 15 +

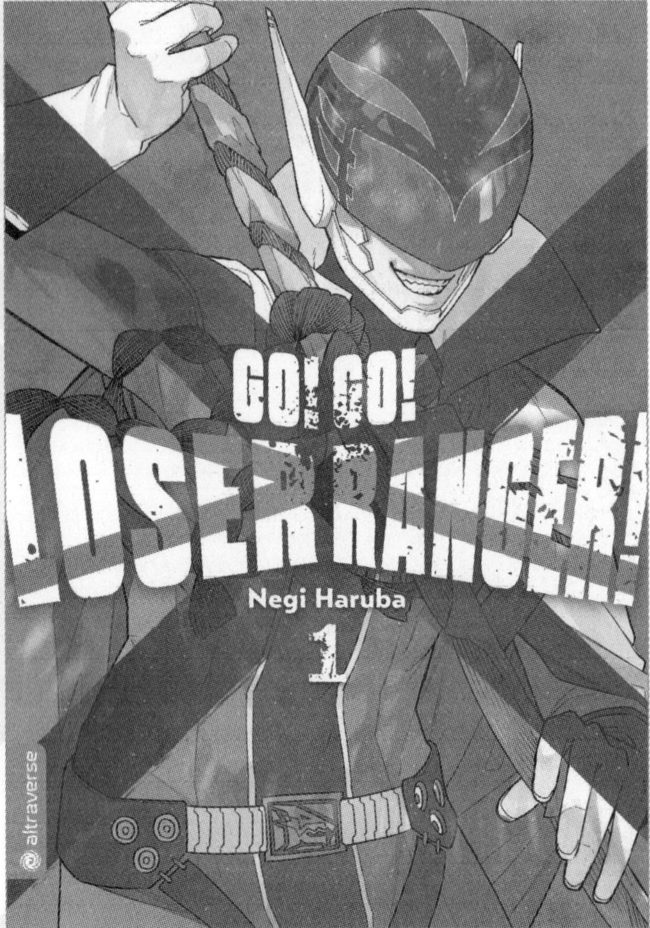

Go! Go! Looser Ranger!

Negi Haruba

Vor dreizehn Jahren sah die Menschheit nach dem Überfall der Monsterarmee ihrem Ende entgegen, doch die Dragon Keeper erhoben sich und begannen, die dunklen Horden zurückzuschlagen … so die offizielle Propaganda. In Wahrheit sind die Generäle der Monster lange tot und ihre Schergen versklavt. Ein Monster hat allerdings genug und will zurückschlagen.

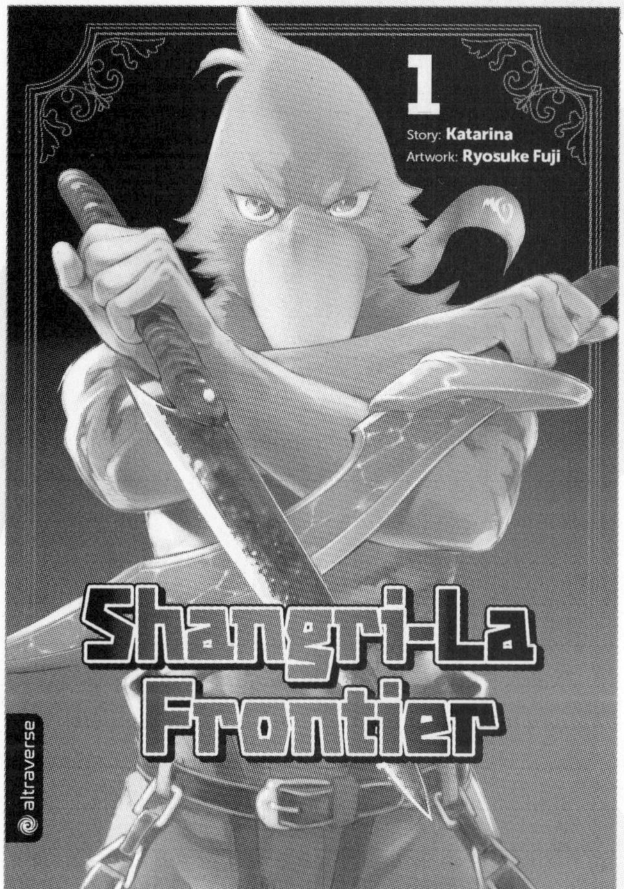

Fantasy 13+

Shangri-La Frontier

Katarina | Ryosuke Fuji

Rakuro interessiert sich nur für das eine: möglichst schlechte Videospiele. Mit nichts verbringt er seine Freizeit lieber als damit, sich die Perlen schlecht produzierter Games zu schnappen und zu bezwingen. Als ihm das VR-Game *Shangri-La Frontier* nahegelegt wird, erwartet ihn in jeder Hinsicht ein episches Abenteuer.

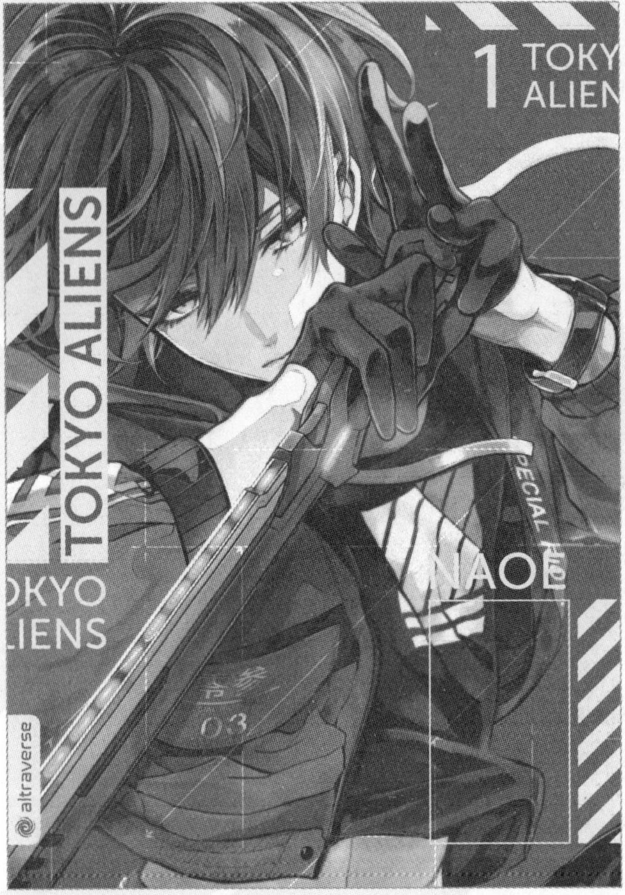

Tokyo Aliens

NAOE

Akira Gunji führt ein stinknormales Leben … Zumindest bis ihn auf dem Heimweg von der Schule eine Oma mit Tentakeln entführt. Sie entpuppt sich als Außerirdische, und als ob das nicht genug wäre, taucht plötzlich Akiras Klassenkamerad Sho auf und will die Oma festnehmen? Akiras Leben steht mit einem Mal kopf.

Mystery 13+

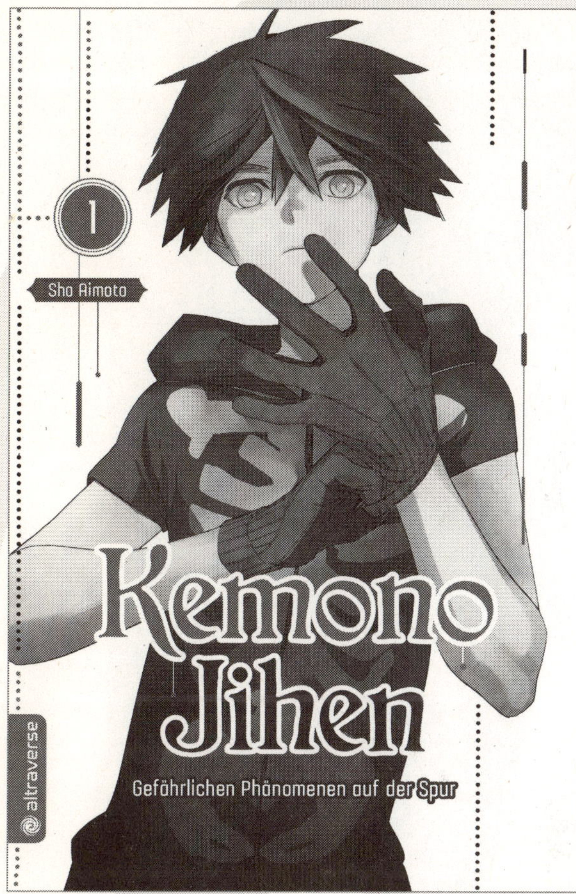

Kemono Jihen – Gefährlichen Phänomenen auf der Spur

Sho Aimoto

In einem ruhigen Dorf ereignet sich ein seltsamer Vorfall. Um diesen zu untersuchen, reist Inugami, ein Detektiv für okkulte Vorkommnisse, aus Tokio an. Im Laufe seiner Nachforschungen lernt er den jungen Dorotabo kennen und merkt schnell, dass nicht nur sein Name unmenschlich ist …

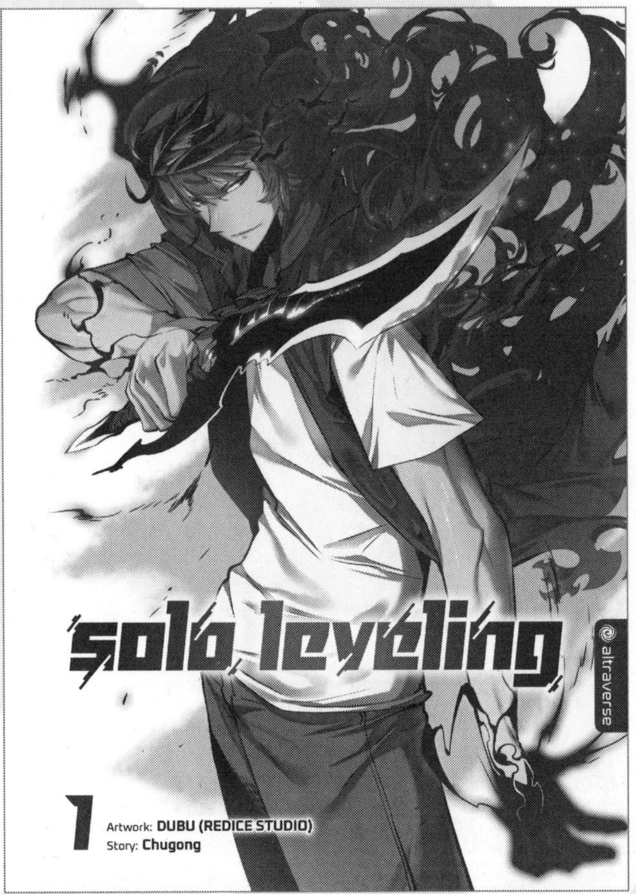

Solo Leveling
Chugong | DUBU (REDICE STUDIO)

Seitdem Portale die reale Welt mit Dungeons voll von Monstern verbinden, sind Menschen mit speziellen Fähigkeiten erwacht, die Jagd auf diese Monster machen und so ihr Geld verdienen. Kann sich Jin-Woo Sung, der von seinen Kollegen nur »der Schwächste« genannt wird, an die Spitze kämpfen?

Fantasy 15 +

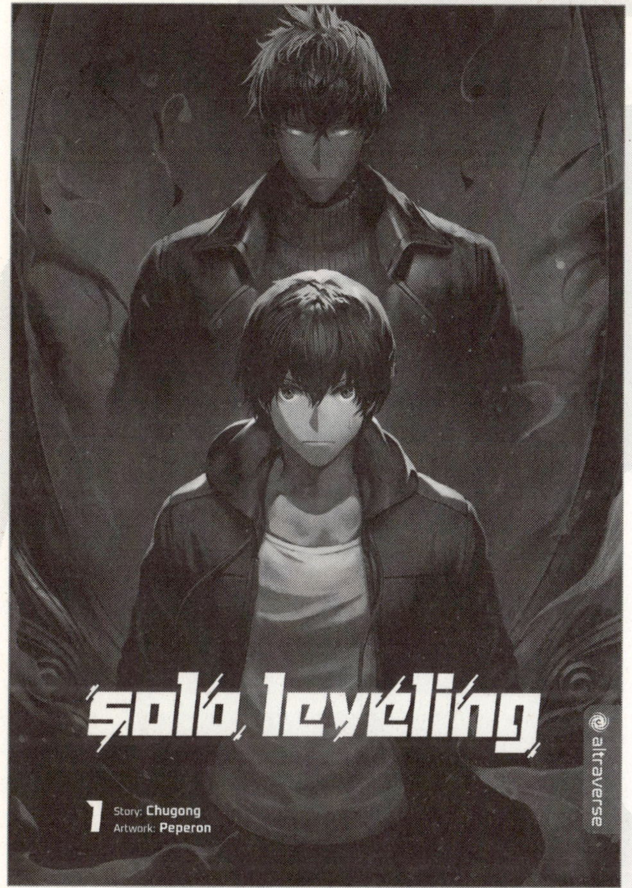

Solo Leveling – Roman (Taschenbuch)

Chugong | Peperon

Als Portale begannen, die Welt mit Dungeons voller Monster zu verbinden, sind Menschen mit speziellen Fähigkeiten erwacht. Sie sind als Hunter bekannt und ihre Aufgabe ist es, die Dungeons unschädlich zu machen. Jin-Woo Sung ist einer von ihnen, wird aber immer nur als Schwächling bezeichnet. Kann er sich an die Spitze kämpfen?

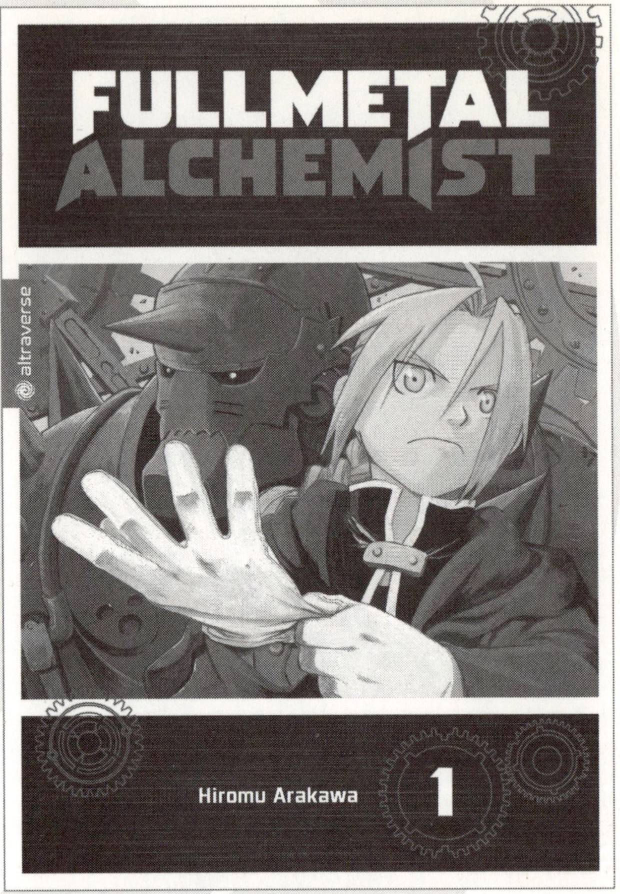

Fullmetal Alchemist – Ultra

Hiromu Arakawa

Die Brüder Edward und Alphonse Elric wollen mithilfe von Alchemie ihre verstorbene Mutter wieder zum Leben erwecken. Doch das Experiment missglückt und Edward verliert sein linkes Bein und seinen Bruder. Um ihn zurückzuholen, opfert Edward seinen rechten Arm und bindet Alphonse' Seele an eine Rüstung. Damit beginnt die Reise, um sich alles zurückzuerobern, was ihnen genommen wurde.

Fantasy 13 +

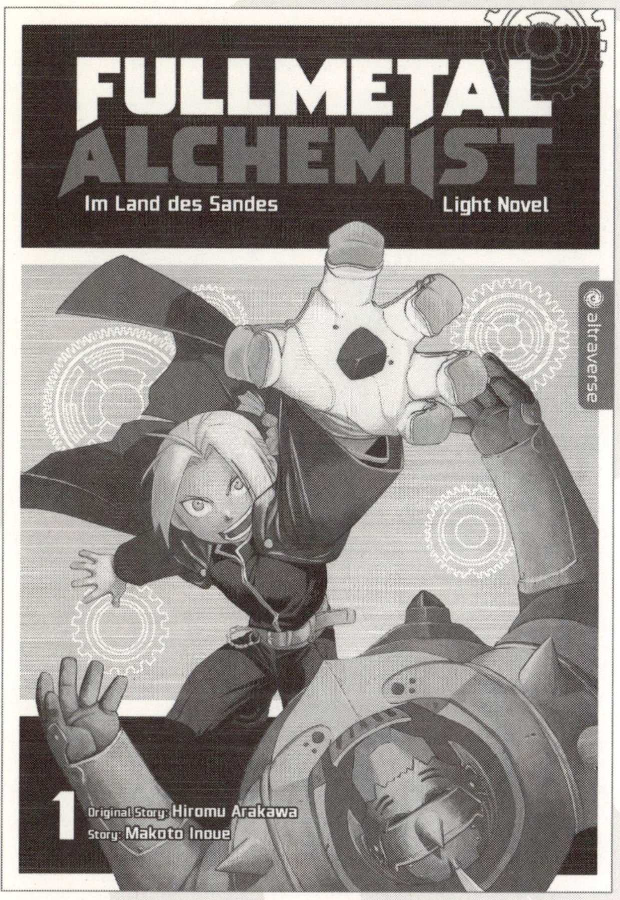

Fullmetal Alchemist – Light Novel

Original Story: Hiromu Arakawa | Story: Makoto Inoue

Ihre Suche nach dem Stein der Weisen führt Edward und Alphonse in die ehemals prächtige, doch nun verödete Goldgräberstadt Xenotime. Dort erfahren sie von zwei jungen Alchemisten, die an der Herstellung des Steins forschen. Entsetzt stellen die Brüder fest, dass es sich dabei um Hochstapler handelt, die ihre Identitäten gestohlen haben. Doch wer sind die Betrüger?

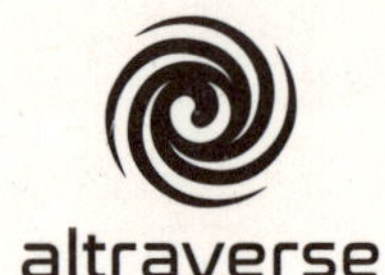

Deutsche Ausgabe / German Edition

Aus dem Japanischen von Gregor Wakounig

RYU TO CHAMELEON vol. 01

First published in Japan in 2023 by SQUARE ENIX CO., LTD.
German translation rights arranged with SQUARE ENIX CO., LTD.
and Altraverse GmbH through Tuttle-Mori Agency, Inc.

Redaktion: Anh Tu Nguyen
Herstellung: Esra Doğan
Lettering: Vibrant Publishing Studio

Druck: Nørhaven A/S, Viborg
Printed in Denmark

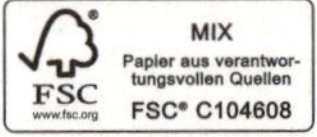

ISBN 978-3-7539-2326-0
1. Auflage 2024

www.altraverse.de